디지털 혁신 전략

Aija Leiponen 지음

김은진, 박기우, 이주민, 채상미, 최재원 옮김

DIGITAL INNOVATION STRATEGY

디지털 혁신 전략

초판발행 2025년 12월 19일

지은이 Aija Leiponen / **옮긴이** 김은진, 박기우, 이주민, 채상미, 최재원 / **펴낸이** 전태호
펴낸곳 한빛아카데미(주) / **주소** 서울시 서대문구 연희로2길 62 한빛아카데미(주) 2층
전화 02-336-7112 / **팩스** 02-336-7199
등록 2013년 1월 14일 제2017-000063호 / **ISBN** 979-11-7340-044-5 93320

총괄·책임편집 김은정 / **기획·편집** 김민송 / **교정** 김정미
디자인 이아란 / **전산편집** 지소영 / **제작** 박성우, 김정우
영업 김성삼, 이정훈, 임현기, 이성훈, 김주성, 심지연

이 책에 대한 의견이나 오탈자 및 잘못된 내용은 출판사 홈페이지나 아래 이메일로 알려주십시오.
파본은 구매처에서 교환하실 수 있습니다. 책값은 뒤표지에 표시되어 있습니다.
홈페이지 www.hanbit.co.kr / 이메일 question@hanbit.co.kr

**지금 하지 않으면 할 수 없는 일이 있습니다.
책으로 펴내고 싶은 아이디어나 원고를 메일(writer@hanbit.co.kr)로 보내주세요.
한빛아카데미(주)는 여러분의 소중한 경험과 지식을 기다리고 있습니다.**

디지털 혁신 전략

Aija Leiponen 지음

김은진, 박기우, 이주민, 채상미, 최재원 옮김

DIGITAL INNOVATION STRATEGY

HB 한빛아카데미
Hanbit Academy, Inc.

도서 및 지은이 소개

이 책은 응용경제학을 바탕으로 새로운 디지털 비즈니스를 개발하려는 혁신가의 관점에서 집필되었다. 디지털 산업의 혁신 전략과 경쟁에 관심 있는 MBA 과정 및 고급 학부 과정의 학생을 주요 독자층으로 한다. 이 책은 혁신가가 역동적인 시장 분석과 비즈니스 모델 설계를 거쳐, 향후 시장의 진화와 더 넓은 혁신 생태계의 발전 방향을 평가하고, 자사 혁신을 지속적으로 성공시킬 수 있는 전략을 수립하도록 단계별로 안내한다. 각 장에서는 핵심 개념을 정의하고, 추가 학습을 위한 추천 문헌과 연구 과제를 제시한다. 또한 실제 사례 연구를 통해 디지털 혁신의 전략적 과제를 해결하는 방법을 구체적으로 보여준다. 이 책에서 다루는 주제는 경영자, 컨설턴트, 기업가, 기술 전문가, 분석가 등 폭넓은 직군이 반드시 이해해야 할 핵심 영역이다.

이 책의 저자인 아이야 레이포넨Aija Leiponen은 코넬대학교 SC 존슨 경영대학의 전략 및 경영경제학 교수로, 혁신과 기술 변화 분야의 세계적 권위자이다. 경제학과 전략경영의 경계를 넘나드는 그녀의 연구는 주요 학술지 및 경영 리뷰에 게재되었으며, 디지털 정책과 기업의 경영 실무 모두에 큰 영향을 미쳤다.

지은이 머리말

이 책은 디지털 산업에서의 혁신 전략과 경쟁에 관심이 있는 MBA 과정 및 고급 학부생을 대상으로 한다. 새로운 디지털 비즈니스를 개발하려는 혁신가의 관점에서 응용경제학과 혁신 이론을 기반으로 내용을 구성하였다. 이 책은 정보통신기술ICT과 인터넷의 발전 맥락을 설명하며, 5세대5G 무선통신을 기반으로 한 사물인터넷IoT의 미래를 전망하는 것으로 마무리된다. 또한 가격, 네트워크, 표준, 플랫폼과 관련된 전략을 검토하고, 이를 비즈니스 모델 설계 틀 안에서 통합하여 새로운 디지털 제품과 서비스를 개발·출시할 수 있도록 개념적 틀을 제시한다. 마지막 장에서는 5G 기반 IoT가 열어갈 미래 통신기술 환경을 탐색하며, 향후 연구 방향을 제안한다. 이 책은 2002년부터 코넬대학교에서 개설된 '디지털 비즈니스 전략Digital Business Strategy' 강의 내용을 기반으로 한다.

이 책은 디지털 경제에서의 혁신 전략을 다루는 학문적인 연구 기반의 교재로, 디지털 혁신과 경쟁에 대한 포괄적인 분석을 제공한다. 또한 5G와 IoT 사례 연구를 통해 디지털 산업의 미래에 대한 통찰을 제시함으로써 기존 자료를 확장하고 심화한다. 여기서 다루는 주제는 경영자, 컨설턴트, 기업가, 기술 전문가 등 다양한 실무자가 반드시 이해해야 할 핵심 영역이다. 디지털 전략은 현재 모든 주요 경영대학원의 핵심 과목으로 부상하고 있으며, 향후 10년간 비즈니스 교육의 중심 주제가 될 것이다.

이 책에서는 정보재와 통신 네트워크 경제학의 기본 이론을 바탕으로 플랫폼 경쟁, 디지털 시장 구조, 지식재산권IPR, 제도적 규제 요인 등을 포괄적으로 다루며 최신 전략 연구와 접목한다. 기본 경제 원리를 응용해 디지털 비즈니스 모델을 설계하고 실험할 수 있는 통합적 틀을 제시하며, 마지막에는 IoT의 맥락에서 핵심 개념을 구체화한다. 각 장은 핵심 개념과 이론을 실제 사례로 설명하며, 7개 주요 파트에는 각 주제에 맞는 사례 연구와 학습 질문이 포함된다. 또한 추천 문헌을 통해 독자가 심화 학습을 이어갈 수 있도록 구성하였다.

내용은 주로 서술 중심이지만 일부 경제학적 개념은 그래프와 도식을 통해 시각적으로 설명한다. 이상적인 독자는 미시경제학 입문과 경영학 기초 과정을 이수한 사람으로 설정하였으나, 본문에 제시된 다양한 사례와 비즈니스 모델링 접근법은 디지털 산업 분야의 대학원생이나 전략 전문가에게도 유용한 기초 자료로 활용될 수 있다.

Aija Leiponen

옮긴이 소개

김은진 현재 경기대학교 경영학부 교수로 재직하고 있으며, 국제교류처 부처장, 국제산업정보전공 학과장, 일반대학원 글로벌비즈니스학과 주임교수를 역임하였다. KAIST에서 경영공학 박사학위를 취득하였다. 정보통신정책연구원에서 재직하였고 한국지능정보시스템학회 이사와 한국상업경영학회 부회장을 역임하였으며, 국내외 저널에 다수의 논문을 게재하였다.

박기우 현재 성균관대학교 글로벌경영학과 교수로 재직 중이다. KAIST에서 경영공학 박사 학위를 취득했다. 성균관대학교 교무처장, 한국경영학회 수석부회장, 세계정보시스템학회 Korean Chapter 회장을 역임했으며, 2012년부터 2024년까지 《Information & Management》의 Associate Editor로 활동하고 있다. 한국경영정보학회의 최우수논문상을 수차례 수상하고, 한국경영학회의 미래에셋 중견경영학자상을 수상했다. 역서로 《경영 정보 시스템(4판)》, 《미래 비즈니스를 위한 경영정보시스템》, 《사회 연구 조사 방법론》, 《디지털 비즈니스》, 《e비즈니스 전략》 등이 있다.

이주민 현재 경희사이버대학교 마케팅리더십경영학부 교수, 학부장 및 AI빅데이터 경영전공 주임교수로 재직 중이며 미디어개발처장, 교수학습센터 소장, 학부장 등을 역임했다. KAIST에서 경영공학 박사 학위를 취득했다. 딜로이트컨설팅에 재직했으며, 지금은 한국IT서비스학회·한국지능정보시스템학회 부회장 및 이사, 경영정보학회 이사, 광명시 디지털혁신교육센터·서울디지털재단·한국공항공사 등의 자문위원, 행정안전부·기획재정부의 경영평가단 위원 등으로 활동하고 있다. 저서로 《AI 신뢰성의 이해와 실천》, 《AI 신뢰성의 변화와 과제》, 《감사데이터분석》, 《정보분석과 경영의사결정》, 역서로 《경영 정보 시스템(4판)》, 《e비즈니스 전략》 등이 있다.

채상미 현재 이화여자대학교 경영대학 경영학 전공 교수로 재직 중이며, 뉴욕주립대학교에서 경영학 박사 학위를 취득했다. 이화여자대학교 경영학과 부학장·관리 부처장, 경영정보학회 부회장, 디지털자산연구회 회장을 역임했으며, 지금은 《경영정보학연구》, 《Asia Pacific Journal of Information Systems》, 《정보시스템 연구》, 《IT 서비스학회지》, 《공공경영학회지》 등의 편집위원 및 편집위원장으로 활동하고 있다. 또한 과학기술정보통신부 장관표창, 대한민국 IT 서비스 혁신대상, ECRA Author Award 등을 수상하였고, 이밖에 한국지식경영학회의 최우수논문상을 수상했다.

최재원 현재 순천향대학교 경영학과 교수, 경영학과장, 일반대학원 경영학과 주임교수로 재직 중이며, 가톨릭대학교에서 경영학 박사 학위를 취득했다. KAIST 테크노경영연구소 연수연구원, 연세대학교 정보대학원 연구교수를 역임했으며, 지금은 한국경영정보학회, 한국지능정보시스템학회, 한국IT서비스학회, 한국전자거래학회, 한국지식경영학회, 한국경영과학회, 한국마케팅학회, KNU경영연구소의 이사 및 편집위원으로 활동하고 있다. 한국경영정보학회, 한국지능정보시스템학회, 한국전자거래학회 등의 최우수논문상, 우수논문상, 학술상 등을 수상했다. 《International Journal of Electronic Commerce》, 《Journal of Electronic Commerce Research》 등에 다수의 논문을 게재했으며, 저서로 《연결사회에서의 소통과 공유》 등이 있다.

옮긴이 머리말

이 시대를 규정짓는 가장 중요한 핵심 단어는 기술, 그중에서도 디지털 기술이다. 디지털 기술은 하루가 다르게 변화하고 있다. 예를 들어, 구글이 지배해왔던 검색시장에서도 AI의 등장과 더불어 오픈 AI가 ChatGPT에 기반한 새로운 웹 브라우저 아틀라스를 출시함으로써 향후 몇 년간 검색시장에서 지배적 위치를 놓고 전쟁이 벌어질 기세다. 매년 디지털 시대의 변화를 통계적으로 알려주는 'Did you know'라는 비디오가 있다. 이 비디오의 2025년 버전에는 다음과 같은 내용이 등장한다(https://www.youtube.com/watch?v=FTRJlmN6jeU). "우리는 현재 아직 개발되지도 않은 기술을 사용하여 존재하지도 않는 직업에 대해 학생들을 준비시키고 있고, 우리가 아직 문제라고 인식조차 못하는 문제를 풀고 있다." 급변하는 기술과 밀접한 경영정보시스템 분야에서 대학은 무엇을 어떻게 가르쳐야 할까?

이 책은 이 어려운 질문에 대한 답을 제시한다. '디지털 혁신 전략'으로 번역된 이 책은 급변하는 디지털 시대에 기업이 어떻게 혁신을 이어가야 생존할 수 있는지에 대한 방향을 제시한다. 특히, 끊임없이 등장하는 혹은 등장할 새로운 기술에 집착하기보다는 그런 신기술이 경영에 적용되었을 때 나타나는 혹은 나타날 경제·경영 원리에 바탕을 두고 디지털 혁신 전략을 수립할 수 있도록 함으로써 어떠한 기술이 등장하더라도 학생들이 응용할 수 있는 기본 개념에 대한 이해와 적용 능력을 향상시킨다.

각 장마다 제시된 토론 질문은 거꾸로 학습 방법 수업을 진행하는 데 큰 도움이 되고, 논문 기반의 추천 문헌은 학습자의 개념 이해를 심화하는 데 기여하며 대학원생 대상의 심화학습에 활용할 수 있다. 또한 이 책에 수록된 5개의 사례는 본문에서 배운 개념이 실제 산업 현장에서 어떻게 적용되는지를 보여주며, 토론 질문을 통해 대안을 도출하고 전략을 수립하는 연습을 할 수 있도록 구성되었다. 사례들은 주로 정보재 중심의 서비스 산업을 다루지만 디지털 전환이 확산되는 오늘날에는 거의 모든 산업에 시사점을 제공한다. 따라서 이 책은 학부 고학년생, MBA 및 MS 학위를 추구하는 대학원생은 물론 실무진에게도 유용한 통찰력을 제시한다.

끝으로 이 자리를 빌려 이 책의 번역에 애써준 교수님들과 출판사 관계자 여러분께 진심 어린 감사의 말씀을 드린다. 그 노고를 바탕으로 이 책이 급변하는 디지털 기술 환경 속에서도 흔들리지 않고 미래를 관통하는 통찰력을 얻고자 하는 많은 이들에게 도움을 줄 수 있기를 기대해 본다.

옮긴이들을 대표하여 **박기우**

미리보기

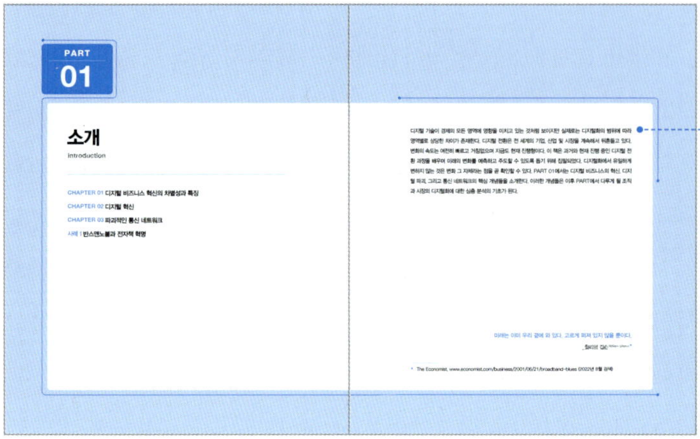

PART 개요문

각 장에서 다루게 될 핵심 개념이나 키워드를 간략히 언급해 학습자가 사전에 학습 초점을 잡을 수 있도록 돕는다.

토론하기

본문의 내용을 실제 사례나 현실 문제와 연결해 생각해 보며 비판적 사고와 응용력을 기를 수 있도록 돕는다.

핵심 요약

해당 장에서 학습한 주요 개념과 내용을 간결히 정리하여 복습과 개념 정리에 도움을 준다.

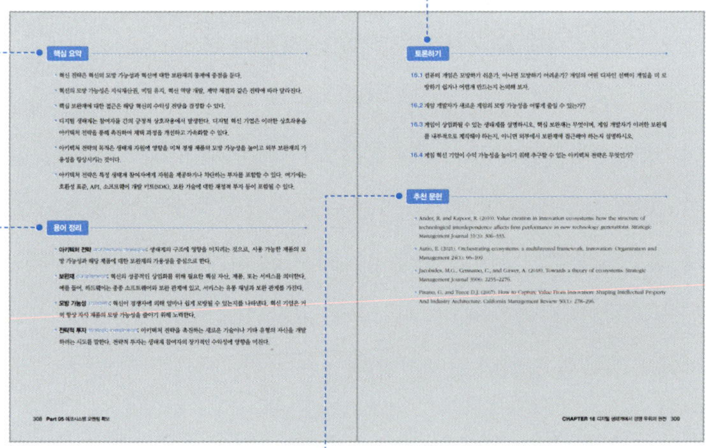

용어 정리

본문에서 다룬 핵심 개념과 전문 용어를 한눈에 확인할 수 있도록 정리하여 학습자의 이해를 돕는다.

추천 문헌

더 깊이 있는 학습을 원하는 독자를 위해 관련 이론서와 참고문헌을 제시하여 확장 학습의 방향을 안내한다.

* 강의 보조자료를 홈페이지(http://www.hanbit.co.kr/academy)에서 다운로드할 수 있습니다.
한빛아카데미 홈페이지에서 '교수회원'으로 가입하신 분은 인증 후 교수용 강의 보조자료를 제공받을 수 있습니다.
홈페이지 상단 '교수전용공간' 메뉴를 클릭하세요.

사례의 소제목

사례의 내용을 큰 단위로 나누어 제시하고 복잡한 상황을 단계적으로 구조화하여 사례의 전개와 논리 흐름을 명확하게 보여 준다.

사례

실제 기업이나 현장의 사례를 통해 이론이 어떻게 적용되는지를 보여주어 학습 내용을 구체적으로 이해하고 현실 감각을 높일 수 있도록 한다.

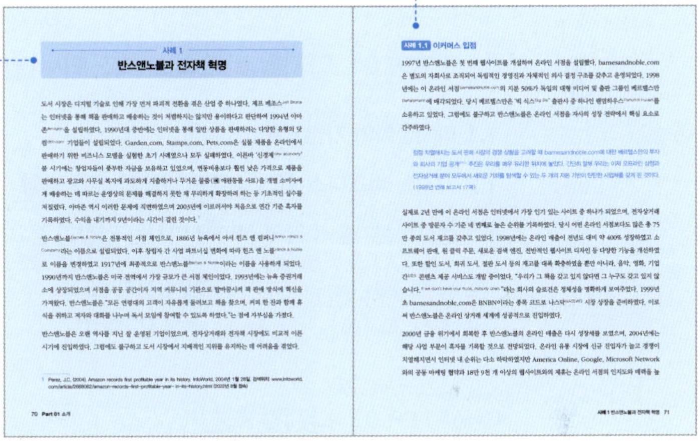

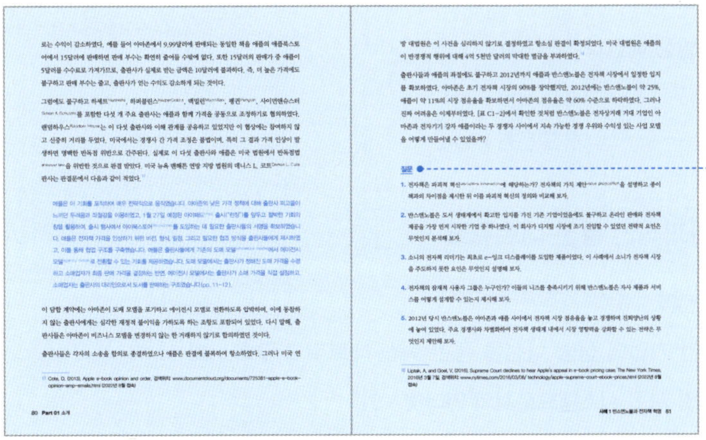

사례 속 질문

실제 상황을 스스로 분석하고 이론을 적용해 보도록 유도하여 사고력과 문제 해결력을 동시에 키울 수 있도록 돕는다.

목차

PART 02 정보 상품 및 출처

CHAPTER 13 디지털 비즈니스 모델

CHAPTER 14 비즈니스 모델 프레임워크

사례 4 —• 우버와 공유 모빌리티의 혁신

PART 05 에코시스템 모멘텀 확보

사례 5 — 스포티파이: "듣는 것이 전부다"

에필로그 차세대 통신 네트워크를 통한 혁신의 기회 인식하기

PART 01

소개

Introduction

디지털 기술이 경제의 모든 영역에 영향을 미치고 있는 것처럼 보이지만 실제로는 디지털화의 범위에 따라 영역별로 상당한 차이가 존재한다. 디지털 전환은 전 세계의 기업, 산업 및 시장을 계속해서 뒤흔들고 있다. 변화의 속도는 여전히 빠르고 거침없으며 지금도 현재 진행형이다. 이 책은 과거와 현재 진행 중인 디지털 전환 과정을 배우며 미래의 변화를 예측하고 주도할 수 있도록 돕기 위해 집필되었다. 디지털화에서 유일하게 변하지 않는 것은 변화 그 자체라는 점을 곧 확인할 수 있다. PART 01에서는 디지털 비즈니스의 혁신, 디지털 파괴, 그리고 통신 네트워크의 핵심 개념들을 소개한다. 이러한 개념들은 이후 PART에서 다루게 될 조직과 시장의 디지털화에 대한 심층 분석의 기초가 된다.

미래는 이미 우리 곁에 와 있다. 고르게 퍼져 있지 않을 뿐이다.

_윌리엄 깁슨 William Gibson*

* The Economist, www.economist.com/business/2001/06/21/broadband-blues (2022년 8월 검색)

CHAPTER 01

디지털 비즈니스 혁신의 차별성과 특징

What is Special about Digital Business Innovation?

새로운 기술이 세상을 밀고 나아갈 때, 그 변화에 함께하지 않으면 그 밑에 깔리게 된다.

_스튜어트 브랜드 Stewart Brand

혁신 innovation이란 변화와 관련된 개념으로, 경제 시스템에 새로운 요소를 도입하는 것을 의미한다. 어떤 유형이든 경제적 또는 조직적 변화를 관리하는 것은 어려운 일이다. 일반적으로 변화의 효과는 불확실하며 참여자들에게 고르게 영향을 미치지 않기 때문이다. 기술 변화를 관리하기 위해서는 새로운 요소와 혼란 속에서도 창의성, 유연성, 인내심을 갖추는 것이 필요하다. 1장에서는 새로운 비즈니스의 디지털 혁신, 즉 디지털 비즈니스 혁신의 주요 특징을 살펴본다. **디지털 비즈니스 혁신** digital business innovation에 대해서는 모든 경제 활동의 핵심 요소인 정보와 커뮤니케이션을 위한 기술 기반의 비즈니스 모델을 개선하는 데 중점을 두었다. 또한 기술 변화의 장기적인 패턴을 살펴보고 디지털 기술이 전자공학과 기기의 결합을 통해 어떻게 등장하고, 이로 인해 발명 자체를 가속화하는 새로운 유형의 기술로 이어지는지 살펴본다.

오늘날 모든 비즈니스가 디지털 비즈니스라고 생각할 수 있다. 기본적인 기능조차 정보통신기술에 의존하지 않는 경제 활동을 상상하기란 어렵기 때문이다. 심지어 식당이나 건설 회사와 같은 가장 전통적인 지역 서비스도 웹사이트, 예약 및 일정 관리 시스템, 디지털 결제 시스템 등을 사용하여 홍보하고 활동한다. 배관공이나 전기 기술자들은 업무 자체가 여전히 수작업과 아날로그 지식에 기반하고 있지만, 스마트폰으로 전화, 문자, 이메일 기능을 사용하여 고객과 소통하고 마케팅의 대부분은 온라인 구전을 통해 이루어지고 있다. 태스크래빗 TaskRabbit이나 파이버 Fiverr와 같은 디지털 노동 시장은 이러한 전통적인 직종에 대해서도 일자리 매칭 과정을 디지털화하고 있다.

하지만 모든 디지털 비즈니스가 동등한 것은 아니다. 어떤 기업은 다른 기업보다 더 높은 수준으로 디지털화되어 있다. 지역 서비스업이나 전통적인 제조 및 서비스 기업처럼 단순히 정보와 커뮤니케이션 기술을 사용하는 기업도 있고, 디지털 기술을 핵심적으로 활용하여 경쟁력을 강화하는 기업도 있다.[1] 후자에는 금융 기관, 신용 평가 서비스, 온라인 소매업체, 항공사 등이 포함된다. 이들은 모두 첫 번째 인터넷 붐 시기에 '오프라인'이라고 불린 물리적 공간에서 운영bricks and mortar되었으며, 개인과 기업 고객에게 구체적인 오프라인 서비스를 제공하였다. 그러나 이제는 기업의 조직 운영 효율성과 혁신은 디지털 기술에 크게 의존하게 되었다. 디지털 기술은 의사소통을 원활하게 할 뿐만 아니라, 업무 조정, 거래 수행, 정보 수집 및 분석을 통해 보다 신뢰할 수 있는 의사결정을 내리는 데 도움을 준다. 한편 디지털 기술의 확산은 불균등하게 나타나지만, 가장 높은 수준으로 디지털화된 기업과 활동을 분석함으로써 아직 최첨단 기술을 도입하지 않은 영역에서도 향후 적용 가능성과 영향을 예측할 수 있다. 이 책은 디지털 비즈니스 혁신을 통해 유용한 디지털 기술의 보급 속도를 더욱 가속화하는 데 기여하는 것을 목표로 한다.

2015년 기준, 가장 디지털화된 산업은 당연히 정보통신기술 분야였고, 이에 반해 디지털화가 가장 적게 된 산업은 농업이었다.[2] 도매업, 공공서비스(전기·수도·가스 등), 금융 산업도 상당한 수준으로 디지털화가 진행된 반면, 소매업, 숙박업, 의료 서비스업은 예상보다 디지털 전환digitization이 상대적으로 늦게 이루어지고 있어 새로운 서비스가 시장에 진입하고 빠른 디지털 전환을 가능하게 할 여지를 남겼다.[3] 불과 수년 후에는 디지털 농업이 본격적으로 성장하기 시작하였다. 이처럼 디지털화의 범위와 속도는 기업 및 산업별로 큰 차이를 보였으며, 이는 대체로 경쟁적·전략적 요인에 기인하였다.

---

1 대통령 과학기술자문위원회. Report to the President and Congress: Designing a Digital Future (2010). 검색위치: https://obamawhitehouse.archives.gov/sites/default/files/microsites/ostp/pcast-nitrd-report-2010.pdf (2022년 8월 접속)

2 맥킨지 글로벌 연구소(McKinsey Global Institute). (2015). Digital America: a tale of the haves and have-mores. 검색위치: www.mckinsey.com/industries/high-tech/our-insights/digital-america-a-tale-of-the-haves-and-have-mores (2022년 8월 접속)

3 Gandhi P., Khanna S., and Ramaswamy S. (2016) Which industries are the most digital (and why)?. 하버드 비즈니스 리뷰(Harvard Business Review), 4월 1일. 검색위치: https://hbr.org/2016/04/a-chart-that-shows-which-industries-are-the-most-digital-and-why (2022년 8월 접속)

1.1 디지털화의 기원

이 책은 주로 정보통신기술(ICT)Information and Communication Technology 기업의 혁신 전략에 초점을 맞춘다. 정보통신기술 기업은 본질적으로 디지털 정보 및 통신 네트워크digital information and communication를 기반으로 구축된 조직으로, 정보 상품과 서비스를 제공하거나 고객을 위한 통신 네트워크를 구축한다. 디지털 기업의 주요 제품과 서비스에는 디지털 콘텐츠 및 미디어, 통신 네트워크, 소프트웨어, 컴퓨팅 서비스 등이 포함된다. 이러한 서비스 중심 기업들은 디지털 사회로의 전환을 주도해 왔으며, 그들의 운영 방식을 연구함으로써 현재는 디지털 기술을 보조적으로 활용하거나 단순 사용자에 머무는 기업들이 향후 디지털 전환 과정에서 마주하게 될 핵심 과제를 확인할 수 있을 것이다.

디지털 전환 연구에서 주목할 만한 사례 중 하나는 오프라인에서 서비스를 제공하면서도 디지털 플랫폼을 기반으로 운영되는 기업들이다. 이러한 개념을 경계 객체boundary object라 부르며, 서로 다른 사회적·경제적 영역을 연결하는 역할을 한다. 맥아피McAfee와 브린욜프슨Brynjolfsson(2017)은 이를 온라인-오프라인(O2O)Online-to-Offline 서비스라 정의했으며, 온라인 정보 통신 시스템이 오프라인 서비스 제공에 필요한 검색, 조정, 매칭을 지원하는 방식을 가리킨다. 대표적인 예로 이베이eBay, 우버Uber, 에어비앤비Airbnb 같은 글로벌 플랫폼뿐 아니라 주택, 신발, 애견 산책, 장보기, 가구 등 실물 재화와 서비스 전반을 다루는 다양한 온라인 시장도 포함된다. 이들 기업은 구체적인 설계와 운영 방식은 서로 다르지만 공통적으로 네트워크 효과에 크게 의존한다. 즉, 사용자가 늘어날수록 플랫폼의 가치도 함께 증가한다. 오프라인 시장에서도 규모의 경제가 작용하지만 온라인 시장은 물리적 한계가 없기 때문에 훨씬 더 빠르게 확장할 수 있다.

디지털 전환은 서비스 산업에만 국한되지 않는다. 정보 기반 서비스 업무는 상대적으로 디지털화가 쉽지만 산업용 사물인터넷(IoT)Internet of Things이나 인더스트리 4.0과 같은 개념은 제조업과 산업 분야 전반에서 디지털화의 필요성을 부각시킨다. 또한 디지털 농업이라는 이름으로 추진되는 다양한 시도는 농업 부문에서도 디지털화의 속도를 높이고 있다.[4] 세계적으로 빠르게 확산되는 이 흐름 속에서 산업 플랫폼은 오프라인에서 온라인으로Offline-to-Online 전환되는 구조로 이해할 수 있다. 물리적 활동에서 생

4 Kite-Powell J. (2020). Welcome to the new world of digital agriculture. 포브스(Forbes), 4월 22일. 검색위치: www.forbes.com/sites/jenniferhicks/2020/04/22/welcome-to-the-new-world-of- digital-agriculture/?sh=57608b8d10ce (2022년 8월 접속)

성된 데이터는 정보 시스템으로 전송되어 통합·조직·분석 과정을 거치며, 그 결과는 후속 의사결정을 지원한다. 다만, 기업마다 디지털 전환 속도와 방식은 크게 다르며, 이는 주로 경쟁 환경과 전략적 선택에서 비롯된다.

사물인터넷 개념은 비교적 최근에 등장해 급진적으로 보일 수 있지만, 제조업과 농업 분야[5]에서는 디지털 기술이 오랜 시간 점진적으로 도입되어 왔다. 초기에는 자동화, 시스템 공학, 메카트로닉스라는 이름 아래 발전이 이루어졌다. 이들 기술은 컴퓨터와 계측 장비를 활용해 시스템의 물리적 상태를 측정하고 제어하는 데 중점을 두었다. 1970년 이전까지는 기계식 장비와 제어 기술의 발명이 자동화를 이끌었고, 1970년대 이후에는 전자 기술로 전환되면서 자동화 수준이 크게 향상되었다. 2000년대에 들어서는 고도화된 생산 시스템이 무선 통신을 빠르게 도입했고, 최근에는 산업용 사물인터넷과 5G(초고속·대역폭 무선 통신)의 결합으로 전체 시스템을 디지털 트윈digital twins 방식으로 구현하여 원격으로 운영하는 것이 가능해졌다.

1.2 디지털 비즈니스 혁신의 주요 과제와 대응 방향

디지털 비즈니스digital business란 핵심 프로세스가 정보통신기술에 의존하여 제품이나 서비스를 제공하는 모든 비즈니스를 의미하며, 일반적으로 정보 기반 제품이나 통신 서비스를 제공한다. 여기서 **디지털**digital이란 이진binary 컴퓨터 코드로 변환되어 컴퓨터와 통신 네트워크를 통해 처리되고 전송될 수 있는 정보 통신을 의미한다. 인터넷과 기타 통신 네트워크가 사회적·비즈니스 관계에서 매우 높은 연결성을 가능하게 만든 점에 주목해야 한다. 정보의 사회적 가치는 그 정보가 어떻게 공유되고 연결되는지에 따라 크게 달라진다.

혁신은 새로운 가치를 창출하는 과정이며, 그 결과는 사전에 정의하기 어렵고 성공 여부도 불확실하다. 기술적 또는 비즈니스적 발명을 통해 새로움을 만들기 위해서는 반드시 창의적 단계creative step가 필요하다. 연구개발R&D이나 신규 사업 개발 프로젝트에서는 더 빠른 연산 성능과 같은 구체적인 목표를 설

5 Bryan, S., Fiocco, D., Issler, M., Perdur, R. S. M. (2020). Creating value in digital-farming solutions. 맥킨지(McKinsey), 2020년 10월 20일. 검색위치: www.mckinsey.com/industries/agriculture/our-insights/creating-value-in-digital-farming-solutions# (2022년 8월 접속)

정할 수 있지만 목표가 크고 도전적일수록 실패 가능성도 높아진다. 예를 들어, 마이크로프로세서 속도를 10배 향상시키려는 급진적 혁신radical innovation은 높은 위험을 수반한다. 이처럼 미래를 바꾸려는 시도는 본질적으로 예측하기 어렵고 정량화하기도 쉽지 않다.[6]

혁신은 기술적 불확실성과 시장 불확실성이라는 두 가지 문제에 직면할 수 있다. **기술적 불확실성**technical uncertainty은 프로젝트의 기술적 목표를 실제로 달성할 수 있는지와 관련된다. 예를 들어, 더 빠른 마이크로프로세서를 개발하려면 하나의 칩에 더 많은 트랜지스터를 집적하고 더 높은 주파수에서 작동하도록 만들어야 한다. 그러나 제조 공정을 나노미터 이하로 축소할 수 있는지, 고주파 작동을 가능하게 할 새로운 과학적 발견이 있을지는 초기 단계에서 알 수 없다.

시장 불확실성market uncertainty은 프로젝트가 상업적으로 성공할 수 있을지 예측하기 어려운 상황을 의미한다. 더 빠른 연산 성능에 대한 수요는 꾸준히 있었지만 모바일 컴퓨팅이 확산되면서 전력 소모가 적은 칩에 대한 수요가 급격히 늘어났다. 모바일 기기에서는 배터리 수명이 핵심 성능 지표이며, 속도는 오히려 부차적인 요소가 되기도 한다. 이러한 변화 속에서 인텔의 고성능 프로세서는 에너지 효율성이 뛰어난 ARM의 저전력 RISC 설계에 시장 점유율을 상당 부분 내주었다. 이 사례는 시장의 불확실성이 이미 성공을 거둔 기업조차 위기에 빠뜨릴 수 있음을 보여준다.

디지털 시장에서 정보와 커뮤니케이션 제품이 중심이 될 때, 사용자 행동은 또 다른 불확실성의 원인이 된다. 이러한 **행동 불확실성**behavioral uncertainty은 시장 불확실성의 하위 범주로 볼 수 있다. 특히 정보통신기술이 사회 집단에서 활용될 경우 그 과정에서 어떤 의도치 않은 결과가 나타날지는 예측하기 어렵다. **기술의 사회적 구성**social construction of technology은 사용자 간의 상호작용, 사용자와 기술 사이의 상호작용을 통해 기술을 해석하고 받아들이며 일상 속에 자리잡아 가는 과정을 의미한다.[7] 이 과정에서 제품의 가치를 높이는 혁신적인 행동이 나타나기도 하고, 반대로 가치를 떨어뜨리는 부정적인 행동이 나타나기도 한다. 예를 들어 밈meme처럼 자발적으로 생산된 콘텐츠가 확산되어 제품의 가치를 높이는 긍정적 사례가 있는 반면, 극단주의 성향의 사용자 그룹이 플랫폼 이미지를 손상시키는 부정적 사례도 있다. 정보통신기술 기반 서비스는 높은 **생성력**generativity을 지니고 있어 다른 혁신으로 이어질 가능성이

6 Knight, F. (1921). Risk, Uncertainty, and Profit. Boston, MA: Hart, Schaffner and Marx.

7 Bijker, W. E., Hughes, T. P., and Pinch, T., eds. (1987). The Social Constructions of Technological Systems. Cambridge, MA: MIT Press.

크기 때문에 행동 불확실성 역시 크다.[8] 따라서 혁신 전략의 중요한 과제는 이러한 다양한 불확실성을 효과적으로 관리하는 것이다.

1.3 정보통신기술이 경제 성과에 미치는 영향과 중요성

2010년 미국 대통령 과학기술자문위원회는 디지털 기술이 경제 경쟁력의 핵심 동력이자 에너지, 교통, 보건, 교육, 국방 등 여러 분야에서 정책 목표를 달성하는 데 필수적인 수단이라고 밝혔다. 디지털 기술은 과학과 기술 혁신을 가속화하고 거의 모든 분야에서 새로운 발견을 촉진하며 개방형 정부open government 실현에도 중요한 역할을 한다는 점이 강조되었다. 이후 2020년까지 미국 정부는 건강, 에너지, 환경과 같은 전통적인 영역을 넘어 5G 통신, 인공지능, 첨단 제조, 자율주행 교통, 사이버 보안, 개인정보 보호, 양자 정보 과학을 과학기술의 핵심과제로 선정하였다. 이 과정에서 과학기술 정책의 상당 부분이 디지털 중심 정책으로 전환되었음을 확인할 수 있다. 디지털 산업은 50년 이상 빠른 혁신을 이어왔음에도 여전히 기술 변화의 속도가 빠르게 유지되고 있다. 과거의 정보통신기술은 발전하고 퍼지는 데 10년 이상이 걸렸지만, 오늘날의 디지털 산업은 훨씬 빠른 속도로 기술이 진화하고 있다.

디지털 기술의 발전은 전례 없는 비즈니스 혁신의 기회로 이어졌다. [표 1-1]의 미국 시가총액 기준 상위 10개 기업의 변화를 보면 디지털 경제의 역동성을 확실히 느낄 수 있다. 2000년에는 석유, 제약, 소매, 은행과 일반 제조업이 산업을 주도하였다. 당시에는 인터넷 인프라의 확장과 마이크로소프트Microsoft와 인텔Intel의 합성어인 윈텔Wintel의 데스크톱 컴퓨팅이 지배하던 시기였다. 보다폰Vodafone은 글로벌 3G 네트워크를 구축하기 위해 분주했고, 2010년까지도 석유 산업은 여전히 시가 총액 상위권에 있었다. 하지만 2020년에는 시가 총액 상위 10개 기업 중 디지털 기업의 수가 두 배 이상 증가하였다. 아마존Amazon, 알파벳Alphabet, 알리바바Alibaba, 페이스북Facebook, 텐센트Tencent와 같은 기업들은 1990년대 후반에서 2000년대 초반에 탄생한 새로운 유형의 디지털 서비스 기업들로, 정보통신기술의 발전을 거대한 사업 기회로 전환시킨 대표 사례다.

8 See Zittrain, J.L. (2006). The generative internet. Harvard Law Review 119: 1974-2040.

표 1-1 세계 시가총액 상위 기업의 변화(2000~2020년)

순위	2000년	2010년	2020년
1	제너럴 일렉트릭	페트로차이나	**Microsoft**
2	**시스코**	엑손 모빌	**애플**
3	엑손 모빌	**마이크로소프트**	**아마존**
4	화이자	ICBC	**알파벳**
5	**마이크로소프트**	**애플**	**알리바바**
6	월마트	BHP 빌리턴	**페이스북**
7	**시티그룹**	월마트	**텐센트**
8	**보다폰**	버크셔 해서웨이	버크셔 해서웨이
9	**인텔**	제너럴 일렉트릭	**비자**
10	로열 더치 쉘	**차이나 모바일**	존슨 앤 존슨

* 굵게 표시된 기업은 디지털 기업이다.

참고: 2000년경에는 디지털화가 이미 상당히 진행되고 있었음에도 불구하고, 비(非)디지털 기업들이 2010년대까지 가치 창출의 과정을 주도하였다. 그 이후 10년 동안 디지털 플랫폼 기업들은 전례 없는 글로벌 규모로 성장하였으며, 각자의 시장과 전체 경제에서 매우 강력한 영향력을 갖는 존재로 자리잡았다.

출처: https://en.wikipedia.org/wiki/List_of_public_corporations_by_market_ capitalization#2020 (2022년 8월 접속)

디지털 기업이 경제에서 우위를 점하게 된 가장 근본적인 이유는 정보통신기술이 경제를 움직이는 핵심 동력이 되었기 때문이다. 정보통신기술은 경제와 사회의 기본적이고 필수적인 기능을 원활히 수행하도록 지원했으며, 모든 산업 분야에 적용 가능한 **범용 기술**general purpose technologies로 작용했다. 우리가 내리는 모든 결정과 행동은 다음과 같은 일련의 과정에 기반한다.

커뮤니케이션 → 정보 → 결정 → 조치

커뮤니케이션과 그 과정에서 수집된 정보는 일자리나 식당을 찾는 것에서부터 시장 진입과 제품 디자인에 대한 비즈니스 의사결정, 투표와 건강 정책, 나아가 전쟁과 혁명과 같은 사회적 결정에 이르기까지 우리의 모든 활동에 영향을 준다. 커뮤니케이션 기술을 통해 관련 정보에 더 쉽게 접근하거나 다른 사람들과 협력할 수 있다면 우리는 더 많고 더 나은 결정을 내릴 수 있으며 다양한 행동으로 이어질 수 있다. 구매 결정을 예로 들어 보자. 우리는 어떤 정보를 바탕으로 선택했고 그 과정에서 어떤 통신 네트워크를 활용했는가? 예를 들어 새 휴대전화를 구입하려고 할 때, 먼저 소셜 네트워크를 통해 지인들이 어떤 제품을 쓰는지 확인할 수 있다. 또한 최신 제품 리뷰를 제공하는 비교 사이트를 검색하거나 방문할 수도 있다. 추천 글이나 기술 정보를 참고해 여러 웹사이트에서 성능을 비교하고, 가격 비교 서비스를 이용해 가장 합리적인 가격을 찾는다. 이런 과정을 거쳐 충분한 정보를 얻은 후에는 특정 오프라인 매장을 방문해 실제로 구매하게 된다. 이처럼 제품과 가격을 둘러싼 정보와 커뮤니케이션의 생태계가 이미 완전히 형성되어 있다. 개별 소매업체는 정보 네트워크에서 자사 제품에 관한 정보를 완전히 통제하기 어렵다. 또한 정보 생태계의 일부가 빠지거나 불충분하면 소비자가 최적의 의사결정을 내리기 힘들어진다.

정보통신기술은 **발명 기계**invention machine라고도 불린다.[9] 이 기술은 발견과 개발 과정을 더 효율적으로 만들어 과학적 진보를 가속화한다. 발명 과정에서 계측 도구가 중요한 것처럼 데이터와 정보의 수집, 분석, 적용은 새로운 지식과 신기술 창출에 핵심적인 역할을 한다. 현미경이 생물 과학에 미친 영향을 생각해 보자. 현미경이 없었다면 과학자들은 세포, 단백질, 유전자, 분자, 원자, 미생물을 발견하지 못했을 것이다. 현미경은 의학을 비롯한 여러 과학 분야에 혁명을 가져왔으며, 환경 과학과 공학의 발전에도 크게 기여했다. 나아가 현대 의학과 신소재 개발을 가능하게 한 기반 기술이었다. 따라서 현미경은 다양한 산업과 기술 분야에 적용할 수 있는 범용 기술이자, 발견을 가속화하고 새로운 발명을 이끈 발명 기계였다. 수집된 정보는 커뮤니케이션, 전송, 의사결정, 행동으로 이어지는 과정에 투입된다. 정보의 수집, 검색, 전달 기술은 사회와 경제 활동에서 핵심적 역할을 하기 때문에 이들의 발전은 사회 구조와 기능을 바꾸어 놓을 정도로 큰 영향을 미친다.

오늘날 경제에서 다양한 컴퓨터와 통신 기기는 주요 도구로 기능하며 데이터 수집의 상당 부분을 담당한다. 사람들은 소셜 미디어에서 상호작용하고, 스마트폰에서 모빌리티 앱을 사용하며, 커넥티드 카를 운전한다. 상품을 구매하기 위해 웹 페이지를 탐색할 때도 디지털 서비스 제공업체가 관련 데이터를 수집·집계·분석한 후 의사결정과 실행에 활용한다. 또한 다양한 신체 활동 센서도 계측 장치로 사용된다. 이들 센서는 물리적 대상의 상태나 움직임을 감지할 수 있다. 예를 들어, 엔진에 장착된 센서는 엔진이나 부품의 방향, 움직임, 온도, 진동을 측정한다. 무선으로 연결된 센서는 데이터를 원격 컴퓨터로

9 See Koutroumpis, Pantelis, Leiponen, Aija, and Thomas, Llewellyn D.W. (2020). Digital instruments as invention machines. Communications of the ACM, 64(1): 70–78. 검색위치: https://dl.acm.org/doi/fullHtml/10.1145/3377476 (2022년 8월 접속)

전송하여 분석하게 하고, 그 결과 자율적으로 혹은 사람의 도움을 받아 엔진 작동을 수정하는 의사결정을 내리고 조치를 취할 수 있다.

정보 통신 기기가 오랜 기간 경제적·사회적·기술적·과학적으로 막대한 영향을 미쳐 온 점을 고려하면 데이터와 분석 기능이 대규모로 네트워크화될 경우 새로운 기술적·경제적 변화가 일어날 것으로 보인다. 이미 인터넷의 확산이 세상을 바꿔 놓았듯 사물인터넷을 통한 물리적 사물과 활동의 디지털 연결성 역시 앞으로 수십년간 과학적·경제적 발전에 큰 영향을 미칠 것이다.

핵심 요약

- 정보 및 통신은 의사결정에 있어서 매우 중요한 요소이다.
- 디지털화는 사람과 조직이 정보를 찾고, 수집하고, 분석하고, 소통하는 방식을 변화시킨다.
- 빠르게 진화하는 정보 및 통신 기술은 과학적 발견과 기술 채택의 속도와 방향에 영향을 미친다.
- 기기, 컴퓨터, 통신 네트워크는 경제에 새로운 혁신의 물결을 가져올 사물인터넷을 만든다.

용어 정리

- **행동 불확실성** behavioral uncertainty: 새로운 기술을 채택할 때 사용자 행동과 관련이 있으며, 사용자가 새로운 디지털 제품 및 서비스에 어떻게 반응하고 참여하는지 예측하기 어렵게 만든다.
- **디지털** digital: 이진 코드로 변환되어 컴퓨터와 통신 네트워크를 사용하여 처리 및 전송할 수 있는 정보 및 통신을 의미한다.
- **디지털화** digitalization: 개인, 조직, 사회가 디지털화된 데이터, 인공물, 프로세스를 채택하고 사용하는 사회적, 경제적 과정을 말한다.
- **디지털 비즈니스** digital business: 핵심 프로세스에서 정보 및 통신 기술에 의존하여 제품과 서비스를 제공하는 모든 비즈니스(일반적으로 정보 상품 또는 통신 서비스)를 말한다.
- **디지털 비즈니스 혁신** digital business innovation: 새로운 형태의 경제 활동을 가능하게 하는 향상된 정보 및 커뮤니케이션 기술을 다룬다.
- **디지털 전환** digitization: 아날로그 또는 물리적 대상이나 절차를 디지털 형태 또는 디지털 기반으로 작동하는 대상이나 절차로 변환하는 기술적 과정을 의미한다.[10]
- **생성력** generativity: 기술이 추가적인 혁신을 끊임없이 만들어낼 수 있는 능력이다.
- **범용 기술** general purpose technologies: 경제와 사회의 가장 기본적이고 핵심적인 기능들을 가능하게 하

10 Gradillas, M. and L. D. W. Thomas, "Digi–what? Distinguishing digitization and digitalization," Unpublished Working Paper, 2021.

고 가속화하는 기술로, 경제 전반의 모든 영역에 적용될 수 있는 특징을 가지고 있다.

- **혁신** innovation: 변화에 관한 것으로, 경제 시스템에 새로운 것을 도입하는 과정을 의미한다.
- **발명 기계** invention machines: 과학적 발견과 기술 개발 과정을 보다 효과적으로 만들어 다양한 분야에서 과학의 진보를 가속화하는 범용 기술을 말한다.
- **시장의 불확실성** market uncertainty: 해당 프로젝트가 상업적 목표를 달성할 수 있을지 판단하기 어렵게 만드는 요인이다.
- **기술의 사회적 구성** social construction of technology: 다른 사람들과 협력하거나 소통하는 데 사용되는 새로운 기술을 채택할 때 새로운 사회적 관행을 학습하고, 사용하고, 이해하고, 창조하는 사회적 과정이다.
- **기술적 불확실성** technical uncertainty: 프로젝트의 기술적 목표를 달성할 수 있는지 여부를 평가하기 어렵게 만든다.

토론하기

1.1 최근에 디지털화된 정보 소스와 아직 디지털화되지 않은 정보 소스를 생각해 보자. 후자가 향후 5년 내에 디지털화될 것이라고 생각하는가? 디지털화를 위해 필요한 기술과 그 이외에 필요한 자원은 무엇이며, 디지털화가 이루어지지 않을 수 있는 이유는 무엇인가?

1.2 현대 자동차에는 여러 대의 카메라와 같은 60~100개의 디지털 센서와 기기가 있다.[11] 자동차의 특정 센서 유형을 선택하고 수집하는 정보, 해당 정보가 분석되는 방식, 생성된 인사이트가 어떤 종류의 의사결정에 영향을 미칠 수 있는지 설명해 보자.

1.3 [표 1-1]의 2020년 열에 있는 디지털 기업 중 한 곳을 골라 그 기업이 어떻게 '커뮤니케이션 → 정보 → 결정 → 조치'를 유리하게 사용하여 업계를 지배했는지 설명하라. 예를 들어, 이 회사는 어떻게 첨단 커뮤니케이션 기술을 활용해 경쟁사가 갖지 못한 정보를 확보하고 더 나은 결정을 내려 경쟁 우위를 추구했는가?

11 Tyler, N. (2016). Demand for automotive sensors is booming. New Electronics, 2016년 12월 14일.
검색위치: www.newelectronics.co.uk/content/features/demand-for- automotive-sensors-is-booming (2022년 8월 접속)

1.4 2020년 미국 정부의 과학 및 기술 우선순위에는 5G 통신과 인공지능[AI]이 포함되어 있다. 이 기술들은 어떻게 통신 분야에 적용될까? 1.3에서 분석한 회사가 향후 몇 년 안에 5G와 AI를 어떻게 적용할 가능성이 있는지 설명하라.

추천 문헌

- Koutroumpis, Pantelis, Leiponen, Aija, and Thomas, Llewellyn D.W. (2020). Digital instruments as invention machines. Communications of the ACM 64(1): 70–78.
- McAfee, Andrew and Brynjolfsson, Erik (2017). Machine, Platform, Crowd: Harnessing
- Our Digital Future. New York: W.W. Norton n Co.
- Pinch, Trevor J. and Bijker, Wiebe E. (1984). The social construction of facts and artefacts: or how the sociology of science and sociology of technology might benefit each other. Social Studies of Science 14(3): 399–441.
- Zittrain, Jonathan (2008). The Future of the Internet – And How To Stop It. New Haven and London: Yale University Press.

CHAPTER 02

디지털 혁신

Digital Disruption

혁신은 다면적인 과정으로 제품, 프로세스, 서비스 중 하나 또는 이들 전체를 포함할 수 있다. 혁신은 급진적일 수도 있고 점진적일 수도 있으며 때로는 혁명적이기도 하다. 핵심은 경제 시스템에 새로움을 도입하는 데 있다. 따라서 혁신은 단순히 특허와 같은 추상적 발명에 머무르지 않고 실제 경제 활동 속에서 개발되고 채택되며 적용되는 구체적 현상이다. 발명이 과학적·기술적 변화[1]를 이끌 수는 있으나 혁신처럼 경제적 변화를 직접적으로 창출하지는 못한다.

혁신이 미치는 경제적 영향은 해당 기술의 특성뿐 아니라 그 기술이 도입되는 시장과 조직의 상황에 의해 달라진다. 기술 혁신은 성능 향상 수준에 따라 급진적일 수도 있고 점진적일 수도 있다. 또한 기존 역량을 강화하는 혁신competence-enhancing일 수도 있고, 기존 역량의 가치를 무력화하거나 대체하는 혁신competence-destroying일 수도 있다. 이는 조직적 맥락에 따라 달라지며 기술 변화의 상업화를 누가 주도할 수 있을지를 판단하는 기준이 된다. 일반적으로 급진적 혁신은 점진적 혁신보다 큰 가치를 지니지만 새로운 역량을 요구하며 기존 역량의 가치를 약화시키거나 무력화할 수 있다. 초기 단계에서는 어떤 역량에 투자해야 하는지조차 명확하지 않은 경우도 많다. 특히 급진적이면서 역량을 파괴하는 혁신은 높은 수준의 기술적 불확실성technical uncertainty과 관련된다. 이번 장에서는 혁신이 기존 비즈니스 모델을 유지할지 혹은 붕괴시킬지를 중심으로 시장에 미치는 영향을 살펴본다. 일반적으로 파괴적 혁신disruptive innovation은 극단적인 수준의 시장 불확실성market uncertainty을 유발하는 것으로 나타났다.

1 과학과 공학의 기술적 응용에 대한 지식의 의미로 '기술'이라는 단어를 사용한다.

2.1 파괴적 혁신의 새로운 성능 궤적 제시

파괴적 혁신은 혁신가와 관리자 모두에게 두려움과 동시에 큰 관심을 불러일으킨다. 그러나 이 개념은 명확히 정의되지 않거나 오해되는 경우가 많다. 이 장에서는 파괴적 혁신의 의미와 그렇지 않은 경우를 구분하고 그로 인한 경쟁적 함의competitive implication를 함께 살펴본다. 특히, 파괴 이론disruption theory이 지닌 예측력의 한계를 이해하는 것이 중요하다. 파괴적 혁신이 발생하는 순간을 사전에 관찰하기는 거의 불가능하며, 기업은 변화에 대비할 수는 있지만 그 시기와 규모를 정확히 예측하기는 매우 어렵다.

대부분의 혁신은 점진적이고 누적적인 성격을 띤다. 이러한 혁신 기업들은 제품을 지속적으로 개선하면서 기존 시장에서 더 효과적으로 경쟁할 수 있다. 이와 같은 유형은 **지속적 혁신**sustaining innovation으로, 기존의 성능 궤적을 따라 더 많은 가치를 제공하거나 성능을 향상시키는 방식이다. 이미 확립된 성능 지표 내에서 개선하는 것이 한 예가 될 수 있다. 칩 하나에 집적되는 트랜지스터 수가 지속적이고 어느 정도 예측 가능하게 증가함에 따라 이러한 혁신은 장기간에 걸쳐 컴퓨터 성능을 꾸준히 향상시켜 왔다. 그러나 지속적 혁신이 반드시 점진적 혁신만을 뜻하는 것은 아니다. 때로는 급진적이거나 기존 역량을 무력화하는 혁신일 수도 있다. 새로운 반도체 소재의 등장이 그 대표적인 사례다. 박막 비정질 질화붕소thin-film amorphous boron nitride의 발견은 무어의 법칙moore's law을 연장시켜 마이크로칩에 더 많은 트랜지스터를 집적할 수 있는 가능성을 보여준다.[2] 이 소재의 제조에는 기존 재료들과는 전혀 다른 기술이 필요하지만 컴퓨터 칩의 처리 성능을 높인다는 점에서 기존 기술의 발전 흐름을 이어가고 있다. 즉, 반도체 제조업체 입장에서는 기존 역량을 파괴하는 혁신일 수 있지만 컴퓨터 사용자 입장에서는 이전 기술들과 마찬가지로 동일한 요구를 충족시키기 때문에 지속적 혁신에 해당한다.

파괴적 혁신disruptive innovations은 완전히 새로운 성능의 방향(궤적)을 제시하거나 기존에 중요하게 여기지 않았던 성능 요소를 중심으로 가치를 창출하는 혁신을 의미한다(Christensen, 1997). 예를 들어, 컴퓨팅 산업에서는 처리 속도 향상을 중심으로 발전해왔지만, 모바일 기기로의 전환은 그 흐름을 뒤흔든 파괴적 혁신이었다. 당시 소비자들은 성능이 다소 낮더라도 이동성과 편의성을 선택했다. 기존 컴퓨

2 The Economist. (2020). A new material helps transistors become vanishingly small. The Economist, 2020년 7월 18일. 검색위치: www.economist.com/science-and-technology/2020/07/18/a-new-material-helps-transistors-become-vanishingly-small (2022년 8월 접속)

터의 가치 제안이 복잡한 프로그램 실행을 위한 높은 처리 능력에 있었다면, 새로운 가치 제안은 가벼운 무게, 긴 배터리 수명, 무선 연결 등 이동성을 중심으로 형성되었다. **가치 제안**value proposition은 고객에게 차별화된 가치를 제공하는 제품의 특징을 설명하고 고객이 왜 해당 제품을 선택해야 하는지를 보여주는 것이 핵심이다. 시장 변화가 일어나면, 기존에 고성능 중심의 가치 제안에 익숙했던 고객들은 새로운 제품에 부정적으로 반응하며 기존 제품과 그 가치를 계속 선호할 수 있다. 반면, 과거에 충분한 제품 혜택을 받지 못했거나 시장의 관심에서 벗어나 있던 신규 고객층은 새로운 가치 제안을 긍정적으로 받아들이고 적극적으로 수용할 가능성이 크다. 이러한 소외된 고객층의 규모가 충분히 크다면, 새로운 가치 제안이 업계의 주류로 자리 잡을 수 있다.

모바일 컴퓨팅 혁신은 기술 발전을 크게 이끌었지만, 일부 성능은 오히려 낮아지기도 했다. 이러한 변화는 기존 반도체 업체(예 인텔)에게 역량을 무력화하는 혁신competence-destroying innovation이었다. 반면, 퀄컴Qualcomm이나 삼성Samsung과 같은 칩 제조업체에게 새로운 기회를 제공하였다. 이들은 인텔의 전통적인 칩 설계보다 훨씬 에너지 효율적인 ARMAdvanced RISC Machine 기반 설계를 활용해 칩을 개발했다. 그러나 모바일 전환 과정에서 가장 주목할 점은 소비자 행동의 변화였다. 시간이 지나면서 소비자들은 모바일 기기를 주요 연결 수단으로 사용하기 시작했고 전문 사용자들조차 고성능 데스크톱 대신 저전력 노트북이나 휴대용 기기로 전환하였다. 2015년경에는 모바일 기기만 사용하는 사용자 수가 데스크톱만 사용하는 사용자 수를 넘어섰으며 인터넷 트래픽의 대부분도 모바일 기기로 이동하였다.[3] 이와 같은 폭넓은 행동 변화는 모바일 컴퓨팅이 새로운 표준으로 자리잡는 데 기여했고 결과적으로 모바일 기기용 칩 시장이 고성능 데스크톱 컴퓨터 및 워크스테이션용 칩 시장을 앞지르는 결과를 가져왔다.

모바일 컴퓨팅이라는 파괴적 혁신은 컴퓨팅 산업과 인터넷 서비스 산업 모두에 중대한 변화를 가져왔다. 컴퓨터는 소형화되고 무선 연결이 가능해야 했으며, 인터넷 서비스는 작은 화면과 제한적이거나 간헐적인 접속 환경에 적응해야 했다. 주요 모바일 기기 혁신을 살펴보면 대부분은 기존 하드웨어 제조업체가 아닌 신규 진입자에 의해 주도되었다. 초기 스마트폰은 팜Palm과 블랙베리BlackBerry와 같은 소형 휴대용 전자기기 제조업체가 선도했다. 노키아Nokia도 통신 기능이 강화된 스마트 기기communicator device로 시장 진입을 시도했지만 2010년 무렵 애플Apple의 아이폰iPhone에 의해 주도권을 잃었다. 구글Google

3 Petrov, C. (2022). Mobile vs. Desktop Usage Statistics. Techjury, 2022년 8월 14일. 검색위치: https://techjury.net/blog/mobile-vs-desktop-usage/#gref (2022년 8월 접속)

도 G폰G-phone으로 진입을 시도했으나 빠르게 철수하고 새로운 모바일 운영체제인 안드로이드Android에 집중하였다. 삼성Samsung은 비교적 후발 주자로 시장에 진입했으나 성공적인 디자인과 기술을 모방한 제품을 중심으로 입지를 다졌다. 개인용 컴퓨터 산업의 IBM 호환IBM-compatible 계열 컴퓨터 제조사들은 모바일 컴퓨팅 시장에 진입하지 않았다. 오히려 IBM은 2005년에 자사의 PC 사업부를 중국의 레노버Lenovo에 매각하고 시장에서 철수한 상태였다. 델Dell과 HP 같은 주요 PC 제조사들은 노트북 시장에 머물렀지만 이 시장은 빠르게 범용 제품commoditization으로 전환되었다. 결과적으로 [그림 2-1]에서 확인할 수 있듯 모바일 컴퓨팅의 등장은 컴퓨터 산업 전반의 경쟁 구도를 급격히 변화시켰다.

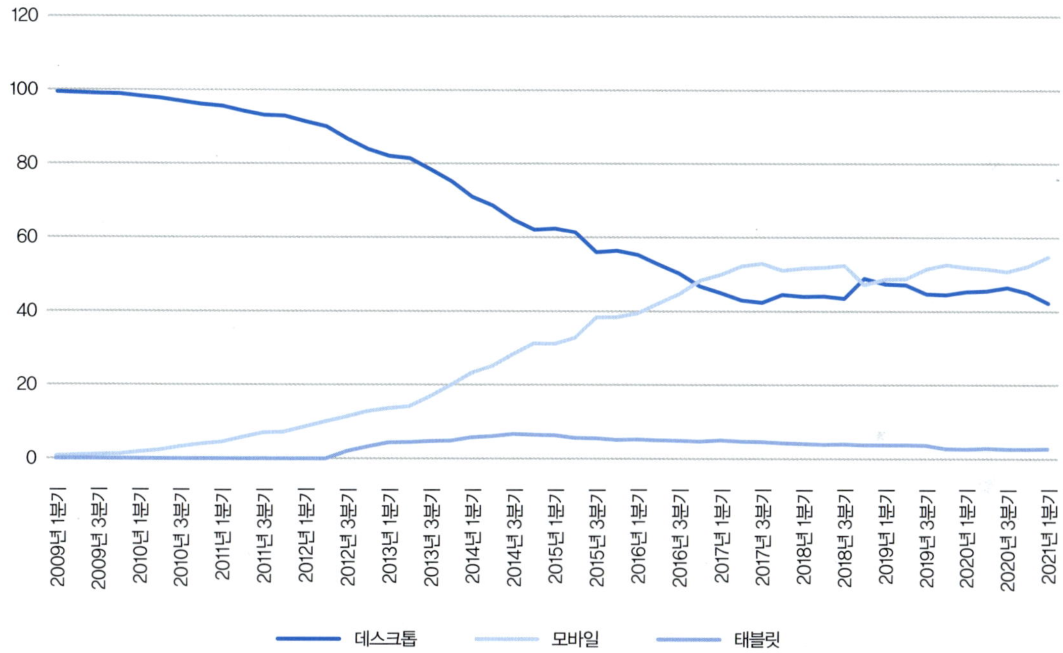

그림 2-1 기기 유형별 전 세계 웹사이트 트래픽

참고: 2009년 이후 모바일 기기를 통한 인터넷 접속은 매우 빠르게 확산되었으며, 2016년에는 모바일 기기가 데스크톱을 넘어 인터넷 접속의 주요 수단으로 자리잡았다. 반면, 태블릿은 모바일이나 데스크톱에 비해 시장 점유율을 크게 확보하지 못했다.

출처: StatCounter 글로벌 통계. 검색위치: https://gs.statcounter.com/platform-market-share/ desktop-mobile-tablet/worldwide/#quarterly-200901-202101 (2021년 8월 접속)

2.2 기존 기업의 혁신 장애 요인

파괴적 혁신에 대한 시장 반응은 상당한 불확실성을 수반하기 때문에 기존 기업들은 대체로 기존 고객들의 피드백을 따르는 경우가 많다. 기존 시장의 규모가 크고 수익성이 높으며 성장세에 있다면 굳이 수익성이 높은 고객에게 잘 맞지 않는 파괴적 혁신을 도입할 이유가 없다. 이것이 크리스텐슨Christensen(1997)이 제시한 혁신가의 딜레마innovator's dilemma이다. 그러나 이러한 상황에서는 변화의 속도를 관리하는 것이 전략적으로 중요하다. 디지털 혁신은 시간이 지남에 따라 빠르게 발전하는 경향을 보이며 초기에는 조악해 보였던 기술도 몇 년 안에 일반 기업 고객이 받아들일 만큼 충분히 개선될 수 있다. 모바일 컴퓨팅에서 나타난 파괴적 혁신을 생각해 보자. 초기 모바일 기기는 많은 응용 프로그램을 실행하기에는 처리 성능이 부족했으나 5~10년 후에는 거의 모든 응용 프로그램을 충분히 실행할 수 있는 수준에 도달하였다. 이 시점에서 만약 파괴적 혁신이 기존 성능과 새로운 성능 요소 모두에서 충분히 우수하다면 기존 기업의 제품은 시장에서 밀려날 수 있다. 그 결과 새로운 제품은 소외되었던 기존 고객층뿐 아니라 기존 가치 제안을 선호했던 전통적인 고객층에게도 더 매력적인 선택지가 될 수 있다.

오픈 소스 소프트웨어(OSS)Open-Source Software 시스템은 파괴적 혁신의 역동성을 보여주는 대표적인 사례다. 리눅스Linux와 다른 OSS 운영체제가 처음 등장했을 때에는 윈도우Windows와 같은 상업용 소프트웨어 패키지와 경쟁할 만한 대안으로 간주되지 않았다. OSS는 주로 대학 연구실과 학계, 그리고 학생들의 자발적인 활동 속에서 발전하였고, 오랫동안 소프트웨어 시장에 뚜렷한 영향을 미치지 않는 것처럼 보였다. 그러나 시간이 흐르면서 대학에서 OSS를 통해 운영체제를 학습한 학생들이 졸업 후 기업의 컴퓨터 시스템을 구축하거나 관리하는 역할을 맡게 되었다. 이들은 충분한 IT 역량을 갖춘 기업이라면 대규모 조직에서도 OSS를 도입할 수 있다는 사실을 확인하였다. 다만 중소기업은 자사 환경에 맞게 OSS를 조정할 기술력과 자원이 부족했기 때문에 무료라는 매력적인 가격에도 불구하고 활용에는 제약이 있었다. 이 과정에서 컴퓨터공학 전공자들은 중소기업이 리눅스와 같은 OSS 패키지를 사용할 수 있도록 지원하는 서비스 시장을 구상하였다. 실제로 레드햇Red Hat과 같은 기업은 리눅스를 중소기업(SME)Small and Medium Enterprise에 보급하며 OSS 기반 서비스 시장을 선도하였다. 이후 구글Google은 안드로이드Android 운영체제에 리눅스 커널Linux Kernel을 채택하였고, IBM은 레드햇을 인수하면서 오픈 소스는 점차 주류로 자리잡게 되었다.

웹 서버 시장에서 아파치Apache는 최초의 오픈 소스 소프트웨어OSS 성공 사례로 꼽힌다. 아파치는 20년 이상 운영체제 부문에서 시장 지배력을 유지하였으며, 이후 엔진엑스NGINX와 같은 또 다른 OSS 시스템이 아파치의 대안으로 부상하였다. 반면, 마이크로소프트의 윈도우Windows는 웹 서버 소프트웨어 시장에서 점유율이 지속적으로 하락하였다. 데스크톱 컴퓨팅에서는 여전히 강세를 보였으나 모바일 컴퓨팅 시장에서는 뚜렷한 경쟁력을 확보하지 못하였다. 이처럼 파괴적인 OSS 혁신이 소프트웨어 하위 시장에 진입하면서 기존 전통적 기술들은 시장에서 지위를 유지하기 어려워졌다.

OSS의 성공은 모바일 컴퓨팅 분야에서도 유사한 양상을 보였다. 구글은 안드로이드의 소스 코드를 공개하면서도 일정한 통제권을 유지하여 삼성Samsung과 같은 기기 제조업체가 이를 자유롭게 수정하고 맞춤화할 수 있도록 하였다. 애플Apple의 독점 운영체제 iOS가 높은 수익성을 보였음에도 불구하고 안드로이드는 전 세계적으로 훨씬 더 폭넓게 확산되었다. 안드로이드가 제시한 파괴적 가치 제안은 개방성과 유연성이었으며, 이는 다수의 스마트폰 제조업체와 소비자들에게 매우 매력적인 요소였다. 안드로이드의 폭발적 성공은 모바일 컴퓨팅을 위한 새로운 **비즈니스 모델**business model 개발로 이어졌다. 구글은 운영체제를 무료로 제공하는 대신 사용자에게 구글 계정과 서비스를 사전 설치하도록 요구하였고, 이후 이렇게 확보한 방대한 데이터를 기반으로 광고 수익을 창출하는 구조를 만들었다. 이러한 비즈니스 모델은 하드웨어 설계, 소프트웨어, 콘텐츠 시스템을 통합적으로 제공하는 방식으로, 주로 하드웨어 판매에 의존하던 애플의 방식과는 본질적으로 다른 접근이었다.

반면, 이전 시장의 선두 주자였던 노키아Nokia와 심비안Symbian 운영체제 연합은 애플과 구글의 파괴적 위협에 대응하기 위해 가치 제안과 비즈니스 모델을 개선하려 하였으나 실패하였다. 그 결과 짧은 기간 내에 여러 차례의 전략적 실책을 겪은 노키아는 시장 선도 지위를 상실하였고, 2011년 자사의 디바이스 사업부를 마이크로소프트Microsoft에 매각하였다. 애플과 구글의 파괴적 혁신은 스마트폰을 매력적인 소프트웨어와 콘텐츠 서비스와 결합시켰다. 노키아는 무선 통신 단말기와 네트워크 분야의 선구자로서 하드웨어를 생산하는 데에는 어려움이 없었지만, 하드웨어와 소프트웨어, 그리고 서비스 간의 보완 관계complementarity를 이해하고 구현하는 데에는 실패하였다. 결국 기존 가치 제안에 지나치게 집착한 기업은 [그림 2-2]에서 볼 수 있듯이 시장에서 밀려날 수밖에 없었다.

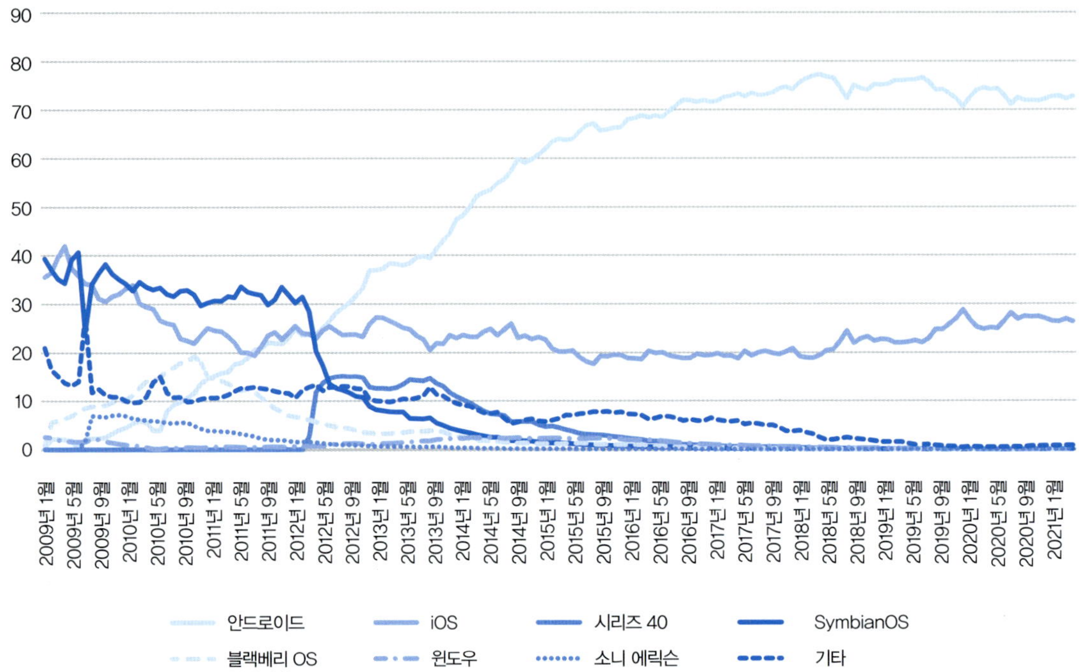

그림 2-2 글로벌 스마트폰 운영체제 시장 점유율

참고: 글로벌 스마트폰 운영체제 시장의 초기 선두 주자로는 심비안, 애플, 블랙베리 등을 비롯하여 여러 경쟁자가 있었다. 2012년에는 구글이 홍보한 안드로이드 오픈 소스 시스템이 시장의 선두 주자가 되었고, 그 이후로 지배적인 위치를 차지하고 있다. 애플의 iOS는 수익성이 높은 틈새 시장 지위를 유지했으며, 다른 대부분의 시스템은 시장에서 퇴출되었다.

출처: https://gs.statcounter.com/os-market-share/mobile/worldwide/#monthly-200901-202108 (2021년 8월 검색)

디지털 파괴digital disruption는 디지털 시장이 아닌 비디지털 시장에서도 발생할 수 있다. 오프라인 서비스 산업에 미치는 디지털 파괴의 효과를 잘 보여주는 대표적 사례가 여행 업계의 변화이다. 과거 오프라인 여행사는 항공사 예약 시스템에 대한 접근을 통제할 수 있었기 때문에 생존하고 성장할 수 있었다. 그러나 항공사 예약 시스템을 디지털 방식으로 검색할 수 있게 해준 ITA 소프트웨어의 등장과 함께 세이버SABRE, 아마데우스Amadeus, 트래블포트Travelport와 같은 글로벌 분산 예약 시스템GDS의 개방은 온라인 사업자가 기존 여행사를 거치지 않고 직접 요금을 검색하고 제공할 수 있도록 만들었다. 또한 아메리칸 항공American Airlines의 사내 예약 시스템으로 출발한 주요 GDS 제공업체인 세이버SABRE는 2000년 상장을 통해 더 이상 특정 항공사에 의존에서 벗어나, 더 이상 개별 항공사만을 위한 서비스를 제공하지 않게 되었다. 그 결과 오비츠Orbitz, 익스피디아Expedia, 트래블로시티Travelocity와 같은 기업들은 세이버와

ITA 소프트웨어를 활용하여 온라인 여행 예약 서비스 시장을 새롭게 창출하였다.[4] 이러한 변화로 인해 2005년경에는 기존 오프라인 여행사들 중 일부만이 생존할 수 있었고, 그마저도 특수한 일정이나 기업 출장과 같은 예외적인 경우에 한해 제한적으로 예약 업무를 수행하는 수준에 머물렀다.

전자 지도 서비스도 한때는 소수의 두 주요 공급업체인 NAVTEQ와 TeleAtlas가 독점적으로 보유한 지도 데이터를 기반으로 운영되었다. 하지만 MapQuest를 비롯한 소수의 온라인 혁신 기업들은 광고 수익을 기반으로 지도와 길찾기 서비스를 제공하기 시작했으며, 구글은 위성 이미지와 스트리트 뷰streetview를 활용한 지도 서비스를 공개하면서 기존 지도 공급업체에 의존하지 않게 되었다. 결국, 지도 서비스가 인터넷 기반 플랫폼을 통해 무료로 제공되자 대부분의 사람들은 비용을 지불하고 지도를 구매하려 하지 않게 되었다. 지도 산업에서의 디지털 파괴는 또 다른 산업에도 영향을 미쳤는데, 바로 런던의 전통적인 블랙캡 택시 업계이다. 런던의 블랙캡 기사들은 복잡한 도로망에 대한 정보를 익히기 위해 수개월에서 수년의 훈련이 필요했지만, 이후 등장한 미니캡minicab 산업과 우버Uber, 올라Ola, 블라블라카BlaBlaCar와 같은 승차 공유 서비스는 전자 지도 기반 내비게이션 서비스(예 TomTom)를 이용하여 누구나 쉽게 길 안내를 받을 수 있게 되었다. 미니캡은 공식 택시 승차장에서는 손님을 태울 수 없고 사전에 예약을 해야 한다는 불편함이 있었지만, 요금이 훨씬 저렴하다는 장점이 있었다. 또, 블랙캡 기사는 특수 차량과 수년간의 학습이 필요했던 반면, 미니캡이나 우버 운전자는 특별한 차량이나 오랜 훈련 없이 깨끗한 자동차와 스마트폰만 있으면 서비스를 제공할 수 있었다. 이는 비싼 비용으로 소수에게만 제공되던 핵심 정보가 디지털을 통해 광범위하게 제공되면서 산업 구조 자체에 커다란 변화가 일어난 또 하나의 디지털 파괴 사례라 할 수 있다.

가장 흥미롭고 동시에 가장 도전적인 파괴적 혁신은 하드웨어 또는 아날로그 시장의 디지털화와 그로 인한 제품 중심 시장에서 서비스 중심 시장으로의 전환(서비스화)과 관련된다. 많은 모빌리티 서비스가 이러한 범주에 속한다. 예를 들어 주문형on-demand 방식의 자전거 및 차량 공유 서비스는 차량 자체를 판매하는 것이 아니라 이동성mobility이라는 서비스를 제공한다. 렌터카 산업은 오래전부터 존재했으나 높은 요금을 지불하고 단기적으로 차량을 이용하는 여행객들을 주 고객층으로 삼았다. 반면, 차량

4 Hasbrouck, E. (2010). Google buys ITA software (Part 2: What does ITA software do?). Edward Hasbrouck's Blog. 검색위치: https://hasbrouck.org/blog/archives/001880.html (2022년 8월 접속)
Hasbrouck, E. (2010). Google buys ITA software (Part 1: The back story). 검색위치: https://hasbrouck.org/blog/archives/001879.html (2022년 8월 접속).

공유 서비스car sharing는 일반 이용자를 대상으로 하며 주차 공간이 부족한 주거 지역 내에서 접근성과 사용 편의성에 초점을 맞추었다. 집카Zipcar와 같은 차량 공유 서비스 업체들은 기존 렌터카와는 전혀 다른 가치 제안을 기반으로 틈새시장을 개척하였으며, 센서와 무선 통신 기술을 활용하여 차량 이용 현황과 접근 권한을 원격으로 관리할 수 있도록 설계하였다. 이와 같은 공유 기반(단기 임대) 모델은 다른 산업에도 확산되었다. 대표적으로 주거 및 상업용 부동산, 생산 장비와 도구, 엔진 및 중장비는 물론 제트 엔진과 항공기까지도 공유형 모델을 적용하는 사례가 등장하였다.

2.3 디지털 파괴의 발생 배경과 의의

인터넷이 가진 **공개의 힘**power to reveal을 반영하듯 디지털 파괴는 종종 기존의 독점적 정보(콘텐츠나 소프트웨어)의 가치를 약화시키는 새로운 정보의 확산과 관련된다. 특히 단기 자산 임대 시장에서는 이러한 새로운 정보가 센서 기반 데이터로 제공된다. 예를 들어, 자산에 부착된 센서와 무선 연결 기술을 통해 자산의 위치나 작동 상태에 대한 데이터가 전송되며, 이를 통해 자산 소유자는 자산이 어디에 있고 어떻게 사용되고 있는지를 실시간으로 파악할 수 있다. 또한 많은 경우 사용자 네트워크에서 생성된 정보가 새로운 정보원 역할을 한다. 구글이 지도를 제공하고 웨이즈Waze가 교통 혼잡에 대한 크라우드소싱 정보를 제공하는 오늘날에는 더 이상 폐쇄적인 GPS 기반 내비게이션 서비스를 유료로 구독할 필요가 없다. 음악 산업에서는 P2PPeer to Peer 기반 파일 공유 네트워크가 콘텐츠 시장에서 저작권에 대한 법적 통제를 흔들었고, 소프트웨어 산업에서는 프로그래머들의 네트워크가 오픈 소스 소프트웨어OSS를 통해 상용 소프트웨어 업체에 도전하였다. 이처럼 크라우드 기반 협력과 커뮤니케이션은 거대 기업들을 위협하거나 때로는 무너뜨릴 수 있을 만큼 강력하고 가치 있는 정보원이 될 수 있다.

컴퓨터의 처리 성능, 저장 용량, 그리고 무선 연결을 포함한 광대역망의 지속적인 개선과 이에 따른 컴퓨팅 및 통신 비용의 장기적인 하락 추세는 경제 전반에 걸친 디지털 파괴를 가능하게 하는 인프라를 제공해 왔다. 이러한 기술 발전은 비용 절감을 촉진하였고 이는 경쟁적인 시장에서 컴퓨팅 시스템의 가격 인하와 품질 개선으로 이어졌다. 그 결과 조직과 개인들은 이러한 기술적 기회를 활용하기 위해 정보통신기술ICT에 장기간에 걸쳐 상당한 규모로 투자하였다. 이러한 투자는 소프트웨어, 금융 서비스, 미디어, 교육, 전문 서비스와 같이 정보와 커뮤니케이션 의존도가 높은 산업에서 두드러지게 나타났다.

반면 유통업과 제조업은 초기에는 정보통신기술 투자에 소극적이었다. 1990년대 후반부터 전자상거래 e-commerce에 대한 관심이 크게 증가했음에도 불구하고 전체 소매업 시장에서 온라인 소매업이 차지하는 비중은 2020년에 이르러서야 10%에 도달했다. 그러나 전자상거래의 확산과 함께 현재 유통업체들의 IT 지출 비중은 꾸준히 증가하고 있으며, 이러한 흐름은 [그림 2-3]과 [그림 2-4]에서 확인할 수 있다.

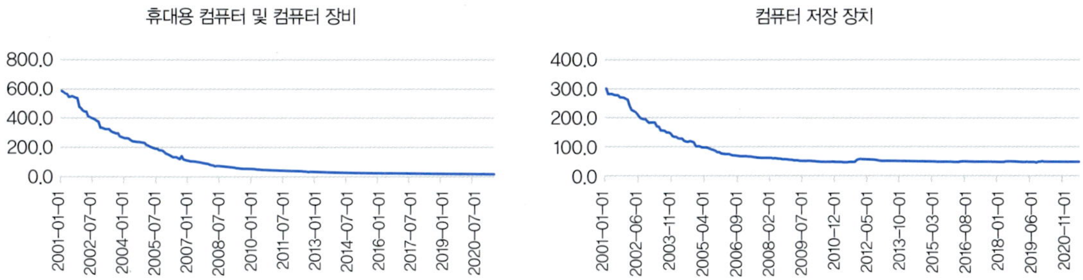

그림 2-3 생산자 물가 지수

참고: 휴대용 컴퓨터 및 컴퓨터 장비(2007년 6월=100), 컴퓨터 저장 장치(2004년 12월=100), 컴퓨팅 및 통신 기기의 가격은 오랫동안 꾸준히 하락했다.

출처: 미국 노동 통계국. 검색위치: https://fred.stlouisfed.org/series/ PCU33411133411172 및 https://fred.stlouisfed.org/series/PCU3341123341121 (2021년 8월 접속)

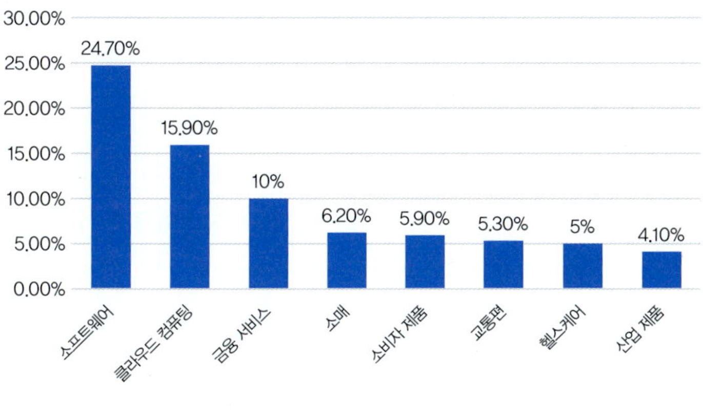

그림 2-4 매출 대비 IT 투자 비중

참고: 매출당 IT 투자는 소프트웨어 개발과 클라우드 컴퓨팅 부문에서 가장 많지만 금융 부문, 소매업, 소비재 부문도 IT 역량에 상당한 투자를 하고 있다.

출처: 2020년 CIO를 대상으로 한 Flexera 설문조사. 검색위치: www.flexera.com/blog/technology-value-optimization/it-spending-by-industry (2021년 8월 접속)

기존 시장을 디지털 방식으로 혁신하기 위해서는 혁신가가 새로운 정보 소스나 새로운 통신 네트워크를 발굴하고 이를 적극적으로 활용해야 한다. 파괴적 혁신가는 오픈 소스 소프트웨어나 교통 정보처럼 기존에는 독점적으로 관리되던 자원을 훨씬 더 저렴하게 혹은 무료로 제공함으로써 시장의 균형을 흔들 수 있다. 이러한 자원을 저비용으로 제공할 수 있는 방안을 찾아야 하며, 이 과정에서 만들어진 서비스는 대체로 여행 예약 시스템이나 내비게이션 시스템처럼 기술 시스템 속에 내장되는 형태로 구현된다. 때로는 이러한 새로운 자원이 규제의 대상이 되기도 하며, 그 경우 파괴적 혁신을 실현하려면 기존의 법률이나 제도적 틀을 변화시켜야 할 필요가 생긴다. 예를 들어 리프트Lyft와 우버Uber와 같은 승차 공유 서비스peer transportation services는 진출한 각 지역마다 규제 기관과 갈등을 빚었으며(Garud 외, 2022 참조), 냅스터Napster, 그록스터Grokster, 아에리오Aereo와 같은 P2P 콘텐츠 공유 서비스는 미국 법원의 검토를 거쳐 사실상 폐쇄 조치가 내려졌다. 이처럼 파괴적 혁신가가 디지털 서비스를 훨씬 저렴하게 제공할 수 있는 방법을 찾아내더라도 더 많은 이해관계자를 설득하여 제도의 지원을 확보해야 할 때가 있다. 이 과정은 상당한 비용을 수반할 수 있다.

한편, 파괴적 혁신disruptive innovation은 예측적predictive이기보다는 서술적descriptive인 것이다. 파괴가 어떻게 일어나는지 아는 것은 불가능하다. 어떤 새로운 가치 제안이 빠르게 발전해 사용자에게 매력적인 개선 경로를 제시하고, 기존 기업과 산업에 심각한 위협이 될지를 사전에 파악하기도 어렵다. 따라서 파괴적 혁신 이론은 디지털 경쟁의 복잡한 현실을 직접 예측하거나 설명하기에는 한계가 있다. 그럼에도 디지털 기술이 끊임없이 변화하는 한, 디지털 파괴의 패턴은 다양한 산업에서 반복적으로 관찰되어 왔으며, 변화 속도가 빠른 산업일수록 이러한 가능성을 무시하는 것은 위험하다. 기업이 파괴적 변화로부터 스스로를 지키려면, 시장을 지속적으로 평가하고 제품과 서비스의 가치 제안을 꾸준히 발전시켜야 한다. 예를 들어, 운전자들이 톰톰TomTom과 같은 전용 기기에서 웨이즈Waze와 같은 스마트폰 애플리케이션으로 전환하자, 톰톰은 자동차 관련 제품을 자율주행 솔루션과 전기차 충전 지도 등으로 확장하였다. 이처럼 역량 있는 혁신가는 기존 비즈니스 모델 내에서 파괴적 변화에 대응할 수 있는 대안disruption-proof을 꾸준히 만들어낸다.

핵심 요약

- 파괴적인 디지털 혁신은 일반적으로 새로운 정보 소스나 통신 네트워크를 제공하여 독점적인 정보 소스 또는 기타 유형의 자산의 가치를 감소시킨다.
- 새로운 디지털 자원은 기존과는 다른 핵심 기능을 가능하게 하고, 이를 통해 새로운 가치 제안을 형성한다. 이러한 가치 제안은 대체로 기존과 다른 사용자 또는 고객 집단에게 먼저 매력적으로 받아들여진다.
- 기존 기업들은 파괴적 혁신이 기존 비즈니스 모델과 시장 지배력의 원천을 약화시킨다는 이유로 혁신으로의 전환을 정당화하기 어려운 경우가 많다.
- 정보 및 통신 기술의 지속적인 발전과 수십 년에 걸친 가격 하락은 모바일 및 기타 컴퓨터와 정보 저장 장치의 광범위하고 빠른 채택을 도왔다. 더욱 빠르고 효율적인 정보 통신 기기의 지속적인 도입은 인터넷의 힘을 더욱 강화시켰고, 디지털 혁신을 가능하게 했다.
- 정보통신기술이 발전하고 보급됨에 따라 스마트한 기업들은 시장에서 잠재적으로 파괴적인 혁신이 있는지 탐색하고 주류 시장에 도달하기 전에 이를 채택하거나 도전하기 위한 전략을 수립한다.

용어 정리

- **비즈니스 모델** business model: 기업이 고객에게 제시하는 가치를 전달하기 위해 자산과 활동을 어떻게 구성하고 조직하는지를 의미한다. 오스터발더[Osterwalder]와 피그뉴어[Pigneur](2010)에 따르면, 비즈니스 모델은 수익 모델, 비용 구조, 자원, 고객 관계, 파트너 등을 포함한다.
- **파괴적 혁신** disruptive innovation: 기존의 독점적인 정보 자원의 가치를 약화시키는 혁신을 의미한다.
- **디지털 기술의 정보를 드러내는 힘** the power of digital technologies to reveal information: 정보통신기술의 지속적인 성능 향상과 컴퓨팅 및 통신 기술을 더 저렴하고 강력하게 만드는 경쟁 시장의 존재로부터 비롯된다.
- **지속적 혁신** sustaining innovation: 기존 정보 자원의 가치를 더욱 강화하는 혁신을 의미한다.
- **가치 제안** value proposition: 고객이나 사용자에게 가치를 제공하기 위한 독창적인 제품 또는 서비스의 제안을 의미한다.

토론하기

2.1 파괴적 디지털 혁신 사례를 생각해 보자(예 에어비앤비).

a. 이 혁신이 제공하는 새로운 정보 소스나 새로운 네트워크는 무엇인가?

b. 이 혁신의 가치 제안은 기존 업계 기업들(예 호텔 체인)과 어떻게 다른가?

c. 이 혁신은 어떤 정보통신기술의 발전에 의존하고 있는가?

d. 기존 기업들은 이 혁신의 시장 진입에 어떻게 반응하였는가? 그들은 어떻게 대응해야 했을까?

e. 이 혁신의 시장 진입은 어떤 규제적 함의를 가졌는가? 즉, 법률 또는 제도 환경의 변화가 필요했는가?

2.2 미국 인구의 70% 이상이 스마트폰을 보유하고 있다는 사실에 기반하여 나타난 디지털 파괴 사례는 무엇이 있을까?

2.3 파괴적 혁신이 기존 업계 기업들과 다른 가치 제안을 제시해야만 하는 이유는 무엇일까?

2.4 기존 업계 기업이 파괴적 혁신을 가장 먼저 도입하거나 주도하는 경우가 있을 수 있다고 생각하는가? 그렇다면 그 근거를 설명해 보자.

추천 문헌

- Adner, Ron (2002). When are technologies disruptive? A demand-based view of the emergence of competition. Strategic Management Journal 23(8): 667–688.
- Christensen, Clayton (1997). The Innovator's Dilemma: When New Technologies Cause
- Great Firms to Fail. Cambridge, MA: Harvard Business School Press.
- Garud, Raghu, Kumaraswamy, Arun, Roberts, Anna, and Xu, Le (2022). Liminal movement by digital platform-based sharing economy ventures: the case of Uber technologies. Strategic Management Journal 43(3): 447–475.
- Osterwalder, Alexander and Pigneur, Yves (2010). Business Model Generation: A
- Handbook for Visionaries, Game Changers, and Challengers. Hoboken, NJ: John Wiley n Sons.

CHAPTER 03

파괴적인 통신 네트워크

Disruptive Communication Networks

통신 네트워크는 사회의 핵심적인 요소이다. 디지털 시대에 대규모 통신의 대부분은 디지털 형태로 이루어지고 있다. 디지털 전환은 1970년대 전자 공학 분야의 주요 발명에서 시작되었으며, 컴퓨터와 통신 기술을 활용하여 대규모 디지털 통신 시스템을 구축함으로써 사회 전반에 근본적인 변화를 이끌어냈다. 시간이 흐르면서 디지털 통신과 컴퓨팅 기술은 농업과 제조업, 산업 서비스, 소비재, 엔터테인먼트 등 경제의 모든 부문에 도입되었고, 정보의 생성과 확산을 촉진하는 범용 기술general purpose technologies로 기능하게 되었다. 또한 통신 네트워크는 약 10년마다 새로운 세대가 등장하기 때문에 디지털 비즈니스 혁신가에게는 네트워크의 발전과 진화를 어떻게 주도할지 이해하는 것이 매우 중요하다.

이 장에서는 1970년대 일부 대학 연구실에서 시작된 인터넷이 어떻게 전 세계적인 대중 통신 및 상업화 채널로 진화했는지, 그리고 2020년에 이르러 고속 무선 연결이 일상화된 환경으로 어떻게 발전했는지 살펴본다. 이를 통해 향후 네트워크 진화와 혁신 기회를 전망하며, 인터넷 성장의 기반이 된 설계 원칙도 함께 검토한다. 통신 네트워크 발전을 주도한 설계자들은 단기적 사회 문제보다는 장기적 과제에 초점을 맞추었으며, 네트워크가 급격한 변화와 확장을 수용할 수 있도록 대규모 연결이 가능한 구조로 설계하였다. 이로 인해 다양한 요구와 관심사가 온라인 공간으로 유입되었으며, 인터넷은 개방적이고 매우 높은 생성력generativity을 지닌 시스템으로서 후속 혁신을 촉진할 수 있었다. 통신 네트워크 설계의 핵심 원칙 세 가지는 다음과 같다.

- 미래를 위한 설계design for the future
- 변화를 위한 설계design for change
- 생성력을 위한 설계design for generativity

이러한 원칙들은 인터넷이 다양한 산업과 사회 전반에서 파괴적 혁신을 촉진할 수 있었던 근본적 토대가 되었다.

3.1 인터넷의 발명

인터넷의 초기 개념은 핵전쟁과 같은 치명적인 공격 이후에도 국가 차원의 통신 체계를 어떻게 유지할 수 있을지를 고민하던 RAND Corporation 소속 과학자들에 의해 구상되었다. [그림 3-1]은 중앙 통제 기관이 존재하지 않는 **분산형 네트워크**distributed network에 대한 개념을 도식화한 것이다. 이는 네트워크의 일부가 파괴되더라도 전체 시스템이 운영될 수 있도록 설계된 구조였다. 당시 네트워크를 구성하는 모든 노드는 허브와 종단 노드의 역할을 동시에 수행하였으며, 메시지의 경로 설정routing은 특정 중앙 시스템이 아니라 당시 이용 가능한 노드들의 상태에 기반하여 동적으로 결정되는 방식이었다.

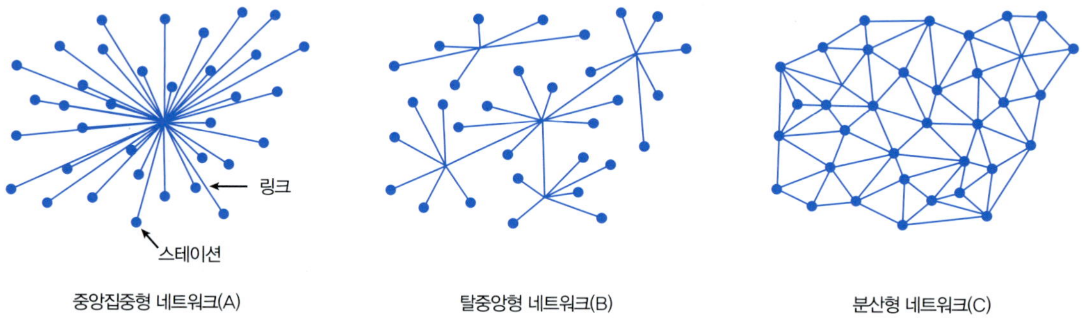

그림 3-1 분산 통신 네트워크

중앙집중형 네트워크(A)나 **탈중앙형 네트워크**(B)는 중심 노드가 제거될 경우 전체 네트워크가 마비될 수 있어 전략적 공격에 매우 취약하다. 반면 **분산형 네트워크**(C)는 하나 또는 여러 개의 노드가 파괴되더라도 통신 기능을 유지할 수 있어 상대적으로 높은 생존성과 회복력을 갖춘 구조이다. 그러나 **중앙집중형 네트워크**centralized networks는 각 노드가 중앙 노드를 통해 단 두 단계만에 서로 연결될 수 있기 때문에 효율성 면에서는 가장 우수한 구조로 평가된다. **탈중앙형 네트워크**decentralized network 또한 허브-스포크hub-and-spoke 구조 덕분에 네트워크를 통과하는 평균 경로 길이를 줄일 수 있어 분산형 네트트워크보다 효율적이다. 이에 반해 **분산형 네트워크**distributed network는 경로의 중복성과 비효율성이 크다는 단점이 있지만 특정 허브 노드에 병목 현상이 발생해도 스포크spoke 간 통신이 지연되지 않는다는 점에서 높은 신뢰성과 견고함을 제공한다.

실제 글로벌 인터넷은 도표상의 분산형 네트워크(C)만큼 완전한 분산 구조는 아니지만 각 대륙마다 소수의 중심 노드가 아닌 다수의 중심 노드들이 존재한다. 이러한 네트워크의 취약성이 드러나는 사례도 있었다. 예를 들어, 2014년과 2019년에 태평양 해저 케이블이 손상되면서 동남아시아와 아메리카 대륙 간 국제 연결 속도가 현저히 저하된 바 있다.[1] 또한 2010년 이후에는 대륙 간 연결망이 전통적인 통신사들이 아닌 구글, 페이스북, 아마존, 마이크로소프트와 같은 거대 기술 기업들에 의해 점차 구축되고 있다.[2] 거대 기술 기업들의 직접 투자 및 소유 아래 재편되고 있다.

패킷 교환packet switching이라는 기술을 제안하였는데, 이는 메시지를 매우 작은 단위인 패킷packet으로 분할하여 전송하는 방식이다. 각 패킷에는 수신지 정보와 해당 패킷이 원본 메시지 내에서 어느 위치에 해당하는지 알려주는 헤더header가 포함되어 있다. 이 패킷들은 인터넷을 통해 각각 서로 다른 경로로 전송되며, 이후 모든 패킷이 수신지에 도달하면 원래의 메시지 형태로 재조립된다. 다만, 이 과정에서 하나의 패킷이라도 지연되면 전체 메시지의 전달이 지연될 수 있다.

패킷 교환은 통신 네트워크를 통해 메시지의 정보 내용을 효율적으로 분산 전송할 수 있는 방법이다. 이 기술은 메시지가 특정 노드에서 병목 현상으로 정체되지 않도록 하며, 각 패킷을 가장 혼잡하지 않은 경로를 따라 유연하게 전달할 수 있도록 함으로써 분산형 네트워크의 효율적인 운용을 가능하게 한다. 분산 구조와 결합된 패킷 교환 방식은 네트워크 사용자의 수가 증가하더라도 점진적으로 네트워크가 확장될 수 있는 기반을 제공하였다.

1 Samui Times (2015). Broken undersea AAG cable slows internet down across Southeast Asia. Samui Times Thailand News. 2015년 7월 1일. 검색위치: www.samuitimes.com/broken-undersea- aag-cable-slows-internet-across-southeast-asia/ (2022년 8월 검색)

2 Satariano, A. (2019). How the internet travels across the oceans. The New York Times. 2019년 3월 10일. 검색위치: www.nytimes.com/interactive/2019/03/10/technology/internet-cables-oceans.html (2022년 8월 접속)

3.2 정부, 학계, 민간 기업의 삼중 나선을 통한 혁신 네트워크 구축

초기 개념을 바탕으로 광범위한 통신 네트워크를 구축하기 위해 미국 정부는 핵심적인 역할을 수행하였다. 특히, 미 국방부 산하 고등연구계획국DARPA은 최초의 대륙 간 컴퓨터 네트워크인 알파넷ARPANET을 구축하기 위해 자금을 지원하였다. 이 프로젝트의 초기 설계에는 미국의 학계 및 산업계의 컴퓨터 과학자들을 비롯하여 영국과 프랑스의 컴퓨터 과학자들의 아이디어도 반영되었다. 1969년 네트워크가 처음 개통되었을 당시의 원래 노드에는 캘리포니아 대학교 로스앤젤레스 캠퍼스UCLA, 캘리포니아 대학교 산타바바라 캠퍼스UCSB, 유타 대학교University of Utah, 그리고 스탠퍼드 리서치 인스티튜트SRI가 포함되어 있었다. 1974년까지 매사추세츠 공과 대학교MIT, 하버드 대학교, 일리노이 대학교, 카네기멜론 대학교, 퍼듀 대학교, 캘리포니아 대학교 버클리 캠퍼스, 그리고 영국의 유니버시티 칼리지 런던UCL 등 과학 기술 분야의 주요 대학들이 이 네트워크에 합류하였다. 이와 더불어 제록스Xerox와 같은 주요 기술 기업들과 미 항공우주국NASA의 에임스 연구 센터Ames Research Center, 버지니아주의 DARPA 본부 등과 같은 정부 기관들도 이 네트워크에 참여하였다(인터넷의 역사에 대한 학술적 자료는 Abbate, 2000 참조).

알파넷은 표준화된 정보 전송 프로토콜인 TCP/IPTransmission Control Protocol/Internet Protocol를 처음으로 구현한 네트워크로, 이는 서로 격리되어 있던 다수의 네트워크들을 하나의 연결된 네트워크 체계, 즉 네트워크들의 네트워크network of networks로 통합할 수 있도록 해주었다. 이로 인해 모든 컴퓨터는 단일 네트워크 상에서 상호 연결되었으며, 기능적으로 유사하지만 상호 연결되지 않는 기존의 네트워크 체계에서 벗어날 수 있게 되었다. 초기 TCP 프로토콜은 1974년 스탠퍼드 대학교의 과학자들에 의해 개발 및 구현되었으며, 이후 라우팅 기술의 개선을 위해 영국 유니버시티 칼리지 런던UCL과 민간 기업인 BBN Technologies의 연구진이 참여하였다. TCP/IP를 이용한 최초의 국제 메시지 전송은 1975년 스탠퍼드 대학교와 UCL 사이에서 이루어졌다. IBM, Xerox, 디지털 장비 회사와 같은 상업 기업들 역시 자체 통신 프로토콜 개발을 계속하면서 TCP/IP 표준도 채택하였다. 이처럼 공유 및 공개가 가능한 표준 프로토콜의 채택은 전 세계적으로 인터넷 기술 확산을 촉진시키는 핵심 요인이 되었다.

미국 정부와 주요 연구 대학들이 협력하여 최초의 인터넷internet을 구축하였지만, 이와 동시에 다른 학계의 컴퓨터 과학자들도 발 빠르게 참여하여 보완적인 기술과 네트워크를 개발하기 시작했다. 노스캐롤라이나 대학교UNC와 듀크 대학교Duke University의 컴퓨터 과학자들은 USENET이라는 네트워크를 구축하여 이를 온라인 토론 게시판으로 사용할 수 있도록 설계하였다. 이 네트워크의 핵심 기능은 특정 주제나 뉴스 항목을 중심으로 한 뉴스 그룹newsgroups이었으며, 사용자는 완전히 비공개되고 검열되지 않는 환경에서 자유롭게 글을 게시하고 읽을 수 있었다. 이로 인해 플레임flame과 스팸spam이라는 중요한 인터넷 개념이 등장하였다. 퍼듀 대학교Purdue University의 컴퓨터과학 교수인 진 스패포드Gene Spafford는 USENET을 "USENET은 설사 중인 공연 코끼리 떼와 같다. 거대하고, 방향 전환이 어렵고, 경외심을 자아내며, 흥미롭고, 예상치 못한 순간에 정신이 아득해질 만큼의 배설물을 쏟아낸다."라고 묘사한 바 있다. 초기 USENET의 참여 기관에는 리드 칼리지Reed College, 오클라호마 대학교University of Oklahoma, 벨 연구소Bell Labs 등이 있었으며, 운영 첫 해에만 약 50개 기관이 추가로 참여하였다.[3]

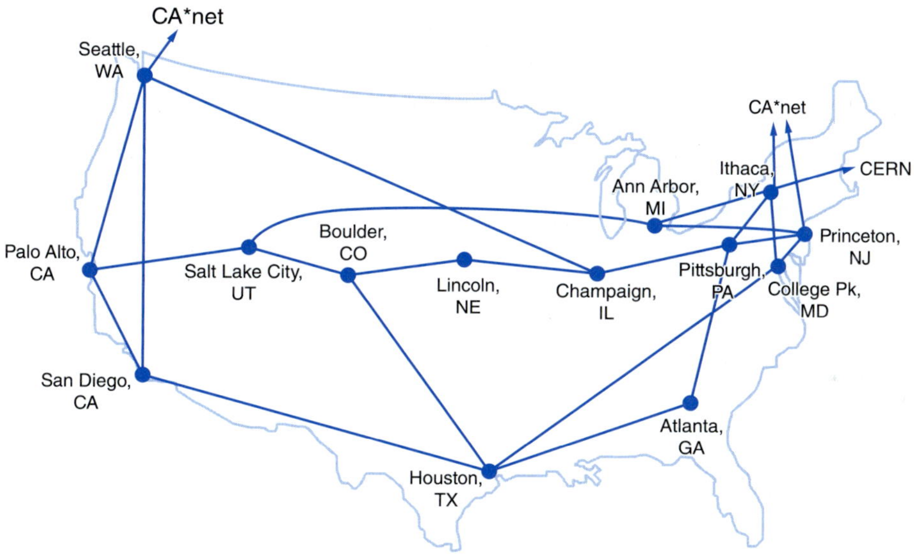

그림 3-2 1991년 NSFNET 백본 네트워크

참고: 국립과학재단은 학술용 슈퍼컴퓨터의 전국 네트워크에 자금을 지원했다. 1991년까지 이 네트워크는 주요 연구 대학을 연결하고 과학자들에게 원격 컴퓨팅 액세스를 제공하였다. 곧이어 NSF는 네트워크를 여러 상업 단체에 민영화하기 시작하였다.

출처: 메리트 네트워크를 통한 국립 과학 재단 (CC 라이센스), https:// commons.wikimedia.org/wiki/File:NSFNET-backbone-T1.png (2021년 8월 접속)

3 Emerson, Sandra L. (1983). Usenet/A bulletin board for Unix users. BYTE Magazine, October: 219-236. 검색위치: https:// archive.org/details/byte-magazine-1983-10/page/n219/mode/2up?view=theater (2022년 8월 접속)

NSFNET은 [그림 3-2]에서 확인할 수 있듯이 미국 내 다양한 지역에 있는 과학자들이 원격으로 슈퍼컴퓨팅 자원에 접근할 수 있도록 하기 위해 시작되었다. 미국 국립과학재단NSF은 코넬 대학교Cornell University, 캘리포니아 대학교 샌디에이고 캠퍼스University of California San Diego, 일리노이 대학교University of Illinois, 카네기 멜론 대학교Carnegie Mellon University, 피츠버그 대학교University of Pittsburgh, 프린스턴 대학교Princeton University에 슈퍼컴퓨터 센터를 설립하는 개발 프로젝트를 지원하였다. 이 프로젝트의 목적은 자체 슈퍼컴퓨터를 보유하고 있지 않은 많은 연구기관들도 슈퍼컴퓨터에 연결하여 기관 간에 컴퓨팅 투자와 자원을 공유할 수 있도록 하는 것이었다. 궁극적으로는 TCP/IP 통신 표준의 확산과 네트워크 간 통신에 대한 관심의 증가(예 초기에는 알파넷에서 USENET으로는 게시물 전송이 가능했지만 그 반대는 불가능했던 일방향 통신에 대한 문제 의식 등)에 힘입어 진화하는 네트워크들이 하나의 통합된 네트워크들의 네트워크로 연결되었고, 이것이 바로 오늘날의 인터넷으로 발전하게 되었다.[4]

유럽의 과학자들과 기관들(특히 영국의 유니버시티 칼리지 런던과 스위스의 CERN)은 이러한 네트워크의 핵심 개념과 기술을 발전시키는 데에 중요한 역할을 수행하였다. 유럽 각국 정부 또한 초기에는 자국 내 학술 통신 네트워크에 투자하기 시작했고, 곧이어 국경을 넘는 네트워크 구축에 투자하기 시작했다. 1988년에는 NSFNET이 북유럽 국가들과 프랑스의 유럽 대학들과 네트워크로 상호 연결되기 시작하였다. 한편, 유럽 유닉스 사용자 그룹European Unix Users Group에서 발전한 EUnet은 1980년대 유럽에서 최초로 인터넷 서비스를 제공한 선구적인 네트워크였으며, 1989년에는 21개국에서 약 1,000개의 노드를 보유할 정도로 성장하였다. 이후 EUnet은 EUnet International이라는 이름으로 상업적 인터넷 서비스 제공업체로 전환하였다.[5]

1980년대 후반, 미국 국립과학재단NSF은 NSFNET을 민간에 넘기는 방안, 즉 민영화를 고민하기 시작했다. NSFNET은 이미 수백 개의 대학과 연구소를 성공적으로 연결하면서 원래의 목표를 달성했지만, 시간이 지나면서 운영 비용이 많이 들고 관리도 번거로워졌기 때문이다. 게다가 당시에는 MCIMAIL, SprintMail, CompuServe와 같은 민간 기업이 운영하는 네트워크 서비스들이 출시되고 있었고, 이들

4 예를 들어 www.computerhistory.org/internethistory/1980s (2022년 8월 접속)

5 Computer History. Internet History of 1980s. 검색위치: www.computerhistory.org/internethistory/1980s/ (2022년 8월 접속)
Internet Society. Teus Hagen. Internet Hall of Fame. 검색위치: www.internethalloffame.org/inductees/teus-hagen (2022년 8월 접속).

중 일부는 이미 NSFNET과 이메일 연결 기능을 제공하였다. NSFNET은 원래 NSF의 과학적 목적에 부합하는 트래픽만을 다루어야 했지만, 실상은 그렇지 못한 경우도 많았다. NSF는 이러한 상황 속에서 민간 기업이 접속 비용을 받고 네트워크를 유지·관리하는 구조로 바꾸는 것에 대해 고민하게 되었고, IETF(인터넷 기술 표준화 단체), 지역 네트워크 운영자 등 다양한 이해관계자들의 의견을 듣기 시작했다.[6] 당시 NSFNET의 주된 백본 네트워크는 IBM과 통신 회사인 MCI가 운영하고 있었지만 다른 기업들, 특히 신생 기업인 UUNET과 PSInet은 IBM이 모든 이익을 가져가는 것에 반대하며 목소리를 내기 시작했다. 이 두 기업은 결국 인터넷의 중심 네트워크 운영에서 IBM의 영향력을 줄이는 데 중요한 역할을 했고, 몇 년에 걸친 논의와 경쟁 끝에 NSFNET은 1995년에 공식 종료되었으며, 인터넷은 완전히 민간 중심으로 운영되는 체계로 전환되었다.[7]

3.3 진화하는 기술 및 사회 시스템으로서의 인터넷

처음 컴퓨터 간 통신 네트워크를 구상할 때는 서로 다른 여러 아이디어가 경쟁하고 있었다. 알파넷과 NSFNET의 실제 구축을 이끈 핵심 동력은 슈퍼컴퓨터 자원에 대한 원격 접근 요구였다. 또한 USENET은 과학적 계산보다는 메시지 교환에 초점을 맞춘 네트워크로, 초기에는 컴퓨터 관련 논의가 많았지만 점차 사회적 메시지 교환이 주를 이루게 되었다. 이와 함께 초기의 특정 기술이나 기기를 사람들에게 널리 사용하게 만드는 결정적인 소프트웨어나 서비스인 킬러 애플리케이션killer application 중 하나였던 전자메일email은 과학적 정보 교환보다는 사회적 소통을 위한 수단으로 자리잡게 되었고, 정부가 지원한 우체국federally funded post office으로 불릴 정도였다. 이러한 흐름은 초기의 분산형 컴퓨팅 네트워크에 대한 기술적 구상이 지속되는 가운데 인터넷이 그 이상의 존재로 진화해 왔음을 보여준다. 이는 단순히 기술에 의해 결정된 것이 아니라, 사회적 상호작용이 기술 발전의 방향과 가능성을 형성해 나가는 사회적 구성social construction의 결과이다. 통신 네트워크는 기술 시스템이기 이전에 사회 시스템이며, 그 안의 참여자들은 기술의 발전에 영향을 미칠 뿐만 아니라 기술로부터 영향을 받기도 한다. 또한 인

6 Kahin, B. (2013). Commercialization of the internet. IETF Networking Working Group Request for Comments 1192. 검색위치: https://datatracker.ietf.org/doc/rfc1192/ (2022년 8월 접속)

7 National Science Foundation (2008). The day the world changed. NSF New Release 08-112. 검색위치: www.nsf.gov/news/news_summ.jsp?cntn_id=111824 (2022년 8월 접속).

터넷의 상업화는 기업들이 이 네트워크에 참여할 수 있는 기회를 열어주었고 새로운 사회적 행동 양식을 포착해내며 그 위에 혁신적인 비즈니스 모델과 기술 도구들을 발전시킬 수 있는 기반이 되었다. 인터넷은 기술, 사회 시스템, 경제가 **공진화**coevolution해 온 훌륭한 사례이며, 초기의 기술적 선택지가 충분히 개방적이고 생성력을 지닌 구조로 설계되었을 때 그것이 사회적·경제적 진화와 기술의 지속적 향상으로 이어질 수 있음을 보여주는 실증적 사례라고 할 수 있다.

인터넷과 컴퓨팅의 과학적, 군사적 기원은 일반적으로 대규모 고성능 컴퓨팅 자원에 대한 접근을 중시하였다. 하지만 컴퓨터를 소형화하기 위한 기술 혁신은 컴퓨팅의 지역화, 즉 개인용 컴퓨터(PC)Personal Computer라는 개념으로 이어졌다. 1960년대 초 컴퓨팅에는 100만 달러가 넘는 Burroughs 205 컴퓨터처럼 전자 장비로 가득 찬 방이 필요했으며, 실제로 이 모델은 단 50대만 제작되었다. 불과 30년 후에는 동일하거나 그 이상의 연산 능력을 갖춘 소형 회색 박스형 PC가 수백만 개의 가정과 사무실의 책상 위에 놓이게 되었고, 컴퓨팅은 점차 개인화된 환경으로 이동하게 되었다. 그러나 대부분의 개인용 컴퓨터는 아직 인터넷에 연결되어 있지 않았다. 초기에는 고정 회선 기반의 IP 네트워크가 대학이나 연구기관에 국한되어 있었고, 1990년대에 들어서야 민간 기업들까지 인터넷 서비스를 도입하기 시작했다. 1990년대 후반에 이르러서는 가정에서도 전화선을 이용한 다이얼업dial-up 모뎀을 통해 인터넷에 연결할 수 있었다. 모뎀modulator-demodulator 방식은 일반 전화망을 통해 데이터를 송수신하였으며, 다운로드 속도는 33~56Kbps 수준[8], 업로드 속도는 다운로드 속도의 절반 정도에 불과해 매우 느렸다. 따라서 당시에는 대부분의 컴퓨팅 작업을 인터넷이 아닌 로컬 환경에서 수행하는 것이 합리적이었다.

비록 컴퓨터의 처리 속도는 무어의 법칙Moore's Law에 따라 꾸준히 향상되었지만 통신 대역폭의 확장 속도는 이를 훨씬 능가하였다. [그림 3-3]을 보면 2000년대 첫 10년 동안 선진국 전체 가구[9]의 약 2/3가 광대역 인터넷에 접속할 수 있게 되었고, 기업들도 빠르게 고속 네트워크 인프라를 도입하였다. 이처럼 급격하게 확장된 연결성은 다양한 비즈니스 실험에 기회를 제공했을 뿐만 아니라, 원격 컴퓨팅remote computing이라는 개념에 다시금 활력을 불어넣었다. 광대역 인터넷이 상시 연결되어 있고, 거의 100%에 가까운 속도로 사용 가능해지면, 로컬에서 컴퓨팅 작업을 수행하기보다는 상시 접속이 가능한 클라우

8 WikiPedia. Modem. 검색위치: https://en.wikipedia.org/wiki/Modem (2022년 8월 접속)

9 International Telecommunication Union (ITU, 2015) 자료. 검색위치: www.itu.int/ITU-D/ict/statistics/ict/ 및 http://www.itu.int/en/ITU-D/Statistics/Documents/statistics/2014/ITU_Key_2005-2014_ICT_data.xls (2022년 8월 접속)

드상의 고성능 하드웨어와 소프트웨어 자원에 단순한 단말기dumb terminal로 접속하는 방식이 더 합리적으로 여겨진다. **클라우드 컴퓨팅**cloud computing의 확산은 인터넷의 개념을 원래의 출발점이었던 원격 컴퓨팅으로 되돌려 놓는 결과를 가져왔다.

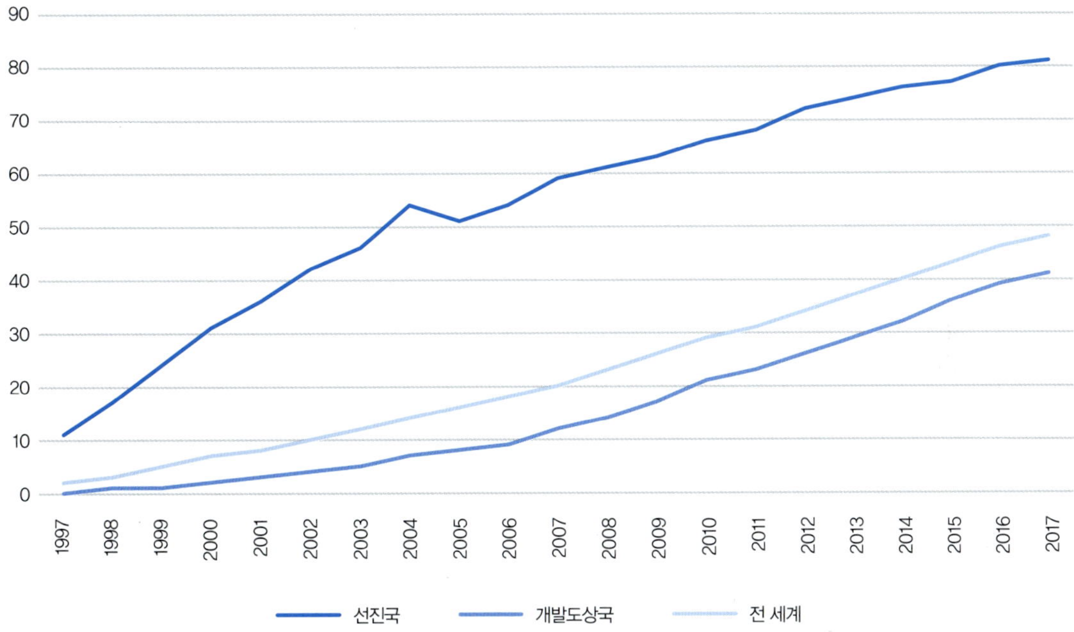

그림 3-3 **인구 100명당 인터넷 사용자 수**

참고: 이 그림은 1996년부터 시작된 전 세계의 빠른 인터넷 보급 속도와 선진국과 개발도상국 간의 상당한 격차를 보여준다.

출처: 국제전기통신연합. 검색위치: https://github.com/ke4roh/ internetHostCount/blob/master/InternetUsersPer100Inhabitants.csv (2022년 8월 접속)

인터넷의 확산으로 연결성이 확장되면서 클라우드 컴퓨팅은 원격 컴퓨팅이라는 원래의 컴퓨팅 개념에 새로운 브랜드를 입혀 되살려낸 용어가 되었다. 여기 말하는 클라우드cloud는 추상적이고 구체적인 위치를 알 수 없는 원격 컴퓨팅 및 저장 자원의 공간으로 이해할 수 있으며, 이러한 발상은 이미 1960년대부터 존재해 왔다. 1980년대 중반, Sun Microsystems는 "네트워크가 곧 컴퓨터다.[10]"라는 슬로건

10 Perry, T. S. (2019). Does the repurposing of Sun Microsystems' slogan honor history, or step on it? IEEE Spectrum, 2019년 7월 30일. 검색위치: https://spectrum.ieee.org/does-repurposing-of-sun-microsystems-slogan-honor-history (2022년 8월 접속)

을 만들었으며, 1996년 컴팩Compaq사의 전략 기획 문서에서 처음으로 클라우드의 개념을 시각적으로 표현하였다.[11] 컴팩은 초기 클라우드 컴퓨팅 시장이 형성되던 시기에 초기에 진입한 기업들 중 하나였다. 이 회사는 자사의 기존 고객들이 앞으로는 컴퓨팅 자원을 NSPNetwork Service Provider 즉, 인터넷 서비스 제공업체ISP나 지역 통신사(RBOCs)Regional Bell Operating Companies를 통해 구매하게 될 것이라고 예측했다. RBOC는 당시 AT&T의 반독점 분할 조치 이후 형성된 지역 기반 통신 회사로, 당시 AT&T는 벨 아줌마Ma Bell라는 별칭으로 불리기도 했다. 컴팩의 인터넷 서비스 부문Internet Services Division은 미래에는 대규모 컴퓨팅 자원이 클라우드로 이전될 가능성이 높다고 판단했다. 이러한 전환이 현실화될 경우 [그림 3-4]처럼 NSP(인터넷이나 통신 서비스 제공업체)들이 클라우드 컴퓨팅 서비스 제공자로 전환할 것이라 생각하고, 이들이 필요한 하드웨어 및 소프트웨어 솔루션을 판매하겠다는 전략을 세웠다.

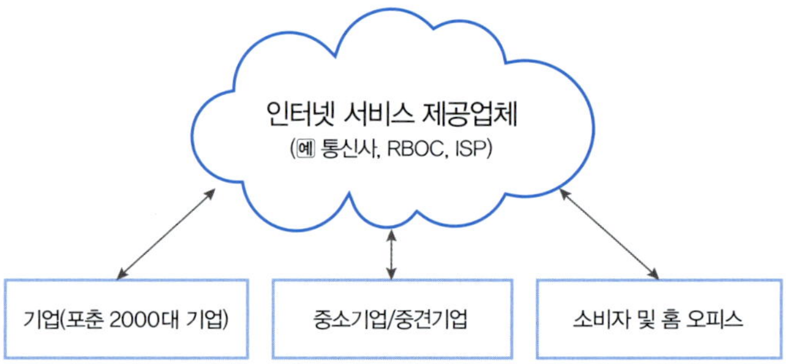

그림 3-4 1996년 컴팩의 인터넷 솔루션 사업부 전략 메모

참고: 이 메모에서 컴팩은 "인터넷 클라우드는 컴팩 고객에게 상당한 영향을 미칠 것"이라고 언급했다. 이 전략적 계획은 인터넷 서비스가 더욱 보편화되고 강력해짐에 따라 로컬 컴퓨팅이 어떻게 클라우드 컴퓨팅이 될 것인지를 설명한 최초의 계획 중 하나이다. 1996년 당시에는 [그림 3-3]에서 확인할 수 있는 것처럼 인터넷 연결률이 낮고 광대역 접속이 드물었기 때문에 이 계획은 주목할 만했다.

출처: Compaq, 1996. 검색위치: https://s3.amazonaws.com/files.technologyreview.com/p/pub/legacy/compaq_cst_1996_0.pdf (2021년 8월 접속)

11 Regalado, A. (2011). Who coined "cloud computing"? MIT Technology Review, 2011년 10월 31일. 검색위치: www.technologyreview.com/s/425970/who-coined-cloud-computing/ (2022년 8월 접속)
Compaq Computer Corporation (1996). Internet Solutions Division strategy for cloud computing. CST 발표자료, 1996년 11월 14일. 검색위치: https://s3.amazonaws.com/files.technologyreview.com/p/pub/legacy/compaq_cst_1996_0.pdf (2022년 8월 접속)

3.4 모바일 인터넷의 혁신: 5G의 등장

글로벌 네트워크 진화의 다음 단계는 모바일 광대역의 등장이었다. 이 아이디어는 이미 수년 전부터 제안되었으며, 1990년대에는 모바일 음성 통화, 문자 메시지, 모바일 핫스팟 기능이 큰 인기를 끌었다. 스마트폰의 보급은 2000년 출시 직후 큰 인기를 끈 블랙베리BlackBerry와 함께 본격적으로 시작되었다. 이후 모바일 인터넷 기반 통신 서비스는 불과 10년 만에 PC 기반 인터넷 통신을 추월하였다. 2010년에는 4세대4G 무선 통신 기술의 상용화와 함께 인터넷은 진정한 의미의 모바일 인터넷 시대로 진입하게 되었다.

돌이켜보면 무선 통신 기술은 점진적으로 발전해 온 것처럼 보이지만, 실제로는 각 세대generation마다 새로운 통신 활동과 애플리케이션을 가능하게 만든 주목할 만한 도약이었다. 최초의 모바일 전화 서비스mobile telephone service는 1946년 AT&T에 의해 출시되었다. 이 서비스는 1990년대 초 처음 발명된 라디오 전화 기술radio telephony에서 발전한 것으로, 초기의 라디오 전화기는 무겁고 크며, 수신기transceiver, 다이얼 패드, 수화기handset로 구성되었다. 이 장치는 너무 무거워서 주로 차량에 설치되었기 때문에 카폰car phone이라고도 불렸다. 초기 무선 전화기는 0세대0G 휴대전화라 불리며, 주로 선원이나 응급 구조요원처럼 특수한 사용자층에게 매우 중요한 통신 수단이었지만, 일반 대중이 사용하기에는 가격과 크기 모두 부담스러워 거의 사용되지 않았다.

셀룰러(이동 통신) 네트워크의 개념은 1970년대에 처음 제안되었으며, 더 많은 사용자와 더 넓은 지리적 영역에 무선 통신 서비스를 제공하기 위한 목적이었다. 각 셀cell은 여러 개의 주파수를 제공하여 사용자마다 근처 기지국 중 하나에서 무료로 사용할 수 있는 빈 주파수를 찾을 수 있도록 하였다. 1973년 모토로라Motorola가 처음으로 셀룰러 전화 통화를 성공시킨 시제품은 무게가 약 1.1kg에 달했다. 이 무선 전화기들은 아날로그 방식으로 라디오 신호를 디지털 비트로 변환하지 않고 직접 전송하는 장치였다. 세계 최초의 상업용 셀룰러 네트워크, 즉 1세대1G 무선 통신망은 1979년 일본의 대표적인 통신 기업인 NTTNippon Telegraph and Telephone에 의해 상용화되었다. 그 이후 약 10년 주기로 더 나은 세대의 이동 통신 시스템이 계속 등장하였다.

- **1G:** 최초의 아날로그 모바일 전화 시스템
- **2G:** 디지털 방식의 통신 시스템이 처음으로 도입된 세대
- **3G:** 모바일 인터넷의 등장
- **4G:** 동영상 스트리밍 가능, 모바일 기기를 엔터테인먼트 허브(센터)로 만드는 모바일 광대역 제공
- **5G:** 사물인터넷 및 다양한 스마트 네트워크 등 대규모 데이터 네트워크의 구축 지원

세대는 데이터 전송 속도를 기준으로 정의된다.[12] 예를 들어 **5G 무선**5G wireless 네트워크로 불리기 위해서는 사용자가 체험하는 다운로드 속도가 100Mbps(초당 메가비트) 이상이어야 한다. 다양한 버전의 4G는 다운로드 속도가 최대 100Mbps까지 도달할 수 있었지만 일반적인 4G/LTE의 실제 다운로드 속도는 약 30Mbps 수준이었다. 3G는 최대 8Mbps의 다운로드 속도를 지원했지만 초기에는 이보다 훨씬 느렸다.[13] 반면, 5G는 100~300Mbps의 다운로드 속도를 목표로 하여 4G보다 10배에 달하는 속도 향상을 추구하였다.

무선 주파수 대역spectrum은 제한된 천연 자원이다. 라디오파는 지리적 또는 조직의 경계를 가리지 않고 전파되기 때문에 어느 한 지역에서 특정 주파수를 사용하면 인접 지역에서 그 주파수 사용에 간섭을 받을 수 있다. 이러한 이유로 주파수 자원은 국가적, 국제적 차원에서 관리될 필요가 있다. ITU(국제전기통신연합)의 무선 규정radio regulations은 모든 회원국이 비준하고 적용하는 국제 조약으로, 1906년부터 시행되고 있으며 4년마다 ITU 세계 무선 통신 회의(WRC)World Radiocommunication Conference에서 갱신된다. 모든 위성, 항공기, 선박, TV·라디오 방송국, 모바일 기기, 그리고 방위·항공 교통·해상 레이더는 이 무선 규정에 따라 지정된 특정 주파수 대역을 사용해야 한다. ITU의 글로벌 주파수 대역 할당 체계는 다양한 무선 통신 서비스가 상호 간섭 없이 공존할 수 있도록 해준다. 이러한 규정은 5G 개발에 참여하는 이해관계자들을 포함하여 모든 관련 주체들이 해당 주파수 대역이 미래에도 계속 사용 가능하고 보호될 것이라는 확신을 갖게 해준다. 다시 말해, 이는 장기적인 투자의 확실성을 보장하며 무선 통신 생태계의 지속 가능한 발전을 위한 기반이 된다.

각 세대의 무선 통신 기술이 등장할 때마다 수십억 달러 규모의 투자가 필요했다. 이는 기술 개발과 통

12 예를 들어 Ken's Tech Tips (2018). Download speeds: What do 2G, 3G, 4G, and 5G actually mean? Ken's Tech Tips, 2018년 11월 23일. 검색위치: https://kenstechtips.com/index.php/download-speeds-2g-3g-and-4g-actual-meaning (2022년 8월 접속)

13 Mitra R.N. and Agrawal, D.P. (2015). 5G mobile technology: A survey. ICT Express 1(3): 132 - 137.

신망에 실제로 구현하는 데 들어간 비용이었다. 예를 들어, 5G의 무선 접속 기술인 뉴 라디오New Radio는 비트당 주파수 효율(스펙트럼 효율) 측면에서 4G보다 최소 두 배 이상의 데이터를 전송한다. 다시 말해, 각 전파가 전송될 때마다 훨씬 더 많은 데이터를 전송할 수 있다. 통신사들은 더 많은 데이터를 전송할 수 있도록 스펙트럼 자원을 확장하는 데 막대한 투자를 해야 했고, 기지국의 안테나를 개선하여 단위 면적당 더 많은 기기를 수용할 수 있도록 해야 했다. 또한 네트워크 제어 장치의 소프트웨어와 연산 능력도 향상시켜야 했는데, 이는 신뢰성 향상과 지연latency 최소화를 위한 것이었다. 4G LTE 네트워크를 업그레이드하여 도시 및 교외 지역에서 기존 20~30Mbps에서 100Mbps 속도의 5G 네트워크를 구축하는 데에는 1인당 약 72~85유로(85~100달러)의 비용[14]이 발생하였다. 이는 통신사 입장에서 현실적으로 감당 가능한 자본 지출capex 수준이었다. 하지만 농촌 지역에서는 동일한 속도를 제공하기 위해 1인당 최대 700유로(820달러)의 비용이 들 수 있어 월 요금 수입을 고려할 때 투자 타당성이 낮아지는 문제가 존재한다. 전체 인구를 기준으로 보면 우편번호 단위 지역 내 인구 밀도가 가장 낮은 하위 1/3을 커버하는 데 드는 비용은 상위 2/3를 커버하는 데 드는 비용에 비해 두 배나 높은 것으로 추정된다. 이처럼 통신 네트워크는 막대한 개발 및 투자 비용이 들기 때문에, 한 번 구축되면 수년, 때로는 수십 년 동안 지속적으로 활용된다. 따라서 통신사는 장기적인 관점에서 투자 수익(ROI)Return on Investment을 회수할 수 있도록 해야 한다.

각 세대의 무선 통신 시스템을 개발하는 데 약 10년이 걸렸으며, 사용 기간도 약 10년 정도 사용되는 것이 일반적이었다. 물론 지역에 따라 새로운 시스템을 도입하는 시점과 속도는 다소 차이가 있었다. 3세대3G부터는 글로벌 기술 기업들과 통신 서비스 제공자들이 전 세계의 다양한 기업들이 만든 기기들이 서로 다른 통신사업자의 네트워크와도 호환이 되는 글로벌 표준을 구축하기 위해 광범위한 협력을 해 왔다. 3G의 경우 처음에는 여러 개의 표준이 같이 존재하는 상황이었기 때문에 이러한 시도가 완전히 성공하지는 못하였다. 하지만 4G에서는 사실상 대부분의 주요 시장이 동일한 무선 네트워크 표준을 채택하였다. 5G 역시 이러한 글로벌 통합을 목표로 하였으며, ITU(국제전기통신연합)과 국제표준화 협력체인 3GPP가 이끄는 표준 개발 활동을 통해 전 세계적인 노력을 기울였다. 5G 표준 개발은 2012년에 공식적으로 시작되었으며, 글로벌 표준의 첫 번째인 IMT-2020은 2021년 초에 ITU에서 완성되

14 Oughton E.J., Frias, Z., van der Gaast, S., and van den Berg, R. (2019). Assessing the capacity, coverage and cost of 5G infrastructure strategies: analysis of the Netherlands. Telematics and Informatics 37: 50-69.

었다. 즉, 개발에 최소 8년 이상이 걸렸고, 네트워크는 앞으로도 지속적인 업데이트와 새로운 기능 개발을 통해 계속해서 진화할 것이다.

5G는 단순히 속도가 더 빠른 네트워크가 아니라 사물인터넷의 기반을 마련해주는 새로운 기능들을 포함하고 있다. 사물인터넷은 단순히 사람들 간의 통신뿐만 아니라, 자율적인 장치들 간의 통신을 가능하게 하는 새로운 유형의 네트워크다. 5G는 사람, 사물, 데이터, 애플리케이션, 교통 시스템, 도시 등을 스마트한 네트워크 환경으로 연결한다.[15] 2020년에는 전 세계적으로 약 500억 개의 기기가 IP 네트워크에 연결된 것으로 추정되며,[16] 인간은 다양한 자동화 시스템과 상호작용하거나 기계들끼리 직접 통신하여 생산, 운송, 의사결정, 거래를 수행할 수 있다. 또한 5G는 스마트 홈과 스마트 빌딩, 스마트 시티, 3D 영상, 클라우드 기반의 업무 및 오락, 원격 의료 수술, 가상·증강 현실, 산업 자동화 및 자율 주행차를 위한 대규모 기계 간의 통신M2M 등 광범위한 응용 분야를 지원하도록 설계되었다. 이를 위해서는 매우 빠르고 반응성이 높은 통신망이 필요하며, 특히 자율 주행 차량 간 통신처럼 시스템 참여자 간 빠른 반응 속도가 필요한 데이터 집약적 활동을 가능하게 해야 한다. 따라서 5G 네트워크는 4G에 비해 훨씬 더 빠른 속도와 높은 데이터 전송 용량을 제공함으로써, 이러한 대규모 기계 간 통신을 가능하게 했다. 또한 5G는 시간에 민감한timely 응용 서비스를 위한 높은 신뢰성의 통신 환경을 제공하는 것을 목표로 하였으며, 이러한 목표를 달성하기 위해서는 높은 수준의 안정성, 보안성, 신뢰성 확보라는 운영상 과제들도 함께 해결해야 했다.

5G의 더 빠른 속도와 더 낮은 지연 시간은 이전에는 불가능했던 새로운 유형의 응용 서비스들을 가능하게 했다. 뿐만 아니라, 5G의 확산은 클라우드 및 분산 컴퓨팅, 빅 데이터와 분석 기술, 머신 러닝, 그리고 사물인터넷과 같은 밀접하게 연관되고 상호 보완적인 디지털 혁신 기술들의 발전과도 시기를 같이한다. 이러한 통신 및 컴퓨팅 기술의 결합을 통해 물리적 세계를 고해상도high-fidelity의 실시간 디지털로 표현할 수 있게 되었다. 증강 현실 엔터테인먼트, 빅데이터 기반 머신러닝 의사결정, 자율주행 운송, 공장 설비와 가전제품의 원격 진단 등 최근 디지털 응용은 모두 5G와 같은 고성능 무선 통신을 전제로 한다. 따라서 5G는 단순한 신규 기술이 아니라 이러한 첨단 디지털 혁신을 떠받치는 기반 인프라다.

---

15 See ITU (2020). ITU's approach to 5G. ITU News, 2018년 10월 15일. 검색위치: https://news.itu.int/5g-fifth-generation-mobile-technologies/ (2022년 8월 접속)

16 Mitra and Agrawal, n. 16.

3.5 혁신적인 통신 서비스: 웹

인터넷이 오늘날처럼 발전할 수 있었던 데에는 월드 와이드 웹(WWW) World Wide Web의 등장이 큰 역할을 했다. 월드 와이드 웹WWW은 단순히 컴퓨터를 연결하는 수준을 넘어 정보와 기기를 유기적으로 연결하고 구성할 수 있는 구조적 틀을 만들어주었다. 초기에는 단조롭고 텍스트 위주의 시스템이었지만 시간이 지나면서 연결성과 검색 기능이 강화된 방대한 정보 공간으로 진화했고, 이를 통해 우리는 정보와 정보 제공자 모두와의 관계 속에서 더 깊고 폭넓은 상호작용을 할 수 있게 되었다.

초기의 인터넷 기술인 고퍼Gopher, 텔넷Telnet, FTP는 사용자가 원격 컴퓨터에 접속하여 파일을 검색하고 가져올 수 있도록 해주는 도구였다. 하지만 이런 시스템을 사용하려면 사용자가 어떤 파일이 필요한지, 그 파일이 어디에 있는지를 정확히 알고 있어야만 했다. 이러한 한계를 넘어서게 해준 것이 바로 월드 와이드 웹이다. 이 기술은 파일들 사이를 직접 연결할 수 있는 구조를 만들어냈다. 이 구조 덕분에 아치Archie, 익사이트Excite, 라이코스Lycos와 같은 초기 검색 엔진들이 웹 페이지를 체계적으로 수집하고 정리하며, 색인화indexing할 수 있게 되었고, 사용자는 원하는 정보를 더 쉽게 찾을 수 있는 길이 열렸다. 물론 처음부터 검색이 체계적이었던 것은 아니다. 예를 들어, Yahoo는 1994년 창립자 제리 양Jerry Yang과 데이비드 필로David Filo가 직접 선별한 웹사이트 목록, 즉 '제리와 데이비드의 월드 와이드 웹 가이드Jerry and David's Guide to the World Wide Web'라는 이름으로 시작했다.[17]

구글은 최초의 검색 엔진은 아니었지만, 기술적으로는 가장 뛰어난 성능을 자랑하며 빠르게 주목받았다. 특히 구글의 페이지랭크PageRank 알고리즘은 사용자의 검색 의도와 웹 페이지 간의 연결을 한 차원 더 높은 수준에서 일치시키는 데 결정적인 역할을 했으며, 그 정확성 면에서 기존보다 '한 자리 수 이상의 개선'을 이뤘다는 평가를 받는다. 이 알고리즘의 구체적인 작동 방식은 여전히 영업 비밀로 유지되고 있지만, 우리가 알고 있는 것은 구글이 웹 페이지들을 지속적으로 탐색crawling하고 색인화indexing한 후, 특정 페이지로 연결된 링크들의 수와 품질을 바탕으로 해당 페이지의 검색 순위를 산정한다는 점이다.

월드 와이드 웹, 파일 전송 프로토콜, 그리고 검색 기술은 초기 인터넷 환경에서 필수적인 기반 기술로 작용하면서 점점 더 많은 사용자들이 점점 더 연결되는 정보에 효율적으로 접근할 수 있는 길을 열어주

17 Pickert, K. (2008). Yahoo! CEO Jerry Yang. Time, 2008년 11월 19일. http://content.time.com/time/business/article/0,8599,1860424,00.html (2022년 8월 접속)

었다. 하지만 당시 대부분의 사용자는 여전히 전화망을 이용한 느린 모뎀을 통해 단순한 웹 페이지에 접속하는 수준에 머물러 있었다. 이후 등장하게 되는 웹 2.0, 즉 대중 협업의 시대age of mass collaboration로 나아가기 위해서는 광대역 네트워크의 확장이 선결 조건이었다.

인터넷 프로토콜(IP)Internet Protocol 기반의 네트워크가 충분한 전송 용량을 갖추고 널리 보급되기 시작하면서 온라인에서 낯선 사람들과 새로운 방식으로 연결되는 환경이 본격적으로 열리게 되었다. 이러한 흐름을 예고한 것이 바로 오픈 소스 소프트웨어 운동open-source software movement이다. 이는 웹상에서 서로 알지 못하는 사람들이 협력하여, 물리적으로는 전 세계 곳곳에 흩어져 있으면서도 장소와 시간의 제약 없이 함께 창작 활동을 할 수 있다는 새로운 가능성을 알리는 신호탄이었다. 다시 말해, 동일한 조직이나 지역 공동체에 속하지 않은 개인들이 느슨한 온라인 네트워크만을 매개로 모여 하나의 결과물을 만들어 낼 수 있고, 이러한 분산형 협업 구조가 기존의 위계적 조직을 보완하는 새로운 창작 방식으로 자리 잡을 수 있음을 처음으로 널리 보여 준 사건이었다. 이러한 분산형 소프트웨어 개발 방식은 1980년대 후반~1990년대에 걸쳐 서서히 모습을 드러냈으며, 주로 USENET 뉴스 그룹을 통해 이루어졌다. 당시 USENET은 비슷한 관심사를 가진 많은 사람들의 관심을 끌 수 있는 가장 쉬운 채널이었고, 개발 관련 정보를 공유하고 토론하며 함께 코드를 만들어 가는 핵심적인 소통 공간으로 기능하였다. 예를 들어 리누스 토르발스Linus Torvalds는 1991년 "comp.os.minix"라는 뉴스 그룹에 리눅스에 대한 다소 소박한 내용의 첫 번째 메시지를 다음과 같이 게시하였다.

> 미닉스minix를 사용하는 여러분, 안녕하세요.
>
> 저는 지금 (무료) 운영체제를 만들고 있습니다. (그냥 취미일 뿐이고요, GNU처럼 크고 전문적인 프로젝트는 아닙니다.) 386(486) AT 호환 기종을 위한 시스템이고, 지난 4월부터 조금씩 만들어 왔는데 이제 제법 준비가 되어가고 있습니다. 제 운영체제는 Minix와 어느 정도 비슷하기 때문에 여러분이 Minix에서 좋아하거나 싫어할 만한 것들에 대한 피드백을 듣고 싶습니다. (무엇보다도 파일 시스템의 물리적 레이아웃이 동일함.)
>
> 현재까지 bash(1.08)과 gcc(1.40) 포팅을 마쳤고 잘 작동하는 것으로 보입니다. 이 말은 몇 달 안에 사용할 수 있는 제대로 된 시스템을 갖추게 될 것이라는 의미이고, 많은 분들이 어떤 기능을 원하시는지 알고 싶습니다. 무슨 제안이든 환영합니다. 다만, 제가 그걸 꼭 구현하겠다고 약속은 드리지 못합니다. :-)
>
> – 리누스 (torvalds@kruuna.helsinki.fi)

P.S. 네, 이건 Minix 코드와는 무관하며 멀티 스레드 파일 시스템을 갖추고 있습니다. 인텔 386의 태스크 스위칭 등을 사용하기 때문에 다른 종류의 컴퓨터에서는 동작하지 않습니다. 그리고 앞으로도 IBM AT 하드디스크 외에는 지원하지 못할 것 같네요. 제가 구현 가능한 것이 그것 뿐이라서요. :-(

Apache 오픈 소스 서버 운영체제 프로젝트는 1990년대 초에 시작되었고, Mozilla 프로젝트는 1998년 초기 넷스케이프Netscape 브라우저의 소스 코드가 공개 도메인public domain으로 전환되면서 출범했다. 오픈 소스 운동이 확산되던 그 무렵, 냅스터Napster, 그누텔라Gnutella, 카자Kazaa와 같은 P2PPeer to Peer 파일 공유 서비스들도 잇따라 등장했다. 2001년에는 Wikipedia가 개설되었고, 2002년에는 Friendster와 같은 초기 소셜 네트워크 서비스들도 나타나기 시작했다. 광대역 인터넷이 널리 보급되고 검색 기술도 향상되면서 이런 협업 기반의 프로젝트들에 참여하고 연결되는 일이 훨씬 더 쉽고 매력적인 활동이 되었다.

이렇게 발전한 협업 중심의 웹collaborative web 환경은 누구나 온라인에서 정보 소비자이자 생산자가 될 수 있다는 사실을 분명히 보여주었다. 1990년대 후반이 되자 웹의 정신은 리믹스remix 문화로 변화하게 되었다. 즉, 디지털 콘텐츠라면 무엇이든 자유롭게 가져오고, 편집하고, 재활용하며, 재조합하고, 다시 유통시키는 것이 당연시되는 문화가 형성되었다. 이는 생산자이자 소비자인 사용자 프로슈머prosumer들, 즉 냅스터 세대의 등장을 불러왔으며[18] 동시에 심각한 법적 논란과 세대 간 정보 소비 방식의 충돌을 초래했다. 공유하거나 리믹스한 콘텐츠의 소유권은 누구에게 있는가?, 공정 이용fair use의 범위는 어디까지인가?와 같은 기본적인 질문들이 사회 전반에 큰 파장을 일으키게 되었다.

네트워크 트래픽의 관점에서 보면 2005년에 출시된 유튜브의 협업적이고 창의적인 영상 공유 기능이 시작된 것이 중요한 전환점이었다. 이전의 서비스에서 주로 공유되던 것은 텍스트, 음악, 소프트웨어 파일이었지만 유튜브YouTube는 훨씬 더 용량이 큰 영상 콘텐츠를 중심으로 하였기 때문이다. 예를 들어 고음질 오디오 1시간 분량의 파일은 100메가바이트 이상의 용량이지만 고화질HD 영상 1시간 분량은 무려 3기가바이트에 달한다. 이를 텍스트 문서로 환산하면 약 20만 페이지에 해당하는 용량이다.[19]

18 Lessig, L. (2008). Remix: Making Art and Commerce Thrive in the Hybrid Economy. New York: Penguin Books.

19 KLDiscovery company website. 검색위치: www.sdsdiscovery.com/resources/data-conversions/ 그리고 Hildenbrand, J. (2020). How much mobile data does streaming media use? Android Central, 2020년 8월 10일. 검색위치: www.androidcentral.com/how-much-data-does-streaming-media-use (2022년 8월 접속)

유튜브는 단숨에 사용자들 사이에서 큰 인기를 끌었지만 곧 법적, 전략적, 그리고 나아가 정치적인 복잡한 문제들을 야기하였다. 법적인 측면에서는 영상 파일 공유가 음악 파일 공유 서비스인 냅스터 Napster에서 발생했던 지적재산권 분쟁과 유사한 문제를 초래했다. 하지만 냅스터의 선례(2001년 법원 판결로 인해 폐쇄됨. 그 후 다른 서비스 출시)로 인해 유튜브는 초기부터 DMCA(디지털 밀레니엄 저작권법) 제소에 더 주의를 기울였고, 저작권 침해 콘텐츠에 보다 신속하고 효과적으로 대응하는 모습을 보여주었다. 그러나 전략적인 관점에서 유튜브는 사업 모델로서 다루기 까다로운 플랫폼이었다. 영상 파일은 막대한 저장 공간이 필요하고, 비용도 상당히 높았으며, 무엇보다도 이 플랫폼에서 수익을 창출할 수 있는 명확한 방법이 처음에는 보이지 않았기 때문이다. 2017년까지도 유튜브의 광고가 실제로 수익성이 있는지 여부는 불확실했지만, 구글의 온라인 광고 시장에서 지배적인 위치 덕분에 큰 혜택을 봤다.[20] 게다가 저장 장치 비용은 지속적으로 하락세를 보였고, 유튜브는 넷플릭스, 아마존, 디즈니+ 등과 경쟁하기 위해 유료 구독 서비스를 도입하며 상업적 동영상 스트리밍 시장에도 본격적으로 진입했다. 2019년 구글의 모회사인 알파벳Alphabet은 유튜브가 150억 달러의 수익을 창출했다고 발표했다. 구체적인 수익은 공개되지 않았지만 시장 분석가들은 유튜브가 마침내 수익을 내기 시작했을 것으로 추정했다.[21]

유튜브가 영상 공유의 선구자 역할을 하고, 넷플릭스가 영상 스트리밍 서비스를 본격적으로 시작하면서 기존의 DVD 대여라는 비즈니스 모델을 완전히 대체하자 인터넷에서 영상 콘텐츠가 차지하는 비중은 급속히 커지게 되었다. 2018년에는 유튜브와 넷플릭스 두 플랫폼만이 미국 내 전체 인터넷 트래픽의 절반 이상을 차지할 정도였다. 이러한 변화는 곧 통신망 소유자들과 정책 입안자들의 주목을 받기 시작했고, 망 중립성net neutrality을 둘러싼 격렬한 정책 논쟁으로 이어졌다. 즉, 인터넷을 개방적이고 혁신적이며 경쟁력 있는 공간으로 유지하면서도 네트워크 혼잡을 어떻게 해결할 것인가 하는 문제가 핵심 이슈로 떠올랐다. 이 논쟁은 2022년까지도 격렬하게 지속되었다.

한편, 협업 기술과 온라인 커뮤니티는 전 세계적으로 정치적 영향력도 점점 확대해 나갔다. 정부 기

20 Yu, B. (2017). Medium 2017년 9월 6일. 검색위치: https://medium.com/@intenex/where-are-you-getting-hard-data-that-youtube-isnt-profitable-a00aed0672ac (2022년 8월 접속)

21 Statt, N. (2020). YouTube is a $15 billion-a-year business, Google reveals for the first time. The Verge, 2020년 2월 3일. 검색위치: www.theverge.com/2020/2/3/21121207/youtube- google-alphabet-earnings-revenue-first-time-reveal-q4-2019 (2022년 8월 접속)

관과 그들의 정책에 대한 정보가 더 폭넓게 공개되면서 정치적 의사결정 과정은 이전보다 훨씬 투명해졌다. 과거 아날로그 시대에는 접근하기 어려웠던 입법 초안도 이제는 온라인에 즉시 공개되어 더 많은 사람들이 평가하고 토론에 참여할 수 있는 기회가 주어졌다. 이러한 흐름 속에서 블로고스피어blogosphere, 즉 블로그 공간에서 활동하는 새로운 유형의 정치 평론가들이 등장했다. 그들은 사회, 문화, 정치 전반에 걸친 다양한 이슈에 대해 개인의 의견과 해설을 대중에게 광범위하게 전달하는 새로운 미디어의 역할을 했다. 블로그blog라는 개념은 본래 웹 로그web log, 즉 개인의 활동이나 생각을 기록한 웹상의 일지에서 비롯되었다. 워드프레스WordPress와 같은 기업들이 등장하면서 누구나 손쉽게 온라인 퍼블리셔publisher이자 블로거가 될 수 있는 환경이 조성되었다. 더 나아가 사람들은 비디오 로그(video log, 줄여서 v-log)라는 이름 아래, 자신만의 TV 프로그램을 직접 만들어 방송하기 시작했다. 인터넷에서는 누구나 '누군가'가 될 수 있으며, 유명한 뉴요커New Yorker 만화에서는 '웹에서는 아무도 당신이 개인지 아닌지 모른다on the web, no one knows if you're a dog.'고 표현했다.

정치 감시자들로 구성된 네트워크들은 정치 혹은 기업 내부의 고발을 가능하게 하는 서비스를 제공한다. 이 중 가장 유명한 사례는 단연 2006년 줄리안 어산지Julian Assange가 창립한 위키리크스WikiLeaks이다. 위키리크스의 창립 목적은 '윤리적, 정치적, 역사적으로 중요한 자료를 출처 보호와 함께 공개함으로써 억압되거나 검열된 부당함을 드러낼 수 있는 보편적 수단을 제공하는 것'이었다.[22] 하지만 이러한 고귀한 목표에도 불구하고 위키리크스가 정보기관 요원들의 신원이나 국가 안보 관련 기밀 통신을 공개한 결정은 매우 큰 논란을 일으켰다. 또한 미국 국가안보국NSA에서 외부 계약직으로 일하던 에드워드 스노든Edward Snowden이 불법적으로 입수한 자료를 위키리크스에 공개한 것 또한 거센 비판을 받았다. 하지만 이런 비판에도 불구하고 스노든이 공개한 자료에는 중요한 사실이 포함되어 있었다. 이 자료를 통해 미국 정부가 프리즘Prism과 같은 감시 프로그램을 통해 자국민을 광범위하게 감시하고 있었으며, 그 프로그램들이 의회의 충분한 심의 없이 추진되었다는 점이 밝혀졌다. 이 폭로는 미국 내 감시 활동과 운영을 전면적으로 재조명하게 만들었고, 정부가 감시 프로그램을 시행하기 전에 거쳐야 하는 법적 승인 절차가 대대적으로 개편되는 계기가 되었다.

미국 이외의 여러 아프리카 및 중동 지역 여러 국가에서 벌어진 아랍의 봄Arab Spring 운동은 소셜 네트

22 Dumas M.B. (2012). Diving Into the Bitstream: Information Technology Meets Society in a Digital World. New York: Routledge.

워크 서비스SNS를 통해 조직되었다. 이러한 디지털 혁명들은 여러 권위주의 정권을 실제로 무너뜨리며 세계 정치 지형에 큰 영향을 끼쳤다. 하지만 시리아에서의 상황은 전혀 달랐다. 아랍의 봄에 영향을 받은 시민들의 시위에 대해 기존 정권은 극단적인 무력 진압으로 대응했고, 자국민을 대상으로 한 폭력적 탄압도 서슴지 않았다. 이러한 대응은 결국, 수백만 명의 사망자와 난민을 초래한 시리아 내전의 도화선이 되었다는 평가가 지배적이다. 그 결과 유럽 전역으로 대규모 난민이 유입되었고, 이는 여러 유럽 국가에서 민족주의 성향의 극우 정치인들이 급부상하는 배경이 되었다. 이는 트위터와 페이스북이라는 디지털 플랫폼이 초래한 의도치 않은 결과였던 셈이다.

미국과 유럽에서 백인 민족주의white nationalism와 우익 포퓰리즘right-wing populism이 확산된 원인을 온라인 커뮤니케이션, 소셜 네트워크, 그리고 대규모 이민자 유입에 대한 반발과 연결지을 수 있는지의 여부는 정치학자들의 분석 대상이다. 하지만 일반 관찰자의 눈에는 서구 민주주의의 전통적인 제도들이 온라인 커뮤니티 내에서 들끓고 있는 훨씬 더 불안정하고 급진적인 사회적 흐름에 제대로 적응하지 못하고 어려움을 겪고 있는 것처럼 보였다. 이제는 누구나 그럴듯해 보이는 의견이나 해설을 대중에게 전달할 수 있게 되면서 무수히 많은 사람들이 어떤 정보가 신뢰할 수 있는지, 무엇이 선동이나 가짜 뉴스인지 판단하기 어려워졌다. 자극적인 클릭 유도성 콘텐츠clickbait는 전통 언론의 신뢰를 무너뜨렸고, 수백만 명이 큐어넌QAnon[23]과 같은 음모론을 믿게 되었다. 1960년 마샬 맥루한Marshall McLuhan이 말한 "3차 세계대전은 게릴라 정보 전쟁이 될 것이다."라는 경고가 50년이 지난 오늘날 이토록 정확하게 현실화될 줄은 누구도 예상하지 못했다. 위에서 언급한 정치적 사건들은 권력을 얻고자 하는 이들에게 명확한 교훈을 다시 한 번 알려주었다. 사회적·디지털 통신 네트워크를 장악하는 것이 대규모 정치적 사건을 유발하고 조종하는 핵심 수단이 되었다는 점이다. 통신망 속도를 일부러 늦추면 집권 세력이 선호하는 후보자의 선거 승리에 도움이 될 수 있으며[24], 페이스북 커뮤니티와 같은 소셜 플랫폼은 특정 정치 의견을 효과적으로 심고 확산시키는 수단이 되기도 한다. 특히, 케임브리지 애널리티카 사건은 2016년 미국 대선과 브렉시트 국민투표 과정에서 페이스북 개인정보를 무단 수집해 맞춤형 정치 광고를 집행한 사례로 널리 알려졌다. 이 사건은 데이터 분석이 정치적 여론 형성과 선거 결과에 얼마나 강력한 영향을

---

23 Roose, K. (2021). What is QAnon, the viral, pro-Trump conspiracy theory? The New York Times, 2021년 9월 3일. 검색위치: www.nytimes.com/article/what-is-qanon.html (2022년 8월 접속)

24 Ackerman, Klaus (2017). Limiting the market for information as a tool of governance: evidence from Russia. Paper presented at the NBER Summer Institute. 검색위치: http://conference.nber.org/confer/2017/SI2017/PRIT/Ackermann.pdf (2022년 8월 접속)

미칠 수 있는지를 보여주었으며, 동시에 개인정보 보호와 민주주의의 공정성에 대한 심각한 사회적 우려를 불러일으켰다. 더 나아가 데이터, 분석, 접근권을 권력지향적 집단에게 제공하는 것은 수익성 있는 사업으로 자리잡았다. 이러한 활동을 규제하고 감시하는 일은 어려운 과제로 남아 있다.

3.6 디지털 사회 혁신을 위한 프레임워크

이 장에서는 알파넷부터 월드 와이드 웹, 그리고 5G 무선 통신에 이르기까지 인터넷 혁신의 역사 흐름을 살펴보았다. 50년에 걸친 혁신의 물결은 세상을 근본적으로 변화시켰다. 그 변화가 반드시 긍정적이지만은 않았지만, 한 가지 분명한 점은 그 변화는 되돌릴 수 없는 것이었다는 사실이다. 한 번 공개된 정보는 결코 다시 감출 수 없다. 유일하게 확신할 수 있는 것은 경제와 사회 전반에서의 격변이 앞으로도 계속될 것이라는 점이다. 또한 주목할 만한 것은 이처럼 세상을 뒤흔든 혁신들이 정부 기관, 대학, 과학 연구기관, 과학 기술 지원기관, 기업, 그리고 개인 시민과 발명가, 소비자들 간의 끊임없는 상호작용과 지식 교류를 통해 이루어졌다는 점이다. 컴퓨팅과 인터넷의 초기 단계에서는 정부 정책과 비영리적 과학 발견 활동이 특히 중요한 역할을 했다. 지금도 통신 관련 정책은 시장의 구조와 혁신 시스템 전체에 깊은 영향을 미치고 있다. 5G 네트워크는 정부의 직접적인 투자로 탄생한 것은 아니지만 정부, 기술 기업, 과학 연구기관 간의 글로벌 협력 체계 속에서 만들어졌다. 이처럼 시스템 단위의 기술 혁신system-level technological revolution은 대개 폭넓은 집단적 협력과 공동의 노력이 필요하며 혁신 과정에 다양한 주체들이 자유롭게 참여하고 빠져나갈 수 있는 환경이 조성될 때 보다 의미 있는 혁신이 등장할 가능성이 높아진다.

디지털 혁신의 역사가 강조하는 디지털 혁신의 설계 원칙을 다시 살펴보자. 첫째, 미래를 위한 설계design for the future이다. 기술의 진화 속도는 매우 빠르기 때문에 오늘의 혁신이 내일이면 구식이 된다는 것이다. 인터넷의 초기 개념부터 인터랙티브 웹 2.0을 거쳐 현재의 모바일 인터넷에 이르기까지의 흐름을 보면 혁신과 투자가 이루어지던 당시에는 불과 몇 년 뒤에 등장할 수요나 응용 방식을 개발자들이 거의 예측하지 못했다는 점이 명확히 드러난다. 알파넷을 설계했던 이들은 USENET 뉴스 그룹의 폭발적인 인기를 전혀 예상하지 못했고, 이메일은 과학자들 간의 정보 교환 수단으로 처음 시작되었지만 곧 사회적 대화를 위한 도구로 변모했다. 또, 오픈 소스 소프트웨어는 학계 컴퓨터 과학자들의 취미에서 출발했으나 결국 대형 소프트웨어 기업의 기반을 흔드는 결과로 이어졌다. 동시에 새로운 통신 네트워크를 설계하는 데 보통 수년이 걸린다. 따라서 5G 개발자들은 현재 자신들이 구상한 서비스가 머지않아 구식이 될 수 있음을 인식하고, 기존에 잘 반영되지 않았던 사용자들의 필요나 새로운 사용자 집단의 관심사를 설계에 적극적으로 포함시켜야 할 것이다. 물론 미래의 사용자 요구를 정확히 예측하기는 어렵지만 기반 네트워크의 비용과 처리 용량이 향후 어떻게 변화할지에 대한 흐름은 상대적으로 훨씬 더 예측 가능하기 때문에 이를 새로운 제품 설계에 반영할 수 있다. 따라서 디지털 혁신가는 기술 발전의 방향과 개선의 궤적을 예측할 수 있도록 해주는 기술 로드맵을 바탕으로, 장기적인 관점에서 설계를 준비해야 한다.

둘째, 변화를 위한 설계design for change이다. 즉, 미래에도 살아남는 혁신을 만들기 위해서는 유연성과 적응력이 필요하다는 뜻이다. 기술이 빠르게 구식이 되는 시대에 새로운 제품이나 시스템은 사용자 피드백과 외부의 혁신을 쉽고 빠르게 반영할 수 있도록 개방형으로 설계되어야 한다. 우리는 지금까지 성공적인 혁신의 역사만을 살펴봤지만, 그 이면에는 훨씬 더 방대한 실패의 역사가 존재한다. 그중 대표적인 실패 사례가 바로 WAP이다. 이는 모바일 인터넷 초기 단계에서 통신사들이 개방된 인터넷에 방해받지 않는 접근을 제공하는 대신, 자체 콘텐츠 중심의 폐쇄형 포털walled garden 서비스를 구축하려 했던 시도였다. WAP 자체는 폐쇄된 프로토콜은 아니었지만, 통신사들은 이를 이용해 자신들의 콘텐츠로 구성된 폐쇄형 포털을 운영했고, 외부 콘텐츠에 접근하려면 HTML 대신 WML 형식을 사용해야 했다. 하지만 대부분의 웹사이트는 WML 기반으로 콘텐츠를 제공하길 원치 않았기 때문에 WAP 포털을 통해 접근 가능한 서비스는 극히 제한적이었다. 이러한 폐쇄적 구조는 사용자 피드백을 차단하고 외부의 혁신을 받아들이는 데 장애가 되었으며, 결국 사용자 요구와 함께 진화하지 못하고 시장에서 실패하고 말았다.

셋째, 생성력을 위한 설계design for generativity이다. 사회 집단들은 각자의 방식으로 새로운 기술을 해석하고 심지어 예상치 못한 창의적인 방식으로 활용한다. 사용자 집단의 다양성은 혁신가에게 중요한 자산이 된다. 초기에는 다양한 사용자의 요구를 수용하는 데 비용이 많이 들지만, 실제로는 서로 다른 집단이 동시에 여러 실험을 수행하고 자발적으로 혁신에 참여함으로써 전체 혁신 과정을 더욱 풍성하게 만드는 기회를 제공한다. 따라서 뛰어난 혁신가는 가능한 한 다양한 사용자 유형과 커뮤니티에 자신이 만든 기술을 노출시켜 더 빠르고 깊이 있는 피드백을 얻고자 한다. 반대로 초기 단계에서 너무 동질적인 사용자 집단에만 집중할 경우 해당 기술은 보다 넓은 대중에게 확장되지 못하고 실패할 위험이 있다.

아울러, 이러한 다양성을 받아들이기 위해서는 네트워크 자체가 개방적이고 표준화된 접근점을 갖추고 있어야 하며, 사용자들이 네트워크에 자신만의 방식으로 새로운 기능을 추가할 수 있어야 한다. 안드로이드 모바일 운영체제가 빠르게 확산된 것도 수많은 모바일 앱이 폭발적으로 증가했기 때문인데, 이 앱들은 약 100달러와 소프트웨어 개발의 비교적 기초적인 역량만 있으면 누구나 출시할 수 있었다. 이 시스템에서 창의적인 아이디어를 표현하기 위한 기술적, 경제적 장벽이 매우 낮았던 것이 안드로이드의 성공을 견인한 중요한 요인이었다.

핵심 요약

- 새로운 통신 서비스의 초기 아이디어는 다수의 사람들과 다양한 사회 집단이 해당 서비스를 사용하게 되면서 빠르게 구식이 되고 새로운 개념으로 대체되는 경향이 있다.
- 새로운 통신 네트워크를 설계하고 구축하며 정착시키는 데 일반적으로 수년이 소요된다.
- 알파넷ARPANET부터 5G에 이르기까지 인터넷의 각 세대는 사회에 변혁적인 변화를 일으켰다.
- 2020년대에는 10년 동안 물리적 네트워크와 소프트웨어 기반 통신 네트워크 모두에서 근본적인 혁신이 계속되고 있다.
- 이러한 매우 역동적인 환경에서 성공적인 혁신가들은 장기적인 기술 및 경제적 변화에 집중하고 디자인의 유연성과 개방성을 강조하며 다양한 맥락에서 다양한 사용자를 참여시킨다.

용어 정리

- **5G 무선** 5G wireless: 초당 100메가비트 이상의 데이터 다운로드 전송 속도를 가져야 하며, 초당 1테라비트 이상의 처리 용량을 감당할 수 있어야 한다. 또한 핫스팟에서는 초당 10메가비트의 트래픽 용량을 지원해야 하고, 데이터 교환 시 지연 시간은 1밀리초 이하이어야 한다.
- **중앙집중형 네트워크** centralized networks: 네트워크 내 정보의 흐름을 제어하는 하나의 중심 노드가 존재한다.
- **클라우드 컴퓨팅** cloud computing: 인터넷을 통해 데이터와 애플리케이션 등 원격의 컴퓨팅 자원에 접근하는 것을 의미한다.
- **공진화** coevolution: 생물학에서는 상호작용하는 종들 간의 상호 적응 과정을 의미한다. 경제학에서는 하나의 사건이나 행동이 또 다른 사건을 유발하고, 이들이 다시 다른 행동과 반응을 낳는 과정을 뜻한다. 인과관계와 같은 연쇄 반응이 존재하지만 동적인 과정을 처음 촉발한 사건이 무엇인지 식별하는 것은 어렵다.
- **탈중앙형 네트워크** decentralized networks: 네트워크 트래픽의 일부를 제어할 수 있는 다수의 노드가 존재한다.

- **분산형 네트워크** distributed networks: 각 노드가 독립적으로 데이터를 처리하고 전달할 수 있으며, 전체 시스템은 노드 간 상호 의존성을 기반으로 작동한다.
- **사물인터넷(IoT)** Internet of Things: 초소형 내장 센서, 자율 작동 기계, 가전 기기와 같은 장치들이 연결된 통신 네트워크를 의미한다.
- **패킷 교환** packet switching: 인터넷에서 정보를 분산시키는 혁신으로 정보를 작은 표준화 패킷으로 나눠 최적 경로로 보내고 수신 지점에서 다시 조립해 원래 정보로 복원한다.

토론하기

3.1 성공적인 통신 네트워크(예 이메일)와 실패한 통신 네트워크(예 프렌드스터, 마이스페이스 또는 나중에 등장한 구글+와 같은 최초의 소셜 네트워크)를 각각 하나씩 찾아보자. 디자인 프레임워크(역자 주: 미래를 위한 설계, 변화를 위한 설계, 생성력을 위한 설계)를 사용하여 미래 지향성, 개방성, 사용자 그룹의 다양성 측면에서 성공한 네트워크가 실패한 네트워크와 어떻게 다른지 조사하고 비교해 보자.

3.2 새로운 통신 네트워크나 서비스를 설계할 때 5G가 훨씬 더 빠른 무선 업로드 및 다운로드 속도를 가능하게 한다는 점을 어떻게 활용하거나 고려할 것인가?

3.3 만약 5G가 2020년에 출시되었다면 6G를 위한 계획은 언제부터 시작해야 한다고 생각하는가?

3.4 정부가 언제 새로운 통신 네트워크의 혁신에 참여해야 한다고 생각하는가?

추천 문헌

- Abbate, Janet (2000). Inventing the Internet. Cambridge, MA: The MIT Press.
- Greenstein, Shane (2015). How the Internet Became Commercial: Innovation, Privatization, and the Birth of a New Network. Princeton, NJ: Princeton University Press.
- Tufekci, Zeynep (2017). Twitter and Teargas: The Power and Fragility of Networked Protest. New Haven, CT: Yale University Press

사례 1

반스앤노블과 전자책 혁명

도서 시장은 디지털 기술로 인해 가장 먼저 파괴적 전환을 겪은 산업 중 하나였다. 제프 베조스Jeff Bezos는 인터넷을 통해 책을 판매하고 배송하는 것이 저렴하지는 않지만 용이하다고 판단하여 1994년 아마존Amazon을 설립하였다. 1990년대 중반에는 인터넷을 통해 일반 상품을 판매하려는 다양한 유형의 닷컴dot-com 기업들이 설립되었다. Garden.com, Stamps.com, Pets.com은 실물 제품을 온라인에서 판매하기 위한 비즈니스 모델을 실험한 초기 사례였으나 모두 실패하였다. 이른바 '신경제new economy' 붐 시기에는 창업자들이 풍부한 자금을 보유하고 있었으며, 변동비용보다 훨씬 낮은 가격으로 제품을 판매하고 광고와 사무실 복지에 과도하게 지출하거나 무거운 물품(예 애완동물 사료)을 개별 소비자에게 배송하는 데 따르는 운영상의 문제를 해결하지 못한 채 무리하게 확장하려 하는 등 기초적인 실수를 저질렀다. 아마존 역시 이러한 문제에 직면하였으며 2003년에 이르러서야 처음으로 연간 기준 흑자를 기록하였다. 수익을 내기까지 9년이라는 시간이 걸린 것이다.[1]

반스앤노블Barnes & Noble은 전통적인 서점 체인으로, 1886년 뉴욕에서 아서 힌즈 앤 컴퍼니Arthur Hinds & Company라는 이름으로 설립되었다. 이후 창립자 간 사업 파트너십 변화에 따라 힌즈 앤 노블Hinds & Noble로 이름을 변경하였고 1917년에 최종적으로 반스앤노블Barnes & Noble이라는 이름을 사용하게 되었다. 1990년까지 반스앤노블은 미국 전역에서 가장 규모가 큰 서점 체인이었다. 1993년에는 뉴욕 증권거래소에 상장되었으며 서점을 공공 공간이자 지역 커뮤니티 기관으로 탈바꿈시켜 책 판매 방식에 혁신을 가져왔다. 반스앤노블은 "모든 연령대의 고객이 자유롭게 둘러보고 책을 찾으며, 커피 한 잔과 함께 휴식을 취하고 저자와 대화를 나누며 독서 모임에 참여할 수 있도록 하였다."는 점에 자부심을 가졌다.

반스앤노블은 오랜 역사를 지닌 잘 운영된 기업이었으며, 전자상거래와 전자책 시장에도 비교적 이른 시기에 진입하였다. 그럼에도 불구하고 도서 시장에서 지배적인 지위를 유지하는 데 어려움을 겪었다.

1 Perez, J.C. (2004). Amazon records first profitable year in its history. InfoWorld. 2004년 1월 28일. 검색위치: www.infoworld.com/article/2668062/amazon-records-first-profitable-year- in-its-history.html (2022년 8월 접속)

사례 1.1 이커머스 입점

1997년 반스앤노블은 첫 번째 웹사이트를 개설하며 온라인 서점을 설립했다. barnesandnoble.com은 별도의 자회사로 조직되어 독립적인 경영진과 자체적인 의사결정 구조를 갖추고 운영되었다. 1998년에는 이 온라인 서점barnesandnoble.com의 지분 50%가 독일의 대형 미디어 및 출판 그룹인 베르텔스만Bertelsmann에 매각되었다. 당시 베르텔스만은 '빅 식스Big Six' 출판사 중 하나인 랜덤하우스Random House를 소유하고 있었다. 그럼에도 불구하고 반스앤노블은 온라인 서점을 자사의 성장 전략에서 핵심 요소로 간주하였다.

> 점점 치열해지는 도서 판매 시장의 경쟁 상황을 고려할 때 barnesandnoble.com에 대한 베르텔스만의 투자와 회사의 기업 공개IPO 추진은 우리를 매우 유리한 위치에 놓았다. 간단히 말해 우리는 이제 오프라인 상점과 전자상거래 분야 모두에서 새로운 기회를 탐색할 수 있는 두 개의 자본 기반이 탄탄한 사업체를 갖게 된 것이다. (1998년 연례 보고서 17쪽)

실제로 2년 만에 이 온라인 서점은 인터넷에서 가장 인기 있는 사이트 중 하나가 되었으며, 전자상거래 사이트 중 방문자 수 기준 네 번째로 높은 순위를 기록하였다. 당시 어떤 온라인 서점보다도 많은 총 75만 종의 도서 재고를 갖추고 있었다. 1998년에는 온라인 매출이 전년도 대비 약 400% 성장하였고 소프트웨어 판매, 원 클릭 주문, 새로운 검색 엔진, 전반적인 웹사이트 디자인 등 다양한 기능을 개선하였다. 또한 할인 도서, 희귀 도서, 절판 도서 등의 재고를 대폭 확충하였을 뿐만 아니라, 음악, 영화, 기업간B2B 콘텐츠 제공 서비스도 개발 중이었다. "우리가 그 책을 갖고 있지 않다면 그 누구도 갖고 있지 않습니다.If we don't have your book, nobody does."라는 회사의 슬로건은 정체성을 명확하게 보여주었다. 1999년 초 barnesandnoble.com은 BNBN이라는 종목 코드로 나스닥NASDAQ 시장 상장을 준비하였다. 이로써 반스앤노블은 온라인 상거래 세계에 성공적으로 진입하였다.

2000년 금융 위기에서 회복한 후 반스앤노블의 온라인 매출은 다시 성장세를 보였으며, 2004년에는 해당 사업 부문이 흑자를 기록할 것으로 전망되었다. 온라인 유통 시장에 신규 진입자가 늘고 경쟁이 치열해지면서 인터넷 내 순위는 다소 하락하였지만 America Online, Google, Microsoft Network와의 공동 마케팅 협약과 18만 9천 개 이상의 웹사이트와의 제휴는 온라인 서점의 인지도와 매력을 높이는 데 기여하였다. 2004년 본사는 barnesandnoble.com의 지배 지분을 다시 확보하였다. 온라인 서점은 1999년에 상장되었지만 기존 두 주요 주주가 각각 40%의 지분을 보유하고 있었다. 이후 반스앤노블은 직원들과의 주식 계약 후 베르텔스만의 주식을 인수하여 전체의 75%에 달하는 지배 지분을 갖게 되었다. 그해 말 barnesandnoble.com은 상장 폐지되었고, 반스앤노블이 전액 출자한 기존 자회사와 완전히 합병되었다. 이로써 전자상거래는 회사의 장기적 핵심 전략 요소가 되었다.

반스앤노블은 온라인 도서 판매 시장에서 주요 경쟁자로 부상한 이후 2009년 전자책 서점과 함께 눅Nook을 처음 출시하며 주목을 받았다. 눅은 시장 내에서 가장 다양한 기능을 갖춘 전자책 리더기로 평가되었으며, 가격은 259달러였다. 현재는 BN.com으로 불리는 barnesandnoble.com을 통해 전자책 판매를 시작하였다. 이 전자책 서점은 눅뿐만 아니라 태블릿, 스마트폰, PC에서도 사용할 수 있었으며, 100만 종 이상의 도서를 제공하였다. 초기 눅은 e-ink 전자 종이 화면을 비롯하여 3G 및 Wi-Fi 연결 기능을 탑재하였고, 안드로이드 오픈 소스 운영체제를 기반으로 제작되었다. 또한 윈도우 컴퓨터와 안드로이드 기기에서도 전자책 리더 소프트웨어 애플리케이션을 사용할 수 있었다. 그러나 2010년 연례 보고서에 따르면 경기 침체와 경쟁 심화, 그리고 전자책·전자책 리더기·디지털 콘텐츠 유통 시장의 확대가 종이책 판매에 부정적인 영향을 미쳐 매출이 감소하고 있었다. 그럼에도 불구하고 이 회사는 1,300개가 넘는 오프라인 매장을 가지고 있다는 점이 자사의 주요 경쟁 자산이라고 판단하였다. 오프라인 매장을 디지털 기기 및 콘텐츠를 홍보·판매하는 공간으로 활용하여 상점 공간과 디지털 서비스를 통합할 계획을 세웠다.

눅은 다양한 기능을 갖춘 제품이었지만 아마존의 킨들Kindle보다 약 2년 늦게 출시되었다. 초기 킨들은 e-ink 디스플레이를 탑재하였고 399달러에 판매되었다. 또한 스프린트Sprint의 위스퍼넷Whispernet 네트워크를 통한 무선 연결을 제공하고 9만 종의 도서에 즉시 접근할 수 있는 기능을 제공하였다.[2] 이후 Wi-Fi 연결 버전은 가격이 더 저렴해졌고 통신사 계약도 필요 없었으며, 점차 소프트웨어 기반 키패드와 터치스크린이 포함되었다. 그럼에도 불구하고 눅은 기기 디자인과 도서 콘텐츠 제공 측면에서 킨들과 견줄 만한 경쟁력을 갖추고 있었다.

---

2 Hall, C. (2020). Amazon Kindle: A brief history from the original Kindle onward. Pocket Lint, 2020년 10월 20일. 검색위치: www.pocket-lint.com/gadgets/news/amazon/137303-amazon- kindle-history-kindle-to-the-kindle-oasis (2022년 8월 접속)

하지만 독서 시장 환경은 빠르게 변화하고 있었다. 특히 젊은 연령층의 독서량이 줄어들고 있다는 우려가 확산되고 있었다. 전자책 시장이 빠르게 성장하고 있음에도 불구하고 도서 판매량은 [그림 C1-1]에서 확인할 수 있는 것처럼 2008년 이후 큰 변화 없이 정체되어 있었다.

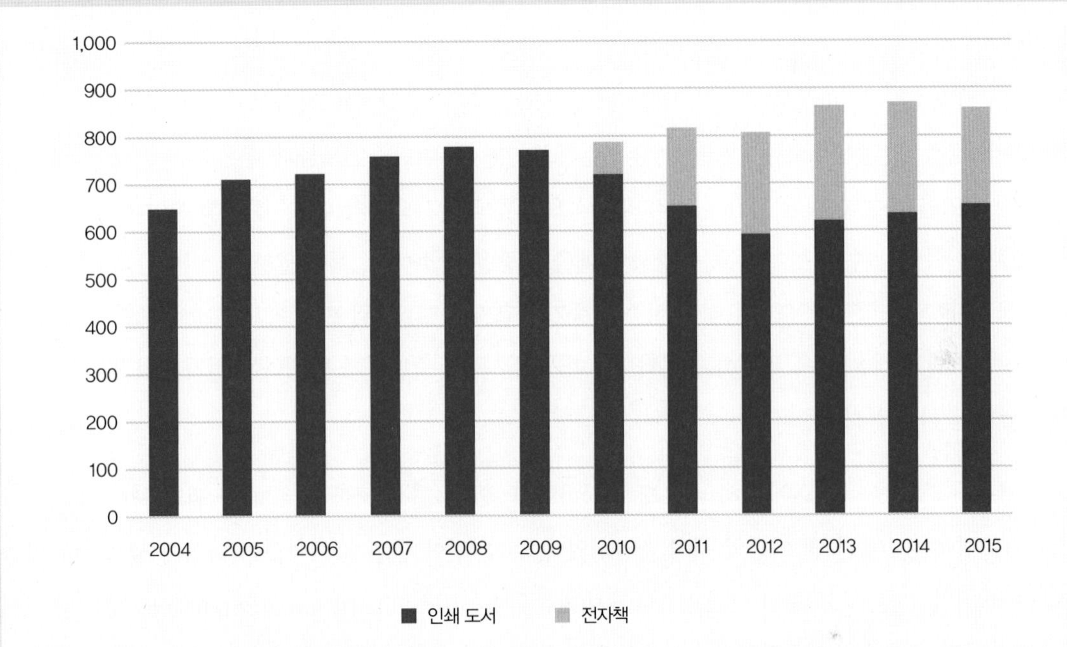

그림 C1-1 2004~2015년 미국의 도서 판매량(단위: 백만 달러)

참고: 미국의 전체 도서 판매량은 완만하게 증가하였으나 인쇄 도서의 판매량과 점유율은 감소하였다. 전자책은 2010년부터 2013년까지 빠르게 성장하였으나 2013년 이후 감소하였다.

출처: Nielsen Bookscan 및 PubTrack Digital. 검색위치: www.nielsen.com/us/en/insights/report/2016/2015-us-book-industry-year-end-review/# (2021년 8월 접속)

도서 시장에는 몇 가지 새로운 트렌드가 등장하였다. 첫째, 디지털 오디오북은 1990년대 후반에 처음 도입되었으며(오디오북 자체는 1930년대부터 비닐 레코드 형태로 출판됨), 2000년대 후반부터 점차 대중적인 인기를 얻기 시작하였다. 오더블Audible은 원래 휴대용 미디어 플레이어를 상업화하기 위해 1995년에 설립되었으나 곧 오디오북 중심으로 사업 방향을 전환하였다. 2003년에는 애플 아이튠즈iTunes 스토어의 독점 오디오북 제공업체가 되었으며, 2008년에는 아마존이 오더블을 인수한다고 발표하였다. 오더블은 2013년까지 미국 내에서 오디오북 제작과 유통을 주도하는 주요 사업자로 자리매김하였다.[3] 2018년에는 오디오북 출판사 협회Audiobook Publishers Association가 약 10억 달러의 매출과 연간 25%의 성장률을 기록하였다고 발표했다.[4] 반스앤노블 역시 2014년 앱 스토어에 눅Nook 오디오북 애플리케이션을 출시하며 오디오 시장에 진출하였다.[5]

둘째, 출판 산업은 새로운 형태의 경쟁에 직면하고 있었다. 업계 전체 매출은 2008년[6] 이후 정체 상태였지만 '빅 식스Big Six' 출판사들(랜덤하우스Random House, 펭귄Penguin, 하퍼콜린스HarperCollins, 사이먼앤슈스터Simon & Schuster, 하셰트Hachette, 맥밀런Macmillan)은 독립 출판사와 작가들의 셀프 출판self-publishing으로부터 점점 더 많은 도전을 받고 있었다. 실제로 아마존과 반스앤노블과 같은 디지털 판매 플랫폼은 자가 출판을 가능하게 할 뿐만 아니라 적극적으로 장려하기도 하였다.[7, 8] 전자책 분야의 경우 [그림 C1-2]에서 확인할 수 있듯이 주요 출판사의 매출 비중은 감소하고, 독립 출판사, 아마존, 그리고 1인 저자 출판사single-author publishers의 매출 비중은 증가하고 있었다. 단위 판매량 측면에서 보면 독립 출판indie publishing의 성장은 더욱 뚜렷하게 나타났으며, 이는 독립 출판사가 발행하는 전자책의 평균 가격이 훨씬 낮다는 사실을 보여준다.

셀프 출판self-publishing 방식은 특히 빠르게 성장하였다. 2009년 미국에서는 30만 권의 책이 출판되었고, 2017년에는 100만 권 이상의 책이 출판되었다. 2017년에 출판된 책의 2/3 이상이 셀프 출판이었으며, 2018년 기준, 셀프 출판 작가의 3/4이 아마존의 Kindle Direct, CreateSpace, KDPKindle Direct Publishing 등의 플랫폼을 이용하였다.[9] 이처럼 작가의 참여가 급증하고 도서 판매 가격에 대한 압력이 커

3 Alter, A. (2013). The new explosion in audio books. Wall Street Journal, 2013년 8월 1일. 검색위치: www.wsj.com/articles/the-new-explosion-in-audio-books-1375980039?tesla=y (2022년 8월 접속)

4 Audio Publishers Association (2019). U.S. publishers report nearly $1 billion in sales as strong industry growth continues. APA News Release, 2019년 7월 17일.

5 Kozlowski, M. (2014). Barnes and Noble puts a priority on audiobooks. GoodEReader, 2014년 11월 19일. 검색위치: https://goodereader.com/blog/audiobooks/barnes-and-noble-puts-a- priority-on-audiobooks (2022년 8월 접속)

6 Statista (2022). Net revenue of the book publishing industry in the United States from 2008 to 2020. 검색위치: www.statista.com/statistics/271931/revenue-of-the-us-book-publishing- industry/ (2022년 8월 접속)

7 Barns n Noble Press. Self-publish your book with Barnes n Noble Press. 검색위치: https://press.barnesandnoble.com/ (2022년 8월 접속)

8 Semuels, A. (2018). The authors who love Amazon. The Atlantic, 2018년 7월 20일. 검색위치: www.theatlantic.com/technology/archive/2018/07/amazon-kindle-unlimited-self- publishing/565664/ (2022년 8월 접속)

9 The Authors Guild (2019). Six takeaways from the Authors Guild 2018 author income survey. The Authors Guild, 2019년 1월 5일. 검색위치: www.authorsguild.org/industry-advocacy/ six-takeaways-from-the-authors-guild-2018-authors-income-survey/ (2022년 8월 접속)

지면서 2013년에서 2017년 사이에 작가들의 중위 소득은 21% 감소하였으며, 전통적인 상업 출판사를 이용하는 작가는 소득이 30% 이상 감소하였다. 오직 셀프 출판 작가의 수입만 증가하였지만 그 수입 역시 상업 출판사의 수입 수준에는 미치지 못하였다.[10]

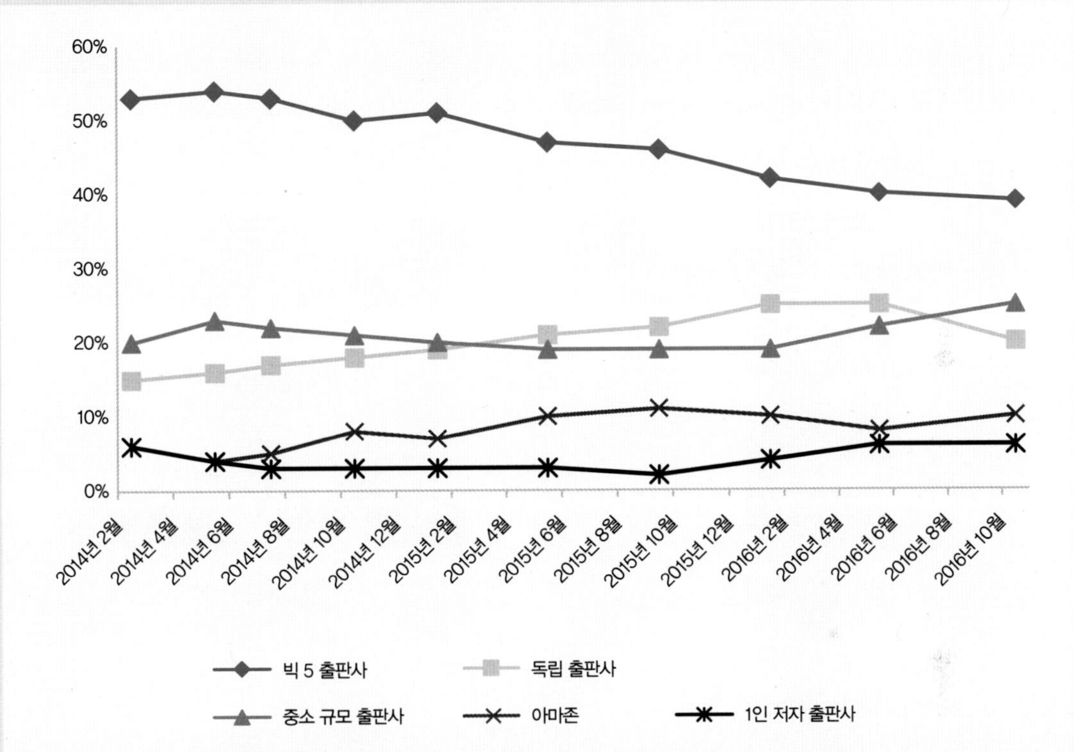

그림 C1-2 **전자책 출판사 유형별 총매출액 기준 시장 점유율**

참고: 빅 5 출판사(당시 빅 5에는 펭귄, 랜덤 하우스, 하셰트, 사이먼앤슈스터, 하퍼콜린스, 맥밀런이 포함됨)의 전자책 판매 시장 점유율은 감소하고 있는 반면, 아마존과 독립 출판사는 성장하고 있다. 중소 출판사 및 1인 저자 출판사는 2014년과 2016년 사이에 비교적 안정적인 성장세를 보였다.

출처: 미국 출판사 협회, 검색위치: https://publishingperspectives.com/2015/11/innovation-is-the-only-way-to-increase-ebook-sales/ (2021년 8월 접속)

10 The Authors Guild (2019). U.S. published book author income survey. 검색위치: https://authorsguild.org/news/six-takeaways-from-the-authors-guild-2018-authors-income-survey/ (2022년 8월 접속)

사례 1.2 도서 생태계

도서 산업 생태계에는 디지털 시장과 전자책으로의 전환으로 인해 서로 다른 영향을 받은 다양한 주체들이 포함되어 있었다. [그림 C1-3]와 같이 저자와 편집자는 여전히 전자책의 핵심 공급자였지만 콘텐츠는 더 이상 종이에 인쇄되거나 물리적 제품으로 운송될 필요가 없었다. 하위 유통 단계에서는 서점도 여전히 중요한 역할을 담당하였으며, 전자책 리더기라는 새로운 기기가 생태계의 일원으로 등장하였다. 전자책 시장에 진입한 기업들은 각기 다른 전략으로 전자책 리더기를 공급하려 하였다.

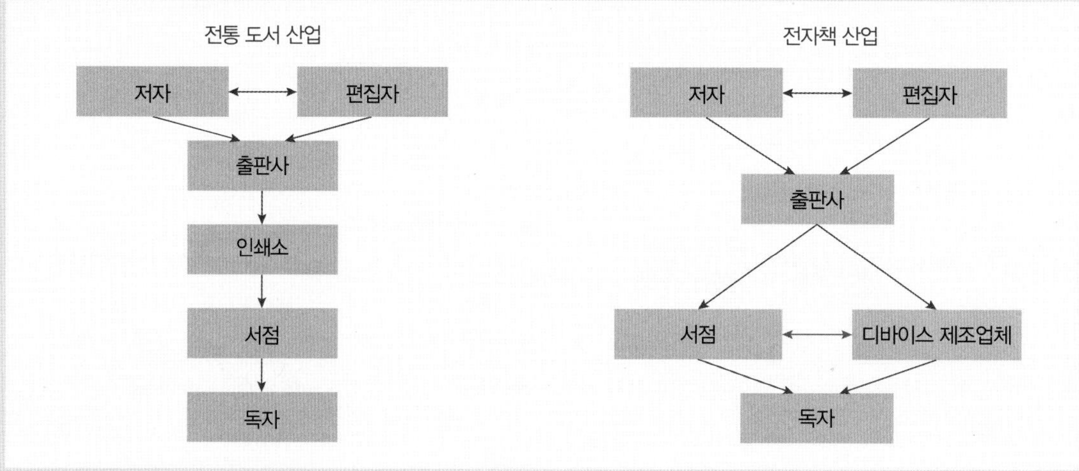

그림 C1-3 전통 및 전자책 산업 생태계

참고: 인쇄 도서 산업은 전통적인 가치 사슬로 운영되었지만, 전자책 산업은 인쇄 기능이 제거되고 전자책 리더기가 생태계의 새로운 요소로 등장하였다.

전자책 리더기 시장에 가장 먼저 진입한 기업 중 하나는 1997년에 등장한 로켓북Rocketbook이었다. 이 기기의 프로토타입은 당시 아마존 창립자인 제프 베조스에게도 제안되었으나 베조스는 이 기기가 콘텐츠 다운로드를 위해 개인용 컴퓨터에 연결해야 했기 때문에 성공하지 못할 것이라고 판단하였다. 그러나 반스앤노블은 이 회사에 50%의 지분을 투자하고 시범 마케팅에도 참여하였다. 결과적으로 베조스의 판단이 옳았고 해당 제품은 2만 대만 판매된 후 2000년에 젬스타Gemstar에 인수되었으며, 이후 곧 운영이 중단되었다.[11]

초기의 전자책은 컴퓨터나 PDA(개인 디지털 보조 기기)를 통해 읽을 수 있었다. PDA는 스마트폰 크기의 장치로 보통 일정 관리와 메모 애플리케이션이 내장되어 있었다. 그러나 당시 조명이 나오는 저해상도 컴퓨터 화면은 눈의 피로를 유발했기 때문에 독서 경험은 쾌적하지 못했다. 독서 경험을 근본적으로 바꾼 것은 소니Sony의 전자 종이 기술이었다. 이 기술은 필립스Philips와 e-잉크e-ink가 공동 개발한 것으로, 2004년 일본에서 PRS-500 전자책 리더기가 처음 상용화되었고, 2006년에는 미국 시장에도 399달러의 가격으로 출시되었다. 이와 함께 소니는 온라인 전자책 도서관인 Sony eBook Library도 개설하였다.[12] 그럼에도 불구하고 전자책 리더기에 대한 회의적인 시각도 존재하였다. 월스트리트저널WSJ의 블로거 크리스토퍼 로튼Christopher Lawton은 "디지털 전자책 리더기에 대해 회의적입니다. 아마도 우리가 하드커버나 낡은 페이퍼백 책에서 느껴지는 감성을 시간이 지나도 변하지 않는 것으로 여기기 때문이거나 아니면 소니나 아마존과 같은 주요 전자책 판매업체들이 실제로 몇 대를 판매했는지 공개하지 않았기 때문일지도 모릅니다."라고 말했다.[13] 이러한 회의론에도 불구하고 소니는 출시 후 2년간 30만 대 이상의 전자책 리더기를 판매하였고, 이는 자사 내부의 예상치를 뛰어넘는 실적이었다.

또 다른 주요 도서 업계 경쟁자는 보더스Borders였다. 보더스는 자사 전자책을 독립 전자책 리더기인 코보Kobo를 통해 제공하였으며[14] 소니 리더기, 태블릿, 스마트폰, 컴퓨터 등 다양한 기기를 지원하였다. 코보 리더기는 2010년에 출시되어 긍정적인 평가를 받았다. 이 독립형 기기는 코보 인터내셔널 전자책 서점Kobo International E-Book Store과 기타 서점의 콘텐츠에 접근할 수 있도록 설계되었다.

마지막으로 태블릿 컴퓨터 역시 전자책을 읽을 수 있는 기기로 활용되었다. 2000년대 초 마이크로소프트와 노키아 등에서 출시한 초기 태블릿 컴퓨터들은 시장 실험으로는 의미가 있었으나 대중 시장을 사로잡지는 못했다. 그러나 2010년은 태블릿 시장에서 중요한 해로, 애플이 아이패드iPad를 출시하였고 델Dell과 삼성Samsung도 유사한 제품을 선보였다. 2011년 초에는 모토로라Motorola, 블랙베리BlackBerry를

---

11 Kozlowski, M. (2018). The tale of Rockebook - the very first e-reader. GoodEReader, 2018년 12월 2일. 검색위치: https://goodereader.com/blog/electronic-readers/the-tale-of-rocketbook- the-very-first-e-reader (2022년 8월 접속)

12 Pilato, F. (2004). Sony LIBRIe - the first ever E-ink e-book reader. MobileMag, 2004년 3월 25일. 검색위치: https://mobilemag.com/2004/03/25/sony-librie-the-first-ever-e-ink-e-book- reader/ (2022년 8월 접속)

13 Worthen, B. (2008). Turns out Sony e-book readers sell after all. Wall Street Journal, 2008년 12월 3일. 검색위치: https://blogs.wsj.com/biztech/2008/12/03/turns-out-sony-e-book-readers- sell-after-all/ (2022년 8월 접속)

14 Biggs, J. (2010). Borders launches the Kobo eReader and eBook store. TechCrunch, 2010년 5월 7일. 검색위치: https://techcrunch.com/2010/05/07/borders-launches-the-kobo-ereader-and- ebook-store/ (2022년 8월 접속)

비롯한 주요 컴퓨터 제조사들도 새로운 태블릿 컴퓨터 출시를 발표하였다. 이들 장치는 모두 전자책 콘텐츠 제공업체와의 연동이 가능했으나 전자 종이 기술이 적용되지 않았기 때문에 독서 환경은 다소 떨어졌지만, 다목적 기기로서의 장점이 있었다.

사례 1.3 전자책 가격 책정의 혼란

디지털 형태로의 전환은 도서 생태계 내 여러 파트너 간의 관계에 압력을 가하였다. 아마존이 종이책 판매 시장에서 점점 더 지배적인 위치를 차지하고 동시에 냅스터Napster 이후 디지털 음악 산업이 급속히 변화하는 상황에서 주요 출판사들은 유통 채널에 대한 통제력을 상실할 수 있다는 우려를 가지고 있었다. 전자책으로의 전환은 곧 디지털 불법 복제piracy를 어떻게 방지할 것인지에 대한 고민을 동반하였고, 아마존의 시장 점유율을 고려할 때 많은 독자를 확보하기 위해서는 아마존과 협력할 수밖에 없는 상황이었다. 그러나 아마존은 도서를 매우 낮은 가격에 판매하는 관행이 있었기 때문에 출판사들에게는 딜레마가 될 수밖에 없었다. 더불어 도서 출판의 경제 구조 자체도 변화하기 시작하였다.

[표 C1-1]에서 확인할 수 있는 것처럼 출판사의 전형적인 손익계산서에는 매출의 50% 이상이 매출원가로 집계되며, 표지 제작, 인쇄, 운송, 주문 처리 등의 제조 관련 비용이 일반적으로 전체 매출의 30~40%를 차지하였다. 전통적으로 저자들은 판매 금액의 일정 비율을 로열티로 받았는데, 이는 보통 소비자 판매가의 10% 수준이었다. 전자책은 제조 비용을 줄일 수 있기 때문에 수익률을 유지하면서도 가격을 인하할 수 있음을 의미했지만 저자 로열티 계약을 조정하지 않으면 저자의 수입은 자연스럽게 감소할 것이다.

실제로 전자책의 가격 책정은 경쟁의 핵심 이슈로 부상하였다. 아마존은 수익성을 희생하면서까지 매우 낮은 가격 전략을 고수하였다. 출판사는 도서의 도매 가격wholesale price을 책정할 수 있었지만 아마존은 미국 시장에서 대부분의 전자책을 9.99달러에 판매하였다. 당시 아마존은 평균적으로 한 권당 12달러의 도매가를 출판사에 지급하였으므로, 이로 인해 판매 한 건당 약 2달러의 손실을 감수한 셈이다.[15]

15 Maher, R. (2009). Kindle fantasies are running wild – but, for now, Amazon is losing its shirt. Business Insider, 2009년 11월 20일. 검색위치: www.businessinsider.com.au/e-readers- should-drive-profits-for-both-distributors-and-book-publishers-2009-11 (2022년 8월 접속)

그럼에도 불구하고 아마존은 시장을 키우고 전자책 수요를 촉진하는 데 성공하였으며, 2009년 크리스마스 시즌에는 종이책보다 전자책을 더 많이 판매하였다.[16]

표 C1-1 종이책 및 전자책 출판의 일반적인 손익 현황

항목	인쇄	디지털
견본 인쇄	100,000	100
판매 부수(90%)	90,000	90,000
도서 가격(도매)	$12.50	$5.00
총수익	1,125,000	450,000
반품 및 분실 도서 예약(30%)	337,500	90,000
순수익	787,500	360,000
상품 판매 원가 표지 디자인	4,000	4,000
교정/복사	10,000	10,000
내지 디자인	3,000	0
권한	1,000	1,000
제작(100,000부)	200,000	5,000
운임(순이익의 2%)	15,750	500
저자 로열티(소매가의 10%)	187,500	75,000
총 COGS	421,250	95,500
총이익	366,250	264,500
판매 비용 처리 수수료	78,750	36,000
마케팅	56,250	56,250
메일링	3,000	3,000
총 판매 비용	138,000	95,250
간접비(순수익의 15%)	118,125	118,125
순이익	110,125	51,125
순이익률	9.79%	11.36%

참고: 디지털을 활용하여 전자책을 제작하면 매출, 비용, 수익은 인쇄본에 비해 현저히 낮았지만 수익률은 더 높았다.

출처: Maher & Blodget (2009) Business Insider, 검색위치: www.businessinsider.com/henry-blodget- kindle-milestone-amazon-sold-more-ebooks-than-physical-books-on-xmas-2009-12 (2021년 8월 접속)

애플은 아마존과는 다른 전략으로 시장에 진입하였으며, 이를 에이전시 모델agency model이라 불렀다. 애플의 기존 앱 스토어App Store 모델은 모든 인앱in-app 판매에 대해 30%의 수수료를 부과하는 구조였고, 이는 전자책 판매에도 동일하게 적용되었다. 그 결과 출판사들은 애플의 아이북스토어iBookstore를 통해 개별적으로 전자책의 가격을 책정하여 판매할 수 있었고, 애플은 해당 가격의 30%를 수수료로 가져가는 방식이었다. 애플은 일반적으로 13~15달러 수준의 소비자 가격을 제안하였고, 이는 아마존의 9.99달러보다 상당히 높은 가격이었다. 출판사 입장에서는 가격 결정 권한을 얻은 것처럼 느껴졌으나 실제

16 Blodget, H. (2009). Kindle milestone: Amazon sold more Kindle books than physical books on Xmas, Business Insider, 2009년 12월 26일. 검색위치: www.businessinsider.com/henry- blodget-kindle-milestone-amazon-sold-more-ebooks-than-physical-books-on-xmas-2009-12 (2022년 8월 접속)

로는 수익이 감소하였다. 예를 들어 아마존에서 9.99달러에 판매되는 동일한 책을 애플의 애플북스토어에서 15달러에 판매하면 판매 부수는 확연히 줄어들 수밖에 없다. 또한 15달러의 판매가 중 애플이 5달러를 수수료로 가져가므로, 출판사가 실제로 받는 금액은 10달러에 불과하다. 즉, 더 높은 가격에도 불구하고 판매 부수는 줄고, 출판사가 얻는 수익도 감소하게 되는 것이다. 그럼에도 불구하고 하셰트Hachette, 하퍼콜린스HarperCollins, 맥밀런Macmillan, 펭귄Penguin, 사이먼앤슈스터Simon & Schuster를 포함한 다섯 개 주요 출판사는 애플과 함께 가격을 공동으로 조정하기로 협의하였다. 랜덤하우스Random House는 이 다섯 출판사와 이해 관계를 공유하고 있었지만 이 협상에는 참여하지 않고 신중히 거리를 두었다. 미국에서는 경쟁사 간 가격 조정은 불법이며, 특히 그 결과 가격 인상이 발생하면 명백한 반독점 위반으로 간주된다. 실제로 이 다섯 출판사와 애플은 미국 법원에서 반독점법antitrust law을 위반한 것으로 판결 받았다. 미국 뉴욕 맨해튼 연방 지방 법원의 데니스 L. 코트Denise L. Cote 판사는 판결문에서 다음과 같이 적었다.[17]

> 애플은 이 기회를 포착하여 매우 전략적으로 움직였습니다. 아마존의 낮은 가격 정책에 대해 출판사 피고들이 느끼던 두려움과 좌절감을 이용하였고, 1월 27일 예정된 아이패드iPad 출시("런칭")를 앞두고 절박한 기회의 창을 활용하여, 출시 행사에서 아이북스토어iBookstore를 도입하는 데 필요한 출판사들의 서명을 확보하였습니다. 애플은 전자책 가격을 인상하기 위한 비전, 형식, 일정, 그리고 필요한 협조 방식을 출판사들에게 제시하였고, 이를 통해 협업 구조를 구축했습니다. 애플은 출판사들에게 기존의 도매 모델wholesale model에서 에이전시 모델agency model로 전환할 수 있는 기회를 제공하였습니다. 도매 모델에서는 출판사가 정해진 도매 가격을 수령하고 소매업자가 최종 판매 가격을 결정하는 반면, 에이전시 모델에서는 출판사가 소매 가격을 직접 설정하고, 소매업자는 출판사의 대리인으로서 도서를 판매하는 구조였습니다(pp.11-12).

이 담합 계약에는 아마존이 도매 모델을 포기하고 에이전시 모델로 전환하도록 압박하며, 이에 동참하지 않는 출판사에게는 심각한 재정적 불이익을 가하도록 하는 조항도 포함되어 있었다. 다시 말해 출판사들은 아마존이 비즈니스 모델을 변경하지 않는 한 거래하지 않기로 합의하여, 기존 조건으로는 더 이상 아마존과 책을 유통하지 않겠다고 공동으로 입장을 정한 것이다. 출판사들은 각자의 소송을 합의로 종결하였으나 애플은 판결에 불복하여 항소하였다. 그러나 미국 연방 대법원은 이 사건을 심리하지 않

17 Cote, D. (2013). Apple e-book opinion and order. 검색위치: www.documentcloud.org/documents/725381-apple-e-book-opinion-amp-emails.html (2022년 8월 접속)

기로 결정하였고 항소심 판결이 확정되었다. 미국 대법원은 애플의 이 반경쟁적 행위에 대해 4억 5천만 달러의 막대한 벌금을 부과하였다.[18]

출판사들과 애플의 좌절에도 불구하고 2012년까지 애플과 반스앤노블은 전자책 시장에서 일정한 입지를 확보하였다. 아마존은 초기 전자책 시장의 90%를 장악했지만, 2012년에는 반스앤노블이 약 25%, 애플이 약 11%의 시장 점유율을 확보하면서 아마존의 점유율은 약 60% 수준으로 하락하였다. 그러나 진짜 어려움은 이제부터였다. [표 C1-2]에서 확인한 것처럼 반스앤노블은 전자상거래 거대 기업인 아마존과 전자기기 강자 애플이라는 두 경쟁자 사이에서 지속 가능한 경쟁 우위와 수익성 있는 사업 모델을 어떻게 만들어낼 수 있었을까?

질문

1. 전자책은 파괴적 혁신disruptive innovation에 해당하는가? 전자책의 가치 제안value proposition을 설명하고 종이책과의 차이점을 제시한 뒤 이를 파괴적 혁신의 정의와 비교해 보자.

2. 반스앤노블은 도서 생태계에서 확고한 입지를 가진 기존 기업이었음에도 불구하고 온라인 판매와 전자책 제공을 가장 먼저 시작한 기업 중 하나였다. 이 회사가 디지털 시장에 조기 진입할 수 있었던 전략적 요인은 무엇인지 분석해 보자.

3. 소니의 전자책 리더기는 최초로 e-잉크 디스플레이를 도입한 제품이었다. 이 사례에서 소니가 전자책 시장을 주도하지 못한 요인은 무엇인지 설명해 보자.

4. 전자책의 잠재적 사용자 그룹은 누구인가? 이들의 니즈를 충족시키기 위해 반스앤노블은 자사 제품과 서비스를 어떻게 설계할 수 있는지 제시해 보자.

5. 2012년 당시 반스앤노블은 아마존과 애플 사이에서 전자책 시장 점유율을 놓고 경쟁하며 진퇴양난의 상황에 놓여 있었다. 주요 경쟁사와 차별화하여 전자책 생태계 내에서 시장 영향력을 강화할 수 있는 전략은 무엇인지 제안해 보자.

---

18 Liptak, A. and Goel, V. (2016). Supreme Court declines to hear Apple's appeal in e-book pricing case. The New York Times, 2016년 3월 7일. 검색위치: www.nytimes.com/2016/03/08/ technology/apple-supreme-court-ebook-prices.html (2022년 8월 접속)

사례 데이터 부록

표 C1-2 2008~2013년 반스앤노블의 재무제표(단위: 백만 달러)

구분	2008년	2010년	2011년	2012년	2013년
소매 판매	5,122	4,947	4,927	4,853	4,568
대학	–	844	1,778	1,744	1,763
NOOK	–	105	695	933	780
총 매출	5,122	5,808	6,999	7,129	6,839
매출 원가	3,532	4,122	5,197	5,211	5,156
총 이익	1,590	1,687	1,801	1,918	1,683
판매 및 관리	1,264	1,395	1,629	1,739	1,675
영업 이익(손실)	152	83	(57)	(55)	(220)

참고: 2009년은 나중에 복원되어 이 표에서는 누락되었다. 반스앤노블의 판매 수익은 사건 기간 동안 꾸준히 감소한 반면 비용은 증가했다. 그 결과 회사는 점점 더 큰 손실이 발생하였다.

출처: Annual report 2013: www.annualreports.com/HostedData/AnnualReportArchive/b/NYSE_ BKS_2013.pdf (2021년 8월 접속)

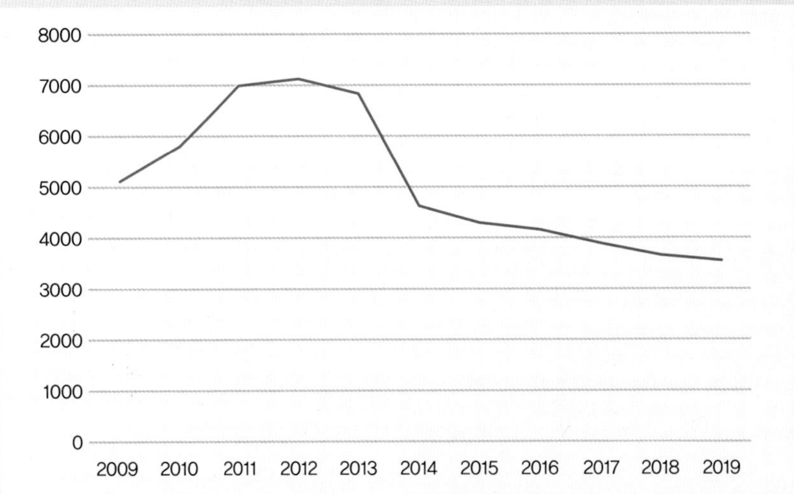

그림 C1-4 2009~2019년 반스앤노블의 매출(단위: 백만 달러)

참고: 반스앤노블의 매출은 2014년에 급격히 감소했으며, 이후에도 하락 추세가 지속되었다.

출처: www.netcials.com/financial-revenue-history-usa/890491-BARNES-&-NOBLE-INC/#firstlist (2021년 8월 접속)

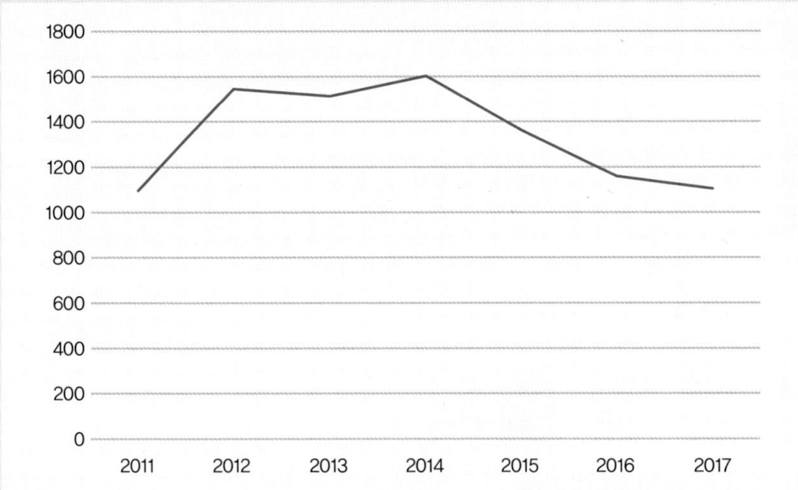

그림 C1-5 2011~2017년 미국 출판사의 전자책 판매 수익(단위: 백만 달러)

참고: 미국 출판사의 전자책 판매량은 2010년과 2012년 사이에 급격히 증가했지만, 그 이후에는 정체 및 감소세를 보이고 있다.

출처: Association of American Publishers (AAP) StatShot Monthly. https://medium.com/newco/how-to-stop-the-killing-of-ebooks-81b81f7106d6 (2021년 8월 접속)

PART 02

정보 상품 및 출처

Information Products and Sources

PART 01에서는 디지털 경제에 상당한 수준의 파괴적 변화disruption가 일어나고 있음을 살펴보았다. 정보통신기술ICT의 빠른 진화는 경제 전반에 걸쳐 끊임없이 새로운 정보 자원을 공급함으로써 기존의 보호된 정보에 의존해 비즈니스를 운영해 온 기존 기업들에게 스타트업이나 혁신가들이 도전할 수 있는 기반을 제공한다. 혁신가들은 이러한 새로운 자원을 활용하여 기존 기업의 시장 지위를 위협하거나 무너뜨리는 파괴적 혁신을 촉발할 수 있다.

PART 02에서는 정보재의 생산 과정과 비용 구조가 물리적 상품과 어떻게 다른지에 대한 논의로 시작한다. 이러한 차이는 경쟁의 양상에 중대한 질적 변화를 초래하며, 정보의 경제적 특성이 어떻게 거래되고, 가격이 형성되는지에 중요한 영향을 미친다. 또한 정보가 어떻게 소비되는지, 즉 정보 시장의 수요와 공급 구조가 어떻게 형성되는지 살펴보고자 한다. 정보 시장은 마찰과 비효율성을 내포하고 있으며, 이는 사람들이 정보 상품에 대한 가치를 체계적으로 왜곡하여 평가하는 경향에서 비롯된다. 몇 가지 주요 행동 왜곡과 혁신가들이 시장 진입 전략을 수립할 때 어떻게 설명할 수 있는지도 함께 살펴본다.

CHAPTER 04

정보 상품의 생산

Production of Information Goods

정보통신기술ICT의 보급이 경제 전반으로 확대되면서 다양한 산업 분야에서 디지털 기반의 비즈니스 방식이 등장하게 되었다. 정보 상품, 서비스 프로세스, 제품 정보, 가격 등의 디지털화는 시장의 작동 방식을 근본적으로 변화시켰다. 제품과 프로세스가 디지털화되면 통신 기술을 통해 정보가 실시간으로 교환될 수 있다. 제품 및 서비스에 대한 정보와 가격이 즉시 이용 가능해지면서 경쟁은 한층 더 치열해진다. 디지털 네트워크는 제품과 가격 비교를 가속화하고 심지어 자동화할 수 있기 때문에, 소비자는 시장에서 더욱 강력한 영향력을 행사하게 된다. 이 장에서는 이러한 변화가 가져오는 디지털 정보 상품의 경제학적 특징과 전략적 함의에 대해 알아본다.

4.1 정보 생산의 경제학

많은 제품과 서비스에는 정보가 포함되어 있지만, 그 정보가 항상 디지털화되어 물리적 요소와 별도로 활용되는 것은 아니다. 예를 들어 자동차에는 외형, 구성 부품, 작동 방식 등 물리적 객체에 대한 다양한 정보가 담겨 있다. 정보통신기술의 발전으로 이러한 정보 중 가치 있는 부분을 독립적으로 추출하여 분석에 활용하는 것이 가능해졌다. 예를 들어, 자동차 소유자는 자동차의 위치, 부품의 기능, 속도 및 가속도 등 주요 데이터를 수집할 수 있으며, 보험사는 보험에 가입한 운전자의 주행 습관과 교통 상황에서 얼마나 안전하게 행동하는지 분석하여 위험 수준에 따라 맞춤형 보험 상품을 제공할 수 있다.[1] 또

1 Toplensky, R. (2020). Driver data is a help and a hazard for auto insurers. Wall Street Journal. 2020년 11월 30일. 검색위치: www.wsj.com/articles/driver-data-is-a-help-and-a-hazard-for-auto- insurers-11606729983 (2022년 8월 접속)

한 자동차의 형태나 소재에 관한 정보는 설계 및 제조 과정에서 이미 생성되어 디지털화되어 있다. 이러한 설계는 소프트웨어 프로그램 기반으로 이루어지고, 제조는 산업용 로봇이 자동화된 시스템을 통해 수행한다. 따라서 물리적 제품은 잠재적으로 수집 및 분석할 수 있는 방대한 정보를 생성한다.

애초에 정보 그 자체를 핵심 가치로 하는 상품군도 존재한다. 이러한 콘텐츠 상품에는 영화, 뉴스, 책, 음악 등 많은 정보 상품과 서비스가 포함되어 디지털 경제에서 중요한 역할을 차지하고 있다. 정보가 디지털 형태로 제공되면 더 이상 특정한 물리적 형식에 의존할 필요가 없다. 예를 들어, 뉴스나 소설은 종이에 인쇄할 필요가 없으며, 영화는 디스크에 저장하거나 자기 테이프에 복사해 플라스틱 케이스에 담을 필요가 없다. 이러한 콘텐츠들은 물리적 포장 없이도 인터넷을 통해 쉽게 유통할 수 있다. 그러나 콘텐츠가 디지털화되더라도 여전히 특정한 형식이 필요하며, 이러한 디지털 포맷 자체가 유통을 통제하기 위한 전략적 수단이 될 수 있다.

정보를 생산하는 데에는 상당한 비용이 소요될 수 있다. 예를 들어 소설이나 교과서를 집필하는 데에는 1년 이상의 시간이 걸릴 수 있고, 영화 한 편을 제작하는 데에는 수억 달러의 비용이 들 수 있다. 그러나 저자나 제작자는 이러한 투자를 통해 얼마나 많은 소비자가 콘텐츠 구매에 관심을 보일지 미리 알 수는 없다. 이러한 투자는 프로젝트가 실패할 경우 회수할 수 없는 매몰 비용이 된다. 하지만 제작 비용에 비해 배포 비용은 상대적으로 적다. 게다가 상품의 유통을 통제하기가 어려워질 것이다. 정보가 비트 단위로 축소되면 사용자는 다른 사람과 이를 쉽게 공유할 수 있고, 경쟁자는 쉽게 모방할 수 있으므로 제작자의 수익 실현 가능성을 약화시킬 수 있다.

경제학적 관점에서 보면, 정보 상품의 비용 구조는 다음과 같은 특징을 갖는다. 제작에 드는 큰 비용은 **고정비용**fixed cost이며, 배포에 드는 비용은 **변동비용**variable cost이다. **총비용**total cost은 다음과 같다.

총비용(total cost) = 고정비용(fixed cost) + 변동비용 × 수량
한계비용(marginal cost) = 총비용을 수량으로 미분한 값 = 변동비용(variable cost)
평균비용(average cost) = 총비용 ÷ 수량 = 고정비용 ÷ 수량 + 변동비용

실제로 변동비용은 한 단위를 추가 생산할 때 필요한 비용, 즉 한계비용과 동일하다. 이는 추가로 한 개의 디지털 사본을 배포하는 데 드는 비용만을 의미하기 때문이다. 이러한 배포비용은 일반적으로 매

우 작고 상대적으로 일정하다. 정보재는 대체로 고정비용이 매우 높고 한계비용은 매우 낮으며 일정한 특성을 보인다. 이러한 구조는 두 가지 전략적 과제를 발생시키는데, 바로 **규모의 경제**increasing returns to scale를 통한 수익 증가와 **차별화 전략**differentiation strategy의 필요성이다.

예를 들어 디지털 음악 앨범을 제작하는 데 100,000달러의 비용이 들고, 배포비용이 단위당 0.01달러라고 가정해 보자. 이 경우 고정비용은 100,000달러이고 변동비용은 0.01달러이다. 수량이 500,000개라면 총비용은 다음과 같이 계산된다.

$$\text{총비용} = 100{,}000 + (0.01 \times 500{,}000) = 105{,}000\text{달러}$$

이러한 예에서 알 수 있듯이, 정보 생산자들에게 변동비용은 수익성 분석에서 큰 의미가 없다.

한계비용이 일정하다면 **평균비용**average cost은 계속 감소하게 된다. 이는 고정비용이 판매 단위 수가 증가함에 따라 점점 더 분산되기 때문이다. 이러한 구조는 기업이 판매량을 늘릴수록 수익성이 높아지는 특성을 나타내며, 이는 곧 **규모의 경제**가 강하게 작용한다는 의미다. [그림 4-1]은 총비용TC과 평균비용AC의 함수를 보여준다. 평균비용은 한계비용에 가까워지지만 실제로는 한계비용에 완전히 도달하지는 않는다. 이러한 성격 때문에 기업은 가능한 한 많은 단위를 판매하려는 동기를 가지게 되며, 판매량이 **손익분기점**break-even point을 넘어서면 이후부터는 이익이 급격히 증가하게 된다. 고정비용을 회수하고 나면 추가로 판매되는 모든 단위는 거의 순수익에 해당한다. 그러나 고정비용을 충당할 만큼 충분한 판매량을 확보하는 일은 결코 쉽지 않으며 이를 위해서는 지속 가능한 제품 차별화와 비즈니스 모델 혁신이 필요하다.

경쟁이 치열한 시장에서는 한계비용이 낮다는 것은 곧 가격도 매우 낮다는 의미이다. 가격이 한계비용보다 높고 진입 장벽이 낮으면 경쟁자들이 시장에 진입하고 한계비용에 수렴할 때까지 가격이 하락하게 된다. 가격이 한계비용보다 낮아지면 제품 하나를 더 생산해 판매하는 것이 경제적으로 의미가 없어지므로 진입이 중단된다.

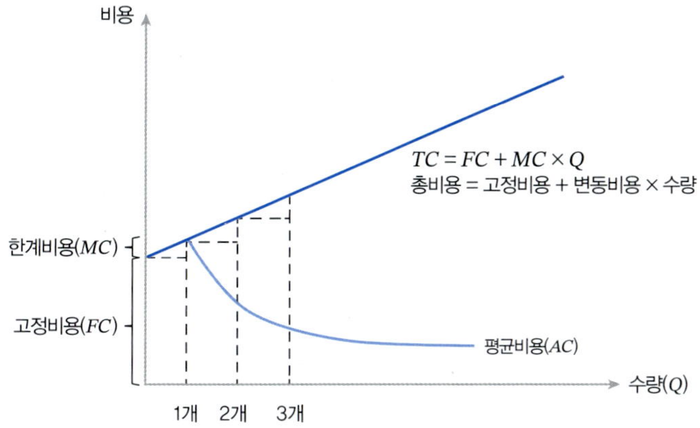

그림 4-1 한계비용이 일정할 때 정보재의 비용 구조

참고: 추가 단위를 생산할 때의 한계비용이 일정하면 총비용은 생산량에 비례해 선형적으로 증가하며, 평균비용은 점차 감소하여 한계비용에 수렴한다.

[그림 4-2]는 이러한 경쟁의 역학 관계를 보여준다. 경쟁이 치열할수록 가격은 한계비용에 도달할 때까지 하락 압력을 받게 되며 그에 따라 기업의 수익성은 빠르게 약화된다. 안타깝게도 정보 시장에서 가격이 일정하고 한계비용이 일정할 때 기업은 항상 손실을 보게 된다. 판매되는 수량에 관계없이 한계비용은 평균비용보다 낮기 때문에 수익을 낼 수 없다. 따라서 가격이 평균비용보다 낮아지는 순간 기업의 수익성이 떨어지게 된다.

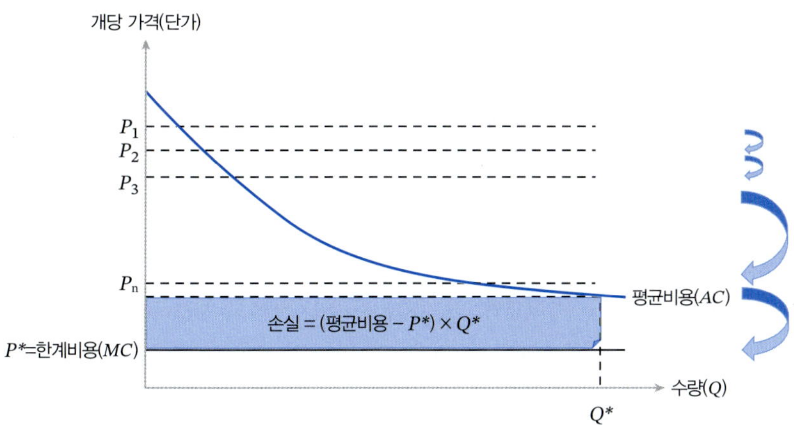

그림 4-2 정보 시장에서 가격 경쟁이 기업 수익성에 미치는 영향

참고: 경쟁이 치열한 시장에서는 가격이 한계비용에 수렴하게 되며, 진입 장벽이 낮을 경우 기업은 수익을 내기 어려워질 수 있다.

4.2 차별화 전략

가격 경쟁은 지나치게 가격을 낮추게 되므로 정보 상품을 생산하는 기업에게는 지속 가능한 전략이 되기 어렵다. 따라서 디지털 기업은 독점적 경쟁monopolistic competition 구조 내에서 제품을 차별화하고 경쟁할 수 있는 전략을 모색해야 한다. 독점적 경쟁은 차별화된 제품을 가진 소규모 기업들이 다수 존재하는 시장에서 발생한다. 이 환경에서 기업은 일정 수준의 **시장 지배력**market power을 가지고 있지만 경쟁사의 전략에 큰 영향을 미칠 정도는 아니다. 예를 들어, 기업은 가격을 낮추면 일부 고객을 확보할 수 있고, 가격을 높이면 매출이 감소하기 때문에 가격 설정에 어느 정도 자율성을 가진다. 따라서 수요 곡선은 완전경쟁시장처럼 수평이 아니라 완만한 하향 곡선의 형태를 띤다. 완전경쟁시장에서는 기업이 시장 가격으로 상품을 제공해야 하며price taker, 소비자들은 동일한 제품을 가장 낮은 가격을 제시하는 기업에서 구매한다. 반면, 독점적 경쟁 시장에서는 제품 간 차별성이 존재하므로 기업은 약간 다른 제품을 제공하거나 가격을 조정해 특정 수요층을 표적화할 수 있다.

이제 독점적 정보 시장이 선형 수요 함수로 작동한다고 가정해 보자. 수요 함수는 다음과 같다.

$$\text{가격}(P) = a - b \times \text{수량}(Q)$$

여기서 a와 b는 수요의 절편과 기울기를 나타내는 상수다. 기업의 총수익total revenue은 단순히 '가격 × 수량'이므로 다음과 같이 전개된다.

$$\text{총수익} = \text{가격} \times \text{수량} = (a - bQ) \times Q = aQ - bQ^2$$

기업이 이익을 극대화하기 위해서는 한계수익marginal revenue이 한계비용marginal cost과 같아지는 지점을 찾아야 한다. 한계수익은 수량이 증가함에 따라 감소하며, 한계비용은 일반적으로 매우 낮은 상수 또는 0이며 변동비용과 동일하다고 가정할 수 있다. 따라서 기업은 '한계수익 = 한계비용'이 되는 지점까지 생산량을 늘려야 한다. 이는 지점(Q^*)보다 적은 수량은 Q^*보다 적은 수익을 창출하고, Q^*를 초과하는 수량도 적은 수익을 창출한다는 논리이다. 기업의 이익 함수는 단순히 총수익과 총비용의 차이이며,

기업은 수량을 선택하여 수익을 극대화하고자 한다.

기업의 이익 함수는 다음과 같이 정의된다.

$$
\begin{aligned}
\text{이익} &= \text{총수익} - \text{총비용} \\
&= aQ - bQ^2 - \text{고정비용} - (\text{변동비용} \times Q)
\end{aligned}
$$

한계 이익marginal profit은 다음과 같이 표현된다.

$$\text{한계 이익} = \partial\text{이익}/\partial\text{수량} = a - 2b \times Q - \text{변동비용} = 0$$

만약, 변동비용이 c이고 이것이 한계비용과 같다면 다음과 같이 표현할 수 있다.

$$
\begin{gathered}
\text{수량}(Q) = (a - c) / 2b \\
\text{가격}(P) = a - b \times Q \\
\text{가격} = a - b \times (a - c) / 2b = (a + c) / 2
\end{gathered}
$$

따라서 최적의 생산 수량과 가격은 고정비용과 직접적인 관련이 없다는 점에 주목할 필요가 있다. 또한 한계수익 곡선의 기울기인 $2b$는 수요 곡선의 기울기인 b의 정확히 2배임에도 주의해야 한다.

[그림 4-3]은 한계비용(c)이 0일 경우의 최적화 문제를 그래프로 보여준다. 이는 웹사이트에서 자동으로 정보를 배포하는 많은 온라인 기업의 현실적인 사례이며, 실제 변동비용은 거의 0에 가깝다. 예컨대 거래를 완료하는 데 필요한 전기 비용 수준의 몇 퍼센트에 불과할 수 있다. 한계비용이 0이라면 최적 수량 Q^*는 한계수익(MR) 곡선과 x축이 교차하는 지점에서 결정된다. 이 수량 수준에서 기업은 가격 P^*를 설정할 수 있고 이때의 수익은 다음과 같이 표현된다.

$$\text{이익} = P^* \times Q^* - AC \times Q^*$$

즉, 고정비용이 평균비용을 결정짓는 주요 요소가 되므로 수익에 매우 중요하다.

따라서 정보 생산자가 경쟁자와 충분히 차별화할 수 있다면 수익을 창출할 수 있다는 점은 긍정적이다. 그러나 불완전한 **배제 가능성**incomplete excludability 하에서는 이러한 차별화를 지속하기 어렵다. 정보가 주로 저작권copyright에 의해 보호되는 경우 경쟁자는 동일한 의미를 가지되 동일한 기호(문자나 숫자)를 사용하지 않고도 재창조할 수 있다. 이렇게 새로 제작된 콘텐츠는 더 이상 저작권의 보호를 받지 않는다. 그 결과 정보 산업에서는 장기적으로 차별화를 유지하기가 상당히 어렵다. 예를 들어, 모방 뉴스 매체는 원래 뉴스를 조금씩 다른 표현으로 바꿔 다시 전달함으로써 해당 콘텐츠를 자체 보도처럼 재포장할 수 있다. 이러한 이유로 뉴스 미디어는 디지털 경제 환경에서 수익성을 유지하는 데 어려움을 겪고 있으며 차별화할 수 있는 새로운 전략을 모색해야 하는 상황에 놓여 있다.

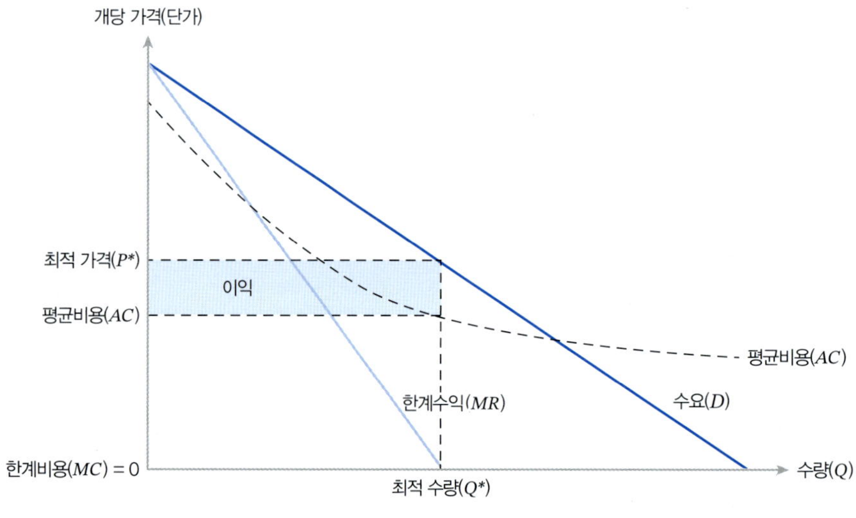

그림 4-3 하향 수요 곡선을 갖는 독점 판매자의 경우

참고: 차별화된 디지털 상품을 개발한 혁신가는 하향 수요 곡선을 마주하므로, 이익을 극대화하는 수준으로 가격을 선택할 수 있다.

D = 수요 = $a - b \times$ 수량

P^* = 최적 가격 = $a \div 2$

MR = 한계수익(Marginal Revenue) = $a - 2b \times$ 수량

Q^* = 최적 수량 = $a \div 2b$

AC = 평균비용 = 고정비용 ÷ 수량 + 변동비용

MC = 한계비용 = 0

4.3 비용 리더십

차별화 전략의 유일한 대안은 최저 비용 생산자가 되어 수익성을 유지하는 것이다. 경쟁이 치열하고 유사한 상품을 제공하는 기업이 다수 존재하는 시장에서는 기업이 본질적으로 가격 수용자price taker가 되며 시장 가격에 맞춰 제품을 제공해야 한다. 경쟁 강도가 높아지면 가격은 결국 한계비용에 수렴하게 된다. 상품 정보 시장의 대표적 사례는 영화 상영 정보를 들 수 있다. 이 정보는 인터넷에서 쉽게 확인할 수 있지만, 각 극장 웹사이트에서 개별적으로 검색하는 번거로움 없이 상영 시간을 한 플랫폼에 모아 제공하는 서비스는 가치가 있다. 영화 목록 서비스를 운영하는 데에는 정보를 수집하고 표시하는 시스템 구축에 고정비용이 발생하지만 개별 사용자에게 정보를 제공하는 한계비용은 거의 0에 가깝다. 따라서 이러한 공개 정보의 가격도 경쟁을 거치며 0에 수렴한다.

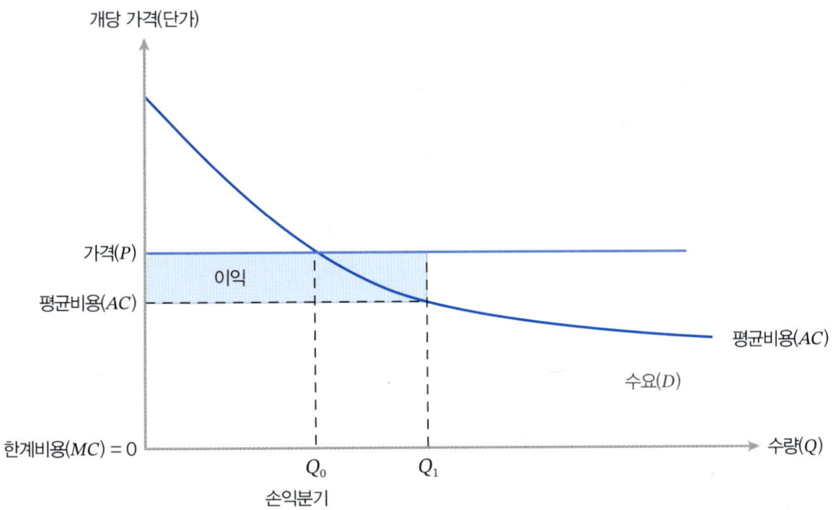

그림 4-4 평탄한 수요 곡선을 갖는 경쟁 판매자의 경우

참고: 기업이 평균비용이 감소하는 구간에 있는 가격 수용자라면 수익성을 유지할 수 있는 유일한 방법은 충분히 큰 생산 규모를 유지하는 것이다.

그러나 정보 생산자는 비용 구조에서 차별성을 가질 수 있다. 예를 들어 [그림 4-4]와 같이 동일한 기술과 같은 수준의 숙련 인력을 사용하더라도 규모가 큰 기업은 규모의 경제를 통해 평균비용을 낮출 수 있다. 작은 기업이 더 낮은 평균비용을 달성하더라도 대규모 기업이 더 많은 양을 생산하고 더 높은 이익을 거둘 가능성이 크다. 또한 정보 시장에서는 기업 규모가 커질수록 인접한 광고 시장에서도 이점을 얻을 수 있다. 같은 가격과 고정비용을 기준으로 할 때 더 많은 잠재 고객을 보유한 대기업은 광고 수익 창출 능력이 높아 비용 부담을 상대적으로 쉽게 흡수할 수 있다. 그럼에도 불구하고 온라인 광고만으로 얻을 수 있는 수익의 기회는 제한적이므로 상품 정보 제공 기업이 의미 있는 수준의 수익을 내려면 매우 많은 잠재 고객을 확보해야 한다.

결론적으로 디지털 기업이 상품화commoditization의 지속적 압박 속에서 경쟁하기 위해서는 차별화differentiation나 비용 리더십cost leadership 전략 중 하나를 선택해야 한다. 그러나 배제 가능성이 불완전한 환경에서는 시간이 지남에 따라 정보의 가치가 약화되므로 차별화를 추구하는 기업이라면 끊임없이 콘텐츠를 새로 만들고 재창조해야 한다. 반면, 차별화 없이 비용 리더십만으로 운영되는 정보 기업은 디지털 환경에서 거의 존재하지 않는다. 날씨 예보는 이러한 맥락을 잘 보여주는 대표적 사례다. 미국에서는 정부 기관인 국립기상청(NWS)National Weather Service에서 날씨 정보를 공공재 형태로 광범위하게 제공한다. 정보 생산자는 이 공공 기상 정보를 시각화나 패키징을 통해 단순히 재배포하는 것만으로도 직관적인 부가가치를 창출할 수 있다. 콘텐츠의 본질은 동일하더라도 표현 방식이나 사용자 인터페이스를 개선하여 차별화를 시도할 수 있으며, 이를 광고 기반의 수익 모델로 연결해 서비스를 운영할 수도 있다. 그러나 아큐웨더AccuWeather와 더 웨더 컴퍼니The Weather Company는 단순 재포장을 넘어 독자적인 기상 예측 모델을 개발하는 단계까지 나아갔다. 아큐웨더는 펜실베이니아주 칼리지 스테이션에 본사를 둔 비상장 기업으로, 설립자 조엘 마이어스Joel Myers는 같은 지역에 위치한 펜실베이니아 주립대학교에서 기상학 박사 과정을 수료한 과학자였다. 그는 국지·미세규모 기상 패턴microgeographic weather patterns을 보다 정밀하게 예측할 수 있는 모델을 개발하여 자동차 딜러나 스키장 운영자 등 특정 산업 고객군을 대상으로 맞춤형 예보 서비스를 제공할 수 있었다.[2]

아큐웨더를 포함한 주요 날씨 서비스 기업들은 일반 소비자에게는 무료 온라인 지역 예보를 제공하면서 기업 고객에게 유료로 맞춤형 예보를 판매하여 약 1억 달러 규모의 연매출을 올리는 것으로 추정된다. 마이어스 박사는 회사 초기에 이러한 맞춤형 서비스를 판매하는 데 겪은 어려움을 언급하며 유료 고객 100명을 확보하기 위해 10년에 걸쳐 25,000통의 콜드콜이 필요했다고 회고하였다.

2 Yakowics, W. (2016). This entrepreneur made 25,00 cold calls to build a $100 million weather business. Inc. Magazine. 검색 위치: www.inc.com/magazine/201607/will-yakowicz/joel- myers-accuweather-forecast.html (2022년 8월 접속)

핵심 요약

- 정보 상품은 제작에 드는 고정비용은 높고, 배포에 드는 변동비용은 매우 낮다. 따라서 추가로 생산되는 한 단위의 한계비용은 종종 0에 가깝다.
- 낮은 유통 비용은 소비자에게는 유리하지만 정보 생산자가 가격을 설정하거나 수익을 창출하기 어렵게 만든다. 많은 상품 정보 시장에서 정보 상품의 가격은 0에 가깝고 서비스는 광고나 데이터 시장, 추천 수수료 등의 다른 수익원으로 자금을 조달한다.
- 정보 생산자는 차별화를 통해 시장 지배력을 축적해야만 접근 비용을 청구할 수 있다. 따라서 대부분의 정보 상품은 지속적 혁신과 창의성에 의존한다.
- 많은 디지털 기업은 규모의 경제를 경험한다. 생산량이 증가하면 단위당 평균비용이 계속 감소하기 때문에 네트워크 규모가 충분히 크다면 매우 낮은 가격으로도 수익성 있는 비즈니스 모델을 만들 수 있다.

용어 정리

- **평균비용** average cost: 총비용을 생산된 단위 수로 나눈 값을 의미한다.
- **손익분기점** break-even point: 총수익이 총비용을 초과하는 시점을 말한다.
- **차별화 전략** differentiation strategy: 경쟁사와 차별화된, 더 우수한 제품·서비스를 설계하는 전략이다.
- **배제 가능성** excludability: 혁신가가 승인되지 않은 사용자로부터 자사 제품의 접근을 제한할 수 있는 능력. 배제 가능성이 불완전할 경우 사용자는 비용을 지불하지 않고도 제품에 접근해 혜택을 누릴 수 있다.
- **고정비용** fixed cost: 제품이나 서비스의 단일 단위를 생산하기 위해 사전에 지출해야 하는 비용으로 시설, 기계, 관리 활동 등이 포함된다.
- **규모의 경제** increasing returns to scale: 생산량이 증가할수록 평균비용이 감소하는 현상을 말한다.
- **한계비용** marginal cost: 제품을 한 단위 추가로 생산하는 데 드는 비용을 의미한다.
- **시장 지배력** market power: 가격을 설정할 수 있을 때 기업이 가지는 영향력으로, 모든 고객을 잃지 않고 가격을 인상할 수 있음을 의미한다.

- **총비용** total cost: 고정비와 변동비용을 합한 비용이다.
- **변동비용** variable cost: 제품 단위당 생산에 드는 비용이다.

토론하기

4.1 마이크로소프트는 2011년 85억 달러에 스카이프[Skype]를 인수하였다. 컴퓨터 간[Skype-to-Skype] 통화는 무료이지만 유선전화나 휴대전화로 연결할 경우 분당 0.002달러가 부과된다. 마이크로소프트가 부담하는 서버 사용료는 분당 0.0001달러에 불과하다.

a. 스카이프의 수요 함수는 다음과 같이 추정된다.

$P = 3 - (5 \times 10^{-10}) \times$ 수량(소비 분 단위)

이 경우 분당 가격이 0.002달러일 때 판매되는 수량은 얼마인가?

b. 해당 수량에서 마이크로소프트의 평균비용은 얼마인가?

c. 인수에 소요된 고정비용과 서버 사용에 따른 변동비용을 모두 회수하기 위해 마이크로소프트는 스카이프를 통해 몇 분을 판매해야 하는가?

d. 현재 책정된 가격이 스카이프의 이익을 극대화한다고 볼 수 있는가?

4.2 힙합 아티스트 Jebz가 10곡이 수록된 앨범을 디지털로 녹음하는 데에는 25,000파운드가 소요되며, 자사 웹사이트를 통한 한 단위 앨범 판매 처리에는 1파운드를 지불해야 한다. 팬 10만 명 중 절반은 앨범에 대해 아무런 지불 의사가 없고, 나머지 절반은 5파운드를 지불할 의사가 있다.

a. Jebz의 총비용, 총수익, 그리고 이익을 계산하라.

b. 이 경우 평균비용은 얼마인가?

c. 음반사 Lemon은 신규 청중에게 앨범을 홍보하겠다고 제안하면서, 앨범에 3파운드를 지불할 의사가 있는 신규 팬 3만 명을 확보해 주겠다고 한다. 단, 모든 판매액의 30%를 수수료로 가져간다고 할 때 Jebz는 이 제안을 수락해야 하는가?

d. 제안을 수락했을 경우 평균비용은 얼마가 되는가?

추천 문헌

- Bhargava, Hemant K. and Choudhary, Vidyanand (2015). Information goods and vertical differentiation. Journal of Management Information Systems 18(2): 89–106.
- Jones, Roy and Mendelson, Haim (2011). Information goods vs. industrial goods: cost structure and competition. Management Science 57(1): 164–176.
- Varian, Hal R. (2003). Buying, sharing and renting information goods. Journal of Industrial Economics 48(4): 473–488.

CHAPTER 05

정보 가격

Pricing of Information

정보는 **경험재** experience good 의 성격을 지닌다. 정보는 실제로 소비해 본 뒤에야 비로소 그것이 마음에 드는지, 혹은 가치가 있는지를 알 수 있다. 그러나 일단 소비가 이루어지고 나면 다시 구매할 이유는 거의 사라진다. 정보의 이러한 특성 때문에 정보의 가치를 평가하거나 가격을 책정하는 것이 어렵다. 이를 '애로우의 역설 Arrow's Paradox'이라 한다. 또한 다양한 인지 편향은 사람들이 정보를 유용하고 진실하며 가치 있는 것으로 인식하는 방식에 영향을 미치며, 정보의 가치는 그것이 사용되는 맥락에 따라 크게 달라진다. 예를 들어, 오스틴이나 오스틴의 책을 좋아하는지 여부는 개인의 취향 문제이고, 특정 정보 서비스가 주어진 상황에서 얼마나 필수적인지 그리고 어떤 추가 가치를 제공하는지에 따라 정보의 가치가 달라질 수 있다. 또 다른 예로, 평소에는 스트리밍 음악에 비용을 지불하지 않던 사람도 댄스 파티를 주최하는 날에는 몇 시간의 이용을 위해 상당한 금액을 기꺼이 지불할 수 있다. 이를 **지불 의사**(WTP) Willingness To Pay 라 한다. 물리적 상품의 가치 또한 시간이나 상황에 따라 달라질 수 있다. 더운 날에는 아이스크림이, 추운 날에는 장갑이 더 가치 있게 여겨지는 것과 같다. 그러나 디지털 정보재는 물리적 상품과 달리 한계비용이 사실상 0에 수렴하므로 이 이하에서는 판매가 불가능하다는 '자연스러운' 가격 하한선이 존재하지 않는다. 아이스크림이 거의 무료로 제공되는 경우는 드물지만 음악이나 책과 같은 디지털 콘텐츠는 상업적 창작자에 의해 무료로 배포되는 경우가 많다.

정보의 가치에 영향을 미치는 요인은 매우 다양하기 때문에 디지털 정보 생산자는 잠재적 소비자의 지불 의사에 큰 차이가 존재함을 전제로 해야 한다. 일부는 상당한 금액을 지불할 의사가 있지만 대부분의 사람들은 아무것도 지불하지 않으려 하거나 아주 소액만 지불하려 할 수도 있다. 디지털 혁신가에게 중요한 과제는 소비자가 어느 범주에 속하는지를 파악하는 것이다.

따라서 디지털 가격 전략은 누가 얼마를 어떤 조건에서 지불할 의사가 있는지를 식별하는 데 초점을 둔다. 정보 시장에서는 지불 의사를 파악하고 동일한 정보를 다양한 패키지로 구성해 제공할 기회가 많다. 이에 따라 대부분의 성공적인 디지털 비즈니스는 일정 수준의 **가격 차별화**price discrimination, 즉 동일한 상품에 대해 구매자별로 다른 가격을 제시하는 전략을 활용한다. 미국 연방거래위원회FTC는 "가격 차별화는 일반적으로 합법이며, 특히 거래 상대에 따라 거래비용이 다르거나 판매자가 경쟁사의 제안에 대응하기 위해 가격을 조정하는 경우에는 더욱 그렇다."고 명시하고 있다.[1]

가격 차별은 각 고객에게 개별적인 제안을 하는 방식(1단계 가격 차별), 서로 다른 기능 묶음을 제공하고 이에 대해 다른 가격을 부과하는 방식(2단계 가격 차별), 그리고 시장을 세분화한 뒤 각 부분에 소비자 지불 의사에 따라 다른 가격을 제시하는 방식(3단계 가격 차별)으로 구현될 수 있다. 개별 제안 방식(1단계 가격 차별 방식)은 잠재적으로 가장 높은 수익을 창출할 수 있지만 거래비용이 기대 수익을 초과할 가능성이 있다. 모든 거래에서 가격을 협상하려면 시간과 노력이 필요하며, 일부 과정은 자동화할 수 있어도 그 범위에는 한계가 있다. 차별화된 번들을 제공하는 방식(2단계 가격 차별 방식)은 상대적으로 수월하며 소비자가 다양한 옵션과 가격 중에서 스스로 선택할 수 있다는 장점이 있다. 이 경우 정보 생산자는 구매자 데이터를 수집하거나 분석할 필요가 없지만 번들을 설계하는 과정에서 상당한 시행착오와 비용이 발생할 수 있다. 시장 세분화 방식(3단계 가격 차별 방식)도 비교적 단순하지만 일정한 거래비용이 뒤따른다. 예를 들어, 판매자는 학생이나 은퇴자에게 할인을 제공하기 위해 이들이 낮은 가격을 적용받을 자격이 있는지 확인해야 한다. 이를 위해 학생증이나 연령을 증명하는 서류를 요구하고, 이를 처리할 시스템과 인력을 마련해야 한다. 일부 절차는 자동화가 가능하더라도, 이러한 장치를 설계하고 운영하는 데 시간과 비용이 들며 부정 사용을 감시하고 오류를 수정하는 추가적인 관리 비용도 발생한다. 따라서 가격 차별을 실행하고 유지·관리하는 데에는 항상 일정 수준의 비용이 수반된다.

1 미국 연방거래위원회(FTC)의 「독점금지법 안내서(Guide to the Antitrust Laws)」 참조, 검색위치: www.ftc.gov/tips-advice/competition-guidance/guide-antitrust-laws/price-discrimination-robinson-patman (2022년 8월 검색). 또한 FTC는 로빈슨-패트먼법(Robinson-Patman Act)을 상품 거래에 적용되는 독점금지 가이드로 정의하며, 서비스나 임대 거래에는 적용되지 않는다고 명시함. 따라서 서비스 시장, 즉 디지털 경제의 상당 부분에서는 이러한 가격 차별에 대한 제한이 적용되지 않는 것으로 보임.

5.1 맞춤형 가격 책정

완전히 개별화되고 종종 동적으로 운영되는 가격 체계는 설계가 복잡할 수 있지만 디지털 시장에서는 실행 가능성이 높다. **동적 가격 책정** dynamic pricing 은 수요와 공급 조건, 기타 시장 변수나 시간이 지남에 따라 가격이 변하는 방식을 의미한다. 항공사들은 전통적으로 '수익 관리 yield management' 기법을 활용해 왔다. 예를 들어 항공권을 막판에 구매하는 승객은 해당 여행이 긴급하고 비용 지불 의향이 높다고 판단한다.[2] 하지만 이커머스 환경에서는 기업이 시장의 전반적인 조건뿐 아니라 잠재적 구매자의 특성까지 고려할 수 있다.[3] 상품 재고 상황, 구매 시점, 상품 특성과 같은 일반적인 시장 정보 외에도, 쿠키, IP 주소, 컴퓨터 기술 사양, 구매 이력, 자발적으로 제공된 회원 정보 등을 활용해 소비자의 지불 의향을 예측하고 수용 가능성이 높은 가격을 제시할 수 있다.[4] 다만 소비자 입장에서는 이러한 개인 정보가 자신에게 불리하게 활용될 수 있다는 점(예 지불 의향이 높게 예측될 경우 더 높은 가격이 제시됨)에 대해 불만을 가질 수 있으며, 이러한 차별 가격 책정을 인지하기도 쉽지 않다.[5]

[그림 5-1]은 한계비용이 0일 때 **맞춤형 가격 책정** personalized pricing 의 장점을 보여준다. 독점적 경쟁 상황에서 기업은 한계수익과 한계비용을 동일하게 설정하여 이익을 극대화하는 수량 Q^*를 선택하고, 이에 대응하는 가격 P^*를 책정한다. 이때 기업은 직사각형 PS만큼의 이윤(생산자 잉여)을 얻게 되며, 소비자는 삼각형 CS에 해당하는 소비자가 남긴 초과 편익(소비자 잉여)을 얻게 된다. 그러나 기업이 가격 책정 권한을 완전히 통제하고 개별 소비자가 지불하려는 가격(지불 의향)을 합리적이고 적절하게 파악해 맞춤형 가격 협상이 가능하다면 소비자 잉여와 생산자 잉여 모두를 이윤으로 흡수할 수 있다.

---

2 Elmaghraby, Wedad and Keskinocak, Pinar (2003). Dynamic pricing in the presence of inventory considerations: research overview, current practices, and future directions. Management Science 49(10): 1287 – 1309.

3 Kannan, P.K. and Kopalle, Praveen K. (2001). Dynamic pricing on the internet: importance and implications for consumer behavior. International Journal of Electronic Commerce 5(3): 63 – 83.

4 예를 들어, The Economist (2012). Caveat Emptor.com. The Economist, 2012년 6월 30일. 검색위치: www.economist.com/leaders/2012/06/30/caveat-emptorcom (2022년 8월 검색)

5 Richards, Timothy J., Liaukonyte, Jura, and Streletskaya, Nadia A. (2016). Personalized pricing and price fairness. International Journal of Industrial Organization 44 (January): 138 – 153.

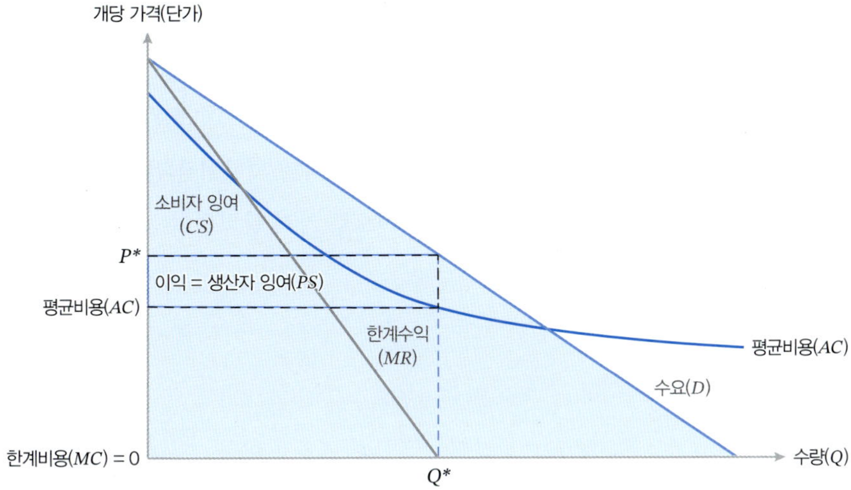

그림 5-1 맞춤형 가격

참고: 기업이 각각의 고객에게 더 알맞은 가격을 제시할 수 있고 한계비용이 매우 낮다면, 이론적으로 시장에 존재하는 소비자 초과 편익을 모두 회사가 가질 수 있다. 물론 가격 개인화가 반드시 비용이 적게 드는 방식은 아니다. 그러나 그 비용이 공급 수량에 비례하지 않고 협상 비용이 고정되어 있다면 동일한 경제 분석이 그대로 적용된다. 이 경우 기업은 한계수익(MR)과 한계비용(MC)이 일치하는 수준에서 생산량 Q^*를 설정한다.

실제로 한계비용이 0이고 시장 지배력이 충분하다면, 기업은 지불 의향(WTP)이 한계비용을 초과하는 모든 소비자에게 판매하는 것이 유리하다. 이 경우 소비자 잉여로 남을 수 있었던 넓은 삼각형 영역 전체를 기업이 가져갈 수 있기 때문이다. 그러나 현실에서는 가격 협상 과정에 드는 비용 때문에 실질적인 한계비용이 0보다 훨씬 커질 수 있다. 디지털 정보 시장에서는 이러한 맞춤형 가격 책정이 대규모 정보 플랫폼 시장에서 흔히 나타난다. 예를 들어, 블룸버그Bloomberg와 톰슨 로이터Thomson Reuters는 협상을 통해 가격을 정한 후 대부분의 정보 패키지를 판매한다. 많은 기업용 소프트웨어 제품도 마찬가지다. 이러한 협상 과정은 판매자가 '시장 가격'을 비공개로 유지할 수 있게 하며, 개인적 상호작용을 통해 구매자의 지불 의향을 추정하는 데 유용한 정보를 제공한다. 또한 잠재 고객과의 심층 대화를 통해 니즈와 재정 상황을 파악해야 한다면 숙련된 영업 인력이 투입되어야 한다. 이 경우 단일 거래의 한계비용은 0이 아니라 수백 달러에 이를 수 있다. 이 책의 후반부에서 살펴보겠지만, 판매는 결코 비용이 적거나 단순한 활동이 아니다.

5.2 그룹 가격 책정

이번에는 3단계 가격 차별화third-degree price discrimination, 즉 **그룹 가격 책정**group pricing 또는 **시장 세분화**segmentation에 대해 살펴본다. [그림 5-2]는 두 개의 시장 세그먼트, 즉 지불 의향이 높은 집단과 낮은 집단이 존재하는 경우를 보여준다. 지불 의향이 낮은 집단은 일반적으로 가격 탄력성이 높아 가격이 조금만 하락해도 수요량이 크게 증가한다.

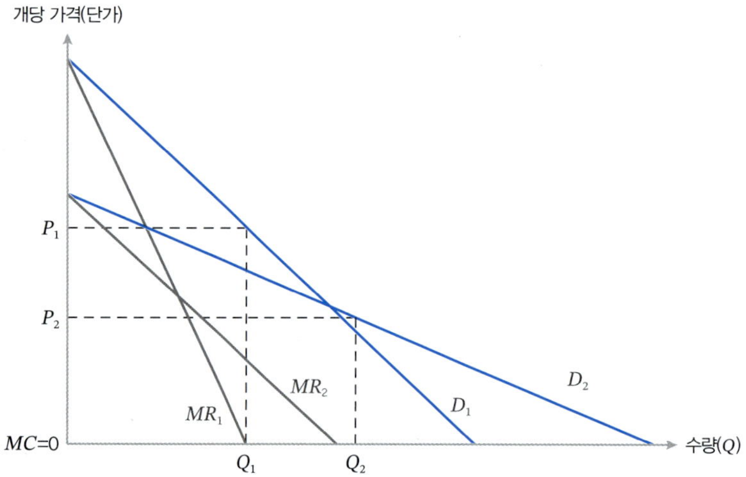

그림 5-2 그룹 가격 책정

참고: 세분화된 시장에서는 두 개 이상의 소비자 그룹이 가격 변화에 서로 다르게 반응한다. 두 그룹 모두에 서비스를 제공하는 한계비용이 동일하더라도 가격 탄력성이 더 높은 소비자 그룹에는 더 낮은 가격을 제공하는 것이 바람직하다.

수요 곡선 D_1은 지불 의향이 높고 가격에 둔감한 소비자를 의미하며, D_2는 지불 의향이 낮고 가격 변화에 민감하게 반응하는 소비자를 의미한다. 이러한 소비자는 가격이 변동될 때 수요량을 민감하게 조절하는 경향을 보인다. 정보재의 한계비용이 0에 가깝거나 0이라고 가정하면, 두 세그먼트에 대해 각각 한계수익 곡선(MR_1, MR_2)을 그릴 수 있으며, 이에 따라 최적의 가격 수준과 수요량을 구할 수 있다. 이때 가격 민감도가 낮은 세그먼트(D_1)에는 더 높은 가격(P_1), 가격 민감도가 높은 세그먼트(D_2)에는 더 낮은 가격(P_2)이 책정되는 것이 일반적이며, $P_1 > P_2$의 관계가 성립한다. 실제로 학생이나 은퇴자에 대한 할인, 저소득 국가에서 동일한 교과서가 더 낮은 가격으로 판매되는 것을 확인할 수 있다.

다만, 이러한 그룹 가격 책정 방식은 상당한 통제력이 필요하다. 예를 들어 학생은 본인의 학업 정보를 제공해야 하며, 선진국 소비자가 저소득국 시장에서 구매한 상품을 자국에서 더 높은 가격에 되파는 차익 거래arbitrage를 방지할 수 있어야 한다. 즉, 기업은 재판매를 막기 위한 제도적 장치를 마련해야 한다. 이러한 가격 전략은 때때로 매우 효과적일 수 있다. 대표적인 예가 학생 할인이나 노인 할인으로, 거래 비용이 다소 증가하더라도 널리 활용되고 있다. 그러나 문제는 지불 의향이 낮은 소비자를 정확히 식별할 수 있는 효율적인 메커니즘이 항상 존재하는 것은 아니라는 점이다.

5.3 버전 관리

세분화가 쉽지 않은 경우 기업은 **버전화**versioning 또는 2차 가격 차별화second-degree price discrimination 전략을 활용할 수 있다(Shapiro & Varian, 1998). 이 방식은 소비자가 직접 선택할 수 있는 다양한 기능의 묶음을 제공하는 것이다. 많은 디지털 상품은 다양한 기능으로 구성된 기술 시스템의 일부이며, 동일한 비용으로 유연하게 기능 조합을 구성할 수 있는 경우가 많다. 이러한 버전 전략뿐만 아니라 번들 가격bundle pricing, **비선형 가격 책정**nonlinear pricing 방식은 모두 일종의 이부 요금제two-part tariff 형태를 띤다.

이부 요금제two-part tariff의 기본 구조는 먼저 네트워크에 접근하기 위해 일정한 기본 요금entry fee을 지불한 후, 일정 수량의 상품을 추가로 구매하는 방식이다. 예를 들어, 달러 쉐이브 클럽Dollar Shave Club이나 스티치 픽스Stitch Fix와 같은 구독 기반 쇼핑subscription shopping은 낮은 월 구독료와 함께 묶음 단위로 상품에 대한 비용을 지불하는 방식이다. 상품은 소비자의 일반적 선호에 따라 대략 5개 정도로 구성된 묶음으로 배송되며, 구매자는 마음에 드는 품목만 보관하고 나머지는 반품할 수 있다.

구독 쇼핑이나 비선형 가격 전략의 강점은 구매자가 자신의 지불 의향에 따라 더 많이 혹은 더 적게 구매할 수 있는 자유를 제공하는 동시에 판매자가 소비자 잉여의 일부를 확보하여 수익을 극대화할 수 있다는 점이다. [그림 5-3]은 비선형 가격 책정 전략의 논리를 보여준다.

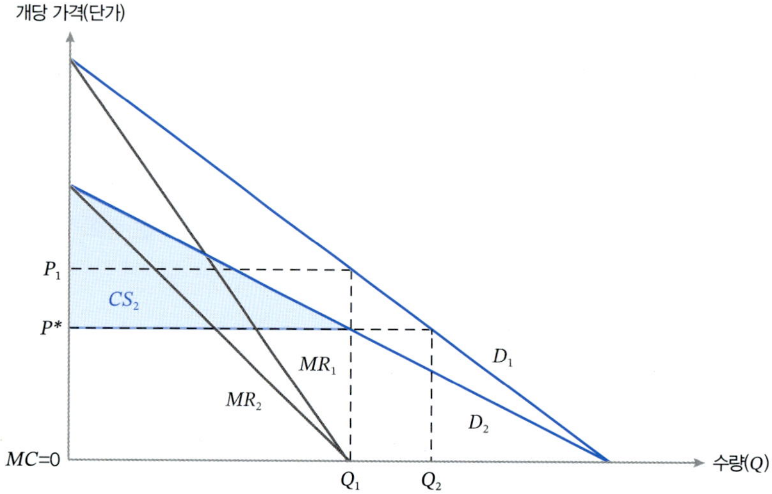

그림 5-3 비선형 가격 책정

참고: 기업이 서로 다른 지불 의향을 가진 고객들을 보유하고 있지만 고객 유형을 정확히 식별할 수 있는 수단이 없는 경우, 가입비와 단가로 구성된 이부 요금제를 제공할 수 있다. 이 전략은 모든 고객에게 동일한 가격 구조를 적용하면서도 지불 의향이 낮은 유형의 소비자에게서 발생하는 소비자 잉여를 효과적으로 파악할 수 있게 해준다.

여기서 두 가지 소비자 유형을 가정한다. 높은 지불 의향과 낮은 가격 민감도를 가진 D_1과 낮은 지불 의향과 높은 가격 민감도를 가진 D_2이다. 이상적으로 기업은 이 두 집단에 대해 서로 다른 가격(P^*와 P_1)을 책정하고자 하지만 실제로는 어떤 소비자가 어떤 유형에 속하는지 사전에 식별할 수 없다는 한계가 존재한다. 하지만 기업이 소비자의 유형을 식별할 수 없는 경우에도 구독 쇼핑 방식처럼 가입비와 단가로 구성된 이부 요금제two-part tariff를 설계할 수 있다. 예를 들어, 기업이 단위당 가격 P^*와 가입비 CS_2를 설정하면 두 유형의 소비자는 모두 구매에 참여하게 된다. 소비자 D_1은 수량 Q_1을 구매하고 총비용 $CS_2 + P^* \times Q_1$을 지불하며, D_2는 수량 Q_2를 구매하고 $CS_2 + P^* \times Q_2$를 지불한다. 단일 선형 가격만 설정했을 때와 비교하면 판매자는 이 방식으로 CS_2만큼의 추가 이익을 두 번 얻게 되어 총 $2 \times CS_2$의 이익을 실현할 수 있다. 비선형 가격 전략이 없으면 소비자 유형 간 선호 차이가 클 경우 기업은 지불 의사가 높은 소비자만을 대상으로 서비스 제공을 고려할 수밖에 없다. 하지만 비선형 가격은 양쪽 소비자 모두에게 상품을 제공할 수 있도록 하며, 특히 지불 의사가 낮은 소비자로부터 일정 수준의 소비자 잉여를 회수하면서도 그들이 소비에 참여할 수 있도록 만든다.

비선형 가격 전략은 소비자 선호가 분산되어 있을 때 특히 효과적이다. 예를 들어, A 서비스는 자주 이용하지만 B 서비스는 드물게 이용하는 소비자가 있을 수 있고 반대로 A 서비스는 드물게 이용하지만 B 서비스는 자주 이용하는 경우가 있을 수 있다. 이러한 상황은 뉴스 서비스의 주제별 분야에서 흔히 나타난다. 예를 들어 일부 소비자는 국제 뉴스에, 다른 소비자는 스포츠 뉴스에 관심을 가진다. 이들 분야를 개별적으로 판매하면 수익성을 충족시킬 가격을 설정하기 어렵다. 따라서 기업은 두 유형의 소비자에게 모두 판매하기 위해 가격을 낮추거나 특정 유형의 소비자에게만 판매하기 위해 가격을 높게 설정해야 한다. 그러나 A와 B를 하나의 번들로 구성하여 중간 가격에 판매하면 더 높은 수익을 올릴 수 있다. 뉴스 유통사는 단일 주제의 분야보다 높은 가격으로 국제 뉴스와 스포츠 뉴스를 하나의 번들로 묶어 단일 가격으로 전체 시장에 판매할 수 있다. 앞서 설명한 구독 쇼핑 방식은 비선형 가격 전략과 번들링 전략을 동시에 적용한 사례다. 번들링 전략은 소프트웨어(예 Windows 운영체제 + 웹 브라우저), 통신 서비스(예 인터넷, TV, 유선전화 '트리플 플레이'), 정보 콘텐츠(예 케이블 채널 등)에서도 자주 사용된다.

정보 시장에서는 동일한 콘텐츠를 기반으로 다양한 버전을 만드는 것이 매우 쉽고 가격도 저렴하다. 예를 들어, Windows 운영체제는 단일 제품이지만 하위 패키지에서는 일부 기능을 제거하여 보다 저렴한 가격대로 제공한다. 버전 전략은 반드시 이부 요금제를 요구하지 않으며, 제품의 품질과 기능 차이를 통해 고-WTP 소비자와 저-WTP 소비자를 구별할 수 있다. 2021년 기준 다이렉티비나우DirecTVNow의 OTT 스트리밍 서비스는 다음과 같이 6가지 패키지를 제공했다.

- **Plus**: 40개 채널
- **Max**: 50개 채널
- **Entertainment**: 65개 채널
- **Choice**: 85개 채널
- **XTRA**: 105개 채널
- **Ultimate**: 125개 채널

또한 스페인어 채널 패키지 "Optimo Mas(90개 채널)"는 콘텐츠 수는 더 많지만 "Entertainment"(65개 채널)보다 더 저렴한 가격에 제공된다. 모든 채널은 콘텐츠를 만들거나 획득하는 데 높은 고정비가 들지만 소비자에게 채널을 하나 더 제공한다고 해서 스트리밍의 한계비용이 증가하지는 않는다. 따라서 이 같은 번들링 및 버전 전략은 순전히 시장 세분화와 가격 차별화를 위한 수단이라 할 수 있다. 스페인어 패키지는 가격 차별 전략의 일환으로, 스페인어권 가구가 평균적으로 콘텐츠에 대해 지불 의향이 낮다는 회사의 판단을 반영한 것이다. 이들 기업은 언어를 기준으로 콘텐츠 시장을 세분화하고 있는 것이다.

5.4 버전 관리 및 부분 유료화

할 베리안Hal Varian의 버전 관리 전략에 따르면[6] 품질에 대한 지불 의향이 높은 소비자와 낮은 소비자, 두 가지 유형이 존재한다고 가정할 수 있다. [그림 5-4]에서 소비자 1은 최대 q_1 수준까지의 낮은 품질에만 관심이 있는 반면, 소비자 2는 최대 q_2 수준까지의 높은 품질에 관심이 있다. 만약 판매자가 두 소비자 유형을 완벽하게 구별하여 각각에 대해 가격을 차별적으로 설정할 수 있고 품질 향상에 따른 한계비용이 0이라면, 소비자 1에게는 품질 수준이 q_1인 제품을 삼각형 A의 면적에 해당하는 가격으로 판매하는 것이 가장 효율적이다. 이 가격은 소비자 1의 전체 소비자 초과 편익을 완전히 흡수할 수 있는 수준이다. 마찬가지로 소비자 2에게는 품질 q_2의 제품을 삼각형 $A+B+C$의 면적에 해당하는 가격에 판매함으로써 소비자 2의 전체 소비자 잉여를 전부 흡수할 수 있다.

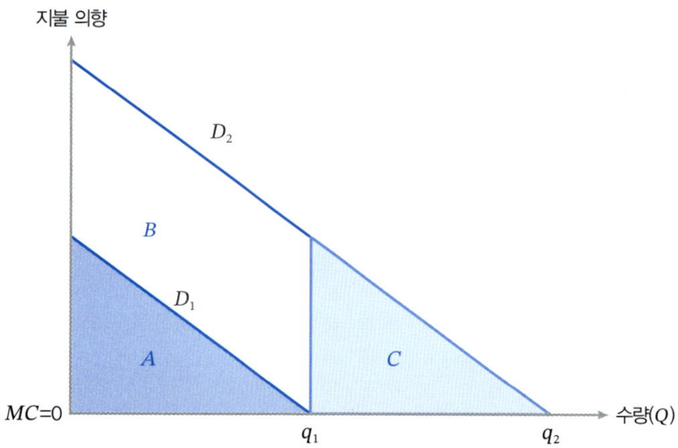

그림 5-4 정보 상품의 버전별 가격 전략

참고: 품질(추가 기능)에 대한 지불 의향(WTP)이 서로 다른 두 소비자 유형이 존재할 경우 한 버전의 가격은 다른 버전의 가격에 영향을 미친다. 소비자들이 두 버전을 명확히 구별하도록 하려면 고품질 제품의 가격은 WTP가 높은 소비자의 전체 소비자 잉여를 완전히 포착할 수 없다.

그러나 기업이 두 유형의 소비자를 완벽히 구별하지 못하는 경우에도, 하나 또는 두 가지 수준의 품질을 제공하는 방식은 여전히 유효하다. 시장 내 소비자 유형의 분포에 따라 기업은 품질 q_1을 가격 A에

6 Varian, H.R. (1997). Versioning Information Goods. UC Berkeley, Unpublished Manuscript, 1997년 1월. 검색위치: www-inst.cs.berkeley.edu/~eecsba1/sp97/reports/eecsba1b/Final/ version.pdf (2022년 8월 접속)

제공할 수 있으며, 이에 따라 다음과 같은 전략적 선택이 필요하다. 두 소비자 유형 모두 저가형 제품을 선택하도록 할 수도 있고, 품질이 더 높은 제품(q_2)을 $A+B+C$의 가격으로 제공하되, 지불 의향WTP이 높은 소비자만 이 제품을 구매하도록 유도할 수도 있다. 또한 두 가지 품질 수준의 제품을 모두 제공할 수도 있다. 하지만 이 경우 소비자들이 자신의 WTP에 따라 적절한 제품을 자발적으로 선택하도록 가격 구조를 정교하게 설계해야 하는데, 이러한 가격 전략은 설계가 매우 까다롭다.

예를 들어, 기업이 단순히 품질 q_1의 제품을 가격 A에, 품질 q_2의 제품을 $A+B+C$의 가격에 제공한다고 가정해 보자. 이 경우 WTP가 높은 소비자는 저가형 제품(q_1)을 구매할 경우 B만큼의 소비자 잉여를 얻을 수 있다는 사실을 인식하게 된다. 따라서 기업이 두 소비자 유형 모두에게 저가형 제품(q_1)을 제공하려면 고가형 제품(q_2)은 $A+C$의 가격에만 제공해야 하며, 소비자 2는 두 제품에서 소비자 잉여가 동일하다는 조건에서만 고가형 제품을 구매하게 된다. 하지만 이보다 더 정교한 전략도 가능하다. 기업은 저가형 제품의 품질을 q_1'으로 낮춤으로써 소비자 2가 저가형 제품에서 얻는 잉여를 줄이고 고가형 제품에서 더 많은 소비자 잉여를 흡수할 수 있다. 만약 두 소비자 유형이 시장에서 동일한 비중을 차지한다면 기업은 소비자 1이 잃는 소비자 잉여(D')와 소비자 2가 추가로 제공하는 수익이 동일해지도록 q_1'을 조정함으로써 수익을 극대화할 수 있다. 즉, 이 방법은 고소득 소비자의 소비자 잉여를 더 크게 흡수하여 기업의 수익을 증대시키는 전략이다.

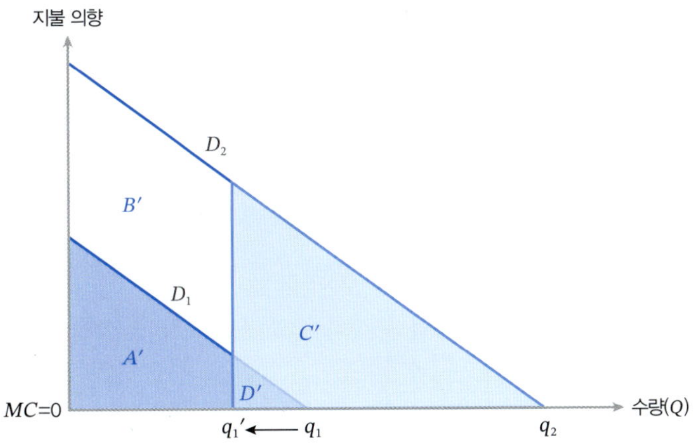

그림 5-5 수익 극대화를 위한 버전 가격 책정

참고: 기업이 보유한 각 유형의 고객 수에 따라 저품질 버전의 수준을 조정하면 고급 시장에서 더 많은 소비자 잉여를 흡수하여 수익을 극대화할 수 있다.

기업이 여러 버전의 제품을 제공할지 여부를 결정하고자 할 때 저가형 제품만 제공할 경우의 시장 점유율이 고가형 제품만 제공할 경우보다 더 큰지를 판단해야 한다.[7] 만약 저가형 버전의 시장 수요가 더 크다면 저품질 제품을 추가하는 것이 타당하다. 이러한 버전 전략의 실현 가능성은 [그림 5-5]에서 확인할 수 있는 것처럼 생산의 가변비용에 따라 달라지며 가변비용이 낮아질수록 저품질 버전의 추가 제공이 더 유리해진다.

부분 유료화freemium pricing는 디지털 시장에서 중요한 버전화versioning 전략이다. 이 전략은 정보재information goods와 관련된 경험 기반 문제를 극복하고 네트워크 효과를 활용하며, 네트워크 기반 시장에서 임계 질량critical mass을 달성하는 데 도움을 준다. 부분 유료화는 일반적으로 기본적인 저가형 제품이나 서비스는 무료로 제공하고, 고급 기능을 포함한 고가형 제품을 유료로 제공하는 방식이다. 예를 들어, 대부분의 모바일 게임은 앱 스토어App Store나 플레이 스토어Play Store에서 무료로 플레이할 수 있지만 더 나은 성능이나 더 흥미로운 기능을 즐기기 위해서는 인앱 구매가 필요하다. 비슷하게 스카이프Skype는 인터넷 사용자 간 통화를 무료로 제공하지만 유선 전화나 휴대전화로 전화를 걸 경우에는 요금이 부과된다. 이처럼 다른 복제본의 한계비용이 사실상 0에 가까운 상황에서는 무료 버전을 제공하는 것이 유효한 전략이 될 수 있다. 이는 기업이 시장에 빠르게 확산되고 설치 기반을 확보하게 하며, 저비용 마케팅을 통해 고객을 유치하는 데 기여한다.[8]

하지만 부분 유료화 전략을 설계하는 것은 쉬운 일이 아니다. 판매자는 어떤 기능을 무료로 제공하고 어떤 기능을 유료로 전환할지 그리고 유료 제품의 가격을 어떻게 책정할 것인지를 결정해야 한다. 이러한 이유로 가격 실험과 제품 설계는 반드시 병행되어야 하며, '정확하게 설계'하는 것이 매우 중요하다. 이 전략의 핵심 목표는 무료 사용자free users를 유료 사용자paying users로 전환시키는 데 있으며, 이 전환이 없다면 해당 혁신은 성공할 수 없다.[9] 다시 말해, 무료 사용자 중 일부라도 유료로 전환하지 않는다면 무료 버전을 제공할 필요가 없는 것이다. 이러한 전환을 유도하기 위해 무료 버전에도 사용자를 점진적으로 결제 임곗값threshold 이상으로 끌어올릴 수 있는 기능을 내장하는 것이 필요하다. 예를 들어,

7 Bhargava, Hemant K. and Choudhary, Vidyanand (2008). When is versioning optimal for information goods? Management Science 54(5): 1029-1035.

8 Boudreau, Kevin J., Jeppesen, Lars Bo, and Miric, Milan (2021). Competing on freemium: digital competition with network effects. Strategic Management Journal 43: 1374-1401.

9 Wagner, Thomas M., Benlian, Alexander, and Hess, Thomas (2014). Converting freemium customers from free to premium – the role of the perceived premium fit in the case of music as a service. Electronic Markets 24: 259-268.

드롭박스는 출시 초기에 상당한 용량의 무료 저장 공간을 제공했다. 이후 사용자들이 서비스에 익숙해지고 사진과 같은 대용량 파일을 많이 저장하게 되면서 1~2년이 지난 후에는 많은 사용자가 소액의 월 요금을 지불하며 유료 플랜으로 전환하게 되었다.

결과적으로 부분 유료화 전략은 기업이 시장 전반의 가격을 낮추도록 강제하는 효과를 가진다. 이 전략의 논리는 버전화versioning의 분석과 동일하며, 두 유형의 소비자(지불 의향이 높은 소비자와 낮은 소비자)가 각자의 선호에 따라 스스로 적절한 제품을 선택하도록 유도해야 한다. [그림 5-6]에서는 q_0가 무료 버전의 품질 수준을 나타낸다. 이에 따라 낮은 품질의 유료 버전은 가격 A'에, 높은 품질의 유료 버전은 $A'+C$에 판매할 수 있다. 또한 기업은 앞서 설명한 논리에 따라 q_1의 위치를 왼쪽으로 이동할 수 있으며, 이는 각 그룹 내 소비자 수에 따라 달라진다. 이처럼 q_0, q_1, q_2 그리고 각 품질 수준에 대응하는 최적의 가격을 설정하는 일은 단순하지 않으며 보통은 체계적이고 광범위한 실험, 즉 A/B 테스트가 필요하다.

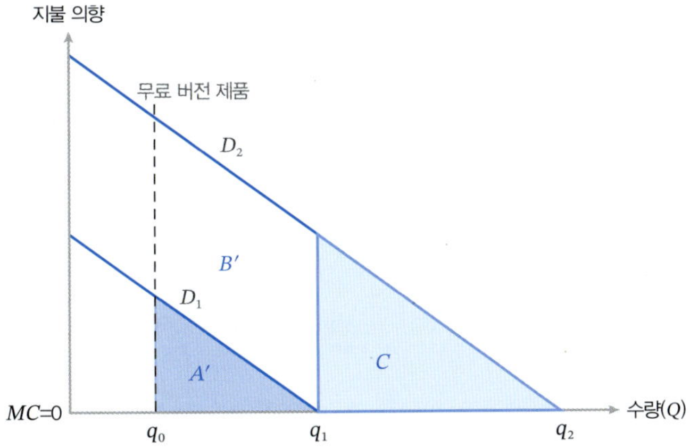

그림 5-6 최저 버전이 무료인 경우의 버전 가격 전략

참고: 불법 복제나 부분 유료화 전략으로 인해 시장에 무료 버전의 제품이 존재하면 고품질 버전들의 가격은 모두 인하될 필요가 있다.

핵심 요약

- 디지털 혁신가는 잠재적 구매자 각각의 지불 의향을 구별해야 한다. 가격 차별화 메커니즘을 통해 구매자 유형별로 각기 다른 가격을 제시할 수 있다.
- 맞춤형 가격 책정은 각 구매자와 개별적으로 협상해 가격을 설정하는 것을 의미한다. 그러나 협상에는 시간과 비용이 많이 들기 때문에 일반적으로 대규모 거래에서만 이루어진다.
- 시장 세분화는 지불 의향이 높은 구매자와 낮은 구매자를 구별하는 방법이 필요하다. 이후 각 시장 세그먼트에 서로 다른 가격을 제시한다. 세그먼트는 지리, 인구 통계, 직업 등을 기준으로 정의할 수 있다.
- 버전화는 구매자가 선택할 수 있도록 약간씩 다른 제품 또는 기능 번들을 구성하는 방식이다. 소프트웨어나 기타 정보재처럼 각 번들을 생산하는 한계비용이 일정하고 낮은 경우에는 동일한 제품에서 일부 기능을 비활성화해 저가형 번들을 구성함으로써 버전화를 구현할 수 있다.
- 부분 유료화는 최저 사양의 제품을 무료로 제공하는 버전화 전략이다. 이는 네트워크형 제품에 신규 사용자를 유치하는 데 도움이 되고, 고급 소비자에게 부과할 수 있는 가격을 낮추는 효과가 있다.
- 번들링이나 구독 쇼핑과 같은 비선형 가격 전략은 품질과 가격의 매개 변수가 다양해 이를 추정하기 어렵고 최적의 구성을 찾기 위해 실험적인 테스트가 필요하다.

용어 정리

- **동적 가격 책정** dynamic pricing: 구매자의 특성, 수요 수준, 시장 상황 등에 따라 개별적으로 가격을 결정하는 방식으로, 각 구매자마다 서로 다른 가격이 제시될 수 있다.
- **경험재** experience good: 품질을 판단하기 위해 반드시 소비해 보아야 하는 제품을 의미한다.
- **부분 유료화** freemium pricing: 가장 낮은 품질의 버전은 무료로 제공하고, 더 높은 품질의 버전은 유료로 제공하는 버전화 방식이다.
- **비선형 가격 책정** nonlinear pricing: 번들링bundling, 수량 할인quantity discount, 구독subscription, 멤버십 요금membership fee 형태로 나타날 수 있다. 번들의 가격은 포함된 상품 수에 따라 선형적으로 증가하지 않으며, 일반적으로 가입비entry fee와 단가unit price로 구성된 이부 요금제two-part tariff를 사용한다.

- **맞춤형 가격 책정** personalized pricing: 1차 가격 차별화first-degree price discrimination 전략으로, 판매자가 각 구매자에게 개별적인 제안을 하여 전체 소비자 잉여를 최대한 차지하려는 방식이다.
- **가격 차별화** price discrimination: 서로 다른 구매자에게 서로 다른 가격을 제시하는 전략으로, 제공되는 제품은 동일할 수도 있고 약간 다른 버전일 수도 있다.
- **그룹 가격 책정** group pricing 또는 **시장 세분화** segmentation: 3차 가격 차별화third-degree price discrimination 전략으로 구매자의 지불 의향과 연관된 관찰 가능한 특성(예 지역, 연령, 직업 등)을 기준으로 시장을 세분화하고 각 그룹에 다른 가격을 적용하는 방식이다.
- **버전화** versioning: 2차 가격 차별화second-degree price discrimination 전략으로, 판매자가 제품을 기능이나 품질 수준에 따라 여러 버전이나 패키지로 설계하여 높은 지불 의사를 가진 구매자와 낮은 WTP 구매자를 구별하는 방식이다.
- **지불 의사** willingness to pay: 모든 가치 기반 가격 전략value pricing의 근간이 되며 판매자는 각 잠재적 구매자가 해당 제품에 대해 얼마까지 지불할 의향이 있는지를 파악하고자 한다.

토론하기

NatLangPro는 분석가들이 자연어 처리 작업을 보다 쉽게 수행할 수 있도록 데이터 분석 패키지를 제공한다. 이 제품은 개인 분석가, 소규모 부티크 컨설팅 업체, 대기업 고객에게 판매된다.

5.1 어떤 시장에서 맞춤형 가격 책정을 통해 수익을 극대화할 수 있을까?

5.2 NatLangPro는 전체 수요 함수(판매량은 백만 단위)를 다음과 같이 추정했다.

- 인도 시장: $P = 300 - 2Q$
- 이탈리아 시장: $P = 200 - 3Q$
- 연간 고정 운영비(마케팅 및 R&D)는 1억 달러이며, 제품은 웹사이트를 통해 직접 배포되어 가변비용은 0달러이다.

각 시장에서의 최적 가격은 얼마이며, 어떤 가격 전략을 기업에 권장할 수 있을까?

5.3 NatLangPro는 보다 정밀한 시장 조사를 통해 각 지역 시장 내에서 개인, 중소기업SMEs, 대기업이 서로 다른 기능을 선호한다는 사실을 발견했다.

- 개인: GUI(그래픽 사용자 인터페이스)와 기본 분석을 원하며, 최대 50달러까지 지불할 의향이 있다.
- 중소기업SMEs: GUI, 기본 분석, 시각화 패키지를 최대 500달러까지 지불할 의향이 있다.
- 대기업: GUI, 고급 분석, 시각화, 연중무휴 24시간 온라인 채팅 서비스를 원하며, 최대 2000달러까지 지불할 의향이 있다.

각 시장의 수요자 구성은 다음과 같다.

- 인도 시장: 개인 40%, 중소기업 50%, 대기업 10%
- 이탈리아 시장: 개인 50%, 중소기업 30%, 대기업 20%

a. 회사가 '기본형(50달러), 중간형(500달러), 고급형(2000달러)'의 세 가지 기능 수준만 제공하면 안 되는 이유는 무엇인가?

b. 각 국가별로 최적의 제안(offer)은 어떻게 달라져야 하는가?

힙합 아티스트 Jebz는 10곡이 수록된 새 앨범의 가격 책정을 고민하고 있다. 데이터에 따르면 5만 명의 팬은 앨범에 대해 5파운드까지 지불할 의향이 있고, 나머지 5만 명은 지불 의사가 전혀 없다. 그러나 소규모 프로모션에서 마케팅팀은 원래 지불 의사가 없던 팬들 중 40%가 히트곡 "Ya Hipsta"를 무료로 다운로드한 후 3파운드에 앨범을 구매하겠다고 태도를 바꾼 것을 확인했다. 이들 중 1만 명은 대학생이었다.

5.4 이 앨범에 대해 고려할 수 있는 가격 책정 전략은 무엇일까?

5.5 부분 유료화 전략은 타당한 선택일까? 지불 의향이 높은 팬들은 실제로 얼마까지 지불할 수 있을까?

5.6 부분 유료화 전략에서 지불 의향이 높은 팬들이 얻는 소비자 잉여는 얼마일까? 이들이 전체 지불 의향을 지불하도록 유도하려면 어떤 방식으로 제안을 조정해야 할까?

추천 문헌

- Bhargava, Hemant K. and Choudhary, Vidyanand (2008). When is versioning optimal for information goods? Management Science 54(5): 1029–1035.
- Boudreau, Kevin J., Jeppesen, Lars Bo, and Miric, Milan (2021). Competing on freemium: digital competition with network effects. Strategic Management Journal 43: 1374–1401.
- Choudhary, Vidyanand, Ghose, Anindya, Mukhopadhyay, Tridas, and Rajanm, Uday (2005). Personalized pricing and quality differentiation. Management Science 51(7): 1120–1130.
- Gu, Xian, Kannan, P.K., and Ma, Liye (2018). Selling the Premium in Freemium. Journal of Marketing 82(6): 10–27.
- Kannan, P.K. and Kopalle, Praveen K. (2001). Dynamic pricing on the internet: importance and implications for consumer behavior. International Journal of Electronic Commerce 5(3): 63–83.
- Richards, Timothy J., Liaukonyte, Jura, and Streletskaya, Nadia A. (2016). Personalized pricing and price fairness. International Journal of Industrial Organization 44 (January): 138–153.
- Shapiro, Carl and Varian, Hal R. (1998). Versioning: the smart way to sell information.
- Harvard Business Review November–December: 106–114.

CHAPTER 06 정보 소비

Consumption of Information

6.1 인지 편향과 디지털 시장

심리학자 다니엘 카너먼Daniel Kahneman[1]은 "인간의 마음은 영리하지만 버그가 많다."고 언급한 바 있다. 실제로 인간의 인지 능력은 수천 년에 걸쳐 거미, 뱀, 높은 곳, 숲속 포식자와 같은 다양한 종류의 위협에 신속히 대응할 수 있도록 진화해 왔다. 이러한 인지 기능 덕분에 우리는 물리적 위험에 직관적이고 즉각적으로 반응하며, 척박한 환경에서도 생존하고 번영할 수 있었다.

하지만 오늘날 디지털 환경에서 정보 처리를 하는 동안 우리의 두뇌는 오히려 오류를 자주 범한다. 행동 경제학은 인간의 경제적 의사결정 과정에서 다양한 **인지 편향**cognitive biases이 작용함을 보여주었다. 인지 편향의 구체적인 유형을 [표 6-1]에 정리하였다. 우리는 실제로 다른 특성이 더 적합할 수 있음에도 자신과 닮은 사람을 주요 업무에 선호하거나 인종이나 억양처럼 무관한 요소에 주의를 기울이는 경향이 있다. 이러한 '유사성 선호'는 과거 혈연 중심의 사회에서 충성심을 강화하고 외부 위협으로부터 집단을 보호하는 데는 유용했을 수 있으나 오늘날의 글로벌 경제에서 조직을 효과적으로 운영하는 데는 장애가 될 수 있다. 또한, 우리의 뇌는 최근에 접한 정보나 눈에 잘 띄는 정보를 현재 상황을 설명하는 데 더 적절하다고 판단하는 경향이 있다. 그러나 실제로는 대표적이고 체계적인 데이터를 수집하고 분석하는 것이 더 타당할 수 있다. 정보가 제시되는 방식 또한 우리가 그 정보를 신뢰하는 정도에 영향을 준다. 우리는 대체로 기존 신념을 확인해 주는 결론이나 그럴듯해 보이는 결론에 쉽게 끌린다.

1 Kahneman, Daniel (2011). Thinking Fast and Slow. New York: Farrar, Straus and Giroux.

표 6-1 일반적인 인지 편향

효과	설명
닻 내림 효과anchoring	최초 제시된 정보에 지나치게 의존하여 판단이 고정되는 경향을 말한다.
가용성 편향availability	쉽게 떠올릴 수 있는 정보, 특히 가장 최근이거나 기억에 남는 정보에 집중하는 경향을 말한다.
확증 편향confirmation	기존의 선입견이나 믿음을 확인시켜주는 정보를 선호하는 경향을 말한다.
보유 효과endowment	자신이 소유한 대상에 대해 소유하지 않았더라면 지불할 의향보다 더 높은 가치를 부여하는 경향을 말한다. 즉, 지불 의향 금액WTP보다 수용 의향 금액WTA이 더 크게 나타난다.
프레이밍framing	동일한 정보라도 제시되는 방식에 따라 서로 다른 결론을 도출하는 경향을 말한다.
손실 회피loss aversion	동일한 크기의 이익에서 얻는 효용보다 동일한 크기의 손실에서 느끼는 불효용을 더 크게 인식하는 경향을 말한다.
희귀 사건rare events	발생 확률이 낮은 사건에 대해서 기대 효용을 과장하는 경향을 말한다.
대표성representativeness	개인을 평가할 때 그 개인이 속한 집단의 특성을 근거로 성급하게 가정을 형성하는 경향을 말한다.
심리적 소유psychological ownership	자신이 직접 만들었거나 노력한 대상에 그렇지 않은 대상보다 더 높은 가치를 부여하는 경향을 말한다. 이는 조립하거나 직접 구성한 물건을 더 높게 평가하는 현상을 의미하는 'IKEA 효과IKEA effect'와 관련이 있다.

참고: 행동 과학자들은 우리의 의사결정에 영향을 미치고 종종 객관적으로 합리적인 선택에서 벗어나도록 만드는 몇 가지 일반적인 행동 패턴의 특징을 정리하였다.

카너먼Kahneman은 이러한 직관적 사고와 판단을 '시스템 1'이라는 개념으로 설명한다. 시스템 1은 정보의 출처 표현 방식(긍정적 또는 부정적), 기존 믿음을 강화하는지 여부, 정보의 복잡성과 단순성 등에 따라 판단을 달리한다. 결국 우리는 단순하고 익숙하며, 긍정적이고 편향 없는 방식으로 제시된 정보에 더 끌리는 경향이 있다. 그 외의 방식은 뇌에 부담을 주기 때문에 쉽게 회피하게 된다.

대부분의 사람은 깊은 사고를 꺼린다. 복잡한 문제를 고민하는 것은 어렵고 불편하며, 긴 시간 집중하는 것도 힘들기 때문이다. 그러나 이것이 바로 '시스템 2'가 요구하는 사고방식이다. 시스템 2는 빠르고 직관적인 판단을 멈추고 천천히 신중하게 사고하며 문제의 핵심을 정확히 파악하는 '느린 사고'의 과정이다. 하지만 우리는 여전히 사실에 기반하여 논리적이고 재현 가능하며 검증 가능한 해답을 도출하려고 노력한다. 이러한 사고 과정은 더 많은 시간과 노력이 필요하므로 개인이나 조직 입장에서는 더 많은 비용이 들 수밖에 없다. 그럼에도 불구하고 새로운 인재 채용과 같은 중대한 결정을 내릴 때는 이처럼 철저한 평가가 충분히 그 가치를 발휘한다.

철저한 평가를 위해서는 일반적으로 충분한 양의 데이터가 필요하다. 호프만Hoffmann, 칸Kahn, 그리고 리Li[2]는 채용 과정에서 발생하는 의사결정 편향을 다룬 연구에서 데이터를 기반으로 한 자동 추천이 숙련된 관리자보다 더 나은 결정을 내릴 수 있는지 분석하였다. 관리자는 앞서 언급한 인지 편향의 영향을 받을 수 있지만, 컴퓨터 시스템이 체계적으로 분석한 정보보다 실제 업무에 필요한 직무 요건을 더 직관적으로 이해하고 있을 가능성도 있다. 그렇다면 실제로 누가 더 나은 결정을 내리는 것일까?

관리자에게는 불리한 결과지만 연구 결과는 명확하였다. 자동화된 직무 테스트 절차를 활용하면 근속 기간과 생산성 측면에서 채용 성과가 뚜렷하게 향상되었다. 반대로 자동화된 테스트 결과의 추천을 무시하고 독자적으로 판단한 인사 관리자들은 전반적으로 더 나쁜 결과가 나타났다. 즉, 관리자는 테스트 결과를 따르는 것이 오히려 더 나은 선택이었다. 면접이나 지원자에 대한 다른 정보를 바탕으로 시험 결과를 무시할 때마다 채용 담당자는 직무에 적합하지 않은 직원을 선발하는 경향이 나타났다. 이와 같은 맥락에서 리베라Rivera[3]는 면접관과 구직자가 골프나 조깅과 같은 여가 활동을 공유할 경우 그 공통점이 실제 채용에 영향을 미친다는 근거를 제시하였다. 하지만 동료들과 취미를 나누는 것은 긍정적인 요소일 수는 있지만 관심사가 일치한다고 해서 업무 성과가 향상되는 것은 아니다. 이러한 연구 결과는 대량의 반복적 데이터가 수반되는 비즈니스 의사결정을 자동화할 수 있는 컴퓨터 시스템의 잠재력을 분명히 보여준다.

6.2 정보의 가치 평가

우리는 새로운 정보를 평가할 때 편향된 결정으로 이어지는 신속한 휴리스틱에 의존할 뿐만 아니라 정보를 상업적 관점에서 평가하는 데에도 능숙하지 않다. 많은 물리적 재화와 달리 정보의 가치는 그것이

2 Hoffman, M., Kahn, L., and Li, D. (2018). Discretion in hiring. Quarterly Journal of Economics 133(2): 765 – 800.

3 Rivera, Lauren (2012). Hiring as cultural matching: the case of elite professional service firms American Sociological Review 77: 999 – 1022.

활용되는 맥락에 따라 크게 달라진다. 또한 정보는 경험재이기 때문에 직접 사용해 보기 전에는 그 가치를 정확히 판단하기 어렵다. 이는 5장에서 살펴본 애로우의 역설Arrow's Paradox이 제기한 고전적인 문제와 일맥상통한다. 이러한 특성 때문에 소비자는 정보의 진정한 가치를 경험하기 전에 과소평가하게 되고, 이는 낮은 지불 의향으로 이어진다.

반면, 판매자는 정보 재화의 가치를 과대평가할 가능성이 높다. 그 이유 중 하나는 정보를 처음 만든 사람이 느끼는 심리적 소유권 때문이다.[4] 5장에서 다룬 것처럼 정보 상품은 창작 과정에서 막대한 시간과 노력이 투입되는 노동 집약적이고 제작 비용이 많이 들 수 있다. 예를 들어, 한 권의 책을 집필하거나 앨범에 수록될 음악을 만들고 녹음하는 것, 또는 기상 관측 데이터를 모아 데이터베이스를 구축하는 데에는 수백 시간이 소요될 수 있다.

이러한 창작물에 대해 '내 것'이라는 소유 의식을 갖는 것은 자연스러운 현상이며, 이는 시장에서의 객관적 가치보다 훨씬 높은 주관적 가치 평가로 이어진다. 흥미롭게도 일부 지식재산권법 체계에서 '이마의 땀Sweat of the brow'은 땀 흘린 노력으로 얻은 대가를 의미하며, 경제학에서는 노동의 대가(임금), 법학에서는 저작권의 '땀의 원칙'으로 쓰인다. 이러한 개념을 채택하여 전화번호부처럼 독창적이거나 창의적인 요소가 없더라도 많은 노력이 투입된 콘텐츠나 데이터에 대해 저작권을 인정한다. 이는 창작자가 자신이 정리한 편집물을 법적으로 보호받고 타인이 복제하지 못하도록 할 권리를 갖는다는 의미다. 이처럼 법은 일정 수준의 심리적 소유권을 인정하고 정보 상품에 대해 제한적인 법적 배제 권리를 부여한다. 하지만 이러한 저작권은 여전히 판매자와 소비자 간의 가치 평가 차이에서 발생하는 근본적인 시장 실패market failure를 해결하지는 못한다.

정보는 또한 **지식의 저주**curse of knowledge[5]라 불리는 문제 상황을 초래할 수 있다. 이는 자신이 이미 알고 있는 정보가 있다는 사실 때문에 그 정보를 모른다고 가정하기 어렵게 되는 인지 편향을 의미한다. 예를 들어, 판매자가 잠재적 구매자의 지불 의향을 추정할 때 판매자가 구매자보다 제품에 대해 훨씬 더 많은 정보를 보유하고 있다면 **정보의 비대칭**asymmetric information이 발생한다. 이러한 현상은 제품이 복잡

4 Morewedge, Carey K., Monga, Ashwani, Palmatier, Robert W., Shu, Suzanne B., and Small, Deborah A (2021). Evolution of consumption: A psychological ownership framework. Journal of Marketing 85(1): 196 – 218.

5 Camerer, Colin, Loewenstein, George, and Weber, Martin (1989). The Curse of Knowledge in economic settings: an experimental analysis. Journal of Political Economy 97(5): 1232 – 1254.

하거나 정교한 기술 기반일 때 혹은 특허와 같이 외부인이 쉽게 관찰하기 어려운 특성을 가질 때 특히 두드러진다. 예컨대, 기술 발명에 대한 특허를 읽는 구매자는 그 기술의 작동 원리나 응용 가능성을 제한적으로만 이해할 수 있지만 해당 기술을 개발한 발명자는 훨씬 더 다양한 사용 사례와 가능성을 파악하고 있다. 그러나 상세한 잠재적 활용 가치를 구매자가 신뢰할 수 있는 방식으로 완전하게 전달하는 것은 어렵다. 그 결과 판매자와 구매자 사이에 발명품에 대한 가치 평가의 차이가 발생한다.

더 나아가 판매자는 구매자가 무엇을 모르는지조차 정확히 인식하지 못하기 때문에 자신의 지식이 오히려 시장 실패로 이어질 수 있다. 즉, 판매자가 발명의 가치를 지나치게 높게 평가하고 동시에 구매자의 정보 수준과 가치 기준을 충분히 이해하지 못할 경우 구매자는 판매자의 제안을 받아들이지 않을 수 있다. 이처럼 '이미 알고 있는 것을 마치 모르는 것처럼 행동하기'는 매우 어려운 일이다.

지식의 저주는 또한 사후 편향hindsight bias을 유발할 수 있다. 어떤 결정을 내릴 당시에는 정보가 부족했지만 사건이 발생한 이후에는 더 많은 정보를 얻게 되므로 나중에 과거의 의사결정을 과도하게 평가하거나 비난하는 경향이 나타난다. 이는 특히 법적 판결이나 손해 배상 산정과 같은 후속 의사결정에 부정적인 영향을 미칠 수 있다. 이러한 정보 비대칭성과 지식의 저주는 디지털 정보 상품의 가치를 왜곡된 방식으로 평가하게 만든다. 일반적으로 판매자는 정보 상품의 가치를 과대평가하고 반대로 구매자는 과소평가한다. 이와 같은 가치 인식의 불일치는 거래 자체를 어렵게 만들며, 심각한 경우 시장이 제대로 작동하지 않는 시장 실패로 이어질 수 있다. 그러나 정보 상품 가치의 교환은 본래 사회적으로 큰 가치를 창출할 수 있으며, 이 잠재력을 실현하기 위해서는 인지 편향과 비대칭 문제를 극복할 수 있는 전략이 필요하다.

6.3 온라인에서의 판단과 뉴스 소비

데이터와 분석은 종종 인간의 판단력의 한계를 극복할 수 있는 수단이 된다. 그러나 웹사이트나 소셜 미디어와 같은 디지털 환경에서는 인간의 판단력이 더 쉽게 약화될 수 있다. 이러한 환경은 체계적이고 논리적인 사고를 요구하는 시스템 2와 달리, 빠르고 직관적인 시스템 1의 방식으로 반응을 유도하도록 설계되어 있기 때문이다. 온라인 공간은 사용자가 복잡한 주제에 몰입하기보다는 빠르게 스크롤하고 클릭하며, 표면적으로는 탐색하는 행동을 하도록 유도한다. 특히, 페이스북과 같은 소셜 미디어에서는 사람들이 긴 호흡의 사고나 분석보다는 짧고 단편적인 정보 소비에 더 많은 시간을 할애한다. 사람들은 온라인에서 특정 주제에 대한 신뢰할 수 있는 정보를 찾기보다는 지루함을 달래기 위해 오락과 재미를 추구하며 시간을 보내는 경향이 있다. 이러한 애플리케이션의 비즈니스 모델은 사용자를 가능한 한 오래 플랫폼에 머무르게 하여 더 많은 광고를 노출시키는 데 기반을 두고 있다. 그 결과 호기심, 혐오감, 음모론, 의심을 자극하는 클릭베이트clickbait와 같은 콘텐츠가 넘쳐난다. 이처럼 자극적인 콘텐츠는 사용자의 참여를 유도하며, 그 과정에서 웹사이트나 앱은 더 많은 광고를 노출한다. 퓨 리서치Pew Research에 따르면 미국 성인의 70% 이상은 하루에 여러 번 온라인에 접속하며, 미국 성인의 약 25%는 거의 항상 온라인에 연결된 상태로 생활하고 있는 것으로 나타났다.[6] 이는 일종의 중독에 가까운 행동 패턴을 보여주는 통계다.

온라인에서 정보를 빠르게 그리고 비판 없이 소비할수록 사실 왜곡에 속기 쉬우며 잘못된 판단을 내릴 위험성이 커진다. 특히 이민, Black Lives Matter[7]와 같이 정치적 긴장과 관련된 주제와 강한 감정이 얽힌 주제는 더욱 취약하다. 이러한 민감한 이슈는 이미지를 조작하거나 이야기를 왜곡하여 사실처럼 보이도록 꾸미기 쉽다. 나아가 딥페이크 기술의 등장으로 영상 콘텐츠마저 조작이 가능해졌다.[8] 실제로 러시아의 인터넷 '트롤'은 페이스북에서 Black Lives Matter 활동가로 위장해 사회적 갈등을 조장하였으며, 이를 통해 광고 수익을 올리거나 정치적 분열을 유도했다. 미국 하원의원 아담 쉬프Adam Schiff는 러시아 정부와 연계된 온라인 여론 조작 집단이 페이스북 알고리즘의 공포와 분노를 자극하는 콘텐츠 강조 경향을 활용해 청중의 관심을 끌고, 확산과 증폭을 유도하기 위해 전략적으로 개입했다고 지적했다. 사람들은 특정 이슈에 감정적으로 몰입할수록 뉴스의 출처나 진위 여부를 검토하지 않은 채 쉽게 믿어버리는 경향이 강해진다. 이러한 경향이 극단적으로 드러난 사례가 '피자게이트' 사건이다. 한 남성이 힐러리 클린턴이 소아성애자 조직을 운영한다는 음모론을 믿고, 워싱턴 DC의 한 피자 가게에 소총

6 Perrin, A. and Aktske, S. (2021). About 3 in 10 US adults say they are 'almost constantly' online. Pew Research Center 2021년 3월 26일. 검색위치: www.pewresearch.org/fact-tank/2018/03/14/ about-a-quarter-of-americans-report-going-online-almost-constantly/ (2022년 8월 검색)

7 Silverman, C. (2017). Black Lives Matter is bringing food to victims of Harvey but people are sharing a false story about BLM blocking erelief effors. Buzz Feed News, 2017년 10월 1일. 검색위치: www.buzzfeednews.com/article/craigsilverman/conservative-fb-pages-spreading- false-claim-about-blm (2022년 8월 검색)

8 Roose, K. (2018). Here come the fake videos, too. The New York Times, 2018년 3월 4일. 검색위치: www.nytimes.com/2018/03/04/technology/fake-videos-deepfakes.html (2022년 1월 검색)

을 들고 급습해 아동을 구출하려 했으나 다행히 당시 식당에는 아이가 없었고 아무도 다치지 않았던 사건이다.[9]

이러한 정보 소비 편향 사례는 극단적이긴 하지만 산업화된 국가의 대부분은 소셜 미디어를 통해 뉴스를 접하기 때문에 상업적 문제와 정치적 문제를 동시에 야기한다. 퓨 리서치 센터 조사에 따르면 미국인의 60%가 레딧Reddit, X(Twitter), 페이스북과 같은 소셜 미디어를 통해 뉴스를 접하며, 2018년에는 소셜 미디어가 인쇄 신문을 앞질러 주요 뉴스 소스로 자리 잡았다.[10] 대부분의 미국인들은 가짜 뉴스가 사람들을 혼란스럽게 만든다는 사실을 인식하고 있었지만, 동시에 스스로는 가짜 뉴스를 구별할 수 있다고 믿었다.[11] 이는 또 다른 형태의 인지 편향에서 비롯된 현상일 수 있다. 실제로 2020년 전국 여론조사에서는 많은 미국 시민이 '큐어넌QAnon'의 음모론을 믿는다고 응답했다.[12]

가짜 뉴스fake news는 의도적이며 검증 가능한 방식으로 독자를 오도하는 뉴스 기사로 정의된다. 대중 매체에 대한 진입 장벽이 낮아지고, 소셜 미디어가 신뢰할 수 없는 콘텐츠 유통에 적합한 매체가 되면서 가짜 뉴스 문제는 더욱 심각해지고 있다. 스마트폰 보급 확대와 고속 인터넷 접근성 증가는 이러한 현상을 가속화하였다. 연구자들은 가짜 뉴스가 상업적 동기나 정치적 동기에 의해 만들어진다는 사실을 밝혀냈다. 일부 가짜 뉴스 제작자는 광고 수익을 목적으로, 일부는 정치적 목적을 달성하기 위해 여론을 조작하려 한다. 젠츠코우Gentzkow 등[13]은 가짜 뉴스의 경제학적 모델을 최초로 제시하였다. 이 모델

9 See Glaser, A. (2018). Russian trolls were obsessed with Black Lives Matter. Slate, 2018년 5월 11일. 검색위치: https://slate.com/technology/2018/05/russian-trolls-are-obsessed-with-black-lives-matter.html and Wells, G.
Seetharaman, D. (2017). New Facebook data shows Russians targeted users by race, religion, politics. Wall Street Journal, 2017년 11월 1일. 검색위치: www.wsj.com/articles/russian- ads-targeted-facebook-users-by-profile-1509563354?mod=djemalertTECH and Douglas, W. and Washburn, M. 2016년 12월 6일. Religious zeal drives N.C. man in "Pizzagate." The Courier-Tribune, The Charlotte Observer (2022년 8월 검색)

10 See Pew Research Center (2018). Social media outpaces print newspapers in the U.S. as a news source. Pes Research, 2018년 12월 10일. 검색위치: www.pewresearch.org/fact- tank/2018/12/10/social-media-outpaces-print-newspapers-in-the-u-s-as-a-news-source (2022년 8월 검색)

11 See Pew Research Center (2016). News use across social media platforms 2016. Pew Research, 2016년 5월 26일. 검색위치: www.journalism.org/2016/05/26/news-use-across-social-media- platforms-2016 (2022년 8월 검색)

12 See Ipsos (2020). More than 1 in 3 Americans believe a "deep state" is working to undermine Trump. NPR Ipsos poll, 2020년 12월 30일. 검색위치: www.ipsos.com/en-us/news-polls/npr- misinformation-123020 and Pew Research Center (2016). News use across social media platforms 2016. Pew Research 2016년 5월 26일. 검색위치: www.journalism.org/2016/05/26/news-use- across-social-media-platforms-2016/ (2022년 1월 검색)

13 Gentzkow, Matthew, Shapiro, Jesse M., and Stone, Daniel F. (2016). Media Bias in the Marketplace: Theory. Ch. 14 in Handbook of Media Economics, vol. 1B Amsterdam: Elsevier, edited by Anderson, Simon, Waldofgel, Joel, and Stromberg, David.

에 따르면 소비자는 사실을 알 수 있는 정보뿐만 아니라 자신이 이미 가지고 있던 믿음을 확인시켜주는 뉴스에도 매력을 느낀다. 다시 말해, 사람들은 자신의 세계관을 뒷받침하는 뉴스를 선호한다. 소비자는 지식적 가치와 더불어 공감과 유쾌함을 제공하는 콘텐츠를 통해 효용을 극대화하는 뉴스 매체를 선택하는 경향이 있다.

이러한 환경에서는 진실을 가려내기 쉽지 않다. 소비자는 자신의 기대에 부합하는 뉴스를 더 신뢰할 만한 것으로 판단하고, 그에 따라 얻는 심리적 만족감도 커지기 때문에 자신의 견해를 재확인시켜주는 뉴스를 더욱 선호하게 된다. 이러한 선호가 소비자 선택에 영향을 미치면 주류 언론조차 기울어진 운동장에서 경쟁하는 처지에 놓이게 된다. 실제로 많은 언론사는 구독자 수를 극대화하고 광고 수익을 올리기 위해 독자가 선호할 만한 관점을 더 많이 보도하거나 강조하는 경향이 있다. 물론 이것이 주류 언론이 의도적으로 사실을 왜곡한다는 의미는 아니지만, 결과적으로 편향된 뉴스 선택으로 이어질 가능성이 있다. 언론은 청중의 선호에 맞춰 보도 주제를 선택하고, 내용을 구성하며, 보도 방식을 조정한다. 전통적으로 주요 언론사는 오랜 기간 쌓아 온 평판을 고려해 사실 기반의 보도를 제공하려 노력해 왔다.

반면, 가짜 뉴스 운영자들은 디지털 환경의 정보 소비 특성과 소비자 선호의 다양성을 교묘하게 활용한다. 이들은 정확성을 목표로 하지 않기 때문에 고정적인 생산 비용이 매우 낮으며, 단순히 콘텐츠를 제작해 클릭을 유도하기만 하면 된다. 또한 실제 언론사처럼 시간과 자금을 들여 신뢰를 축적하려 하지 않는다. 대신 광고 경매 시스템에서 수익을 얻기 위해 자극적이고 터무니없는 콘텐츠를 대량으로 생산해 클릭을 유도한다. 최근 사례를 보면 이러한 비즈니스 모델이 상당한 수익성을 가질 수 있음이 확인된다.[14]

그러나 가짜 뉴스는 심각한 사회적 비용을 초래한다. 시민들이 잘못된 믿음을 갖게 되면 더 많은 가짜 뉴스 매체가 시장에 진입하기 쉬워지고, 정통 언론에 대한 회의감이 커진다. 가짜 뉴스와 진짜 뉴스의 경계가 흐려지면서 시민들의 혼란이 정치적으로 악용될 가능성도 증가한다. 실제로 외국 세력이 적대국의 정치 상황에 개입하기 위해 분노와 분열을 조장하는 사례가 늘어나고 있다.[15] 궁극적으로 가짜 뉴

14 See Subramaniam, S. (2017). Inside the Macedonian fake-news complex. Wired, 2017년 2월 15일. 검색위치: www.wired.com/2017/02/veles-macedonia-fake-news (2022년 8월 검색)

15 Whiskeyman, A. and Berger, M. (2021). Axis of disinformation: Propaganda from Iran, Russia, and China on COVID-19. Fikra Forum Policy Analysis, 2021년 2월 25일. 검색위치: www.washingtoninstitute.org/policy-analysis/axis-disinformation-propaganda-iran-russia-and-china- covid-19 (2022년 8월 검색)

스와 진짜 뉴스가 모두 시장 점유율을 확대하면 유권자의 판단이 왜곡되어 선거 결과가 달라질 수 있고, 이는 민주주의 제도의 약화를 초래할 수 있다. 보다 일반적으로, 온라인 정보 소비 패턴은 정보 출처의 신뢰성에 대한 인식을 약화시켜 전통 미디어에 대한 신뢰 하락과 정치적 양극화를 가속화한다.

6.4 기계 결정

인공지능(AI) Artificial Intelligence은 컴퓨터가 자율적으로 의사결정을 수행할 수 있도록 발전해온 컴퓨팅 기술이다. **머신러닝** machine learning은 방대한 데이터를 분석하여 명시적인 지시 없이도 패턴을 학습하고 예측 모델을 생성하는 기술을 의미한다. 이러한 점에서 빅 데이터에 대한 접근은 예측과 의사결정의 정확도를 크게 향상시킬 수 있다. 예를 들어, 이미지 인식과 같은 특정 과제를 학습시키기 위해 컴퓨터에는 사전 정보가 포함된 대규모 이미지 데이터셋이 제공된다. 각각의 이미지에 무엇을 나타내는지에 대한 레이블이 함께 주어지면, 컴퓨터는 충분한 수의 사례를 통해 이미지의 패턴을 학습하게 된다. 이러한 과정을 거친 후 컴퓨터는 처음 보는 새로운 이미지에 대해서도 그것이 무엇을 나타내는지 인식하고 예측할 수 있다.

컴퓨터는 이미지 속 정보 패턴을 분석하여 해당 이미지가 무엇을 나타내는지 예측할 수 있다. 이론적으로 충분한 데이터와 연산 능력이 확보된다면 '모든 것'을 예측할 수 있을 것처럼 보이지만 실제로 인공지능의 적용 범위는 여전히 제한적이다. 예를 들어, 컴퓨터는 엑스레이 이미지를 통해 종양 여부를 예측하는 방법을 학습할 수 있다. 또한 음성 녹음을 텍스트로 변환하거나 거래 데이터를 분석해 이상 거래나 사기 행위를 탐지하는 데에도 활용될 수 있다. 이러한 응용은 매우 유용하지만 대부분 구체적인 질문이나 과업에 국한되어 있다. 따라서 일반적인 상황에 두루 활용될 수 있는 범용 인공지능AGI은 아직 먼 미래의 영역이다.

컴퓨터는 인간처럼 직관적인 '시스템 1' 방식으로 판단할 가능성은 낮지만 그렇다고 해서 편견이 전혀 없는 것도 아니다. 기계의 예측은 학습에 사용된 데이터의 유형에 따라 달라진다. **알고리즘 편향** algorithmic bias에 대한 우려는 바로 이 지점에서 비롯된다. 데이터 자체에 이미 왜곡된 현실이 반영되어 있기 때문이다. 예컨대 벤처 창업팀이나 기업 특성 데이터를 기반으로 성공적인 스타트업을 예측하려할 때 학습 데이터에 백인 남성 창업자의 사례만 포함되어 있다면 문제가 발생한다. 컴퓨터는 '백인 남성 창업팀'이라는 특성이 실제 성공과 무관함에도 불구하고 성공의 주요 요인으로 잘못 판단할 수 있다. 얼굴 인식 기술에서도 유사한 문제가 발생한다. 흑인이나 아시아인의 얼굴 특성이 학습 데이터에 충분히 반영되지 않을 경우 컴퓨터는 백인보다 이들의 얼굴을 훨씬 더 잘못 인식하게 된다.[16] 또한 인구통계학적 그룹마다 질병 발현 방식이나 치료 반응이 다를 수 있는데 이러한 차이가 데이터에 적절히 반영되지 않으면 진단 오류나 잘못된 치료로 이어질 수 있다. 여성에 대한 임상 실험이 부족했던 탓에 여성의 사망률이 높아졌던 사례는 잘 알려져 있다.[17] 다른 연구에서는 흑인 환자에게 더 고도화된 의료 서비스를 추천하는 알고리즘이 오히려 그들에게 체계적으로 낮은 의료 위험 점수를 부여한 사례도 있다.[18] 이는 알고리즘이 '이전 연도 의료비 지출액'을 위험도 판단 요소로 사용했기 때문이며, 실제로는 흑인 환자들은 백인 환자들과 같은 질환을 겪고도 의료 서비스를 덜 이용해왔던 사회적 구조가 반영된 결과였다. 결국 이러한 편향은 자동화된 의사결정 시스템 속에 내재화되어 기존의 사회적 편견을 유지하거나 심지어 강화하는 결과로 이어질 수 있다.

앞으로 10~15년 안에 기계가 여러 구체적인 분야에서 인간의 능력에 근접하거나 이를 능가할 것으로 예상된다. 그렇다면 인간이 여전히 기계보다 우위를 유지할 수 있는 영역은 어디일까? 전문가들은 대체로 창의성이나 감정이 수반되는 의사결정은 자동화하기 어렵다고 본다. 컴퓨터는 주어진 질문에 대한 답을 찾는 능력은 뛰어나지만, 스스로 중요한 질문을 제기하거나 의미 있는 문제를 탐구하는 능력은 부족하다. 이러한 점에서 인간은 기업가, 혁신가, 과학자, 예술가와 같은 역할에서 여전히 경쟁력을 지닐 것이다. 또한 타인을 설득하거나 동기를 부여하고 영감을 주는 능력, 즉 공감과 감정적 소통이 필요한 분야에서도 인간이 기계보다 강점을 가질 것이다. 돌봄, 교육, 예술, 리더십 등 감정적 연결이 중요한 영역에서는 인간의 역할이 계속 필요하다. 한편, 인공지능AI이 노동 수요에 미치는 초기 영향은 부정

16 Simonite, T. (2019). The best algorithms struggle to recognize black faces equally. Wired, 2019년 7월 22일. 검색위치: www.wired.com/story/best-algorithms-struggle-recognize-black-faces- equally (2022년 8월 검색)
Singer, N. and Metz, C. (2019). Many facial-recognition systems are biased, says U.S. study. The New York Times, 2019년 12월 19일. 검색위치: www.nytimes.com/2019/12/19/ technology/facial-recognition-bias.html (2022년 8월 검색)

17 Davio, K. (2018). Women are still underrepresented in clinical trials for cardiovascular disease drugs. AJMC, 2018년 5월 2일. 검색위치: www.ajmc.com/view/women-are-still- underrepresented-in-clinical-trials-for-cardiovascular-disease-drugs (2022년 8월 검색)

18 Ledford, H. (2019). Millions of Black people affected by racial bias in health-care algorithms. Nature, 2010년 10월 24일. 검색위치: www.nature.com/articles/d41586-019-03228-6 (2022년 8월 검색)

적이었다. 아세모글루Acemoglu 외(2022)의 연구에 따르면 AI 도입은 사람이 수행하던 일부 업무의 자동화를 촉진하고 있다. 결국 핵심적인 질문은 "당신의 일은 AI로부터 안전한가?"이다. 다시 말해, 당신의 직무는 기계로 대체될 수 있는가, 아니면 인간만이 수행할 수 있는 창의적이고 감정적인 능력이 필요한가? 이러한 질문은 향후 기업의 전략 수립과 인적 자원 설계에 매우 중요한 출발점이 될 것이다.

핵심 요약

- 디지털 환경은 우리가 성급하게 결론에 도달하고 직관적인 설명을 수용하려는 경향을 더욱 강화한다. 그러나 빠르고 피상적인 분석에 기반한 의사결정은 편향적이거나 잘못된 경우가 많다.
- 컴퓨터는 직관이나 피상적 설명을 회피할 수 있으나 분석의 질은 기본 데이터의 질에 달려 있다.
- 인간은 종종 인지 편향을 보이고 컴퓨터는 알고리즘적 편향을 보인다.
- 가짜 뉴스는 온라인 정보 소비자의 인지 편향을 전략적으로 이용한다.
- 머신러닝 기법은 빠르게 발전하고 있으나 여전히 특정 과제 중심의 응용에 한정되어 있다. 범용 인공지능AGI의 등장은 상당히 먼 미래의 일로 전망된다.

용어 정리

- **알고리즘 편향** algorithmic bias: 대표성이 부족한 데이터를 통계 분석에 사용할 때 발생하며, 잘못되거나 편향된 추론을 초래하는 현상이다.
- **인공지능** artificial intelligence: 컴퓨터가 데이터를 분석하고 학습하며 결과를 예측하거나 의사결정을 지원·수행할 수 있도록 하는 일련의 계산 기법이다.
- **정보의 비대칭** asymmetric information: 경제적 거래 관계에서 한쪽이 다른 쪽보다 더 많은 정보를 보유하는 상황으로, 판매자가 의도적으로 정보를 은폐하거나 신뢰성 있게 전달하지 못하는 경우를 의미한다.
- **인지 편향** cognitive bias: 사람들이 비합리적이거나 자신에게 불리한 결정을 내리게 하는 심리적 경향으로, 특히 직관이나 지각에 의존한 성급한 의사결정에서 두드러지게 나타난다.
- **지식의 저주** curse of knowledge: 개인이 이미 습득한 지식이 자신의 판단이나 인식에 어떻게 영향을 미치는지를 제대로 이해하지 못하는 인지 편향을 의미한다.
- **가짜 뉴스** fake news: 사실과 다른 정보를 뉴스 형식으로 제시하여 독자를 고의적으로 오도하는 정보이다.
- **머신러닝** machine learning: 인공지능의 하위 분야로, 컴퓨터가 학습용 데이터셋을 통해 모델을 구축하거나 패턴을 인식하고 이를 토대로 새로운 데이터셋의 결과를 예측하는 기술이다.

토론하기

6.1 당신의 경험이나 온라인 검색을 바탕으로 클릭베이트 제작자들이 확증 편향, 프레이밍, 희귀 사건과 같은 인지 편향을 어떻게 활용할 수 있는지 설명하라.

6.2 판매자와 구매자 사이에 정보의 비대칭과 지식의 저주는 시장 참여자들의 가치 평가에 차이를 발생시켜 판매자가 자발적인 구매자를 찾기 어렵게 만든다. 정보 시장은 왜 이러한 문제에 특히 취약할까?

6.3 전통적인 뉴스 회사 NewsForYou는 연간 고정비가 100만 달러이고, 가짜 뉴스 운영자 MakinItUp의 연간 고정비는 10만 달러다. 두 회사 모두 광고 노출 1,000회당 3달러의 광고 수익을 올리며, 가변비용은 0이다. 방문자에게는 한 페이지에 5개의 광고가 노출되고 사용자는 평균적으로 연간 10회 정도 사이트를 방문한다고 할 때, 두 회사가 손익분기점에 도달하려면 각각 몇 명의 사용자가 필요한가?

6.4 전통적인 뉴스 조직은 가짜 뉴스 조직과 어떻게 경쟁할 수 있을까? 6.3번에서 다룬 수익과 비용을 고려할 때, NewsForYou가 더 쉽게 개선할 수 있는 것은 무엇이며, 그 방법은 무엇일까?

추천 문헌

- Acemoglu, Daron, Autor, David, Hazell, Jonathon, and Restrepo, Pascual (2022). Artificial intelligence and jobs: evidence from online vacancies. Journal of Labor Economics 40(S1): S293–S340.
- Allcott, Hunt and Gentzkow, Matthew (2017). Social media and fake news in the 2016 election. Journal of Economic Perspectives 31(2): 211–236.
- Camerer, Colin, Loewenstein, George, and Weber, Martin (1989). The Curse of Knowledge in economic settings: an experimental analysis. Journal of Political Economy 97(5): 1232–1254.
- Haselton, Martie G., Nettle, Daniel, and Murray, Damian R. (2015). The Evolution of Cognitive Bias. Ch. 41 in The Handbook of Evolutionary Psychology, D.M. Buss (Ed.). Hoboken: Wiley n Sons.
- Kahneman, Daniel (2011). Thinking Fast and Slow. Farrar, Straus and Giroux (New York,). Morewedge, Carey K., Monga Ashwani, Palmatier Robert W., Shu Suzanne B., and Small
- Deborah A. (2021). Evolution of consumption: a psychological ownership framework.
- Journal of Marketing 85(1): 196–218.

CHAPTER

07

데이터 자산 구축 및 상용화

Building and Commercializing Data Assets

데이터는 디지털 경제의 핵심 동력으로 작용한다. 데이터[1]는 정보 비대칭성을 완화하고 자원 관리 효율성을 높이며, 인공지능과 통계 분석을 통해 제품 설계, 정책 및 전략의 인과관계를 파악하는 등 다양한 방식으로 활용된다. 데이터의 유형에는 위치, 행동, 소매, 건강, 행정 및 센서 기반 산업 데이터 등이 포함된다. 이러한 데이터는 디지털 혁신을 가능하게 하는 필수 요소이다. 예를 들어, 스마트 항만에서는 선박의 도착, 출발, 위치, 화물 데이터를 공유하여 항만 생태계 전체를 조정한다. 마찬가지로 스마트 시티, 공항, 크루즈 선박과 같은 '스마트 공간'에서는 사람과 차량의 위치 데이터를 수집해 교통 패턴을 분석하고, 시민이나 여행객에게 필요한 서비스를 예측하여 제공할 수 있다. 실제 운영에서는 센서가 부착된 엔진 데이터를 분석하여 유지보수 시점이나 부품 교체 필요성을 사전에 파악하기도 한다. 데이터의 양과 중요성이 증가하면서 데이터 경제는 유럽연합 집행위원회European Commission와 같은 주요 정책 기관이 제시하는 디지털 정책 프레임워크의 핵심 요소가 되었다.[2] 2006년 이후의 미래 시나리오에서는 데이터를 '새로운 석유new oil'로 규정하기도 하였다.[3]

텍스트와 이미지 등 대부분의 정보 자산은 데이터로 변환할 수 있지만, 여기서는 아직 의미 있게 가공

1 In scientific writing, the word "data" is usually used as a plural term. The singular form of data is "datum." Cf. Merriam-Webster dictionary: www.merriam-webster.com/dictionary/data#usage-1 and Krupa, T. (2012). Data is, or data are? APA Style Blog, 2012년 7월 26일. 검색위치: https:// blog.apastyle.org/apastyle/2012/07/data-is-or-data-are.html (2022년 8월 검색)

2 The Economist (2017). Data is giving rise to a new economy. The Economist, 2017년 5월 6일. 검색위치: www.economist.com/briefing/2017/05/06/data-is-giving-rise-to-a-new-economy (2022년 8월 검색)
European Commission (2022).
A European strategy for data. Shaping Europe's digital future, 2022년 6월 7일. 검색위치: https:// ec.europa.eu/digital-single-market/en/policies/building-european-data-economy (2022년 8월 검색)

3 Arthur, C. (2013). Tech giants may be huge, but nothing matches big data. The Guardian, 2013년 8월 23일. 검색위치: www.theguardian.com/technology/2013/aug/23/tech-giants-data (2022년 8월 검색)

되지 않은 관찰 데이터, 즉 소셜 활동, 실험실, 운영 현장, 계측 데이터와 같은 사람이나 컴퓨터가 수집한 데이터를 중심으로 논의한다. 통신 네트워크의 발전은 사회적 행동이나 생산 장비 성능 등 실시간 경제 활동을 측정할 수 있는 기회를 확대하고 있다. 이 장에서는 데이터를 측정·조정·분석하기 위한 도구를 배포하는 방법과 생산된 데이터를 내부 또는 외부 채널을 통해 상용화하는 방법을 살펴본다. 이를 통해 비즈니스 성과의 원동력을 보다 심층적으로 이해함으로써 성능과 데이터는 제품 및 서비스의 개선과 혁신을 촉진하며, 잠재적으로 새로운 수익원을 창출할 수 있다.

데이터를 감지하고 수집하는 장치인 '기기device'에는 로봇이나 소프트웨어뿐만 아니라 휴대폰이나 차량과 같은 물리적 장치도 포함된다. 휴대폰과 최신 차량은 사용자의 위치 및 행동에 관한 신호를 생성하기 때문에 기기로 간주할 수 있다. 컴퓨터는 소셜 및 통신 네트워크에 상시 연결되어 있으며, 클라우드 서버는 사용자의 위치, 활동, 상업적 플랫폼에서의 커뮤니케이션을 추적한다. 물리적 영역에서는 온도계, 풍속계, 자이로스코프, 가속도계 등 다양한 장치가 환경 상태를 측정하고, 통신 네트워크를 통해 원격으로 데이터를 전송할 수 있다.

생산 시스템의 자동화는 오래전부터 계측 기술을 기반으로 이루어져 왔으며, 무선 인터넷을 비롯한 네트워크의 발전으로 대규모 데이터를 실시간으로 수집·공유할 수 있게 되었다. 이에 따라 실시간 분석과 의사결정도 가능해졌다. IBM에 따르면 2012년 기준 전 세계 데이터의 90%가 직전 2년 동안 생성된 것이며,[4] 2020년까지 연결된 기기 수는 200억 개를 넘었다.[5] 또, IoT 기기는 매년 20% 내외로 성장하고 있으며, 트랜지스터 기반 시스템에서는 매년 20엑사바이트(1엑사바이트는 10^{18} 바이트)가 넘는 데이터가 생성되고 있다.

이처럼 데이터 수집, 분석, 의사결정, 공유는 혁신의 중요한 기반이 된다. 특히, 무선 네트워크는 데이터의 유통과 분석 속도를 크게 향상시킨다. 기업은 이제 데이터 관점에서 비즈니스 운영을 재구성해야 하며, '데이터 강화data-enriched' 또는 '데이터 기반data-driven' 의사결정 체계로 전환해야 한다. 이러한 흐름을 **디지털 변환**digital transformation이라 부르며, 정보통신기술을 활용해 조직의 가치 제안과 정체성을 근본

4 Cf. www.livevault.com/2-5-quintillion-bytes-of-data-are-created-every-day/ (2022년 8월 검색, The original IBM 웹 페이지를 더 이상 사용할 수 없음)

5 검색위치: www.statista.com/statistics/1101442/iot-number-of-connected-devices-worldwide (2022년 8월 검색)

적으로 재정의할 수 있는 변화를 의미한다.[6] 이러한 변화를 시작하는 실질적인 한 가지 방법은 **디지털 트윈**digital twin을 설계하는 것이다.

디지털 트윈은 모델링과 센서를 활용해 자산이나 활동의 디지털 복제본을 만드는 기술이다. 이 개념은 새로운 것이 아니며, 다양한 산업의 엔지니어링 팀들은 수년간 CAD 모델, 자산 모델, 프로세스 시뮬레이션을 활용해 왔다. 그러나 오늘날에는 네트워크 속도의 향상과 실시간 데이터의 가용성이 높아지면서 과거보다 훨씬 정교하고 역동적인 디지털 표현이 가능해졌다. 센서가 연결된 장치에서 데이터를 수집하면 그 데이터를 활용하여 디지털 트윈을 지속적으로 업데이트할 수 있으며, 물리적 자산의 상태와 속성을 실시간으로 정확하게 복제할 수 있다.

예를 들어, 발전 터빈, 제트 엔진, 기관차와 같은 고가의 물리적 자산에서는 운영 중단이 막대한 비용을 초래하므로 디지털 트윈 기술이 특히 효과적이다. 서비스 산업에서도 사용자의 행동 데이터를 추적하여 실시간 운영 모델을 설계할 수 있으며, 이를 통해 투자 성과를 예측하거나 제품과 프로세스 개선 효과를 시뮬레이션할 수 있다. 결과적으로 디지털 트윈은 비즈니스 성과를 측정, 모델링, 예측, 최적화하는 데 기여하며, 기업과 그 에코시스템 전체의 이해관계자에게 가치를 제공한다.

7.1 데이터 자산 구축

많은 경우 (빅)데이터 기반 의사결정은 소규모 데이터나 개인의 경험적 판단보다 더 높은 품질을 가진다. 그러나 중요한 의사결정을 데이터와 알고리즘에 전적으로 의존하는 것은 위험하다. 적절한 데이터를 수집하고 이를 신중하게 활용할 수 있는 역량이 중요하다.

데이터는 '유형의 매체에 고정되고 체계적으로 정리(성문화)된 관찰'로 정의된다.[7] 이 정의에 따르

6 Wessel, Lauri, Baiyere, Abayomi, Ologeanu-Taddei, Roxana, Cha, Jonghyuk, and Blegind Jensen, Tina (2021). Unpacking the difference between digital transformation and IT-enabled organizational transformation. Journal of the Association for Information Systems 22(1): article 6.

7 Thomas, Llewellyn D W, Leiponen, Aija, and Koutroumpis, Pantelis (2023). Profiting from Data: Business Models for Data Products. Chapter 14 in C. Cennamo, G. B. Dagnino and F. Zhu: Elgar Handbook of Research on Digital Strategy. Cheltenham: Edward Elgar.

면 데이터는 사람·사물·환경 등 특정 대상의 상태에 대한 개별적 또는 일련의 관찰로 구성되어 정보 information와는 구별된다. 예를 들어, '따뜻하다' 혹은 '섭씨 25도'와 같이 구체적으로 표현되고 코드화된 관찰은 데이터로 간주된다. 반대로 단순히 온도를 감각적으로 느끼는 인식은 데이터로 취급되지 않는다. 나아가 이러한 관찰이 종이, 컴퓨터 드라이브, 혹은 펠트와 같은 물리적 매체에 고정되어야 거래 가능성과 경제적 가치를 지닌다.

정보 상품information goods은 **데이터 상품**data good과는 구별된다. 정보는 '유형의 매체에 고정된 성문화된 표현'으로 정의되며, 미국 저작권법이 보호하는 콘텐츠의 정의와 밀접하게 연관된다. 정보는 단순한 관찰을 넘어서는 이야기, 연계, 해석이 포함된 표현으로 구성된다. 따라서 원본성과 고유성이 확보될 경우 저작권 보호의 대상이 된다.

디지털 재화의 또 다른 유형은 알고리즘이다. 알고리즘은 특정 결과를 도출하기 위한 절차적 지침의 집합으로, 데이터 및 정보와는 구별되는 자산이다. 디지털 시대의 분석과 의사결정 과정에서는 데이터, 정보, 알고리즘의 차이를 명확히 이해하는 것이 필수적이다. 한편, 컴퓨터 소프트웨어는 계산을 수행하거나 텍스트 및 이미지를 화면에 표시하는 등의 작업을 실행하기 위한 명령어의 집합으로 정의된다. 따라서 소프트웨어는 유형의 매체에 고정된 코드화된 명령어로 구성되며, 이러한 구조가 없다면 거래 가능성과 경제적 가치가 발생하지 않는다.

데이터와 정보는 밀접하게 연관되어 있다. 데이터의 가치는 정보로 전환되고 다시 지식으로 발전하여 비즈니스 성과 개선에 기여할 때 비로소 실현된다. 이러한 전환은 단순한 데이터 수집을 넘어 분석과 해석을 통한 체계적 활용 과정이 필요하다.

데이터 구축

데이터 구축data building 단계에서는 금융 거래나 기상 관측과 같은 원시 데이터로부터 분석 가능한 형식으로 변환하여 구조화하고 분석이 가능하도록 만드는 과정을 통해 가치가 창출된다. 원본 형식을 분석 형식으로 구조화하는 데는 보통 상당한 초기 고정비용이 필요하다(그림 7-1 참조).

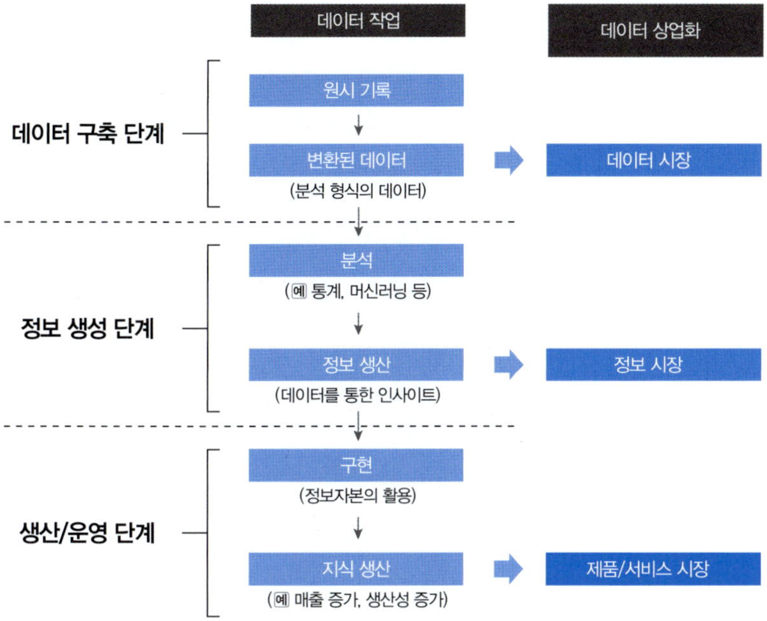

그림 7-1 **데이터 가치 사슬**

참고: 데이터, 정보, 알고리즘이라는 세 가지 디지털 재화는 서로 다른 성격을 지니지만 상호 연계된 구조 속에서 디지털 경제를 구성한다. 그중 원시 데이터는 그 자체만으로는 거의 가치를 갖지 않는다. 데이터의 가치는 데이터 구축 → 정보 구축 → 지식 구축이라는 누적적이고 점진적인 과정을 거치면서 비로소 실현된다. 우선 데이터는 분석이 가능한 형식으로 가공되어야 하며, 이후 분석을 통해 의미 있는 인사이트가 도출된다. 그리고 이러한 인사이트가 실제 운영에 적용되어 더 나은 제품이나 더 효율적인 프로세스를 창출할 수 있을 때, 데이터는 상업적 가치를 지닌 자산으로 전환된다. 이러한 관점은 Chebli, Goodridge, Haskel(2015)의 연구에서도 확인된다. 그들은 영국 시장 부문에서의 빅 데이터 고용 효과를 추정하면서 단순히 데이터를 보유하는 것만으로는 성과가 나타나지 않으며, 데이터를 어떻게 처리·분석·적용하느냐가 기업 성과를 결정짓는 핵심 요인임을 강조하였다. 따라서 데이터의 진정한 가치는 활용력, 해석력, 실행력이 뒷받침될 때 실현된다. 이는 데이터 기반 의사결정 역량이 점차 기업의 핵심 자산으로 자리 잡고 있음을 보여준다.

출처: Chebli, O., Goodridge, P., & Haskel, J. (2015). Big Data and Measurement of Economic Activity: New Estimates for the UK Market Sector. Imperial College Business School Discussion Paper. London, UK. 검색위치: https://spiral.imperial.ac.uk/bitstream/10044/1/25158/2/Goodridge%202015-04.pdf

정보 창출

정보 창출information creation은 데이터 내 변수들 간의 관계에 대한 통찰을 도출하는 과정으로, 통계학, 감정 분석, 머신러닝과 같은 분석적 절차를 데이터에 적용함으로써 공유, 채택, 활용할 수 있는 정보를 산출한다. 또한 의미 있는 정보를 생성하기 위한 모델과 방법을 설계하는 과정에도 상당한 초기 고정비용이 발생한다.

생산과 운영

데이터 구축의 세 번째 단계인 생산과 운영production and operations에서는 정보를 활용함으로써 지식이 생성되며, 정보에서 도출된 통찰이 조직 맥락에서 상품이나 서비스 생산을 안내하고 개선할 때 데이터의 경제적 가치가 완전히 실현된다. 이 단계에서는 고정적 실행 비용이 상당할 수 있으나 추가적인(한계) 분석 통찰의 비용은 낮다. 이러한 통찰은 기업이 제공하는 제품과 서비스의 수익 잠재력을 높이거나 생산 효율성을 향상시킬 수 있으며 두 가지 모두 이윤 가능성을 증대시킨다.

요약하면, 데이터는 정보와 통찰, 궁극적으로는 더 나은 의사결정과 경영 성과를 위한 원재료이다. 데이터는 **데이터 시장**market for data, 정보 시장, 제품 및 서비스 시장을 통해 상업화될 수 있다. 사물인터넷IoT 기술은 기업이 물리적, 사회적, 디지털 활동에 관한 더 많은 양과 더 관련성 높은 데이터를 수집할 수 있게 한다. 모든 기업의 디지털 전환 과제는 데이터를 어떻게 수집, 구조화, 모델링, 분석, 활용하여 의사결정을 지원할 것인지에 달려 있다. 데이터 자체만으로는 가치가 크지 않으며, 정보와 지식을 구축해 경영 성과를 뒷받침하는 과정이 있어야 한다. 이러한 과정이 마련되면 낮은 추가 비용으로 생산성, 품질, 시장 대응성을 향상시키는 지속적인 혜택을 제공할 수 있다.

7.2 계측: 최초의 디지털 트윈 구축

디지털 트윈, 데이터, 알고리즘은 디지털 경제에서 핵심 자산으로 기능하지만, 이를 실제로 구축하는 과정은 단순하지 않다. 특히, 계측instrumentation을 시작하고 최초의 디지털 트윈을 구현하는 일은 기업 입장에서 상당한 초기 진입 장벽이 될 수 있다. 현실적인 접근은 "이미 존재하며 수집하기 용이한 가치 있는 데이터 스트림이 있는가?", "혹은 완전히 새로운 유형의 데이터를 확보하기 위해 새로운 센서나 API 설치가 필요한가?"와 같은 질문에서 출발한다. 이와 같은 판단은 실제 운영 환경의 특성과 조직의 디지털 성숙도에 따라 달라질 수 있다. 특히, 디지털 통신 시스템이 잘 구축된 환경에서는 계측 도구를 무료로 활용할 수 있는 경우도 존재한다.

대표적인 사례가 Waze이다. Waze는 스마트폰에 설치할 수 있는 무료 소프트웨어 애플리케이션으로, 사용자의 자발적 참여를 기반으로 데이터를 수집하였다. GPS 수신기가 내장된 스마트폰에서 앱이 실행되면 사용자의 위치 정보가 지속적으로 중앙 서버로 전송되었고, 이 데이터는 자동으로 익명화 및 집계되었다. 그 결과 Waze는 개별 사용자로부터 얻은 단편적인 관찰 데이터를 통합하여 전체 교통 흐름을 실시간으로 파악하고 시각화하는 플랫폼으로 발전할 수 있었다. 이 사례는 기존 인프라(스마트폰)와 사용자의 일상적 활동을 활용하여 데이터 수집·분석·서비스 제공의 선순환을 만들어낸 대표적인 디지털 트윈 모델로 평가된다. 동시에 기업이 초기 계측 단계에서 취할 수 있는 현실적인 전략을 보여준다. Waze는 사용자로부터 이동 패턴 데이터를 수집하였다. 이 시스템은 매핑 데이터와 비교하여 사용자의 위치와 이동 속도를 파악할 수 있었으며, 사용자는 사고나 도로 공사와 같은 교통 상황에 관한 정보를 직접 업로드할 수도 있었다. 이렇게 수집된 데이터는 Waze 사용자 전체의 교통 흐름을 예측하는 데 활용되었고, 구글이 Waze를 인수한 후에는 구글 지도Google Maps의 교통 속도 예측에도 적용되었다. 결과적으로 교통 데이터는 크라우드소싱crowdsourcing을 통해 수집·분석되어 인사이트insight로 전환되었으며, 다시 내비게이션 시스템이라는 형태로 사용자에게 제공되는 데이터 순환 구조가 구축되었다.

이와 유사한 방식은 모바일 애플리케이션 OpenSignal에서도 확인할 수 있다. OpenSignal은 스마트폰을 통해 무선 통신 네트워크의 커버리지 정보를 수집하였다. 사용자가 애플리케이션을 다운로드하면 휴대폰이 감지하는 무선 신호 강도 데이터가 자동으로 중앙 서버에 전송되었고, 이를 통해 전 세계 무선 통신망의 실제 커버리지 지도가 고해상도로 재구성될 수 있었다. Waze와 OpenSignal은 모두 사용자의 일상적 기기를 활용하여 저비용으로 계측을 실현한 대표적 사례라 할 수 있다.

그러나 디지털 트윈이나 고정밀 계측을 위해서는 특수 목적에 맞게 설계된 고비용 센서 네트워크를 구축해야 한다. **무선 센서 네트워크(WSN)**Wireless Sensor Network는 공간적으로 분산된 자율 센서들로 구성되며, 온도·소리·압력 등 물리적·환경적 조건을 지속적으로 모니터링하고 수집된 데이터를 통신망을 통해 중앙 서버나 클라우드로 전송한다.

예를 들어, 건물이나 교량과 같은 물리적 구조물의 건전성을 모니터링하는 지역, 특히 지진 발생 위험이 높은 캘리포니아와 같은 곳에서는 이러한 센서 네트워크가 필수적이다. 이때는 진동을 측정하는 가속도 센서, 열 주기에 따른 변형을 측정하는 선형 변위 센서, 그리고 지진 발생 시 응력을 측정하는 온도 및 변형률 센서가 조합된 저전력 센서 노드가 활용된다. 센서들은 타임스탬프가 부착된 데이터를 실시간으로 클라우드에 전송하고, 엔지니어들은 클라우드 기반의 시각화 및 분석 도구를 이용해 원격에서 장기적으로 구조물 상태를 모니터링하거나 특성을 분석할 수 있다. 또한 모니터링 시스템에는 특정 임곗값을 초과할 경우 해당 지자체에 자동으로 통보하는 알림 기능을 포함할 수도 있다. 이러한 무선 센서 네트워크는 석유·가스 파이프라인, 고속 철도, 수력 발전소 등 접근성은 낮지만 전략적으로 중요한 인프라에도 광범위하게 적용된다.[8]

이처럼 계측 대상과 기술적 구현 방식이 다양하다는 점을 고려할 때, 데이터 수요와 도구 배치는 다음 세 가지 주요 범주를 중심으로 전략적으로 설계할 수 있다.

- **사람**humans: 이동, 행동, 심리 상태, 사용 패턴 등
- **사물**objects: 기계 장비, 차량, 구조물의 동작과 상태
- **환경**environment: 온도, 습도, 지진, 기후 등 외부 조건

사람을 계측하는 방법에는 의료기기에 내장된 센서, 휴대전화를 포함한 휴대 기기, 그리고 IP 주소나 등록 정보를 통해 식별 가능한 디지털 환경에서의 활동이 포함된다. 미래에는 안면 인식을 활용한 계측이 가능할 것으로 예상되지만 이러한 기술이 사회에 널리 도입되기 위해서는 많은 법적·윤리적 제약이 크다.[9] 물리적 사물은 RFID(무선 주파수 식별) 태그와 같은 소형 센서로 계측할 수도 있고 차량에 탑재된 온보드 컴퓨터처럼 완전한 임베디드 컴퓨터가 내장되기도 한다. 환경 계측은 주로 온도, 풍속, 수위, 기압 등을 측정하는 무선 연결 기기를 통해 이루어진다.

센서는 능동active 센서와 수동passive 센서로 구분할 수 있다. 레이더나 초음파와 같은 능동 센서는 전자기 신호를 보내고, 환경으로부터의 반응을 감지해 데이터를 수집한다. 반면, 카메라와 같은 수동 센서는 외부에 신호를 보내지 않고 주변 환경의 정보를 그대로 흡수한다. 예를 들어, 커넥티드 차량은 무선 통신 네트워크와 상호작용하여 위치를 추정하므로 능동 센서에 해당한다. 반면, 컨테이너 내부의 디지털 온도계는 단순히 측정값을 기록하고 전송할 뿐이므로 수동 센서에 해당한다.

센서 운영의 핵심 과제는 데이터 업로드 주기와 에너지 소비다. 데이터는 매일 한 번과 같이 드물게 전

8 Aalsalem, Mohammed Y., Khan, Wazir Zada, Gharibi, Wajeb, Khan, Muhammad Khurram, and Arshad, Quratulain (2018). Wireless Sensor Networks in oil and gas industry: recent advances, taxonomuy, requirements, and open challenges. Journal of Network and Computer Applications 113(1): 87 – 97. 검색위치: www.sciencedirect.com/science/article/pii/S1084804518301309 (2022년 8월 검색)

9 See Van Noorden, Richard (2020). The ethical questions that haunt facial-recognition research. Nature 587: 354 – 358. 검색위치: www.nature.com/articles/d41586-020-03187-3 (2022년 8월 검색)

송할 수도 있고, 실시간으로 지속적으로 기록할 수도 있다. 이러한 선택은 데이터 수요, 전송 비용, 분석 비용에 따라 달라진다. 과도한 데이터 수집은 분석 목적을 넘어 비효율을 초래할 수 있을 뿐만 아니라 데이터 전송 빈도가 높아질수록 에너지 소모가 증가하므로 원격지에 설치된 센서의 경우 배터리 교체 비용이 큰 부담이 될 수 있다. 일부 센서는 빛, 열, 동작 등 환경 에너지를 활용하여 작동을 유지하기도 하지만 대부분의 센서는 유한한 수명을 갖는다.

Parmar 등(2020)은 조직의 디지털 트윈 구축을 위한 네 단계 접근법을 다음과 같이 제시한다. 이는 조직의 디지털 트윈에 초점을 맞췄지만 기본 접근 방식은 모든 트윈 이니셔티브에 적용할 수 있다.

1. 자산의 디지털 템플릿과 같은 시작점 식별
2. 조직 내 사일로로부터의 데이터 해방
3. 자산 및 활동의 지속적 디지털화
4. 학습 모델의 반복적 개선

시작점

물리적 자산의 디지털 트윈을 설계할 때 CAD 모델이나 기타 소프트웨어 설계 자료를 활용하는 경우를 예로 들 수 있다. 이와 같은 기존 디지털 아티팩트는 실제 자산에서 수집된 데이터 스트림, 분석 모델, 소프트웨어와 연결되어 초기 설계를 보완하고 발전시키는 기반이 된다. 물리적 자산과 연결된 주요 데이터 스트림을 설정하면 디지털 트윈을 주기적·지속적으로 업데이트하여 실제 자산의 상태를 반영할 수 있다. 이 과정에서 유용한 데이터 스트림은 내부에서 수집될 수도 있지만 예상 수요나 소비자 관련 데이터처럼 외부 소스에서 가져올 수도 있다.[10] Parmar 등(ibid.)은 초기 템플릿을 구축하기 위해 세 가지 모델이 필요하다고 제안한다.

10 Bean, R. and Davenport, T.H. (2019, February 5). Companies are failing in their efforts to become data-driven. Harvard Business Review.
검색위치: https://hbr.org/2019/02/companies-are- failing-in-their-efforts-to-become-data-driven (2022년 8월 검색)

- **정보 모델**Information Model: 센서, 프로세스 흐름, 사용 가능한 분석 모델 등 조직 내부의 데이터 소스를 정의한다.
- **컨텍스트 모델**Context Model: 데이터가 발생할 수 있는 다양한 상태와 범위 등 예상 동작을 설명한다.
- **영향 모델**Impact Model: 서로 다른 데이터 스트림 간의 상호작용이나 상관관계를 규정한다.

예를 들어, 엘리베이터 도어의 정보 모델은 센서를 설명하고, 컨텍스트 모델은 해당 센서의 상태와 허용 오차를 정의하며, 영향 모델은 이러한 상태가 엘리베이터 성능에 영향을 줄 수 있는 환경 내 다른 센서들과의 관계를 설명한다.

데이터 해방

다양한 이해관계자가 데이터에 접근하고 상호작용할 수 있도록 하면 모델링 활동이 활성화되고, 초기 템플릿 또한 개선된다. Parmar 등(ibid.)은 데이터를 '중력gravity'에 비유하며, 데이터가 아이디어와 혁신을 끌어당긴다고 설명한다. 데이터 접근이 제한적이면 외부 소프트웨어나 분석 모델과 연계하여 새로운 서비스나 분석을 구현할 수 없다. 그러나 데이터 접근이 무제한 개방을 의미하지는 않는다. 기업은 데이터 사일로를 제거하면서도 보안 위협이 되는 주체에 대해서는 접근을 제한할 수 있다.

끊임없는 디지털화

운영 환경은 고정적이지 않기 때문에 새로운 계측 기회가 지속적으로 발생한다. 따라서 기업은 추가적인 디지털화를 적극적으로 모색하여 기존 디지털 아티팩트를 보완하거나 개선할 수 있다. 예를 들어, 성능 모델은 추가 센서나 분석을 통해 병목이 발생하는 프로세스를 식별할 수 있다. 이렇게 수집된 데이터는 다양한 분석 목적에 활용될 수 있으며, 다른 모델과도 공유될 수 있다.

지속적 학습과 향상

마지막으로, 초기의 정보·컨텍스트·영향 모델은 정적static으로 유지되는 것이 아니라 시간이 지남에 따라 점진적으로 확장되고 정교화되어야 한다. 최근 연구에 따르면 많은 조직이 기술 부족이나 역할 분산으로 인해 디지털 혁신을 효과적으로 실행하지 못하는 것으로 나타났다. Parmar 등(ibid.)은 디지털 트윈을 성공적으로 구현하기 위해 다섯 가지 핵심 기술 역할이 필요하다고 강조한다. 따라서 기업은 이러한 역할이 내부에 존재하는지, 그리고 효과적으로 작동하고 있는지를 반드시 점검해야 한다. 디지털 트윈의 점진적 개발과 성공적 운영을 위해서는 조직 내부에 다음과 같은 핵심 역할이 명확히 구축되어야 한다.[11]

- **데이터 엔지니어**data engineer: 데이터를 수집하는 창의적인 방법을 이해하고 조직 내부와 외부에서 확보 가능한 데이터의 원천을 파악한다.
- **데이터 사이언티스트**data scientist: 조직적 역량과 기술적 역량을 겸비하여 다양한 디지털 혁신 기회를 식별한다. 또한 디지털 가치를 조직 내 여러 부문이 이해할 수 있는 언어로 설명하고 새로운 기회를 발굴하는 데 기여한다.
- **소스 시스템 엔지니어**source system engineer: 데이터, 분석 모델, 소프트웨어 등 조직이 보유한 디지털 자산을 이해하고, 이를 정보·컨텍스트·영향 모델에 통합하는 방법을 설계한다.
- **소프트웨어 엔지니어**software engineer: 디지털 트윈을 실현하기 위한 분석 모델과 시스템을 구현한다. 아이디어를 실제 시스템으로 전환하는 역량을 갖추고 있으며, 데이터 관련 역할 전반을 이해한다.
- **디지털 컴플라이언스 관리자**digital compliance manager: 데이터와 분석 모델에 관련된 법적·윤리적·개인정보 보호 문제를 다루며, 잠재적 위험 요소를 관리하고 팀에 필요한 가이드라인을 제시한다.

7.3 데이터 자산의 상업화

이 절에서는 [그림 7-1]에서 설명한 기업이 데이터 자산으로부터 인사이트를 도출해 내부적으로 변환·분석·구현하여 조직 내 가치를 창출하고, 나아가 제품이나 서비스 시장에서 상업적 성과를 실현하는 활동과는 구별되는 개념인 거래 가능한 상품으로서의 데이터 외부 상용화에 초점을 맞춘다. 데이터는 단독으로 가치가 없다. 데이터는 일반적으로 분석의 입력 값으로 활용되며, 소프트웨어 프로그램에

11 Gartner. (2015). Staffing data science teams.
검색위치: www.gartner.com/en/ documents/3086717/staffing-data-science-teams (2022년 8월 검색)
Saltz, J.S. and Grady, N.W. (2017). The ambiguity of data science team roles and the need for a data science workforce framework. Paper presented at the 2017 IEEE International Conference on Big Data, December 11e14, Boston, MA, U.S.A.

내장되어 과학 보고서나 광고와 같은 콘텐츠 기반 정보 재화로 표현 가능한 인사이트를 생성하는 데 사용된다. 따라서 데이터는 다른 정보 재화를 만들기 위해 결합되거나 변형되는 **중간재**intermediate good의 성격을 지닌다. 또한 데이터는 **경험재**experience good 또는 **신뢰재**credence good의 속성을 갖기 때문에 품질과 가치를 평가하거나 검증하기가 쉽지 않다. 경험재는 소비 이전에는 가치를 알 수 없으므로 책이나 영화와 같이 직접 경험해 보기 전에는 선호 여부를 판단할 수 없다. 신뢰재는 소비 이후에도 품질 판단이 어려운 경우가 많다. 예를 들어, 건강보조식품은 장기간 복용하지 않으면 효능을 제대로 확인하기 어렵다. 이와 유사하게 데이터도 그 품질이나 경제적 가치를 즉각적으로 판별하기 어렵다는 한계가 있다. 데이터의 품질과 진실성은 일반적으로 데이터를 직접 확인하거나 사용하는 것만으로는 평가하기 어렵다. 따라서 유사한 데이터 세트와의 비교나 통계적 특성 분석을 통해서만 어느 정도 검증할 수 있다. 데이터 상용화 전략은 데이터가 외부 사용자에게 어떤 방식으로 가치를 제공할 수 있는지에 대한 세밀한 분석을 전제로 한다. 예를 들어, 온라인 구매 기록이나 온도 측정값과 같은 한 번만 관찰하는 것만으로는 큰 의미를 갖기 어렵다. 데이터의 가치는 [표 7-1]과 같은 추가적 요소에 따라 달라진다.

표 7-1 가치 창출에서 데이터의 보완 요소

데이터 보완	설명
메타데이터	데이터에 대한 데이터로 데이터에 포함된 내용과 변수가 어떻게 구성되었는지를 설명한다.
출처	데이터를 수집한 방법과 수집한 사람에 대한 설명이다. 수집자의 평판은 종종 데이터의 품질을 대변하는 역할을 한다.
양도 불가	데이터는 그 가치가 데이터 주체와 불가분의 관계에 있을 때 양도할 수 없다.
커넥티드 데이터	인사이트를 생성하는 데 있어 초점 데이터와 상호 보완적인 다른 데이터 스트림이다.
분석	데이터에서 유용한 예측을 도출하는 데 도움이 되는 모델, 방법 및 분석 기법이다.
컨텍스트	인사이트를 생성하고 구현하는 데 데이터가 사용되는 위치와 방법이다.

[그림 7-1]의 데이터 가치 사슬에서 설명한 것처럼 데이터는 정제·변환·분석 과정을 거치며 점차 가치가 높아진다. 생성된 인사이트가 실제 상황에서 구현 가능할 때 그 경제적 가치는 더욱 크게 실현된다. 다만 이러한 인사이트는 단독 데이터만으로는 도출되기 어렵고, 핵심 데이터가 [표 7-1]의 보완 데이터와 결합되어 공동 분석될 때 비로소 의미를 갖는다. 예컨대, 온라인 쇼핑 기록은 단독으로는 제한적 해석만 가능하지만, 인구 통계나 직업 데이터와 결합될 경우 가구 단위의 투표 성향이나 신차 구매 가

능성 예측에 효과적으로 활용될 수 있다. 또한 가정의 일일 물 소비 패턴이 고령자의 건강 상태와 관련된 신호를 줄 수 있는 사례처럼 보완 관계가 명확히 드러나지 않아도 잠재적 연관성이 존재할 수 있다.

데이터가 신뢰재credence good라는 것은 일반적으로 데이터 구매자가 사전에 그 품질을 완전히 검증하기 어렵다는 것을 의미한다. 판매자가 일부 샘플 데이터를 제공하더라도 그 일부만으로 전체 품질을 보장할 수는 없다. 따라서 포괄적인 메타데이터 제공, 명확한 출처 제시, 데이터 수집 방식의 투명성 확보가 필수적이다. 또한 데이터가 신뢰할 수 있는 기관에서 수집되었으며, 고품질 데이터를 처리할 수 있는 기술적 역량을 기반으로 구축되었다는 점이 보증되어야 한다. 이와 더불어, 데이터 제공자는 계약을 통해 오류나 누락이 발견될 경우 이를 수정할 의무를 명시하기도 한다.

데이터의 가치는 데이터뿐만 아니라 외부의 사건, 사람, 또는 다른 유형의 대상과 연결 방식에 따라 달라진다. 모든 데이터는 특정 사물이나 개인의 행동, 상태, 성과 등에 대한 정보를 담고 있다. 예를 들어, 건강 데이터는 특정 시점에서의 개인 건강 상태를 의미한다. 이때 데이터의 주체는 개인이며, 건강 데이터는 대부분 양도 불가능한 특성을 지닌다. 건강 관찰의 가치는 누구의 데이터인지 명확히 파악하여 정확한 분석, 진단, 치료에 활용될 수 있을 때 비로소 실현된다. 개인 수준의 데이터는 집단 수준에서 더 큰 가치를 지닌다. 연구자는 건강 데이터를 인구 통계, 지리, 생활 양식 데이터와 결합해 건강 결과의 인과적 요인을 탐색할 수 있다. 반면, 교통 데이터는 특정 시간대 특정 운전자가 누구인지 식별하는 정보보다 시간과 장소에 따른 교통량 패턴이 더 중요하다. 도시 교통 데이터는 개인 식별보다는 위치와 시간대의 흐름에 집중하는 대표적 사례다. 이처럼 **데이터의 양도 불가능성**inalienability of data은 데이터의 가치 형성과 통제 문제 모두에 영향을 미친다. 민감하거나 기밀성이 필요한 데이터 공유는 손해 발생 가능성을 동반한다. 따라서 데이터 수신자에게 기밀 유지나 개인 정보 보호 의무를 계약으로 부과하기도 하며, 위반 시 데이터 주체는 보상이나 법적 구제를 요청할 권리를 가진다. 데이터가 영업 비밀로 관리되는 경우 수신자가 고의로 비밀을 유출하면 법적 책임을 져야 한다. 그러나 대부분의 상황에서 데이터 주체가 자신의 데이터 공유를 직접 제한할 권리나 지적재산권을 갖고 있지는 않다. 이러한 한계를 보완하기 위해 유럽연합과 미국의 일부 주에서는 개인 데이터 보호를 위한 법적 권리를 제도화하였다. 유럽연합의 일반 개인 정보 보호법GDPR과 미국 캘리포니아주의 소비자 개인 정보 보호법CCPA은 개인 정보 보호를 기본 권리로 규정한다. 두 법은 개인이 데이터 수집 여부를 알 수 있도록 하고, 데이터 공유 및 공개 범위를 결정하며, 데이터 접근과 삭제를 요청할 권리를 보장한다. 또한 GDPR은 명시적 동의opt-in를 요구하고, CCPA는 소비자가 데이터 판매를 거부opt-out할 수 있는 권리만을 인정한다. 이 밖에도 미국의 버지니아주와 콜로라도주, 브라질, 그리고 가장 최근에는 중국을 포함한 다른 여러 국가와 지역에서도 유사한 규정을 채택하고 있다.

그러나 개인 정보 보호 규제의 불일치와 다양성은 데이터 주체와 데이터 보유자 모두에게 복잡한 통제 문제를 제기한다. 특히 데이터 소유 개념은 법적·실무적으로 불명확하다. 다수의 관할권에서 정보에 대한 소유권property right은 인정되지 않으며, 일반적으로 데이터 자체를 사유 재산처럼 소유하는 것은 불가능하다. 일부 정보 재화는 특허, 저작권, 상표권, 영업 비밀을 통해 간접적으로 보호될 수 있으나 데이터 그 자체에 대한 재산권은 대부분의 법체계에서 인정되지 않는다.

데이터는 일반적으로 지적재산권의 직접적 대상이 아니다. 콘텐츠와 소프트웨어 제품은 저작권 보호를 받을 수 있으며, 일부 알고리즘은 특허로 보호될 수도 있다. 그러나 저작권은 표현 형식(단어, 음표, 기호의 구체적 배열)만을 보호하며, 그 표현에 내재된 아이디어는 보호하지 않는다. 특허는 아이디어를 보호할 수 있지만 기술적으로 새롭고 명백하지 않으며, 산업적으로 적용 가능한 아이디어만 보호한다. 데이터는 특허로 보호할 수 없고 대규모 데이터 집합에 한해 저작권으로 보호할 수 있다.

그러나 개별적인 관찰 단위는 보호가 불가능한 경우가 많고, 무단으로 데이터를 사용하고 공유했다는 것을 입증하는 것조차 어렵다. 많은 경우 다른 주체가 동일한 데이터를 직접 수집했다고 주장할 수 있기 때문이다. 예를 들어, 한 쇼핑몰이 방문객 데이터를 수집해 신규 공급업체 유치를 위해 활용할 수 있다. 별도의 데이터 비즈니스가 단순히 현장에서 쇼핑객 수를 계산하여 유사한 데이터를 수집할 수도 있다. 만약 이 데이터 비즈니스가 여러 지역의 쇼핑몰에서 동일한 방식으로 데이터를 수집했다면, 신규 매장 입지를 평가하려는 공급업체에 해당 데이터를 판매할 수 있다. 이때 수집된 데이터는 쇼핑몰이 제공한 데이터와 일치할 수도 있고 그렇지 않을 수도 있으며, 쇼핑몰이 데이터 비즈니스를 법적으로 제약하기 어려울 수도 있다. 이것이 앞서 언급한 OpenSignal의 비즈니스 모델이다. 미국의 무선 통신사들은 미국 전역에서 원활한 신호를 제공한다고 주장했으나 실제로는 신호 품질이 열악한 지역이 많았다. OpenSignal은 스마트폰을 통해 무선 커버리지 데이터를 수집하여 각 통신사의 지도와 실제 품질 간 차이를 드러냈다. 이 데이터는 소비자와 기업에게 유용했지만 통신사 입장에서는 민감한 정보로서 자사 영업에 불리하게 작용할 수 있었다. 하지만 독립적으로 수집된 데이터의 상업화를 통신사가 법적으로 차단하는 것은 사실상 불가능했다. 즉, 통신사가 자사 데이터를 영업 비밀로 유지하더라도 동일한 정보를 포함하는 외부 데이터의 활용까지 통제할 수는 없었다.

반대로 통신사가 OpenSignal과 라이선스 계약을 체결하고 데이터를 제공했다면 데이터 사용 및 공개 범위를 계약으로 정의하고 법적 구속력을 가질 수 있었을 것이다. 그러나 실제 데이터 활용 과정에서는 제3자가 개입할 가능성이 존재한다. 예컨대 통신사의 데이터 고객이 제3자에게 데이터를 유출했을 경우, 해당 제3자는 합법적으로 데이터를 확보했다고 오인할 수 있다. 이는 통신사와 직접적인 계약 관계가 없기 때문에 추가 사용을 제한하기는 어렵다. 이와 유사하게 미국의 부동산 데이터 시장에서도 발생하였고, 법원에 회부된 뒤 재판 외 합의로 종결된 바 있다.[12] 이러한 사례들은 데이터의 법적 보호와 상업적 활용이 복잡하게 얽혀 있음을 보여준다.

데이터 자산의 상업화는 제한된 **배제 가능성**excludability으로 인해 본질적으로 어려움을 수반한다. 이 때문에 대부분의 데이터 거래는 개방 시장에서 이루어지기보다는 개별 협상을 기반으로 한 양자 간 라이선스 계약의 형태를 취한다. 이러한 계약은 체결 과정에서 상당한 비용이 발생하므로 경제적 타당성을 확보하려면 거래 대상이 되는 데이터 자산의 가치가 충분히 높아야 한다. 그럼에도 불구하고 미국에서는 소비자 행동에 관한 데이터를 중심으로 한 거래가 활발히 이루어지고 있다. 실제로 2014년 미국 연방거래위원회FTC는 대규모 개인 데이터 중개업체가 존재하며, 이들이 방대한 데이터를 수집하고 유통하고 있음을 보고한 바 있다.[13] 반면, 유럽연합EU의 일반 데이터 보호 규정GDPR 하에서는 이와 같은 형태의 데이터 거래가 사실상 불가능하다. 미국 내에서도 캘리포니아 소비자 개인 정보 보호법CCPA과 같은 주 단위 규제의 강화로 인해 데이터 거래는 점점 더 제약을 받고 있다. 특히 '옵트아웃opt-out' 체계에서는 다수의 소비자가 자신의 데이터가 수집·유통되고 있음을 인식하지 못해 실질적인 권리를 행사하기 어려운 경우가 많다. 이러한 상황은 데이터의 공유와 재활용에 대한 기업의 우려를 확대시키며, 산업 전반에서 데이터 개방성과 상호운용성이 제한되는 결과로 이어진다. 이러한 맥락에서 대규모 개방형 데이터 플랫폼은 거의 존재하지 않는다. 이론적으로 플랫폼은 검색, 계약 체결, 유통 비용을 절감할 수는 있지만 데이터 침해와 유출 위험을 확대시키는 요인으로 작용할 수도 있다. 따라서 가치가 높은

12 Collateral Analytics vs. Xome Settlement Services, Nationstar Mortgate, and Quantarium (2018).
검색위치: https://dockets.justia.com/docket/california/candce/3:2018cv00019/320931 (2022년 8월 검색)

13 The FTC (2014). Data brokers: A call for transparency and accountability. 2014년 5월. 검색위치: www.ftc.gov/system/files/documents/reports/data-brokers-call-transparency-accountability- report-federal-trade-commission-may-2014/140527databrokerreport.pdf (2022년 8월 접속)

데이터일수록 개방형 플랫폼을 통한 광범위한 공유보다는 폐쇄적 계약을 통한 제한적 이용을 선호한다. 결과적으로 데이터 자산의 장기적 가치를 유지하기 위해서는 신뢰 가능한 출처 증명과 효과적인 배제 장치가 필수적이지만 현재의 대규모 디지털 데이터 플랫폼은 이러한 요건을 충분히 충족하지 못하고 있다.

핵심 요약

- 데이터는 센서 네트워크를 통해 비교적 자유롭게 수집할 수 있지만 이를 분석 가능한 형식으로 구조화하는 과정에는 상당한 비용이 소요된다.
- 데이터의 가치는 단순한 수집이 아니라 정제와 연결, 분석을 거쳐 인사이트를 도출하고 이를 실제 운영에 구현하는 과정을 통해 비로소 실현된다.
- 디지털 변환은 특정 운영 단위나 부서를 대상으로 디지털 트윈을 구축하는 방식으로 시작할 수 있다.
- 최초의 디지털 트윈을 구현하기 위해서는 제품 설계 단계에서부터 생산 시스템의 디지털화, 실시간 데이터 입력, 판매 이후의 피드백 반영에 이르기까지 누적적인 개발이 필요하다.
- 데이터의 가치는 데이터 시장, 정보 시장, 또는 다른 제품·서비스 시장을 통해 실현될 수 있다.
- 데이터를 판매하거나 공유하는 방식으로 그 잠재 가치를 활용할 수 있지만, 배제 가능성이 불완전하다는 구조적 한계로 인해 현재의 데이터 시장은 여전히 비효율적이고 불완전하다.
- 데이터 거래는 평판이 좋은 조직 간의 양자 계약을 중심으로 이루어지고 있다.

용어 정리

- **신용 상품** credence good: 영양제와 같이 소비 후에도 그 품질이나 효능을 소비자가 직접 판단하기 어려운 재화를 의미한다.
- **데이터 상품** data good: 유형의 매체에 고정된 코드화된 관찰 결과로 구성된 디지털 재화를 의미한다.
- **디지털 변환** digital transformation: 정보통신기술ICT을 통합하여 조직을 근본적으로 개선하고, 새로운 가치 제안과 조직 정체성을 창출하는 프로세스를 의미한다.
- **디지털 트윈** digital twin: 데이터 스트림, 분석 모델, 인사이트로 구성된 물리적 자산, 위치 또는 활동의 디지털 표현을 의미한다.
- **정보의 배제 가능성** excludability of information: 일반적으로 불완전하므로, 공급자가 경쟁자의 복제나 모방을 효과적으로 차단하기 어렵다.

- **경험재** experience good: 정보 재화와 같이 소비 이후에만 품질을 추정할 수 있는 재화를 의미한다.
- **양도 불가능한 권리** inalienable right: 인권과 같이 타인에게 거래하거나 이전할 수 없는 권리를 의미한다.
- **데이터의 양도 불가능성** inalienability of data: 특정 데이터 관측치와 그것이 가리키는 대상 간에 존재하는 비가역적인 연관성을 의미한다.
- **데이터 시장** market for data: 데이터를 구조화된 형식으로 판매, 공유, 또는 라이선스 할 수 있도록 구성된 플랫폼을 의미한다.
- **무선 센서 네트워크(WSN)** Wireless Sensor Network: 지속적인 데이터 스트림을 생성하여 디지털 트윈 구축이나 물리적 자산·공간의 모니터링을 위한 분석 목적으로 전송하는 네트워크를 의미한다.

토론하기

7.1 정보에 법적 소유권을 주장할 수 없는 경우 원본 표현이 아닌 순수 정보 자체를 상업적으로 거래하는 것이 가능할까?

7.2 데이터 공유를 통제하기 위한 주요 수단에는 무엇이 있으며, 이러한 통제 방식은 데이터 공유 기반의 비즈니스 모델에 어떤 영향을 미칠까?

7.3 디지털 트윈은 통신망의 효율성과 서비스 품질을 어떠한 방식으로 향상시킬 수 있는가? 또한 이러한 기술은 대형 공항과 같은 복잡한 운영 환경에서 어떻게 적용될 수 있을까?

7.4 데이터를 데이터 시장, 정보 시장, 혹은 제품 및 서비스 시장을 통해 상용화할지 여부는 어떤 요인들에 의해 결정되는가?

추천 문헌

- Koutrompis, Pantelis, Leiponen, Aija, Thomas, Llewellyn D.W. (2020). "Data Marketplaces." Industrial and Corporate Change, 29(3): 645–660.
- Parmar, R., Leiponen, A., Thomas, L.D.W. (2020). "Building Organizational Digital Twins." Business Horizons, 63(6): 725–736.
- Thomas, L.D.W., Leiponen, A., Koutrompis, P. (2023). "Monetizing Data: Business Models for Data Products." In Handbook of Digital Strategy, edited by C. Cennamo, G.B. Dagnino, and F. Zhu, Chapter 14. Cheltenham: Edward Elgar.
- Wessel, L., Baiyere, A., Ologeanu-Taddei, R., Cha, J., Blegind Jensen, T. (2021). "Understanding the Differences Between Digital Transformation and IT-Enabled Organizational Innovation." Journal of the Association for Information Systems, 22(1): Article 6.

CHAPTER 08

정보 재화를 위한 비즈니스 모델 설계

Business Model Design for Information Goods

지금까지 살펴본 정보와 데이터의 생산·소비·가치 평가를 토대로 정보 재화 중심의 비즈니스 모델을 설계할 수 있다. 이전 장에서 비즈니스 설계 시 반드시 고려해야 할 정보 및 데이터 재화의 네 가지 핵심적 특징을 검토하였다.

첫째, 데이터와 정보는 디지털화되어 물리적 형태에서 분리되면 비경쟁성을 갖는다. 비경쟁성이란 동일한 정보를 여러 사람이 다양한 장소에서 동시에 소비할 수 있으며, 한 사람의 소비가 다른 사람의 소비 가능성이나 효용을 감소시키지 않는 특성을 의미한다. 예를 들어, 책이나 영화와 같은 콘텐츠는 여러 사용자가 동시에 소비하더라도 그 품질이나 경험은 변하지 않는다. 그러나 이러한 정보의 경제적 가치는 그것을 상업화할 수 있는 잠재적 수요자의 수에 따라 달라진다. 또한 비경쟁성은 비용 구조와도 관련된다. 일반적으로 데이터와 정보는 초기 생성 과정에서 상당한 고정 비용이 소요되지만, 한 번 생성된 이후에는 추가 복제나 배포에 거의 비용이 들지 않는다. 즉, 동일한 정보의 디지털 사본을 추가로 제작하는 데 드는 한계비용은 매우 낮다.

둘째, 비경쟁적 특성으로 인해 데이터 및 정보 재화는 배제 가능성이 제한적이다. 배제 가능성이란 특정 재화의 생산자나 보유자가 타인의 사용을 법적·기술적으로 통제할 수 있는 능력을 의미한다. 예를 들어, 자동차 제조업체가 특정 차량을 판매하면 타사가 동일한 차량을 무단 생산하거나 판매할 수 없도록 법적으로 보호받는다. 이는 물리적 자산의 소유권이 명확히 설정되어 있기 때문이다. 반면, 정보 재화는 복제와 유통이 용이하기 때문에 배제를 강제하기 어렵다. 디지털 정보는 일단 사본이 제공되면 복제나 유출을 통제하기 힘들다. 이에 따라 많은 정보 재화 생산자는 파일 형식 제한, 하드웨어 기반 접근 통제, 소프트웨어 인증 등 복제를 방지하기 위해 다양한 기술적 수단을 활용한다. 이러한 접근 방식은 일반적으로 디지털 권리 관리DRM로 분류된다. 그러나 DRM은 새로운 버전이 등장하더라도 곧바로 온라인 커뮤니티를 통해 우회 방법이 공유되는 경우가 많아 지속적인 보완이 필요하다. 또한 저작권 보호와 권리 집행을 위한 법적 대응은 상당한 시간과 비용을 요구한다. 따라서 배제 가능성을 확보하기 위한 가장 현실적이고 지속 가능한 접근 방식은 DRM 기술의 개선을 병행하면서도 사용자 경험을 저해하지 않는 비즈니스 모델을 설계하는 것이다. 이러한 모델은 법적 제재나 불편한 기술적 장치를 전면에 내세우기보다는 사용자가 합법적 소비를 선택하는 편이 더 큰 가치를 얻는다고 느낄 수 있도록 설계될 때 장기적으로 지속 가능하다.

셋째, 데이터와 정보 재화는 경험재experience goods로 분류된다. 경험재란 소비자가 실제로 사용해 보기 전에는 그 품질을 정확히 평가하기 어려운 재화를 의미한다. 자동차와 같은 실물 재화도 일정 부분 경험재적 성격을 지니지만, 정보 상품은 본질적으로 내용에 대한 사전 판단이 어렵기 때문에 경험재적 특성이 더욱 강하게 나타난다. 예를 들어, 독자는 책의 내용을 직접 읽어보기 전까지 그 품질이나 자신의 선호와의 적합성을 판단하기 어렵다. 이러한 특성 때문에 정보 재화 공급자는 소비자가 구매 전에 품질을 부분적으로 경험할 수 있도록 하는 품질 신호 전략을 설계할 필요가 있다. 대표적인 방식으로는 샘플 제공, 티저 콘텐츠, 예고편 등이 있으며, 이를 통해 소비자의 불확실성을 완화하고 구매 의도를 강화할 수 있다. 또한 동일 저자 및 동일 제작자의 연속적 상품에 대한 브랜드 신뢰 역시 소비자의 품질 판단을 보조하는 중요한 요소로 작용한다. 더불어 환불 보증과 같은 거래 조건은 소비자의 위험 부담을 낮춤으로써 구매 결정을 촉진하는 역할을 한다. 최근에는 디지털 플랫폼이 사용자 선호를 기반으로 유사한 콘텐츠를 추천하는 등 추천 시스템을 활용하여 정보 소비의 효율성을 높이고 있다.

넷째, 일부 데이터 상품은 신용재적 성격을 함께 지니고 있다. 신용재는 소비 후 일정 시간이 지나야 품질을 평가할 수 있는 재화를 의미하며, 경영 컨설팅이나 법률 자문이 대표적이다. 데이터 상품 또한 유사한 특성을 가진다. 예를 들어, 원격으로 수집된 차량 운행 데이터는 구조화·정제·해석 과정을 거쳐야만 그 품질이 드러나며, 다른 보조 데이터와의 통합 또는 과거 지표와의 비교 분석을 통해서만 활용 가치가 명확해지는 경우가 많다. 특히 대규모 데이터는 표면적 검토만으로 품질을 판단하기 어렵기 때문에 전문적인 처리 과정이 필수적이다. 정보와 데이터가 경험재·신용재로서 가지는 이러한 특성은 가격 책정의 복잡성을 초래한다. 소비자는 자신의 선호와 가치 판단이 불확실한 상황에서 지불 의사를 낮추는 경향이 있으며, 반대로 정보 제공자는 '지식의 저주'로 인해 자신의 전문 지식 가치를 과대평가할 수 있다. 이처럼 수요자와 공급자 간 인식 차이는 시장 실패를 유발할 가능성이 크다. 따라서 효과적인 데이터·정보 시장을 설계하기 위해서는 사용자가 자신의 선호와 가치를 보다 명확히 인식할 수 있도록 하고, 공급자가 소비자의 지불 의사를 탐색할 수 있는 적절한 시장 메커니즘을 도입해야 한다. 이러한 메커니즘은 사용자가 직관적이고 단순한 의사결정을 선호하는 인지적 성향을 고려하여 설계될 필요가 있다. 이러한 접근을 통해 정보와 데이터의 활용성과 상업적 가치를 제고할 수 있다.

8.1 데이터 및 정보에 대한 비즈니스 모델 원칙

규모에 맞는 제품 시스템 설계

정보 재화는 비경쟁적 특성과 고정비 중심의 비용 구조를 동시에 지닌다. 이와 같은 특성 때문에 소비자의 지불 의향은 제한적이고 불확실한 경우가 많다. 따라서 정보 제작자가 손익분기점을 달성하기 위해서는 일반적으로 매우 큰 규모의 시장에 도달해야 한다는 결론에 이르게 된다. 이러한 맥락에서 디지털 제품 시스템은 시장 수요에 맞추어 신속하고 효율적으로 확장 가능한 구조로 설계되어야 한다.

지불 의향 탐색을 위한 제품 버전 설계

소비자의 다양한 지불 의향을 반영하고 이를 효과적으로 포착하기 위해 제작자는 여러 버전의 제품을 설계해야 한다. 즉, 단순한 제공을 넘어 소비자의 선호에 따라 선택할 수 있는 번들 형태의 제품을 제공하고, 동시에 과도한 자원 소모 없이 소비자 잉여를 최대한 포착하여 고정비를 회수할 수 있는 버전 전략과 시장 세분화 전략이 필요하다. 이를 위해서는 비용 효율적인 제품 버전 설계 및 정교한 세분화 체계가 뒷받침되어야 한다.

사용자와의 인센티브 호환성을 고려한 설계

사용자와 인센티브 간의 호환성을 고려한 시스템 설계도 필수적이다. 디지털 제품은 소비자가 다양한 방식으로 콘텐츠를 활용할 수 있기 때문에, 제품 시스템은 소비자의 활용 방식과 관계없이 지속적인 지불을 유도할 수 있는 유인을 내재해야 한다. 이는 곧 소비자의 행동이 혁신가(또는 제공자)의 이익과 일치되도록 만드는 '인센티브 호환성incentive compatibility'을 확보하는 것이다.

만약 소비자가 제공자가 의도하지 않은 방식으로 제품을 지속적으로 활용하게 되면, 이는 양측 간 구조적 갈등을 유발할 수 있으며, 심한 경우 법적 분쟁으로 이어질 수 있다. 이러한 상황은 곧 비즈니스 모델이 구조적으로 실패했음을 의미한다. 따라서 성공적인 제품 시스템은 소비자 행동을 설계된 방향으로 유도하고, 제공자의 이익과 조화를 이루도록 만드는 유인 구조를 확보하는 것이 핵심이다.

8.2 뉴욕 타임스의 비즈니스 모델 재설계

앞서 개발한 프레임워크를 기반으로 뉴욕 타임스의 최근 비즈니스 모델 재설계를 검토해 보자.

규모에 적합한 제품 시스템 설계

비용 구조 분석 측면에서 보면, 뉴욕 타임스는 특히 광고 분야에서 새로운 디지털 역량을 절실히 필요로 했으며, 비용이 많이 들고 수익성이 낮은 전통적인 인쇄 신문 제작 방식을 과감히 포기해야 했다. 이를 통해 뉴욕 타임스는 규모는 크지만 효율적으로 확장할 수 있는 고정비 구조와 콘텐츠 배포 및 광고 판매에서 매우 낮은 한계비용 구조를 구축할 수 있었을 것이다. 회사는 신속히 디지털로 전환하고 운영 규모를 확대하여 고정비를 회수하는 데 주력해야 했다. 그러나 인쇄 제작은 회사 전통과 깊게 연결되어 있었기 때문에 많은 독자와 경영진은 디지털이 과연 기존 인쇄 매체를 성공적으로 대체할 수 있을지에 대해 의문을 품었다.

고객의 지불 의향 탐색을 위한 버전 설계

뉴욕 타임스는 방대한 독자층 덕분에 소비자의 선호도와 특성에 대한 많은 정보를 보유하고 있었다. 그럼에도 불구하고 초기에는 비교적 단순한 방식으로 가격 차등화를 시도하였다. 예컨대, 2011년에는 독자에게 콘텐츠를 제공할 때 웹사이트·태블릿·휴대전화 등 디지털 기기의 유형이나 요일(일요일판, 주중판, 금일판)에 따라 시장을 구분했을 뿐, 주제·섹션·지역 시장 등 다양한 방식으로 콘텐츠를 재구성하여 차별화된 묶음을 제공하는 전략은 적극적으로 고려하지 않았다.

광고 측면에서도 광고주들은 뉴욕 타임스의 고소득층·고학력 독자층에 접근하고자 했다. 그러나 제품 버전 설계의 정교함이 부족했다는 점은 독자에 대한 심층 분석 자체가 충분히 이루어지지 않았음을 시사한다. 이는 광고를 효과적으로 타기팅하지 못했을 가능성이 높다는 것을 의미한다. 실제로 뉴욕 타임스가 뉴스 기사 콘텐츠에 따라 광고를 차별적으로 배치하기 시작한 것은 2018년에 이르러서였다.[1] 그럼에도 불구하고 뉴욕 타임스를 비롯한 온라인 신문들은 소셜 네트워크 광고보다 훨씬 높은 수준의 프리미엄 광고 단가(CPM) Cost Pre Mille를 확보할 수 있었다.[2]

인센티브 호환성 확보를 위한 설계

모든 디지털 뉴스 조직이 직면하는 가장 큰 과제는 콘텐츠의 제한적 배제 가능성이다. 속보는 몇 분 동안만 고유성과 신선함을 유지하며, 그 후에는 수많은 온라인·오프라인을 통해 빠르게 복제·확산된다. 뉴욕 타임스는 2012년 리스크 요인 보고서에서 다음과 같이 언급하였다.

> 기술 발전으로 인해 콘텐츠의 무단 전파와 확산이 더욱 쉬워졌으며, 그로 인한 위험도 더욱 커졌습니다. 또한 당사의 사업과 지적재산권 침해 위험이 전 세계적으로 확대되면서 서로 다른 법 체계를 가진 수많은 관할권에서 비용 효율적으로 독점적 권리를 보호하는 것이 어려워졌습니다. 만약 우리가 지적재산권을 충분히 확보·보호·집행하지 못한다면 자산의 가치를 온전히 실현하지 못하게 되고 결국 비즈니스에도 타격이 발생할 것입니다. 더 나아가, 지적재산권을 집행하거나 타인의 권리 범위를 판단하기 위해 미국이나 타국에서 소송을 제기할 경우 이는 막대한 비용을 초래하고 경영진의 주의력을 분산시킬 수 있습니다.

이처럼 제한적 배제 가능성은 콘텐츠 기반 비즈니스가 직면하는 실존적 위협이며, 이를 법적 수단만으로 해결하는 것은 매우 많은 비용이 필요하다. 따라서 현명한 기업이라면 콘텐츠의 가치가 빠르게 사라지더라도 사용자가 지속적으로 비용을 지불할 수 있는 유인을 마련하는 데 주력해야 한다.

---

1 Edmonds, R. (2019). The New York Times sells premium ads depending on how an article makes you feel. Poynter, 2019년 4월 10일. 검색위치: www.poynter.org/business-work/2019/the-new- york-times-sells-premium-ads-based-on-how-an-article-makes-you-feel/ (2022년 8월 검색)

2 Comscore (2010). The New York Times ranks as top online newspaper according to May 2010 US Comscore Media Metrix data. 2010년 6월 16일. 검색위치: www.comscore.com/Insights/Press- Releases/2010/6/The-New-York-Times-Ranks-as-Top-Online-Newspaper-According-to-May-2010- U.S.-comScore-Media-Metrix-Data?cs_edgescape_cc=US (2022년 8월 검색)

예컨대 정보 기반 비즈니스에서 속도와 신뢰성은 객관적으로 검증하기 어렵지만, 적절히 포장되어 제공된다면 사용자는 기꺼이 비용을 지불한다. 사용자가 원하는 정보에 신속히 접근할 수 있다면 그 자체로 가치가 된다. 따라서 뉴스 조직은 가치 있는 뉴스를 생산하고 이를 신속히 필요한 독자에게 전달할 수 있는 시스템을 갖추어야 한다. 또한 뉴스 콘텐츠와 특정 독자 유형을 정교하게 연결하는 전략은 소비자의 지불 의향을 높이는 효과적인 방법이 된다.

한편, 신뢰성은 그 자체로 검증하기 어려운 정보의 중요한 속성이다. 신뢰성을 확보하려면 수십 년간 축적된 평판이 필요하다. 평판은 단 한 번의 사건으로 쉽게 무너질 수 있는 반면, 이를 쌓는 데는 막대한 시간과 비용이 소요된다. 그렇기 때문에 소비자들은 신뢰성을 입증한 조직의 정보에 더 높은 비용을 지불하려는 경향이 있다. 특히, 가짜 뉴스가 범람하는 시대에 상당수의 사람들은 신뢰성 있는 정보 출처를 찾고 있으며, 이는 뉴욕 타임스와 같은 양질의 신문사가 경쟁 우위를 확보하고 더 높은 구독 수익을 올릴 수 있는 중요한 요인이 된다.

8.3 비즈니스 모델링 디지털 트윈

마지막으로 제품 시스템과 사용자 인센티브 설계 프레임워크를 확장하여 데이터 상품과 디지털 트윈의 맥락에서 그 적용 가능성을 살펴본다.

규모에 적합한 데이터 제품 설계

무선 센서나 통신 시스템을 기반으로 한 데이터 네트워크는 고유한 비용 구조를 가지며, 데이터 기반 상품과 서비스 생산에서는 규모의 경제가 자연스럽게 작동한다. 기존 시스템에 새로운 데이터 스트림이나 분석 모듈을 추가하여 디지털 트윈을 확장하는 데에는 일부 추가 비용만이 필요하며, 기존 모델을 조정하거나 데이터셋을 업데이트하여 새로운 인사이트를 제공하는 데에는 거의 비용이 들지 않는다. 또, 디지털 데이터나 분석 인사이트의 배포에도 사실상 비용이 거의 들지 않는다. 그럼에도 불구하고 스토리지, 연산 자원, 분석 역량의 확장은 데이터 전략 초기 단계에서 충분히 고려되어야 한다. 이러한 요소는 고정비 성격을 가지며, 특히 클라우드 리소스를 외부에서 조달하는 경우 다년 계약 조건에 따라

비용 구조가 크게 달라질 수 있으므로 사전 계획이 필수적이다. 다만, 데이터 시스템의 확장 자체는 비교적 단순하고 예측 가능한 구조를 가지는 경우가 많다.

고객의 지불 의향을 파악하기 위한 데이터 상품 버전화

데이터 시스템에서 버전 관리는 사용자의 필요에 맞는 맞춤형 분석 인사이트를 얼마나 빠르고 정교하게 제공할 수 있는가와 직접적으로 연결된다. 사용자는 내부적으로는 운영 의사결정을 지원하는 조직 구성원일 수 있으며, 외부적으로는 정보 상품을 구매하거나 자체적으로 가공해 활용하는 제3자일 수도 있다.

데이터 기반 상품과 인사이트를 성공적으로 버전화하기 위해서는 다음과 같은 역량이 필요하다.

- 다양한 상호 보완적 데이터 스트림 확보
- 정교한 모델링 및 머신러닝 기능
- 실행 가능한 인사이트를 창출할 수 있는 기술과 경험

이러한 역량은 디지털 자산, 소프트웨어 도구, 컴퓨팅 자원, 인적 전문성을 창의적으로 결합함으로써 확보된다. 또한 데이터의 숨은 구조를 발견하고 가치를 극대화하기 위해서는 실험 기반 접근이 필수적이다. 디지털 기업은 실시간 데이터를 활용하여 전체 제품과 운영 프로세스를 대상으로 가설을 검증하는 실험 시스템을 구축함으로써, 인사이트의 신뢰성과 유용성을 축적해 나갈 수 있다.

신뢰 기반 데이터 상품과 고객 관계

고객이 데이터 기반 인사이트에 가치를 부여하려면 공급자는 신뢰할 수 있는 품질의 정보와 장기적인 고객 관계, 그리고 검증된 평판을 구축해야 한다. 이는 뉴스 플랫폼에서의 신뢰성과 평판 구축이 핵심 자산이 되는 것과 맥락을 같이한다. 사용자의 요구에 맞게 인사이트를 지속적이고 신속하게 맞춤화할 수 있다면 이는 제품 개선과 운영 효율 향상에 직접 기여하며, 고객의 반복 구매와 지불 의향을 유도하는 핵심 요소가 된다.

사용자와 인센티브 호환성을 고려한 데이터 서비스 설계

정적 데이터를 단순히 라이선스로 판매하는 방식은 배제 가능성이 낮아 불안정한 수익 구조를 초래할 수 있다. 이러한 리스크를 완화하려면 공급자는 정적 데이터 자체보다 그로부터 생성되는 동적 인사이트와 지속적 개선 서비스에 초점을 맞춰야 한다.

따라서 데이터 기반 서비스는 다음과 같은 역량을 바탕으로 구축되어야 한다.

- 확장 가능한 데이터 수집 체계
- 반복 학습과 개선이 가능한 모델링 능력
- 자동화된 피드백 루프를 포함한 지속적 학습 시스템

이러한 시스템은 데이터를 단순한 상품이 아니라 끊임없이 진화하는 서비스로 재정의하며, 경쟁자나 신규 진입자가 쉽게 모방하기 어려운 진입 장벽을 형성한다.

디지털 트윈 기반 데이터 비즈니스의 전략적 시사점

디지털 트윈을 설계하고 유지하는 과정은 데이터 기반 상품과 서비스의 상용화에 적합한 틀을 제공한다. 데이터 시스템의 비용 구조는 디지털화와 개방을 통해 확장성과 유연성을 확보할 수 있다. 모델 개선을 위한 실험은 사용자의 지불 의향을 탐색하는 효과적 수단이 된다. 또한 서비스의 지속성과 역동성은 사용자와 제공자의 인센티브를 일치시키는 구조를 형성한다. 반면, 정적 데이터 상품은 사용자와 제공자의 인센티브 일치가 어렵고 가격 차별화와 시장 세분화의 한계로 인해 지불 의향을 체계적으로 탐색하기 어렵다. 결과적으로 정적인 접근은 장기적 수익 모델 전환에 장애가 될 수 있으며, 동적이고 서비스 지향적인 데이터 전략이 향후 비즈니스 모델 설계의 핵심이 될 것이다.

핵심 요약

- 디지털 비즈니스는 고정비가 높고 한계비용이 낮으며 사전 품질 평가가 어려운 정보·데이터 상품의 특성을 고려해 확장 가능하게 설계되어야 한다.
- 제품 설계는 지불 의향을 파악하고 유도하기 위해 부분 유료화·버전화·비선형 가격·번들 등 다양한 가격 전략을 실험적으로 적용해야 한다.
- 디지털 상품은 배제 가능성과 통제 가능성이 낮아 이를 강제적으로 억제하려는 시도는 비효율적일 수 있다.

토론하기

8.1 변동비용은 비즈니스 모델의 확장성과 어떤 관련이 있는가? 현재 변동비용이 매출을 초과하는 상황에서 기업은 사업을 확장해야 하는가?

8.2 사용과 공유는 활발하지만 이용자의 지불 의사가 전혀 없는 디지털 서비스에 대해, 혁신기업은 어떤 수익화 전략으로 대응해야 하는가?

8.3 변동비는 비즈니스 모델의 확장성과 어떤 관련이 있는가? 현재 변동비가 매출을 초과하는 상황에서 기업은 사업을 확장해야 하는가?

추천 문헌

- Weill, Peter and Woerner, Stephanie L. (2013). Optimizing your digital business model. MIT Sloan Management Review, Special Collection "Top 10 Lessons on Strategy." Retrieved from https://strategygurus.com/wp-content/uploads/2020/05/STR0715- Top-10-Strategy.pdf#page=30 in October, 2022.

사례 2

뉴욕 타임스의 수익 모델

사례 2.1 뉴스의 디지털 전환

신문은 전형적인 정보 기반 사업이다. 그러나 디지털 시장으로의 전환 과정에서 지속적으로 어려움을 겪고 있다. 2000년 무렵 신문 수익의 대부분은 [그림 C2-1]에서 확인할 수 있는 것처럼 광고 수익에서 비롯되었다. 특히, 지역별 주요 일간지가 자사 발행 지역에서 사실상 독점적 지위를 확보했던 구인·구직, 부동산, 중고거래 등의 분류 광고classified ads는 매우 수익성이 높은 시장이었다. 예를 들어, 뉴욕 타임스The New York Times는 뉴욕시 메트로 지역에서 독점적 지위를 차지하고 있었다.

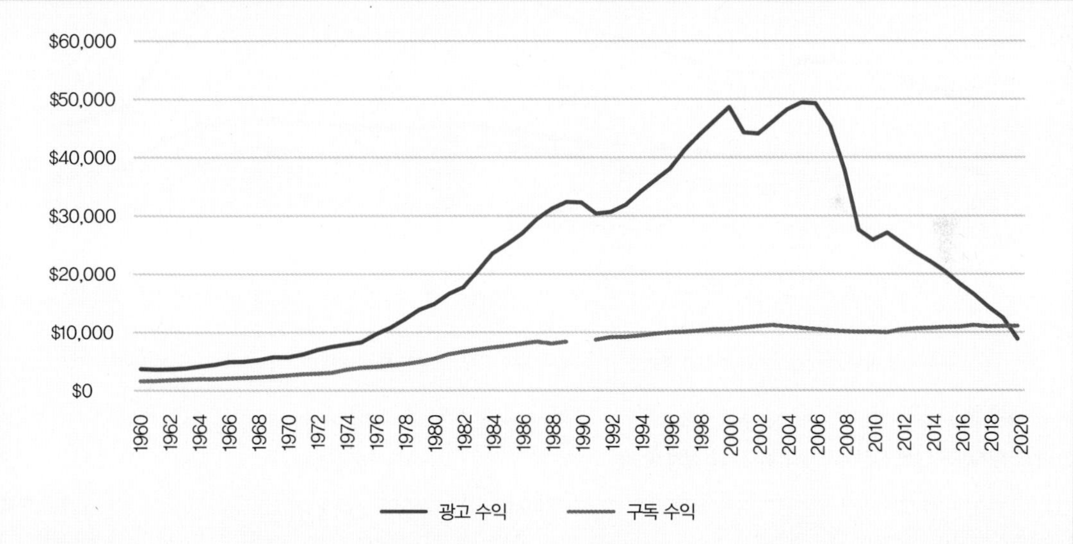

그림 C2-1 미국 신문 산업 수익(단위: 백만 달러)

참고: 1970년대 이후 광고는 미국 신문 산업에서 매우 수익성 높은 사업이었다. 그러나 인터넷의 등장으로 경쟁이 심화되면서 2007년부터 광고 수익이 타격을 입었고 이후 급격히 감소하였다. 구독 수익은 안정적으로 유지되었으나 성장세를 보이지는 않았다.

출처: Pew Research Center, Journalism Project - Newspapers Fact Sheet (2021년 9월 검색). 2013~2020년 자료는 추정치이다.

그러나 인터넷이 본격적으로 확산되면서 [그림 C2-2]와 [그림 C2-3]에서 확인할 수 있는 것처럼 신문 산업의 광고 수익은 온라인 광고 시장에 경쟁자가 대거 진입함에 따라 빠르게 감소했다. 모든 광고 부문이 축소되었지만, 이 가운데 분류 광고의 감소 폭이 가장 컸다.

논평가들은 온라인 기업인 Craigslist와 Monster.com이 지역 광고 시장을 장악했기 때문에 이러한 변화가 발생했다고 지적해 왔다. 그러나 또 다른 주요한 설명은 신문사가 디지털 운영으로의 전환에 느리게 대응함으로써 지역 독점적 지위를 상실했다는 점이다. 더 나아가 소매 광고와 전국 브랜드가 디지털 전달 방식으로 전환하기 시작했을 때, 신문사는 구글과 같은 디지털 플랫폼이 구축한 전문 광고 시장과 효과적으로 경쟁할 수 있는 정교한 광고 전달 기술을 도입하는 데 뒤처졌다.

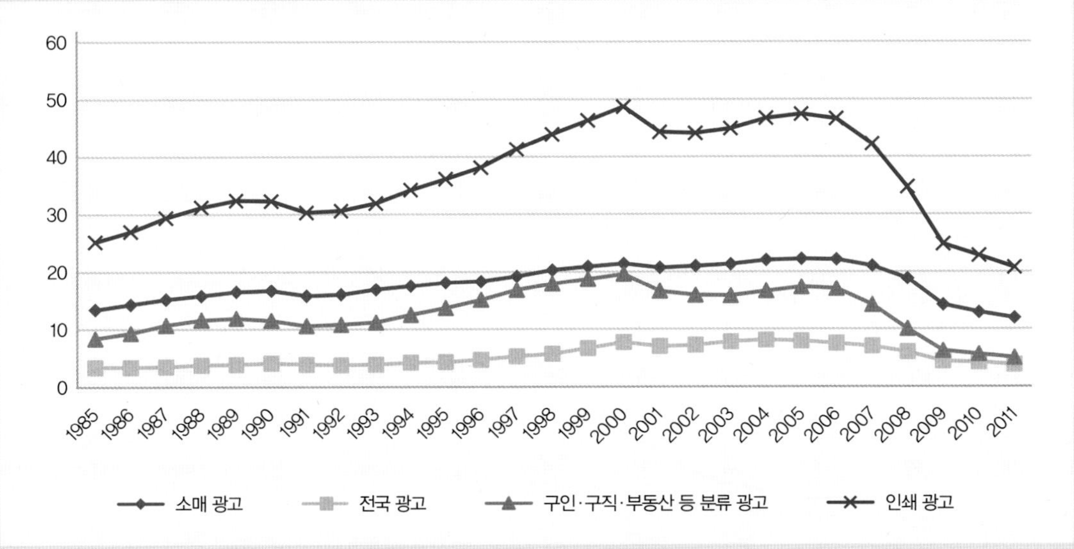

그림 C2-2 미국 인쇄 신문 수익(분류별, 단위: 십억 달러)

참고: 2007년 이후 모든 인쇄 신문 광고 부문이 감소하였으나, 그중에서도 구인 · 구직 등 분류 광고(classified ads)가 가장 빠른 속도로 감소하였다.

출처: Pew Research Center, State of the News Media Report 2012 (2021년 9월 검색)

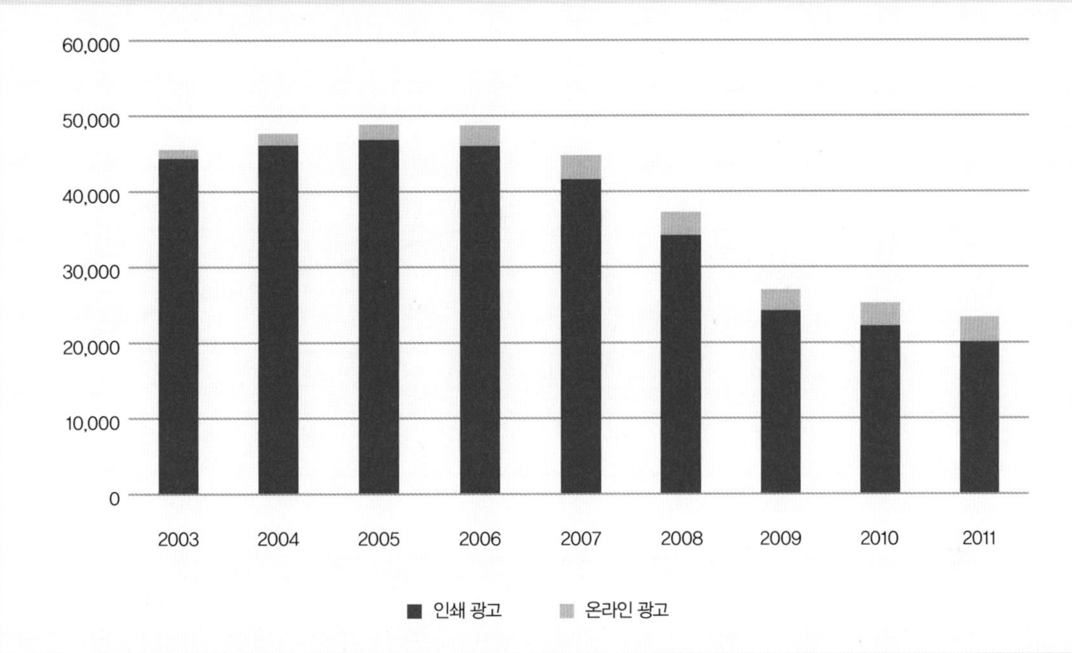

그림 C2-3 미국 신문의 인쇄 및 온라인 광고 수익(단위: 십억 달러)

참고: 인쇄 광고는 급격히 붕괴한 반면 디지털 광고의 성장은 매우 더뎠다.

출처: Pew Research Center, State of the News Media Report 2012 (2021년 9월 검색)

사례 2.2 비용 절감

신문사는 이에 대응하여 더 저렴하고 다루기 쉬운 주제로 콘텐츠를 전환하려고 시도하였다. 예를 들어 많은 신문사가 비용이 많이 드는 국제 보도와 탐사 저널리즘을 축소하고, 유명인 블로그나 인간의 관심사와 같은 지역 중심의 저비용 주제로 대체하였다(그림 C2-4 참조). 디지털 배포로 전환하면서 물리적 생산의 변동 비용이 상당 부분이 사라졌음에도 불구하고, 콘텐츠 제작은 여전히 큰 고정 비용을 차지하였다.

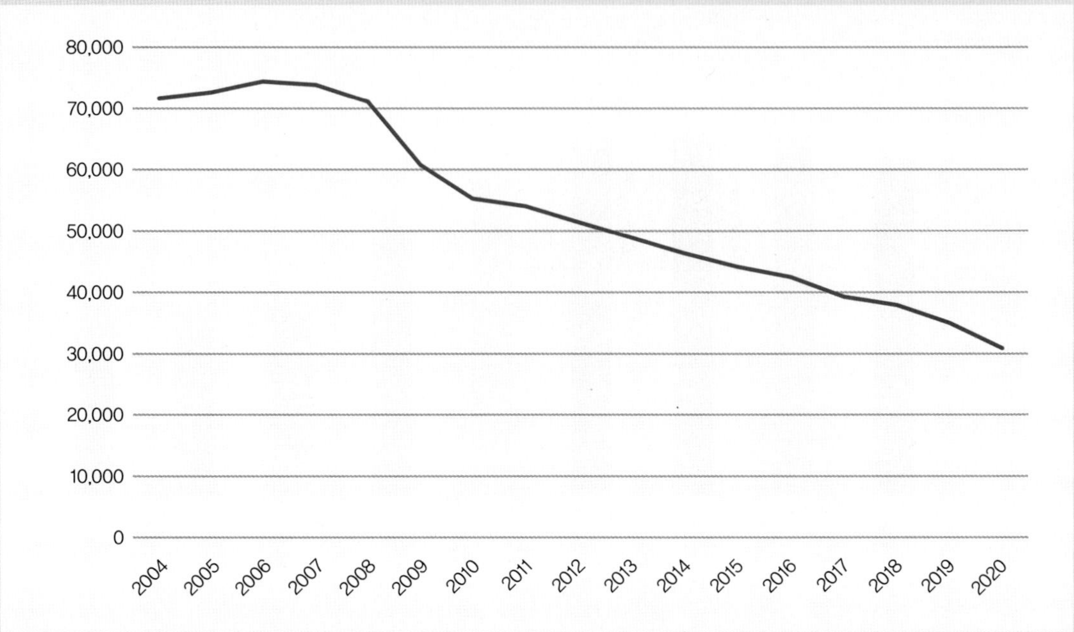

그림 C2-4 미국 신문사의 뉴스룸 직원 수

참고: 광고 수익이 붕괴하자 신문사는 뉴스 제작 인력의 규모를 축소하는 방식으로 대응하였다.

출처: www.pewresearch.org/journalism/fact-sheet/newspapers/#newsroom-investment (2021년 9월 검색)

[그림 C2-5]에서 확인할 수 있듯 종이신문 전체 비용의 거의 절반은 종이, 인쇄, 유통과 같은 물리적 생산에서 발생하였다. 또한 기사 작성과 같은 편집 비용 역시 중요한 비중을 차지하였다. 그러나 신문이 디지털 생산으로 전환하자 물리적 생산 비용 대부분이 사라졌고, 편집 비용과 광고 판매 및 전달 비용이 전체 비용에서 더 중요한 부분으로 부각되었다.

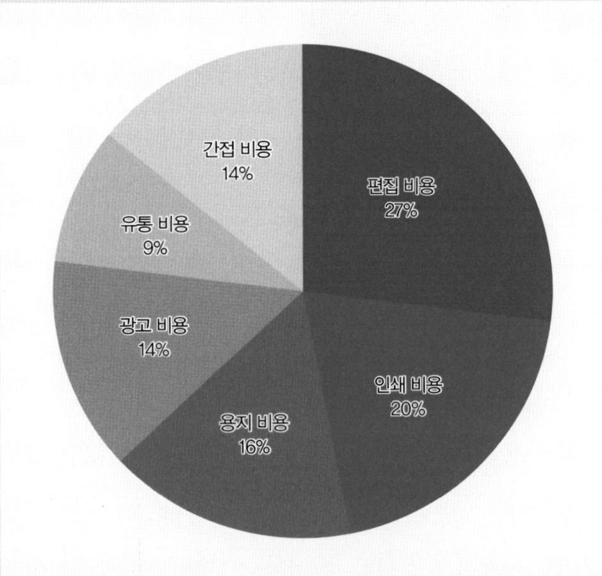

그림 C2-5 **종이신문의 운영 비용**

참고: 2010년 기준으로 물리적 제작 비용은 신문사 운영 비용의 거의 절반을 차지하였다. 나머지 절반은 편집, 광고, 관리 간접비로 구성되었다.

출처: Enders Analysis, 2011. https://discoverleveson.com/evidence/Claire_Enders_Competitive_pressures_on_the_press/7687/media (2021년 9월 검색)

사례 2.3 디지털 비즈니스 모델 발견

수익과 생산 비용이 모두 빠르게 감소하면서 신문사는 디지털 전환 과정에서 수익성을 확보하는 데 어려움을 겪었다. 비용 절감, 급속히 성장하는 디지털 광고 시장 대응, 독자와 광고주를 끌어들일 수 있는 콘텐츠 유형과 전달 방식을 탐색하는 것은 분명한 전략처럼 보였지만 실제 실행은 쉽지 않았다.

뉴욕 타임스를 비롯한 일부 신문사는 수년 동안 적자를 지속했으며 덜 유명한 신문사 상당수는 파산에 이르렀다. 이러한 전환이 왜 그렇게 어려웠을까? 이 질문에 대한 하나의 설명은, 상당한 조정 비용과 행동의 불확실성이 존재했고 이를 인식하고 대응하는 데 시간이 걸렸다는 점이다. 특히, 인쇄 신문의 물리적 생산과 유통에서 장기간 운영해 온 시설을 폐쇄하고 노조에 속한 직원을 해고하는 과정은 큰 고통을 수반했다. 행동의 불확실성은 새로운 수익 모델과 콘텐츠 전달 혁신을 발견하는 과정에 영향을 미쳤다. 종이 기반 고객 분석은 디지털 환경에서 거의 쓸모가 없었으며, 새로운 모델을 개발하고 실험을 통해 검증하며 개선해야 했다. 사람들은 디지털 환경에서 콘텐츠를 읽고 광고에 반응하는 방식이 달랐고, 그 이유와 결과를 이해하는 데 시간이 필요했다. 더 나아가 디지털 기술 구축에는 새로운 역량이 필요했는데, 이는 처음부터 새로 마련해야 했다. 콘텐츠 관리 시스템과 고객 분석 도구는 시중에서 바로 구입할 수 있는 것이 아니었고, 신문사들이 직접 핵심 자원을 개발해야 했다. 그렇다면 뉴욕 타임스가 전환에 10년 이상이 걸린 이유는 무엇일까?

뉴욕 타임스는 감소하는 수익을 보완하기 위해 여러 전략적 선택지를 탐색했다. 초기에는 온라인 콘텐츠가 오프라인 콘텐츠를 보완하여 구독자와 광고주에게 더 큰 가치를 제공할 것이라고 가정했다. 뉴욕 타임스는 1996년에 뉴스 웹사이트를 개설했고[1], 신문 콘텐츠의 대부분을 무료로 제공했다. 아서 설즈버거 주니어Arthur Sulzberger Jr.는 "우리는 웹에서의 역할을 전통적인 인쇄 매체의 역할과 유사하게 보고 있습니다. 즉, 사려 깊고 공정한 필터로서 고객에게 필요하고 신뢰할 수 있는 정보를 제공하는 것입니다."라고 언급했다. 또한 뉴욕 타임스는 "뉴욕 타임스는 웹에 진출함으로써 컴퓨터 시대의 주요 정보 제공자가 되고자 하며, 동시에 신문 용지, 배달, 인건비를 절감하고자 합니다."라고 밝혔다. 초기에는 웹사이트가 지면 신문으로의 트래픽을 유도하고 새로운 광고 수익을 창출했을 수도 있다. 그러나 곧 구독 수익과 광고 수익 모두 감소하기 시작했다. 2000년대 초에는 무료 디지털 뉴스가 고품질 신문을 위한 지속 가능한 모델이 아니라는 사실이 분명해졌다. 2006~2007년에는 타임스 셀렉트Times Select라는 프리미엄 패키지를 도입해 유명 칼럼니스트와 특히 수요가 높을 것으로 예상되는 콘텐츠를 묶어 유료 서비스를 실험했다. 이러한 초기 시도들은 모두 성공적이지 못했다.

마침내 2011년 뉴욕 타임스는 온라인 콘텐츠 접근을 제한하는 유료화 장치paywall를 도입하기로 결정하였다. 당시 www.nytimes.com은 미국에서 가장 인기 있는 뉴스 웹사이트였다. 이 사이트는 충성도 높은 대규모 독자층을 확보하고 있었지만 방문자를 수익화하는 데 어려움을 겪고 있었다. 뉴욕 타임스의 유료화 장치는 다음과 같은 구독 옵션을 제공하였다.

1 Lewis, P.H. (1996). he New York Times introduces a web site. The New York Times, 1996년 1월 22일.
검색위치: www.nytimes.com/1996/01/22/business/the-new-york-times-introduces-a-web-site.html (2022년 8월 검색)

a. 웹사이트에서 월 20개의 기사 무료 열람
b. 구글 및 소셜 미디어를 통한 무료 접속 허용
c. 웹사이트 전체와 스마트폰 애플리케이션 이용을 위한 4주당 15달러 요금제
d. 모든 디지털 접근 권한을 제공하는 주당 8.75달러 요금제(연간 455달러)

아서 설즈버거 주니어Arthur Sulzberger Jr.는 다음과 같이 언급하였다.

> 오늘은 뉴욕 타임스가 159년 역사 속에서 진화와 재창조를 거듭해 온 과정에서 중요한 전환점을 맞이하는 날입니다. 디지털 접근에 대한 유료화를 결정함으로써 또 하나의 **수익원**을 확보하게 되었고, 이를 통해 독자들이 의존해 온 **저널리즘과 디지털 혁신에 계속 투자**할 수 있는 기반을 강화할 것입니다. 이번 조치는 앞으로도 오랜 기간 동안 뉴욕 타임스가 **신뢰할 수 있는 뉴스, 정보, 그리고 수준 높은 논평**의 원천으로서의 지위를 강화하는 데 기여할 것입니다. (The New York Times, 2011년 3월 17일, 강조는 필자 추가)

유료화paywall 도입 결과, 뉴욕 타임스는 39만 명의 신규 디지털 구독자를 확보하였다. 웹페이지 조회수는 월 70만 건에서 60만 건으로 감소했으나, 디지털 구독 수익은 8,100만 달러로 증가하였다. 그러나 인쇄 구독 수익의 잠식cannibalization으로 인해 전체 구독 수익은 2,100만 달러 증가에 그쳤다. 전반적인 페이지 조회수 감소에도 불구하고 2011년 4분기 디지털 광고 수익은 5.3% 증가하였다.

[표 C2-1]에서 볼 수 있는 것처럼 디지털 구독 수익이 다소 증가하였음에도 불구하고 뉴욕타임스는 여전히 어려움을 완전히 벗어나지 못했다. 전체 수익은 정체 상태였고 10년 전 수준에도 미치지 못했으며, 2012년에도 비용 구조는 여전히 심각했다. 회사는 주요 위험 요인으로 다음과 같은 사항들을 열거하였다.[2]

- 우리는 광고 시장에서 상당한 경쟁에 직면하고 있으며, 이는 광고 수익과 광고 단가에 부정적인 영향을 미칠 수 있다.
- 디지털 구독자 기반을 유지하고 성장시키려는 노력과 소비자 수익을 확대하려는 노력이 성공하지 못하고, 광고 판매를 위한 디지털 이용자층을 유지하지 못할 경우 우리의 사업, 재무 상태, 미래 전

2 출처: 2012년 연례 보고서

망은 부정적인 영향을 받을 수 있다.

- 경쟁력을 유지하기 위해 우리는 기술, 서비스, 표준, 소비자 행동의 변화를 신속히 반영하고 이를 활용해야 하며, 이 과정에서 상당한 자본 투자가 필요할 수 있다.
- 인쇄 신문 발행 부수의 감소는 구독 수익과 광고 수익에 부정적인 영향을 미친다.
- 비용 관리 조치를 성공적으로 실행하지 못할 경우 총 영업비용이 예상보다 커질 수 있으며 이는 수익성에 부정적인 영향을 미칠 수 있다.
- 연금제도의 미충당 상태는 우리의 운영, 재무 상태 및 유동성에 부정적인 영향을 미칠 수 있다.
- 상당수의 직원이 노조에 가입해 있으며, 노사 협상이나 계약이 우리의 운영 효율성을 극대화하는 능력을 추가로 제한할 경우 사업 및 경영 성과에 부정적인 영향을 미칠 수 있다.
- 우리의 사업이 의존하는 지적재산권을 보호하지 못할 경우 자산의 가치가 하락할 수 있다.

표 C2-1 **뉴욕 타임스 재무 현황(단위: 백만 달러)**

손익계산서 항목	2012년	2011년	2010년	2009년	2008년	…	2002년
매출액	1,990	1,953	1,981	2,022	2,440		3,079
영업비용	1,830	1,791	1,813	1,964	2,377		2,534
당기순이익(손실)	133	(40)	108	20	57		300

참고: 뉴욕 타임스의 매출은 디지털 전환 과정에서 10년 이상 감소세를 이어갔다.

출처: 뉴욕 타임스 연례 보고서, https://investors.nytco.com/reports-and-filings/sec-filings/ (2021년 9월 검색)

2013년, 회사는 유료 장벽paywall 설계를 다시 수정하려는 시도를 하였다(Aral and Dhillon, 2021). 모바일 앱에서 무료로 열람할 수 있는 기사의 수를 하루 세 개로 줄이는 대신, 독자들은 모든 유형의 콘텐츠에 접근할 수 있었다. 이전에는 모바일 앱에서 무제한으로 기사를 열람할 수 있었으나, '주요 뉴스Top News'와 '비디오Video' 섹션에 한정되었다. 따라서 콘텐츠의 양은 줄어든 반면, 콘텐츠의 다양성은 증가하였다. 그 결과 개인당 하루 평균 기사 열람 수는 0.26건 감소하였다. 평균적으로 기사 한 편에는 광고가 두 개가 포함되었고, 광고 수익은 약 CPM 10.50달러 수준이었다. 이는 1,000회 광고 노출당 회사가 10.50달러를 벌어들인다는 의미였다. 관찰된 7개월 기간 동안, Aral과 Dhillon(2021)은 회사가 광고 수익에서 94만 달러를 손실했다고 추정하였다. 그러나 더 제한적인 유료 장벽으로 인해 접근이 차단된 일부 독자들이 새로운 디지털 구독자로 전환되면서 2만 8,000명의 신규 구독자가 확보되었다. 이들로부터 뉴욕 타임스는 224만 달러의 추가 수익을 거두었다. 결과적으로 유료 장벽의 재설계는 매우 성공적이었다. 수익 모델의 설계는 매우 큰 영향을 미칠 수 있으며, 새로운 디지털 환경에서 소비자가 어떻게 행동할지를 예측하기 어렵기 때문에 최적의 설계는 반복적인 실험과 학습을 통해서만 발견될 수 있다.

질문

1. 뉴욕 타임스 디지털 신문을 어떻게 (재)설계하여 더 큰 규모의 경제를 달성할 수 있을까?

2. 이러한 변화는 콘텐츠 가격 책정에 어떤 의미를 가질까?

3. 뉴욕 타임스가 독자의 지불 의사를 파악하는 데 직면했던 도전 과제는 무엇이었을까?

4. 뉴욕 타임스는 경쟁사가 자사의 콘텐츠를 모방하는 것을 방지하거나 모방이 초래할 수 있는 비즈니스적 영향을 어떻게 완화할 수 있을까?

PART 03

네트워크

Networks

디지털 기술은 모든 시장에서 활용될 수 있지만 진정한 의미에서 디지털 시장으로 기능할 수 있는 산업은 그보다 훨씬 제한적이라고 할 수 있다. 그럼에도 불구하고 디지털 시장은 오프라인 시장이 완전히 모방할 수 없는 독특하고 가치 있는 기능을 제공하며, 디지털 플랫폼이나 온라인 경매와 같은 기술 기반의 중개자를 통해 운영된다. 여러 사용자 집단을 연결하는 플랫폼(다면적 시장)과 경매는 오프라인 세계에도 존재하지만, 디지털 형태의 시장은 전례 없는 규모와 속도를 구현할 수 있다는 점에서 차별화된다. 예를 들어, 이베이eBay의 총 거래액은 880억 달러*에 달하는 반면, 대표적인 오프라인 경매 회사인 크리스티Christie는 2017년 기준 66억 달러**에 불과하다. 뿐만 아니라, 이베이eBay는 거래 수수료와 기타 서비스 수익만으로도 2018년에 100억 달러 이상의 순매출을 기록한 바 있다. 유서 깊은 250년 전통을 가진 크리스티에 비해, 이베이는 불과 25년의 역사만으로도 그에 버금가는 성과를 달성한 디지털 기업이 된 것이다.

이베이는 소규모 사업자인 판매자와 일반 소비자인 구매자를 연결하는 다면 플랫폼의 대표적인 사례이다. 하지만 디지털 다면 플랫폼은 이보다 훨씬 다양한 유형의 참여자를 더욱 효율적으로 연결할 수 있다. 예를 들어, 스포티파이Spotify와 같은 음악 플랫폼은 청취자, 음반사, 음악가, 음원 유통사, 광고주 등 다양한 이해관계자를 하나의 생태계로 연결한다. 디지털 기술은 이처럼 다양한 주체들이 아이디어, 콘텐츠, 데이터, 그리고 금전적 가치를 이전보다 훨씬 더 효율적이고 정확하게 대규모로 교환할 수 있도록 지원하는 기반이 된다. 따라서 디지털 시장이 성장하고 규모가 커지면 오프라인 기반의 경쟁자가 이를 대체하기는 매우 어렵다.

이와 동시에 디지털 시장과 플랫폼은 기술 시스템 그 자체라고 볼 수 있다. 이들의 중심 기능은 사람과 자원을 연결하고, 그 사이의 교환을 중개하는 데 있다. 연결된 사용자와 기기들은 하나의 네트워크를 구성하며, 이러한 디지털 시장을 네트워크 관점에서 분석하는 것은 그들의 성장과 성과를 이해하는 데 중요한 인사이트를 제공한다.

---

* eBay company website(2018), "First Quarter 2018 Results," *eBay* 공식 웹사이트. 검색위치: www.ebayinc.com/stories/news/ebay-q1-2018-results/ (2022년 8월 검색)

** Neuendorf, H.(2018), "The Auction House Bonhams Has Been Purchased by a London-Based Private Equity Firm," *Artnet News*, 2018년 9월 4일. 검색위치: https://news.artnet.com/market/bonhams-sold-to-epiris-1342580 (2022년 8월 검색)

CHAPTER 09

네트워크 및 시스템

Networks and Systems

한편으로는 당신이 말한 것처럼 정보는 굉장히 가치 있기 때문에 비싸야 할 것처럼 느껴집니다. 적절한 순간에 적절한 정보를 얻는 것만으로도 사람 인생이 완전히 바뀌기 때문입니다. 그런데 한편으로는 정보는 공짜가 되길 원하는 것 같기도 합니다. 왜냐하면 정보를 얻는 데 드는 비용은 점점 계속 낮아지고 있기 때문입니다. 결국에는, 이 두 가지 힘(비싸야 한다는 쪽과 무료가 되어야 한다는 쪽)이 계속 서로 충돌하고 있습니다.

1984년, 스튜어트 브랜드가 스티브 워즈니악에게

정보는 본질적으로 매우 가치 있는 자산이며, 정보를 전파하는 데 드는 비용은 점점 제로(0)에 수렴하고 있다. 정보를 적절한 시점에 적절한 장소로 전달함으로써 정보의 가치를 실현하기 위해서는 정보의 공유와 교환이 필수적이다. 즉, 정보가 사회적으로 유의미한 가치를 갖기 위해서는 효과적인 커뮤니케이션 네트워크가 필요하다. 이러한 정보의 유통을 가능하게 하는 커뮤니케이션 네트워크는 서로 다른 유형의 장치와 주체들을 연결하는 기술적 시스템으로 정의할 수 있다. 그 규모는 소규모 네트워크에서부터 대규모 인프라에 이르기까지 다양하며, 경우에 따라 전통적인 형태의 전달자나 동물(예 비둘기)도 포함될 수 있다. 하지만 오늘날의 디지털 경제에서는 정보통신기술 장치를 연결하는 커뮤니케이션 시스템에 관심이 집중된다. 이러한 디지털 커뮤니케이션 네트워크는 물리적 연결(예 광케이블, 이더넷 케이블, 무선 안테나와 수신기 등)에 기반해 사회적 연결(즉, 사람 또는 집단 간의 상호작용과 소통)을 가능하게 한다.

디지털 커뮤니케이션 네트워크의 가장 큰 강점 중 하나는 분산된 방식으로 유연하게 확장될 수 있다는 점이다. 이와 같은 특성은 인터넷의 초기 설계 단계에서 채택된 모듈형 설계 덕분에 가능해졌다. **모듈형 시스템**modular system은 개별 구성 요소(모듈)들이 표준화된 **인터페이스**interface를 기반으로 서로 연결되어 작동할 수 있도록 설계된 시스템을 의미한다. 이러한 구조는 서로 다른 기업이나 공급자들이 제작한 모듈들이 동일한 시스템 안에서 호환되고 통합될 수 있는 유연성을 제공한다. 모듈성은 일반적으로 시스템이나 장치가 다양한 공급업체의 구성 요소를 수용할 수 있음을 의미한다. 시간이 지남에 따라 모듈성의 진정한 힘은 '생산력generativity'으로 나타난다. 즉, 인터페이스 표준이 유지되고 존중되는 한 각 구성 요소 수준에서 분산된 혁신 활동이 가능하다는 뜻이다. 이러한 이유로 모듈형 시스템은 일체형monolithic 시스템보다 더 빠르게 혁신하고 진화할 수 있다. 이는 모듈형 시스템이 가지는 핵심적인 장점이며, 이를 유지하기 위해서는 모듈 간의 인터페이스 표준을 일관되게 유지하고 이를 준수하는 것이 필수적이다. 따라서 모듈형 시스템은 일반적으로 하나의 통합된 구조로 운영되는 일체형 시스템에 비해 더 빠르고 유연하게 변화에 적응하고 기술적 진화를 이룰 수 있는 구조적 강점을 지닌다고 할 수 있다.

인터넷은 개별 컴퓨터(또는 네트워크의 노드)들이 인터넷 엔지니어링 태스크포스IETF가 설계하고 관리하는 인터페이스 표준에 따라 연결되는 **개방형 시스템**open systems이다. 마찬가지로, 'IBM 호환' 개인용 컴퓨터도 IBM이 자사의 아키텍처를 개방한 이후, 이를 준수하는 다양한 제조업체의 부품을 수용할 수 있도록 설계되었다.[1] 대부분의 통신 시스템 역시 국제전기통신연합ITU의 기술위원회에 참여하는 각국 정부 기관에 의해 표준화가 이루어진다. 이와 같은 커뮤니케이션 시스템들의 개방적이고 탈중앙화된 설계 구조는 다양한 혁신가와 기업가들이 자신들의 아이디어와 제품을 개발할 수 있도록 해 치열한 혁신과 경쟁을 촉진한다. 이러한 개방형 시스템은 빠른 기술 발전의 기반이 되었다고 볼 수 있다.

컴퓨터 자체는 수백 개의 구성 요소로 이루어진 복합적인 **기술 시스템**이다. 하지만 초기의 컴퓨터들은 지금과는 달리 표준화나 모듈화가 전혀 이루어지지 않은 일종의 독립적인 단일 시스템이었다. 예를 들어, 제2차 세계대전 당시 영국이 독일의 암호를 해독하기 위해 사용한 세계 최초의 디지털 프로그래머블 컴퓨터인 콜로서스Colossus는 암호 해독에 최적화된 특수 목적용 컴퓨터라 할 수 있다. 1960년대에 들어서도 컴퓨터는 대부분 소량 제작되는 맞춤형 장비에 가까웠다. 예컨대, 미국 버지니아 대학교가 100만 달러 이상의 비용(2019년 가치로 환산하면 800만 달러 이상)을 들여 도입한 Burroughs 201 컴퓨터는 총 1,800개의 진공관을 탑재하고 있었다. 이런 종류의 컴퓨터는 전 세계적으로 단 50대만 생산되었다. 이 시기의 컴퓨터들은 오늘날처럼 표준화되거나 모듈화된 구조를 전혀 갖추고 있지 않았으

1 PCMag(2011). "Why the IBM PC Had an Open Architecture," PC Mag, 2011년 8월 8일. 검색위치: www.pcmag.com/archive/why-the-ibm-pc-had-an-open-architecture-286065 (2022년 8월 검색)

며, 기술적 호환성이나 확장성 역시 극히 제한적이었다.

현대의 컴퓨터는 초기 컴퓨터에 비해 훨씬 복잡한 기계지만 훨씬 더 표준화되었다. 오늘날의 개인용 컴퓨터와 노트북에서는 핵심 부품 중 상당수가 컴퓨터 제조업체가 직접 설계하거나 생산한 것이 아니라 외부 공급업체로부터 조달된다. 1980년대 초, 당시 업계 선두였던 IBM이 자사 개인용 컴퓨터의 아키텍처를 다른 기업들이 만든 부품을 사용할 수 있도록 개방하기로 한 결정은 PC 시장의 폭발적인 성장을 이끈 핵심 요인이었다. 하지만 역설적으로 이 결정은 IBM이 PC 시장에 대한 통제권을 잃고, 업계 리더의 지위를 상실하는 결과로 이어졌다.[2]

개방성과 모듈화의 원리는 오늘날의 기술 생태계에서도 동일하게 적용된다. 앱 스토어App Store, 플레이 스토어Play Store와 같은 애플리케이션 플랫폼, X(Twitter), Snapchat과 같은 소셜 네트워크, 그리고 Ethereum, EOS와 같은 블록 체인 플랫폼 등 최근의 플랫폼은 소프트웨어 개발자를 위한 표준화된 API(응용 프로그램 인터페이스)를 제공하며, 사용자와 광고주가 상호작용하거나 거래할 수 있도록 하는 통일된 규약과 방식을 갖추고 있다. 일반적으로 플랫폼은 시스템이 정의한 설계 규칙만 준수한다면, 누가 참여하고 어떤 서비스를 제공하는지에 대해 최소한의 통제만 이루어진다(Baldwin & Clark, 2000). 그러나 표준과 인터페이스는 우연히 또는 저절로 생기는 것이 아니라 IEEE(미국 전기전자기술자협회)와 같은 조직의 작업 그룹을 통해 다수의 이해관계자가 협력하여 공들여 개발한 결과물이라고 할 수 있다. 또한 통신 시스템을 개방하고 모듈화할 것인지는 단순히 따라야 할 당연한 선택이 아니라, 시장 상황에 대한 분석과 신중한 전략적 판단을 바탕으로 결정되어야 한다. 예를 들어, 애플은 IBM과는 달리 개방형 PC 아키텍처를 채택하지 않았다. 수년 동안 애플은 마이크로프로세서를 포함한 모든 부품을 자사에서 직접 설계하고 제조하였다. 이 전략은 2020년 기준으로는 성공적인 것처럼 보였지만, 1990년대에는 회사가 파산 직전까지 몰렸고, 1997년 당시에는 PC 시장 점유율이 2% 수준까지 하락하기도 했다. 폐쇄형 아키텍처로 인해 매킨토시 컴퓨터는 틈새 시장에 머무르며 거의 사라질 위기에 처하게 되었다. 이후 애플은 하드웨어 구성 요소와 소프트웨어 애플리케이션에 대해 보다 개방적인 전략을 채택하였지만, 대부분의 경쟁사들에 비해서는 여전히 폐쇄적인 태도를 유지했다.

한편, 규모가 더 작지만 기술적으로 유의미한 시스템들도 존재한다. 예를 들어, 게임 콘솔과 게임 소프

2 Reilly, E. (2003), Milestones in Computer Science and Information Technology, Westport, CN: Greenwood Press.

트웨어의 결합, 혹은 DVD 플레이어와 디스크의 조합과 같은 사례들이다. 이러한 시장에서도 기업은 제품의 아키텍처를 개방할 것인지, 어떤 방식으로 상호작용 인터페이스를 설계할 것인지에 대한 전략적 결정을 내려야 한다. 이 장과 다음 장에서는 이러한 **네트워크 전략**network strategies에 대해 다룬다.

9.1 네트워크 효과

기술 시스템은 **네트워크 효과**network effects라 불리는 구조적 동인에 결정적으로 영향을 받는다. 이는 **수요 측면의 긍정적 외부 효과**positive demand-side externalities로 간주된다. 먼저 통신 네트워크의 사례를 살펴보자. 한 개인이 네트워크에 새롭게 참여하면 기존 참여자 다수(또는 전원)가 누리는 네트워크의 편익이 증가한다. 예를 들어, 코코가 팀원인 테일러, 세레나, 매디슨, 슬론과 함께 사용하는 인스턴트 메시징 서비스에 가입하면 그녀는 이미 네트워크에 접속한 팀원들과 연결될 수 있고, 동시에 기존 팀원들도 코코가 같은 네트워크에 참여함으로써 그 서비스의 가치도 향상된다. 주목할 점은 기존 사용자들이 코코에게 가입에 대한 대가를 지불하지 않았다는 점이다. 이처럼 지불 없이 타인에게 이익을 제공하는 현상을 **긍정적 외부 효과**positive externality라고 한다. 결국 코코의 참여는 모든 사용자가 그녀와 연결될 수 있는 가능성을 높이며, 전체 네트워크의 가치를 증가시킨다. 이는 **직접 네트워크 효과**direct network effect에 해당한다.

네트워크 효과는 **메트칼프의 법칙**metcalfe's law이라는 수식으로도 설명할 수 있다. 이 법칙에 따르면 네트워크의 가치(V)는 네트워크의 규모(S)의 제곱으로 근사될 수 있으며, 다음과 같이 표현된다.

$$V = S^2$$

예를 들어, 기존에 4명이 있던 네트워크에 코코가 합류하면 새로 형성 가능한 연결이 4개 추가된다. 이제 총 5명이 된 네트워크에서는 이론상 [그림 9-1]과 같이 최대 $5 \times 4/2 = 10$개의 양방향 연결이 가능하다. 양방향 연결의 수(C)는 다음과 같은 수식으로 표현된다.

$$C = S(S-1)/2$$

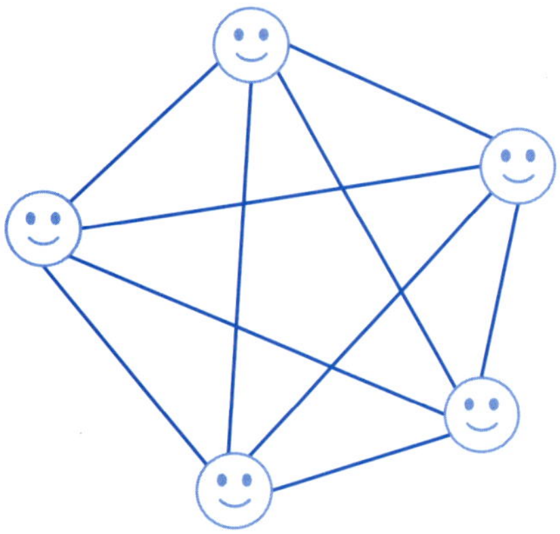

그림 9-1 5개의 노드로 구성된 네트워크

참고: 5개의 노드로 구성된 네트워크는 10개의 양방향 연결 또는 20개의 단방향 연결을 갖는다. 이 네트워크에 새로운 참여자 1명이 추가되면 기존 5명과 각각 연결될 수 있으므로 5개의 새로운 연결이 형성될 수 있다. 이처럼 네트워크의 규모가 커질수록 새로운 참여자가 만들어낼 수 있는 잠재적 연결 수 또한 증가한다. 예를 들어, 100번째 참여자는 기존의 99명과 각각 연결될 수 있으므로 99개의 새로운 연결이 가능하다.

많은 기술 시스템은 하드웨어 장치(예 음악 재생기, 비디오 플레이어, 스마트폰, 전자책 단말기)와 소프트웨어 또는 콘텐츠 재화(예 음악, 영화, 애플리케이션, 전자책) 간에 긍정적 피드백 루프positive feedback loop를 형성한다. 즉, 더 많은 사람들이 특정 하드웨어를 구매하면 그 플랫폼을 위한 보완재가 더 많이 공급되며, 결과적으로 시스템의 가치가 상승하여 더 많은 소비자들이 해당 하드웨어를 추가로 구매하게 된다. 이와 같은 구조에서는 소비자들이 직접적으로는 다른 소비자의 선택을 의식하지 않더라도 다른 소비자의 선택이 자신의 선택에도 영향을 미치게 되어 수용 과정이 상호 연동된다. 그러나 이러한 피드백 루프는 역방향으로도 작동할 수 있다. 예컨대, 콘텐츠 시장에서 선택지가 적으면 기기를 구입하는 소비자가 줄어들고 다시 콘텐츠 공급이 더 위축되는 악순환vicious cycle이 발생할 수 있는 것이다. 반대로 선택지가 풍부해지면 소비자가 증가하고 콘텐츠 공급이 더욱 활발해지는 선순환virtuous cycle도 가능하다. 이와 같은 순환은 상당한 수준의 노력이나 투자 없이는 쉽게 깨기 어렵다. [그림 9-2]는 전자책 시장의 **2-모드 네트워크**two-mode network 내에서 작동하는 간접 네트워크 효과indirect network effect를 시각적으로 설명한다.

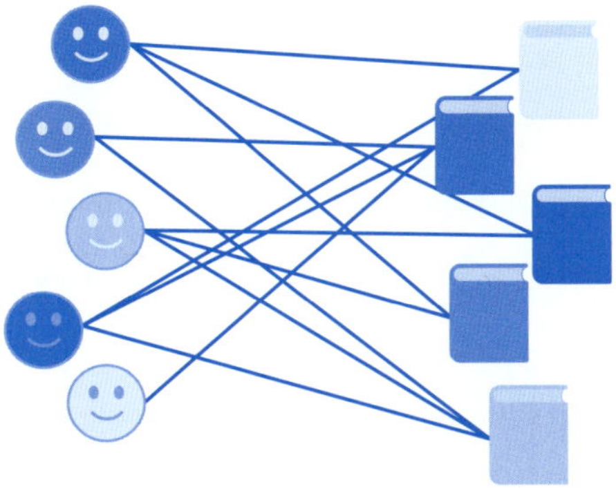

그림 9-2 아동과 도서 간의 2-모드 네트워크

참고: 2-모드 네트워크에서는 한쪽에 있는 노드는 반대편에 있는 노드와만 연결될 수 있다. 따라서 5명의 어린이는 각각 5권의 책과 연결될 수 있으며, 가능한 최대 연결 수는 총 25개이다.

네트워크 효과는 긍정적인 피드백 루프를 형성하기 때문에 **사용자 기반**installed base과 임계 규모critical mass라는 개념을 반드시 고려해야 한다. 사용자 기반은 일반적으로 해당 기기가 지원하는 콘텐츠보다 가격이 훨씬 비싼 하드웨어 장치에 투자한 소비자 수를 의미한다. 초기 투자 규모가 클수록 사용자는 해당 네트워크에 대한 몰입도가 높아진다. 또한 사용자 기반이 클수록 콘텐츠 공급자에게는 그 플랫폼이 더 매력적인 시장이 된다. 반면 콘텐츠가 거의 없고 아직 아무도 해당 장치를 구매하지 않은 상황에서는 보완재가 존재하지 않는 기기를 구매하는 것은 의미가 없다. 따라서 초기 구매자들은 향후 다양한 콘텐츠가 제공될 것이라는 기대감에 근거하여 설득되어야 한다. 어느 정도 충분한 수의 소비자들이 네트워크에 참여하게 되면 그 자체로 다른 소비자들에게도 참여 유인을 제공하게 되고, 이 시점에서 네트워크는 임계 규모에 도달한 것으로 간주된다. 그리고 네트워크가 임계 규모를 넘어 자발적 성장을 시작하는 단계, 즉 도약take-off 단계에 도달하기 위해서는 그 규모가 더 커져야 한다.

9.2 네트워크 재화에 대한 수요와 임계 규모

소비자들이 단순히 제품이나 서비스 자체(예 인스턴트 메신저)뿐만 아니라 그것을 통해 연결할 수 있는 다른 소비자의 수(예 사용자 기반의 크기)에도 관심을 가지게 되면 수요 분석은 비선형적인 수요 곡선을 갖게 되어 더욱 복잡해진다.

Varian(2009)의 네트워크 성장에 관한 단순한 모델에 따르면, 소비자는 이질적인 집단으로 구성되어 있다고 가정할 수 있다. 일부 소비자들은 새로운 메신저 앱에 대해 매우 흥미를 느끼는 집단(열성적인 사용자들)이며, 또 다른 일부는 그렇게 열광적이지 않지만 친구들이 사용한다면 참여할 가능성이 있는 집단(팔로워들)이다. 열성적인 사용자의 가치 평가 V_i는 팔로워보다 높다. 이 가치 평가는 0부터 가장 열정적인 잠재 사용자의 평가 수준을 나타내는 A까지 밀도 1로 균등하게 분포한다고 가정할 수 있다. 그러나 실제 지불 의사 금액은 친구들과 얼마나 많이 연결될 수 있는가 하는 요소에도 영향을 받는다.

$$P(\text{가격}) = WTP_i(\text{한계 소비자 } i\text{의 지불 의사 금액}) = V_i N$$
$$V \in [0, A]$$

그렇다면 한계 소비자 i에 이르기까지 모든 소비자에게 필요한 총 수요량은 다음과 같다.

$$Q(\text{수요}) = N(\text{네트워크 크기}) = A - V_i$$
$$\Rightarrow V_i = A - N$$

즉, 지불 의사 금액(WTP)이 한계 소비자 i보다 높은 모든 "열성적인 사용자"들은 해당 가격에 제품을 구매할 것이며, 우리는 가격 P에 구매할 의사가 있는 소비자 중 지불 의사 금액이 가장 낮은 한계 소비자 i가 누구인지를 찾고자 하는 것이다. 수요 함수와 지불 의사 금액 공식을 결합하면 다음과 같은 결과를 도출할 수 있다.

$$P = N(A - N) = AN - N^2$$

그 결과 [그림 9-3]처럼 한계 소비자 i는 선호도의 범위 A와 사용자 기반의 크기에 따라 달라지는 이차 수요 함수로 설명할 수 있다. 사용자 기반 N이 0이면, 소비자 i의 지불 의사 금액WTP도 0이다. 그러나 N이 증가함에 따라 한계 소비자의 WTP도 증가한다. 이 증가세는 어느 시점까지 지속되다가, 모든 열성적인 사용자들이 시스템을 이미 구매한 이후에는 점차 둔화된다. 이후 남은 팔로워들은 V_i가 점점 더 낮은 사람들로, 이들이 참여하려면 점점 더 큰 네트워크 규모가 필요하게 된다. 이러한 상황에서 어떤 양(+)의 가격 P_1에 대해 세 개의 균형이 존재할 수 있다. 사용자 수 N이 임계 규모 C_1보다 적을 경우 시장은 아직 임계 규모에 도달하지 못한 상태이며, 다음으로 열성적인 소비자의 WTP가 가격 P_1보다 낮기 때문에 시장은 결국 0으로 붕괴하게 된다. 포인트 $N = C_1$ 지점은 불안정한 균형으로, 이 지점을 약간만 넘어도 시장은 성장하기 시작하며 결국 F_1에 도달하게 된다. F_1은 해당 가격 P_1에서 도달 가능한 최대 시장 규모이자 안정적인 균형이다. 이 지점 이후의 소비자들은 WTP가 가격 P_1에 비해 낮기 때문에 제품을 구매하지 않는다.

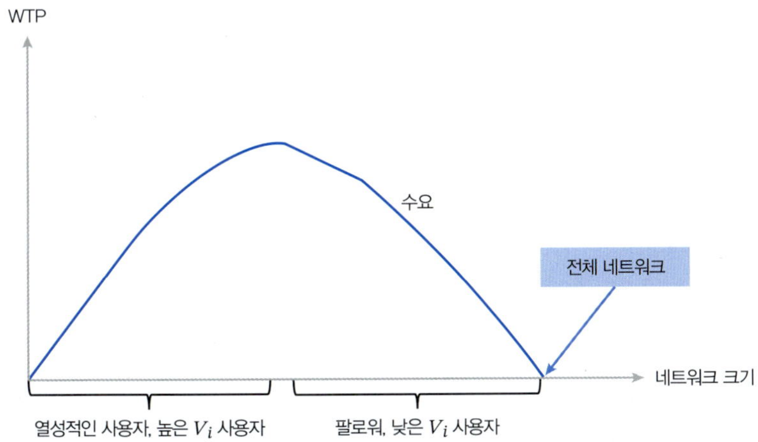

그림 9-3 소비자들의 선호가 이질적인 경우의 네트워크 수요

참고: 네트워크 참여자들이 네트워크 기술과 그 기술을 가능하게 하는 연결에 가치를 둘 경우 수요 함수는 이차 함수 형태를 띤다. 초기에는 기술 자체에 높은 가치를 두는 열성적인 사용자들이 주로 참여하며, 이후에는 네트워크 규모의 증가에 반응하는 팔로워들이 뒤따라 참여하게 된다.

따라서 더 많은 소비자에게 도달하기 위해서는 공급자가 가격을 인하해야 한다. 전체 시장 참여자full network에 도달하려면 가격이 0원, 즉 무료여야만 한다. [그림 9-4]는 이러한 균형을 잘 보여준다.

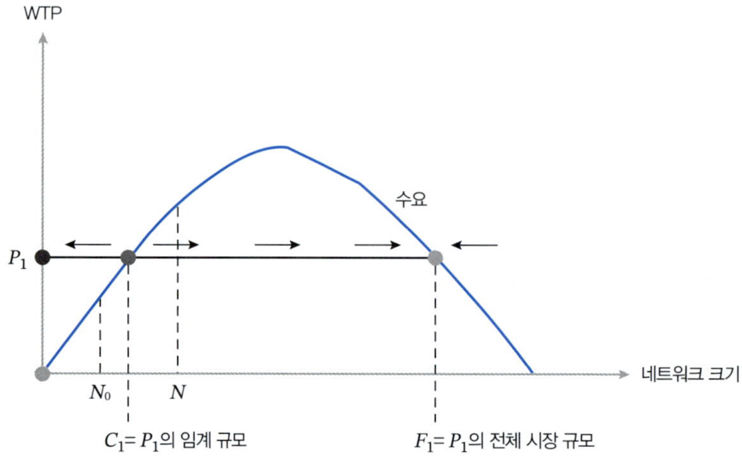

그림 9-4 네트워크의 성장과 복수의 균형 상태

참고: 네트워크 수요가 비선형적일 경우, 어떤 양+의 가격에서도 두 개의 안정적인 균형 상태가 존재할 수 있다. 네트워크의 규모가 임계 규모에 미치지 못하면 네트워크는 $N=0$으로 수렴하게 된다. 반대로 네트워크가 임계 규모를 초과해 성장하면 $N=F_1$까지 확장된다.

따라서 새로운 네트워크 기반의 제품 또는 서비스를 시장에 도입하는 주체인 네트워크 혁신가는 임계 규모에 도달하기 위해 소비자 기대를 형성하거나 시장을 조성하는 전략을 취해야 하며, 그렇지 않으면 네트워크 형성에 실패하게 된다. 임계 규모를 넘어서야만 긍정적인 피드백 효과(선순환)가 작동하게 된다. 임계 규모는 일반적으로 해당 제품에 대해 가장 높은 열의를 가진 소비자들로 구성된다. 가격이 높을수록 임계 규모 수준 또한 더 높아진다.

9.3 네트워크 전략 1: 임계 규모 도달

신규 네트워크를 출시할 때 임계 규모에 도달하는 것은 큰 과제이다. 이번 절에서는 이 과제를 어떻게 극복할 수 있는지에 대해 살펴본다. 가격 전략은 새로운 시장에 진입할 때 소비자들의 초기 채택을 유도하는 대표적인 수단이다. 일부 인기 있는 제품의 판매자는 소비자 잉여를 최대한 흡수하기 위해 초기 고가 전략을 사용하기도 한다. 그러나 네트워크의 경우에는 정반대의 전략이 필요하다. 즉, 서비스를 무료로 제공하거나 사용자에게 보조금을 지급하여 초기 참여를 유도해야 한다. 이러한 목적에서 자주 활용되는 것이 바로 프리미엄freemium 전략이다. 먼저 무료 서비스를 통해 네트워크를 구축한 후, 일정 수준의 사용자를 유료 프리미엄 서비스로 전환시켜 수익을 창출하는 방식이다. 이 외에도 다양한 가격 차별화 전략이 사용자 확보 및 임계 규모 도달에 효과적으로 활용될 수 있다.

성공적인 프리미엄 전환 전략의 사례로는 스카이프Skype를 들 수 있다. 인터넷 프로토콜IP 기반 음성 통화의 선구자였던 스카이프는 처음에는 P2PPeer-to-Peer 방식의 소프트웨어로 개발되어 스카이프 사용자 간 통화를 무료로 제공했으며, 오늘날까지도 이 정책은 유지되고 있다. 이후에 스카이프 아웃Skype-out 기능이 추가되어 스카이프 네트워크와 유선 전화망 사이에 단방향 연결이 가능해졌다. 이 기능은 유료 서비스로 제공되었고, 이를 통해 스카이프는 수익성을 확보하고 장기적으로 지속 가능한 비즈니스 모델로 자리 잡을 수 있었다. 초기 P2P 아키텍처는 서비스를 운영하는데 필요한 컴퓨터 자원을 절약해 주었고, 동시에 상업화에도 유리하게 작용했다.

소비자들은 최종 시장 규모에 대한 기대에 따라 제품 또는 서비스를 언제 채택할지 결정할 수 있으며, 이러한 기대는 채택 시점에 영향을 미친다. 따라서 어떤 네트워크든 성공적으로 시장에 진입하기 위해서는 마케팅, 즉 소비자 기대를 형성하고 조정하는 전략이 매우 중요하다. 시장의 상당수가 해당 네트워크의 성공 가능성을 신뢰하게 되면 소비자들은 현재의 네트워크 규모에 기반한 가치가 아니라 미래에 기대되는 가치를 바탕으로 채택을 결정할 수 있다. 따라서 네트워크 스타트업이 잠재 사용자들에게 자신들의 성공 가능성을 설득력 있게 전달할 수 있다면, 이러한 소비자들의 기대는 실제로 현실이 되어 성공할 수 있다.

디지털 네트워크에서는 기대expectations가 중심적인 역할을 하므로, 실제 출시나 실현 없이 과도한 마케팅만 진행되는 경우를 지칭하는 용어까지 존재한다. 그것이 바로 **베이퍼웨어**vaporware다. 이러한 제품은 공식적으로 발표되거나 심지어 일부 개발되기도 하지만 실제 출시되지는 않는다. 베이퍼웨어를 만든 혁신 기업들은 이러한 발표를 통해 수요를 시험하거나 데모 버전에 대한 피드백을 수집하려는 목적으로 활용한다. 그러나 궁극적으로는 해당 제품이 성공 가능성이 낮다고 판단해 출시를 철회하게 된다. 흥미로운 사실은 3G, 블루투스, 윈도우 비스타, IBM 왓슨과 같이 중요한 시스템들조차도 한동안 베이퍼웨어로 간주되었다는 점이다.[3]

신규 네트워크 비즈니스의 성장은 기존 네트워크를 활용하거나 다른 네트워크와의 상호 연결을 허용함

3 Wikipedia, "List of Vaporware," https://en.wikipedia.org/wiki/List_of_vaporware (2022년 8월 검색)

으로써 가속화될 수 있다. 다음 장에서는 네트워크의 개방성openness과 타 제품 및 서비스와의 호환성compatibility에 관한 의사결정을 보다 깊이 있게 다룰 것이다. 기존 네트워크에 연결하거나 이를 기반으로 구축하는 전략은 네트워크 효과를 빠르게 촉발시키고 임계 규모에 도달하는 데 도움이 될 수 있다. 그러나 외부 네트워크에 대한 의존도가 높아질 경우, 전략적 충돌과 위험이 발생할 수 있다는 점도 함께 고려해야 한다.

9.4 네트워크 전략 2: 전환 비용과 소비자 락인

통신 네트워크나 기타 기술 시스템은 사용자가 계속 해당 시스템을 사용하도록 유도하고, 다른 시스템으로 옮기기 어렵게 만드는 전환 비용을 높이는 경향이 있다. 예를 들어, 특정 시스템에서만 작동하는 값비싼 기기를 구입한 경우, 나중에 더 많은 콘텐츠나 더 나은 기능을 제공하는 다른 시스템이 생겨도 이미 투자한 비용 때문에 쉽게 바꾸지 못한다. 그래서 일단 기기를 구입하면 한동안 그 시스템을 계속 사용하는 경향이 있다. 메신저 같은 통신 네트워크도 마찬가지다. 새로 나온 메신저 앱이 더 좋은 기능을 제공하더라도 대부분의 친구들이 기존 앱에 남아 있다면 사람들은 새로운 앱으로 쉽게 옮기지 않는다. 새 앱의 기능이 정말 큰 차이를 만들지 않는 한 사용자들은 기존 네트워크에 머무는 경향이 있다.

이러한 사례들은 디지털 시장에서 매우 흔하게 나타나는 **전환 비용**switching costs의 예이며, 이는 경쟁 구도와 기업 전략에 큰 영향을 미칠 수 있다. 전환 비용은 값비싼 장비나 기기와 같은 내구재에 대한 투자, 또는 새로운 통신 네트워크로 전환할 때 발생하는 조정 비용 외에 계약 조건에 의해 발생하기도 한다. 예를 들어, 이동 통신 서비스 계약은 2년 약정 기간 내 해지 시 위약금이 부과될 수 있고, 항공사 마일리지 프로그램은 다른 항공사를 이용할 경우 적립 혜택이 사라질 수 있다. 또한 특정 기기나 시스템에 익숙해지는 데 필요한 학습 비용, 특정 소프트웨어에 맞춘 파일 형식이나 데이터 형식 때문에도 전환 비용이 발생할 수 있다. 이러한 비용들은 우연히 발생하는 것이 아니라 설계된 구조에 의해 만들어지는 것이다.

전환 비용은 소비자를 특정 시스템에 **락인**lock-in, 즉 고착시킬 수 있다. 이는 해당 시스템 공급자에게 추가적인 시장 지배력을 부여하고 더 높은 가격 책정이 가능하도록 만든다. 더 정확하게 말하면, 경쟁 시스템이 제공하는 가치는 기존 시스템이 제공하는 가치에 전환 비용을 더한 값보다 커야 소비자는 전환을 고려하게 된다. 예를 들어, 한 사용자가 이미 제품 알파Alpha를 사용 중이고, 이 제품이 제공하는 가치가 V_a라고 하자. 이때 새로운 제품 베타Beta가 출시되었고, 그 제품의 가치는 V_b, 가격은 P_b이다. 만약 알파에서 베타로 전환하는 데 드는 비용이 S_c라면, 사용자는 다음 조건이 충족될 때 계속 알파를 사용할 것이다.

$$V_a - P_a \geq V_b - P_b - S_c$$
$$\Leftrightarrow P_a \leq P_b + S_c + (V_a - V_b)$$

다시 말해, 제품 알파에서 얻는 소비자 잉여consumer surplus가 제품 베타에서 얻는 잉여보다 크면 사용자는 전환하지 않는다. 이때 전환 비용 S_c는 베타가 창출하는 잉여를 감소시키는 요소로 작용한다. 그러나 V_b의 값이 매우 클 경우, 즉 베타가 제공하는 가치가 충분히 높을 경우 소비자는 전환을 선택하게 된다. 예를 들어, 알파가 유선 전화고 베타가 무선 통신이라면, 전환 비용 S_c가 상당히 크더라도 이동성이라는 추가 기능을 통해 베타가 훨씬 더 높은 가치를 제공하기 때문에 사용자는 베타로의 전환을 선택할 수 있다.

어떤 상황에서는 전환 비용이 상당한 시장 지배력을 만들어내기도 한다. 예를 들어, 소비자가 슈퍼마켓에서는 땅콩 한 봉지에 3달러를 기꺼이 지불하지만, 한밤중 호텔 방 안에 있을 때는 같은 땅콩 한 봉지에 훨씬 더 많은 돈을 지불할 의향이 있을 수 있다. 이때 호텔 미니바에서 길거리의 편의점까지 이동하는 데 드는 전환 비용은 최대 몇 달러에 이를 수도 있으며, 이는 결코 작지 않은 금액이다. 결과적으로, 소비자는 호텔에 "묶여 있는" 상태에서 땅콩 한 봉지에 8달러를 지불할 수 있다.

따라서 전환 비용과 그로 인한 소비자 고착은 경쟁의 본질을 변화시킨다. 이제 경쟁의 중심은 사용자 기반을 얼마나 확보하느냐로 이동한다. 사용자를 처음 유치하기 위해 공급자들은 치열하게 경쟁하고, 심지어 신규 사용자에게 보조금을 지급할 수도 있다. 그러나 일단 사용자가 락인, 즉 고착되면 기업은 강력한 시장 지배력을 갖게 되고 상당한 수익을 거둘 수 있게 된다. 기업의 관점에서 보면 수익은 전체 고객의 전환 비용 총합에 의해 결정된다. 즉, 시스템의 가치는 사용자 기반의 규모와 고객 1인당 전환 비용의 곱으로 나타낼 수 있다. 따라서 전환 비용이 작더라도 사용자 기반이 충분히 넓으면 기업은 큰 수익을 올릴 수 있다. 반대로, 시장 점유율은 작더라도 전환 비용이 매우 높다면 강력한 고착 효과를 가질 수 있다. 애플은 이러한 락인 전략의 대표적 사례로, 작은 점유율로도 강한 소비자 고착 효과를 보여준 바 있다. 이처럼 전환 비용은 기업이 이윤을 크게 높이는 데 기여할 수 있다. 그러나 기업은 이에 안주해서는 안 된다. 왜냐하면 언젠가는 경쟁자가 더 나은 제품을 출시하고, 그 제품의 가치가 전환 비용을 뛰어넘을 수 있기 때문이다. 실제로 1990년대 애플이 그랬다. 이렇게 되면 새 제품이 기존 시장을 대체할 수도 있다.

네트워크 효과는 사용자들에게 조정 문제coordination problem를 야기함으로써 전환 비용도 함께 발생시킨다. 예를 들어, 다른 소셜 네트워크나 메신저에 새 계정을 만드는 것은 비교적 쉬운 일일 수 있지만 친구들을 모두 새로운 네트워크로 전환하도록 유도하기는 쉽지 않다. 왜냐하면 친구들의 다른 친구들 역시 기존 네트워크에 남아 있기 때문에 전체적으로 함께 이동해야만 제대로 기능할 수 있기 때문이다. 간접적 네트워크 효과가 존재하는 경우, 어린이나 도서의 사례처럼 전환 비용은 보완재를 잃게 됨으로써 발생한다. 예를 들어, 한 어린이가 특정 시스템에서 전자책을 많이 구매해 보유하고 있다면, 새로운 전자책 리더기로 전환할 경우 기존 파일 형식을 지원하지 않아 기존 전자책 라이브러리를 포기해야 할 수도 있다. 이처럼 직접적 네트워크 효과든 간접적 네트워크 효과든, 네트워크 효과가 존재하는 곳에는 항상 소비자 행동과 경쟁 전략에 영향을 미치는 전환 비용이 발생하게 된다.

핵심 요약

- 통신 네트워크는 개인이나 조직을 연결하며, 연결 가능한 상대가 많을수록 네트워크의 가치는 커진다.
- 네트워크의 가치는 가능한 연결 수에 따라 결정되며, 이는 네트워크 규모의 제곱에 비례한다.
- 기술 시스템은 사용자들이 사용하는 기기와 그 보완재로 구성된 네트워크다. 이러한 시스템은 사용자가 다른 사용자들과 연결되기를 원하는 것이 아니라, 다양한 보완재와 연결되기를 원하기 때문에 간접적 네트워크 효과를 나타낸다. 이 경우 네트워크의 가치는 사용 가능한 보완재의 수에 따라 결정된다.
- 네트워크 참여자들은 네트워크 서비스에 대해 이질적인 선호를 가지고 있지만, 동시에 다른 참여자나 보완재의 수에도 영향을 받는다. 이로 인해 비선형적인 수요 곡선과 복수의 균형 상태가 나타난다.
- 안정적인 균형 상태 중 하나는 '빈 네트워크empty network'이고, 다른 하나는 서비스 가격에 따라 달라지는 '풀 네트워크full network'이다.
- 네트워크는 임계 규모critical mass를 넘어야 지속 가능해지며, 일단 규모가 커지면 다른 네트워크로 전환하는 데 상당한 비용이 발생한다. 이러한 전환 비용은 소비자를 해당 네트워크에 고착시킨다.

용어 정리

- **사용자 기반** installed base: 멀티 모드 네트워크에 참여하기 위해 이루어진 하드웨어 투자나 구독료와 같은 주요한 이용자 측의 자원 투입을 의미한다.
- **인터페이스** interfaces: 시스템 내 구성 요소들을 서로 연결하는 역할을 한다. 인터페이스는 표준화되어 있을 수도 있고, 특정 기업에 특화되어 있을 수도 있으며, 개방형open, 단일 주체가 통제하는 방식controlled, 또는 폐쇄형closed일 수도 있다.
- **락인** lock-in: 전환 비용이 높아 사용자가 시스템을 쉽게 이탈하지 못하는 상황에서 발생한다.
- **메트칼프의 법칙** metcalfe's law: 네트워크의 가치는 그 규모의 제곱에 비례하여 증가한다는 법칙이다.
- **모듈형 시스템** modular system: 표준화된 인터페이스로 연결된 여러 모듈로 구성된 기술 시스템이다. 모듈화modularity는 개별 모듈이 시스템 전체에 영향을 주지 않고 독립적으로 혁신할 수 있게 해준다.

- **네트워크 효과** network effects: 직접적[direct] 또는 간접적[indirect]으로 나타날 수 있다. 직접적 네트워크 효과는 새로운 참여자가 기존 사용자들에게 직접적인 혜택을 제공할 때 발생하며, 간접적 네트워크 효과는 2-모드[two-mode] 네트워크와 같은 구조에서 새로운 참여자가 다른 유형의 참여자에게 간접적으로 혜택을 제공할 때 발생한다. 이 경우 혜택은 상대 유형의 네트워크 참여자에게 주어진다.
- **네트워크 전략** network strategies: 통신 네트워크나 기술 시스템(여러 구성 요소 또는 참여자로 이루어진 시스템)을 구축하기 위한 전략을 의미한다. 핵심 전략에는 기존 네트워크와의 호환성[compatibility] 여부와 다른 기업이나 참여자들이 추가 제품이나 서비스를 혁신할 수 있도록 시스템을 개방할지[openness] 여부에 대한 결정이 포함된다.
- **개방형 시스템** open systems: 신규 구성 요소들이 쉽게 상호 연결될 수 있도록 널리 공개된 인터페이스를 제공한다.
- **전환 비용** switching costs: 사용자가 두 시스템 간 전환 시 발생하는 금전적 비용 또는 시간과 노력의 부담을 의미한다.
- **기술 표준** technical standards: 시스템 내 구성 요소들이 어떻게 설계되고 상호 연결되어야 하는지를 규정한다.
- **기술 시스템** technical system: 여러 구성 요소나 제품이 함께 작동하여 하나의 서비스를 제공하는 기술적 구조이다. 시스템은 소형 컴퓨팅 기기처럼 작을 수도 있고, 유선망, 무선망, 단말기를 포함한 통신 시스템처럼 클 수도 있다. 모든 다중 구성 제품은 시스템으로 분석될 수 있으며, 많은 기술 시스템은 하드웨어, 소프트웨어, 콘텐츠로 구성된다.
- **2-모드 또는 멀티모드 네트워크** two-mode/multi-mode network: 두 종류(또는 그 이상의 종류)의 노드로 구성되며, 각 노드 유형은 자기와 다른 유형의 노드에만 연결될 수 있다. 많은 2-모드 네트워크는 기기와 특정 파일 형식에 내장된 소프트웨어 콘텐츠를 포함한다.

토론하기

9.1 페이스북 소셜 네트워크에는 28억 명의 사용자가 있다. 이 네트워크 규모에 따른 네트워크 효과는 무엇인가?

9.2 규제 당국이 네트워크를 대륙별로 분할하여 대륙간 연결을 사전에 차단하고 데이터 공유를 금지하기로 결정한다. 남극을 제외한 6개 대륙에 사용자가 균등하게 분포해 있다고 가정할 때, 새로운 네트워크 구조에서의 전체 네트워크 효과는 어떻게 되는가?

9.3 규제 조치 이전에 페이스북의 시가 총액이 9,000억 달러였다고 할 때, 규제 이후의 가치는 얼마로 추정되는가?

9.4 새로운 규제가 페이스북 사용자들에게 광고를 보여줌으로써 수익을 창출하는 능력에 어떤 영향을 줄 것이라 생각하는가?

9.5 규제 이전에 페이스북의 중간 사용자(북미 기준)는 이 서비스를 월 42달러의 가치로 평가했다.[4] 이번 규제가 전환 비용에 대한 인식과 그로 인한 락인lock-in 효과에 어떤 영향을 미치는가?

9.6 페이스북의 수요 모형에서 A = 10일 때, 소셜 네트워크의 전체 규모 F_1은 얼마인가? 만약 회사가 사용자에게 월 5달러의 이용료를 부과하기로 결정한다면 임계 규모 C_1과 전체 규모 F_1은 각각 얼마인가?

추천 문헌

- Baldwin, C. Y. and Clark K. B. (2000). Design Rules: The Power of Modularity. Cambridge, MA: The MIT Press.
- Farrell J. and Klemperer P. (2007). Coordination and Lock-In: Competition with Switching Costs and Network Effects. Chapter 31 in M. Armstrong, R. Porter (eds.). Handbook of Industrial Organization. Amsterdam: Elsevier, Vol. 3, pp. 1967–2072.
- Varian, H. (2018). Use and Abuse of Network Effects. Social Science Research Network working paper. Retrieved from https://papers.ssrn.com/sol3/papers.cfm?abstract_ id=3215488 in August, 2022.

4 Brynjolfsson, E., Collis, A., Diewert, W. E., Eggers, F., & Fox, K. J. (2019). GDP–B: Accounting for the value of new and free goods in the digital economy (NBER Working Paper No. 25695). 전미경제연구소(NBER). 검색위치: https://www.nber.org/system/files/working_papers/w25695/w25695.pdf (2022년 8월 검색)

CHAPTER 10

네트워크 경쟁

Network Competition

네트워크 효과가 작용하는 시장에서의 경쟁은 매우 흥미로운 역학 관계를 보이며, 디지털 혁신 기업이라면 반드시 이를 고려한 전략 수립이 필요하다. 이전 장에서 설명했듯이, 네트워크의 채택은 일반적으로 비선형적으로 진행된다. 초기에는 유료 사용자를 확보하는 것이 매우 어렵지만, 일단 임계 규모를 넘어서게 되면 서비스의 매력도(기술적 가치와 기존 사용자 규모)가 가격을 초과하게 되어 많은 사용자들이 한꺼번에 유입된다. 이른바 네트워크가 '도약'하는 순간이다. 궁극적으로 네트워크는 최대 규모에 도달하게 되며, 이후 남아 있는 비참여자들은 서비스 채택에 매우 소극적인 집단이기 때문에 아무리 네트워크 규모가 커져도 이들을 설득하기는 어렵다. 페이스북이 모든 사람에게 맞는 서비스는 아니라는 사실이 그 대표적인 예다.

네트워크의 초기 단계에서는 시장에서 인지도와 신뢰를 확보하는 것이 매우 어렵다. 그러나 앞서 소개한 침투 가격 전략, 마케팅, 또는 네트워크 효과를 강화하는 전략 등은 이러한 어려움을 극복하는 데 도움이 될 수 있다. 이러한 전략들은 초기에는 사용자 수가 적고 네트워크 효과가 미미하더라도, 잠재 사용자들이 해당 네트워크가 결국 크게 성장할 것이라는 믿음을 갖도록 만드는 데 중요한 역할을 한다.

임계 규모에 도달하기 위해 둘 이상의 경쟁 네트워크가 동시에 시장에서 경쟁하는 경우, 시장은 훨씬 더 불안정하고 예측 불가능한 상황이 될 수 있다. 만약 네트워크 효과가 강하면, 즉 사용자들이 제품 고유의 특성(V_i)보다는 연결 수(N)에 더 큰 가치를 두는 경우, 시장은 쏠림tipping 현상을 보이며 승자 독식winner-take-all 구조로 전개될 수 있다. **시장 쏠림**market tipping이란 하나의 네트워크가 시장을 장악하고 손실된 네트워크는 붕괴하는 상황을 의미한다. 이러한 현상은 네트워크 서비스에 대한 수요 모형에서 직접적으로 도출된다.

$$P = WTP_i = V_i N$$

소비자들이 네트워크의 기능적 가치(V_i)와 네트워크 규모(N)를 모두 중요하게 여기는 경우, 일정한 시장 점유율 임계치threshold를 넘는 순간부터 네트워크의 크기가 소비자의 선택에 결정적인 영향을 미치게 되고, 결국 한 네트워크가 시장 전체를 장악하게 된다. [그림 10-1]은 이러한 역동적인 경쟁 구조를 보여준다. 동시에 출시된 두 개의 경쟁 네트워크는 초기에는 시장 점유율이 각각 약 50%로 비슷한 수준을 유지하며, 이른바 배틀 존battle zone에서 치열한 경쟁을 벌이게 된다. 그러나 시간이 지나면서 대규모 고객이 한 네트워크를 채택하는 등의 우연한 사건으로 인해 시장 점유율이 한쪽으로 기울게 되면, 흡수 장벽absorbing barrier을 넘게 되고, 그 순간부터 한 네트워크가 시장을 지배하게 된다. 배틀 존에 있는 동안에는 어느 네트워크든 시장을 차지할 가능성이 있지만, 흡수 장벽을 넘어서게 되면 시장은 급격히 한쪽으로 기울고, 다른 경쟁자는 시장에서 퇴출될 수밖에 없게 된다(Arthur, 1989).

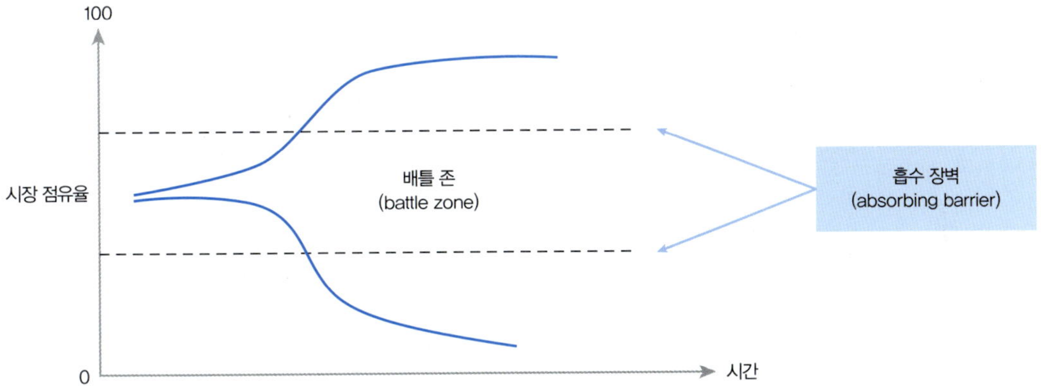

그림 10-1 두 경쟁 기술 간의 네트워크 경쟁

참고: 두 가지 유사한 네트워크 기술이 동시에 출시되어 시장에서 경쟁할 때 네트워크 효과가 강하다면 한쪽 기술이 시장을 장악할 가능성이 높다. 심지어 단순한 우연한 사건만으로도 두 기술 중 하나의 시장 점유율이 '흡수 장벽(absorbing barrier)'을 넘게 되어 다시는 배틀 존으로 되돌아갈 수 없게 될 수도 있다.

출처: Arthur, W.B. (1989)에서 각색. Competing technologies, increasing returns, and lock-in by historical events. Economic Journal 99(394): 116-131.

배틀 존 내에서 각 네트워크는 경쟁 수단을 총동원해 더 많은 사용자를 끌어들이고, 마케팅을 통해 인지도와 정당성을 확보하며, 잠재 사용자 및 보완재 공급자에게 자신들의 네트워크가 앞으로 얼마나 성장하고 지속 가능할 것인지를 설득하려 한다. 대개는 임계 규모에 먼저 도달하는 네트워크가 승리하게 되는데, 이는 네트워크가 도약하면서 상당한 성장 가속도를 얻을 수 있기 때문이며, 이로 인해 경쟁 서비스는 영원히 뒤처지게 될 수 있다(그림 10-1 참조).

서로 경쟁하는 네트워크의 대표적인 사례로는 고화질 광디스크DVD 플레이어 시장이 있다. 한쪽에서는 소니, 필립스 및 이들과 협력한 컨소시엄이 블루레이Blu-ray 기술을 지지했고, 다른 한쪽에서는 도시바, NEC 및 그들의 파트너들이 HD-DVD 규격을 지지했다. 각 기술은 기능이 조금씩 달랐지만 완벽한 기능을 갖춘 포맷이었으며, 2006년경 전 세계 시장에 출시되었다. 블루레이는 기술적으로 더 진보되어 있고 가격도 더 비싼 포맷으로, 디지털 저작권 관리DRM 기능이 우수하여 영화 제작사들이 선호하였다. 반면, HD-DVD는 더 저렴한 가격과 간단한 제조 공정 때문에 컴퓨터 제조업체 및 게임 개발사들이 선호했다. 그러나 약 2년간의 치열한 시장 경쟁 끝에 2008년 유니버설 스튜디오, 워너 브라더스, 그리고 월마트가 HD-DVD에서 블루레이로 전환하면서 승패가 결정되었다. 이에 따라 도시바는 HD-DVD 지원 중단을 공식 발표하며 패배를 인정했다. 이 전쟁은 제품 출시 전 수년간의 개발 과정과 시장 내 2년 이상의 경쟁 기간을 포함해 양측 모두에게 막대한 비용이 드는 싸움이었다. 실제로 2008년 도시바는 제품 개발과 시장 경쟁 과정에서 약 10억 달러의 손실을 입었다고 발표했다.[1]

10.1 성능과 호환성 비교

네트워크 수요 모형에 따르면 네트워크 기반 비즈니스는 기술 성능과 네트워크 규모를 중심으로 경쟁한다. 새로운 진입자는 제품의 기술 성능(V_i)에 획기적인 혁신을 제공하거나 연결된 사용자, 보완재, 연계 서비스 등을 통해 더 큰 네트워크 효과(N)를 약속함으로써 시장에 진입할 수 있다. 또한 기존 네트워크와의 호환성을 제공하거나 개방형 인터페이스를 통해 다른 기업들이 그 위에 추가 제품이나 서비스를 개발할 수 있도록 허용함으로써, 미래 시장 규모에 대한 기대를 확장하는 전략을 취할 수도 있다.

1 Reuters. (2008). Toshiba faces $986 million loss on HD DVDs. Reuters Technology News, 2008년 3월 12일. 검색위치: www.reuters.com/article/us-toshiba-idUST28076020080313 (2022년 8월 검색)

네트워크 전략은 둘 이상의 시스템 간 **상호 운용성**interoperability을 구축하는 데 핵심적인 역할을 한다.

점진적 혁신은 기존 네트워크에 보다 쉽게 적응하거나 보완하는 경향이 있다. 예를 들어, 4G 무선 통신 기기는 기존의 3G 네트워크와 호환 가능하도록 설계되어, 강력한 네트워크 효과를 유도할 수 있었다. 4G 휴대폰은 기존 3G 네트워크에서 작동할 수 있었고, 반대로 3G 휴대폰도 4G 네트워크에서 일부 기능이 작동했다. 그러나 5G 무선 기술이 등장하면서 완전히 새로운 무선 접속 방식인 5G New Radio가 도입되었다. 이러한 급진적인 혁신은 속도와 지연 시간 측면에서 획기적인 성능 향상을 가능하게 했다. 그럼에도 불구하고 업계의 공동 목표는 5G를 4G 위에 구축하고, 기존 무선 네트워크와 기기들이 점진적으로 전환할 수 있도록 하는 것이었다.[2]

이러한 기존 네트워크와의 **호환성**compatibility은 전략적 선택의 결과다. 물론 소비자 입장에서는 더 큰 네트워크가 항상 바람직하지만, 혁신가에게는 호환성을 제공하는 것이 항상 이익이 되지는 않는다. 예를 들어, 애플의 아이폰에서 제공하는 인스턴트 메시징 서비스iMessage는 애플 생태계 내부의 네트워크를 강화하는 데 중점을 두었으며, 스마트폰 전반의 폭넓은 연결성을 촉진하는 것이 목표는 아니었다. 2007년 애플이 아이폰을 통해 무선 통신 시장에 진입할 당시, 기존 스마트폰이나 통신 네트워크에 사용자 기반을 보유하고 있지 않았으며, 이전 세대 기기들과의 전환 경로를 제공하거나 넓은 범위의 상호 운용성을 구축하려는 의도도 없었다. 따라서 애플은 높은 V_i(중요한 기능 혁신)와 작은 N(기존 시스템과의 비호환성을 갖춘 상태)으로 인스턴트 메시징 시장에 진입한 것이다.[3]

이에 반해, X(Twitter)는 SMS 문자 메시지 시스템과 호환되도록 설계된 서비스로 출시되었다. 140자 제한은 원래 모바일 사용자들이 문자 메시지를 통해 트윗을 보낼 수 있도록 설정된 것이었다. 이러한 호환성은 네트워크의 초기 성장을 촉진하는 데 크게 기여하였으나 서비스 자체는 기술적인 혁신이나 고급 기능은 제한적이었다. 따라서 X(Twitter)는 낮은 V_i(기능적 혁신은 적음)로 출발했지만 빠르게 큰 N(대규모 사용자 기반)에 도달할 수 있는 길을 확보하였다.

2 3GPP. 무선 산업의 세대 간 호환성에 대한 공동 비전 참고. 3GPP 공식 웹사이트, www.3gpp.org/about-3gpp/about-3gpp. (2022년 8월 검색).

3 물론 아이폰의 음성 통화 기능은 다른 휴대전화 및 유선전화와 호환되었다.

10.2 개방성과 통제 비교

네트워크 전략에는 기존 시스템과의 하위 호환성backward compatibility 외에도, 새로운 네트워크 자체의 개방성openness에 대한 선택이 포함된다. 즉, 다른 네트워크가 해당 시스템과 호환될 수 있도록 허용할 것인지, 또는 자체적으로 폐쇄된 구조를 유지할 것인지에 대한 전략적 결정이다. 네트워크가 출시된 이후에는 APIApplication Programming Interface와 같은 시스템 경계를 외부 개발자에게 개방할 것인지, 또는 인터페이스를 엄격히 통제하여 폐쇄적으로 운영할 것인지를 선택해야 했다. 예를 들어, 애플과 안드로이드의 애플리케이션 플랫폼은 초기부터 매우 다른 개방 전략을 선택했다. 애플은 앱 스토어에 등록되는 앱을 엄격히 선별한 반면, 구글은 플레이 스토어에 대한 접근을 상대적으로 자유롭게 허용했다. 이로 인해, 안드로이드 앱 시장은 훨씬 빠르게 성장했으며 애플 앱 시장은 더 높은 품질의 애플리케이션이 많다는 평판을 얻게 되었다. 실제로 2019년 기준, 구글 플레이 스토어에는 약 250만 개, 애플 앱 스토어에는 200만 개 이하의 앱이 등록되어 있었다. 또다른 예로, 페이스북은 Farmville과 같은 온라인 게임 개발사 Zynga에게 API를 개방함으로써 소셜 네트워크에 오락성을 추가했고, 이를 통해 페이스북은 단순한 사용자 간 연결을 넘어서 보완적 서비스 제공자까지 연결하는 다면 플랫폼으로 진화했다. 이러한 개방성에 대한 전략적 결정은 간접적 네트워크 효과를 유도하고 시스템 전체의 가치를 높임으로써 네트워크 성장 속도를 가속화할 수 있다. 하지만 모든 참여자에게 시스템을 개방하는 것에는 위험이 따른다. 대표적인 사례가 정치 컨설팅 기업 캠브리지 애널리티카와 연계된 페이스북 앱 'This Is Your Digital Life' 스캔들이다. 이 사건은 페이스북이 자사 플랫폼에 연결된 앱이 수집하는 데이터의 범위와 사용 방식을 효과적으로 통제하지 못했음을 보여주는 사례이다.[4]

개방성은 이처럼 트레이드오프trade-off를 수반한다. 경쟁은 네트워크 보완재 제공자에게는 큰 부담이지만 소비자에게는 큰 혜택이 된다. 디지털 네트워크가 개방되면 많은 신규 진입자들이 다양한 방식으로 시스템을 확장하고 보완하기 위해 몰려든다. 진입 장벽이 낮고 수익 기회가 있다면, 때로는 수익이 없더라도 새로운 기업들이 계속 시장에 진입한다. 그 결과, 다양한 혁신과 새로운 서비스가 등장하고 가격도 낮아진다. 소비자에게는 매우 유리한 구조지만 기업들에게는 매우 치열한 경쟁 환경이 된다.

4 Cadwalladr, C. & Graham-Harrison, E. (2018), "Revealed: 50 Million Facebook Profiles Harvested for Cambridge Analytica in Major Data Breach," The Guardian, 2018년 3월 17일. 검색위치: https://www.theguardian.com/news/2018/mar/17/cambridge-analytica-facebook-influence-us-election (2022년 8월 검색)

개방형 시스템에서 치열한 경쟁이 발생하는 대표적인 사례가 무선 통신 네트워크다. 2세대[2G] 시스템부터 주요 무선 통신 시스템들은 개방된 기술 표준에 따라 운영되었다. 대표적으로 GSM(글로벌 모바일 시스템) 표준은 에릭슨[Ericsson], 노키아[Nokia], 지멘스[Siemens], 알카텔[Alcatel] 등 유럽의 주요 통신 장비 기업들 간의 협력을 통해 발전하였다. 그 결과로 만들어진 개방형 표준은 전 세계 모든 기업이 사용할 수 있게 되었다. 이러한 동맹의 성공은 3세대[3G] 무선 시스템의 표준화 과정에서 아시아와 북미의 기업들까지 참여하게 만들었다. 루슨트[Lucent], 노텔[Nortel], 퀄컴[Qualcomm], 삼성[Samsung], LG, 화웨이[Huawei] 등 다양한 기업들이 참여했고, 3G 무선 통신 시스템은 국제 표준화 연합인 '3세대 파트너십 프로젝트[3GPP]'를 통해 공동으로 표준화되었다. 3GPP는 이후 4G와 5G 무선 통신 시스템까지 포함하는 중심 표준 개발 기구로 자리잡았다. 이러한 시스템들의 전 세계적인 채택과 성공 사례는 네트워크 개방성의 이점을 분명히 보여준다. 반대의 예로는 퀄컴이 있다. 퀄컴은 시스템을 폐쇄적으로 통제하면서 독자적인 표준 개발을 시도했다. 2G 시대에는 CDMA라는 획기적인 무선 접속 기술 덕분에 어느 정도 성공을 거두었지만, 3G 시대에 전 세계 상용화를 시도했던 자체 표준은 실패했다. 세계 각국의 통신 사업자들이 3GPP 동맹이 주도한 개방적이고 경쟁적인 UMTS 표준을 선호했기 때문이다. 사용자와 고객들은 독점 기업에 의해 락인[lock-in]되는 것을 싫어한다. 하지만 퀄컴은 다행히도 자사의 무선 접속 기술이 경쟁 기술들보다 훨씬 우수했기 때문에 3GPP 역시 UMTS 표준에 퀄컴의 기술을 채택하였다. 이후 퀄컴은 특허 라이선스를 통해 수십억 달러에 이르는 수익을 올렸고, 특히 칩셋 판매와 라이선스를 연계했을 때 그 수익은 더욱 컸다.[5]

네트워크가 개방형이든 통제형이든, 또는 기존 네트워크와 호환되는지 아니면 완전히 새로운 네트워크를 시작하는지와 관계없이, 경쟁 전략의 핵심은 전환 비용, 소비자 락인, 네트워크 효과와 같은 익숙한 개념들에 기반하게 된다. 특히, V_i(기능적 가치)가 높은 시스템이 기존 시스템과의 상호 운용성[interoperability] 없이 독자적인 경로를 선택하는 경우 독점적 락인에 빠지지 않을 것이라는 확신과 전환 비용을 감수할 가치가 있다고 사용자를 설득하는 것이 핵심 과제가 된다. 이러한 경우 네트워크 혁신가는 프리미엄[freemium]과 같은 부분 유료화를 통해 저가 요금제를 도입하거나, 사용자의 전환 비용을 보조하여 장벽을 낮추는 전략을 취할 수 있다. 또한 다른 기업들과의 제휴를 통해 정당성을 강화하고 향후 독

5 Lee, T.B. (2019), "How Qualcomm Shook Down the Cell Phone Industry for Almost 20 Years," Ars Technica, 2019년 5월 30일. 검색위치: https://arstechnica.com/tech-policy/2019/05/how-qualcomm-shook-down-the-cell-phone-industry-for-almost-20-years/ (2022년 8월 검색)

점 발생에 대한 우려를 완화시킬 수도 있다. 이러한 전략은 고화질 DVD 포맷인 블루레이Blu-ray 개발자들이 실제로 채택했던 접근 방식이기도 하다.

비교적 낮은 Vi(기능적 가치)를 가진 시스템이 기존 네트워크와 호환되는 형태로 출시되는 경우 차별화를 이루고 독자적인 경쟁 우위를 창출하는 것이 과제이다. 예를 들어, 한 온라인 소셜 게임 개발자가 페이스북 플랫폼을 통해 시장에 진입하면 잠재적인 대규모 사용자 기반을 확보할 수 있다. 그러나 이처럼 개방된 시스템에서는 다른 수많은 경쟁자들 또한 동시에 진입하게 된다. 그렇다면 수천 개의 게임 중에서 내 게임을 돋보이게 하려면 어떻게 해야 할까? 마찬가지로, 다수의 개발자에게 네트워크 인터페이스를 개방하면 전체 시스템의 가치는 커질 수 있지만 핵심 네트워크는 그 진화 방향에 대한 통제력을 잃을 수도 있다. 1980년대 IBM은 자사의 혁신적인 개인용 컴퓨터에 대해 개방형 아키텍처를 선택했다. 그 결과 수많은 복제품이 시장에 진입했고, 그중 몇몇 핵심 부품은 시장 지배력을 유지하는 데 성공했다. 대표적인 예가 인텔의 마이크로프로세서와 마이크로소프트의 운영체제이다. 하지만 결국 IBM은 자사 시스템의 차별성과 시장 주도권을 유지하지 못했고, 2004년에 개인용 컴퓨터 사업부를 중국 기업인 레노버에 매각하였다. 이 사례는 인터페이스 설계와 통제가 시스템의 성공 여부를 좌우할 수 있음을 보여준다.

10.3 통신 표준 개발

통신 표준은 시스템의 개방성을 조절하며, 통신 네트워크의 진화 과정에서 중요한 역할을 할 수 있다. 표준은 네트워크에 참여하는 다양한 기기들 간의 상호 운용성을 확보하기 위해 시스템 구성 요소 간 인터페이스를 어떻게 설계해야 하는지를 정의하는 기술 사양이다. 예를 들어, 철도망에서는 선로의 규격이 항상 표준화되어 있어야 한다. 미국 역사에서도 알 수 있듯이, 규격이 서로 다른 철도 시스템은 사회적으로 큰 비용을 초래하며 전환 비용도 매우 크다. 실제로 1860년경 미국에는 무려 여섯 가지의 서로 다른 철도 규격이 존재했다. 기차가 선로 규격이 바뀌는 역에 도착하면 모든 화물과 승객을 내리고 다른 열차에 다시 실어야만 했다. 하지만 규격을 통일하는 데 드는 비용도 막대했기 때문에 북부와 남부가 동일한 규격으로 전환하는 데에는 남북전쟁이라는 극단적인 계기가 필요했다.

초기의 철도 시스템과 마찬가지로, 초기 통신 시스템 역시 개별 기업들에 의해 개발되었다. 이들 기업은 전자 부품 제조업체로부터 부품을 구입하고 각기 다른 맞춤형 네트워크를 구축했으며, 네트워크는 서로 호환되지 않고 독자적인 형태였다. 그러나 20세기 초 세계적인 표준화 운동의 확산과 함께 미국의 AT&T나 각국의 우편, 전신, 전화(PTT) Postal, Telegraph and Telephone 업무를 담당하던 국영 통신 기관들이 협력하게 되었고, 제2차 세계대전 이후 국제 통신을 가능하게 하기 위한 조율과 표준화 작업에 나서게 되었다.

최초의 대서양 횡단 전신 케이블은 1858년에 설치되었지만, 당시에는 국가간 경계를 넘을 때마다 메시지를 각기 다른 시스템으로 변환해야 했기 때문에 통신 속도가 크게 저하되었다. 이에 따라 국제 전송 기술에 대한 협약을 조율하기 위해 1865년 '국제 전신 연합International Telegraph Union'이 설립되었고, 훗날 국제전기통신연합(ITU) International Telecommunications Union 으로 발전하였다.[6]

무선 라디오 통신은 1880년에 처음 시연되었고, 1890년대에는 테슬라, 보스, 마르코니 등 유명한 발명가들이 이 새로운 기술을 실험하기 시작했다. 마르코니는 1901년에 최초의 대서양 횡단 무선 송신을 성공시켰다. 그러나 초기 라디오 통신은 호환성 부족 문제로 인해 여러 어려움을 겪었으며, 이에 따라 20세기 초부터 국제 표준의 필요성이 대두되었다. 예를 들어, SOS 신호는 국제 해상 조난 신호로 표준화된 최초의 메시지 중 하나였다. 하지만 이 표준은 타이타닉호를 구하지 못했다. 타이타닉은 빙산 발견 소식을 제때 받지 못했고, 충돌 이후에도 구조 요청을 제대로 보내지 못했다. 이는 당시 라디오 통신이 간헐적이고 부정확하게 부호화되었으며 혼란스러웠기 때문이다. 사실, 타이타닉이 빙산과 충돌했을 때 캘리포니안호는 눈으로 볼 수 있을 만큼 가까운 곳에 있었지만, 조난 신호를 수신하지 못했다.[7] 이러한 사건을 계기로 국제전기통신연합ITU과 미국의 1912년 라디오법(Radio Act of 1912)은 긴급 통신에만 사용할 공통 주파수를 지정하고, 주파수 스펙트럼을 용도별로 면허화하여 규제하는 법적 기반을 마련하게 되었다.[8]

---

6 ITU, ITU History. 검색위치: https://www.itu.int/en/history/Pages/ITUsHistory.aspx (2022년 8월 검색)

7 Danigelis, A.(2012), "Wireless Could Have Saved Lives on Titanic," NBC News, 2011년 4월 11일.
검색위치: https://www.nbcnews.com/id/47018360/ns/technology_and_science/t/wireless-could-have-saved-lives-titanic/ (2022년 8월 검색)

8 Lasar, M.(2011), "How the 'Titanic' Disaster Pushed Uncle Sam to 'Rule the Air,'" Ars Technica, 2011년 7월 7일.
검색위치: https://arstechnica.com/tech-policy/2011/07/did-the-titanic-disaster-let-uncle-sam-take-over-the-airwaves/ (2022년 8월 검색)

미국 기업 모토로라Motorola는 1970년대 초 무선 통신 장치를 하나의 이동 전화기로 소형화하는 데 처음으로 성공한 회사였다. 이로 인해 상용화를 위한 휴대전화 및 네트워크 개발 경쟁이 촉발되었다. 1세대1G 아날로그 네트워크는 1981년 일본과 북유럽 국가들에서 처음으로 상용화되었다. 당시 스웨덴의 에릭슨Ericsson과 핀란드의 노키아Nokia를 포함한 북유럽 전자 기업들은 국영 통신사들과 협력하여 NMTNordic Mobile Telephony라는 새로운 국제 표준을 만들었다. 이러한 협력적 개발 방식과 NMT 기술은 모두 상업적, 기술적으로 큰 성공을 거두었다. 이후 노키아, 에릭슨, 북유럽 통신사들은 지속적으로 협력하며, 지멘스Siemens, 알카텔Alcatel 등 주요 유럽 기술 기업들과 함께 차세대 네트워크를 개발하기 위해 노력하였다. 첫 번째 디지털 네트워크인 2세대2G는 1991년 핀란드에서 최초로 상용화되었고, 모바일 인터넷 기능이 포함된 최초의 네트워크인 3세대3G는 2001년 일본에서 도입되었으며, 곧이어 유럽과 미국에서도 도입되었다. 이러한 확산은 점점 복잡해지는 통신 시스템의 주파수 대역, 무선 접속 기술, 기타 요소들을 표준화하려는 국제적 협력 노력 덕분에 가능했다.

통신 네트워크에서 표준은 철도망에서의 선로 규격만큼이나 정보 교환에 필수적이다. 표준이 없다면 하나의 시스템에서 사용되는 문서나 파일을 다른 시스템에서 사용하기 위해서는 문서나 파일을 다운로드하고 형식을 변환한 뒤 다시 업로드하는 과정을 거쳐야 하는데 이 과정에서 큰 비용이 발생한다. 실제로 2020년까지도 일부 산업 통신 시스템, 예를 들어 항만 시스템 등에서는 한 컴퓨터 시스템이 다른 시스템과 상호 운용되지 않아 정보를 종이에 출력한 뒤 수작업으로 옮겨 다른 시스템의 운영자에게 전달하고, 이를 다시 수동으로 입력해야 했다. 이처럼 극도로 비효율적인 상황임에도 불구하고, 때때로 두 시스템 운영자 간에 상호 운용 가능한 시스템으로 전환하는 경로에 대한 합의가 이루어지지 않았던 경우도 있었다. 이 과정에서의 핵심 쟁점은 종종 데이터 보안과 콘텐츠 통제권에 있다. 어느 쪽도 자신의 독점적 정보 자원에 대한 통제권을 포기하려 하지 않기 때문이다.

통신 **표준 개발**standard development은 경쟁적일 수도 있고 협력적일 수도 있다. **경쟁적 표준 개발**competitive standard development, 즉 **표준 전쟁**standards war은 여러 경쟁 표준이 동시에 개발되고 시장에 출시되는 상황을 의미한다. 네트워크 효과가 강하게 작용하는 경우 한 표준이 시장에서 탈락할 가능성이 높다. 역사상 초기의 대표적인 표준 전쟁은 바로 '전류 전쟁'이다. 토머스 에디슨Thomas Edison은 직류DC의 지지자였으며 발전 및 배전 기술에 관련된 여러 특허를 보유하고 있었다. 반면, 조지 웨스팅하우스Westinghouse와 니콜라 테슬라Nikola Tesla는 교류AC 진영의 주요 지지자들이었다. 직류DC는 상대적으로 더 안전했지만 저전압으로만 발전이 가능하여 송전 효율이 낮고 네트워크의 범위도 제한적이었다. 반면, 교류AC는 고전압일 경우 위험성이 더 크다고 여겨졌지만, 테슬라가 개발한 변압기 덕분에 전압을 조절할 수 있었고, 더 넓은 송전망에 적합한 유연한 시스템으로 평가받았다. 두 진영은 자체 기술을 개발하며 각자의 전류 시스템의 장단점에 대해 대중과 정책 결정자들을 설득하고자 했다. 특히, 에디슨은 교류의 위험성을 입증하기 위해 공공 장소에서 동물이나 사형수에게 전기 쇼크를 가하는 시연까지 벌인 것으로 알려져 있다.[9] 그럼에도 불구하고, 1893년 시카고 세계 박람회에서 교류AC가 전력 공급 방식으로 선택되었고, 이후 대형 전력 공급 계약을 잇달아 수주하면서 시장은 교류 쪽으로 기울게 되었다. 그 결과 현재까지도 전력의 생산과 배전은 대부분 교류 시스템이 지배하고 있다. 하지만 최근에는 초고압 송전, 컴퓨팅 시스템, 그리고 신재생에너지 분야에서의 높은 효율성을 제공함으로써 직류DC가 다시 주목받으며, 부활의 조짐을 보이고 있다.[10]

협력적 표준 개발cooperative standard development은 일반적으로 동맹, 컨소시엄과 같은 산업 내 조직이나 3GPP와 같은 공식 **표준 개발 기관**standard development organizations에서 이루어진다. 이러한 조직은 특정 기술을 조율하고 보급하기 위해 소수의 기업들이 모여 만든 소규모 그룹(예 초기 블루투스 SIGSpecial Interest Group)부터 국제전기통신연합ITU, 국제전기전자학회IEEE와 같은 대규모 국제 기구, 또는 미국 통신 산업솔루션연합ATIS과 같은 국가 수준의 기관까지 매우 다양하다.

블루투스 SIG는 1998년 에릭슨, IBM, 인텔, 노키아, 도시바 등 다섯 개 기업에 의해 설립되었다. 이 단거리 무선 기술은 에릭슨에서 처음 개발되었으나, 에릭슨은 이 기술을 산업 포럼을 통해 개방하고, 기술 사양을 공동으로 유지·개발하기로 결정했다. 2019년 기준, 이 포럼에 가입하기 위한 연회비는 소규모 기업은 7,500달러, 대기업은 최대 35,000달러 수준이었다. 회원사는 블루투스 상표 및 제품 인증 권한과 기술 사양 개선을 담당하는 기술 작업 그룹에 참여할 수 있는 권한을 부여받았다. 그러나 표준을 사용하는 기업은 여전히 해당 특허 보유자인 에릭슨으로부터 관련 특허에 대한 라이선스를 별도

9 King, G.(2011), "Edison vs. Westinghouse: A Shocking Rivalry," Smithsonian Magazine, 2011년 10월 11일. 검색위치: www.smithsonianmag.com/history/edison-vs-westinghouse-a-shocking-rivalry-102146036/ (2022년 8월 검색)

10 Finkel, A.(2017), "Nikola Tesla: The AC/DC Current Wars Make a Comeback," Cosmos, 2017년 9월 14일. 검색위치: https://cosmosmagazine.com/technology/tesla-vs-edison-the-ac-dc-current-wars-make-a-comeback (2022년 8월 검색)

로 받아야 했다.[11] 국제전기전자학회IEEE는 1884년에 설립된 대규모 전문 기관이다. IEEE는 신기술과 과학적 발견에 대한 학습과 개발을 주도하는 다양한 기술 커뮤니티를 운영하며, 우주 항공, 안테나, 스마트 그리드, 무선 통신 기술 등 1300여 개에 달하는 표준 개발 프로젝트를 보유하고 있다. 특히, 컴퓨터 아키텍처 및 인터페이스 표준화의 중심 기관 역할을 해왔다. 개인이나 기업은 IEEE 표준협회IEEE Standards Association에 가입하여 사양 개발specification development에 참여하고, 기술 프로젝트에 대한 투표권을 행사하며, 작업 그룹 리더나 의제 결정자로 활동할 수 있다.

협력 조직 내에서의 표준 개발은 일반적으로 위원회 중심의 구조와 공식화된 업무 절차를 기반으로 이루어지며, 이를 통해 기술 사양의 제안, 개발, 수정, 인증이 단계적으로 진행된다. 이러한 과정은 참여하는 개인과 기업의 전문성과 상당한 시간 투자가 필요하다. 따라서 협력적 표준 설정 과정은 대체로 오래 걸리고 관료적이지만 그 결과로 탄생하는 표준은 시장 전반에서 널리 수용되는 경우가 많다.

개방적이고 글로벌한 표준화를 가능하게 하는 주요 요인 중 하나는 **지적재산**intellectual property 시장이다. 컴퓨터 및 통신 기술 분야에서는 수많은 특허가 존재하며, 이는 발명자 또는 양수인이 해당 기술을 타인이 사용하는 것을 배제할 수 있는 권리를 갖는 것을 의미한다. 특허는 유지되는 한 최대 20년간 유효하며, 타인이 하드웨어나 소프트웨어 발명을 모방하지 않도록 강력한 보호 수단을 제공한다. 대부분의 전자 및 통신 분야 **표준 개발 기구**(SDOs) Standard Development Organizations는 핵심 지식재산권essential IPR에 관한 정책을 가지고 있으며, 특허 보유자가 공정하고, 합리적이며, 비차별적인FRAND 조건으로 로열티를 받을 수 있도록 허용한다. 특허 기술이 필수적essential, 즉 해당 표준을 구현하는 데 반드시 필요한 기술이며, 그 표준이 세계적으로 채택된다면 해당 특허는 로열티 수익만으로도 막대한 가치를 지닐 수 있다. 실제로 스마트폰 가격의 약 10%가 타사에 대한 특허 로열티 지급 비용으로 사용된다는 추정도 있다. 이처럼 표준은 기술 솔루션을 조정하고 선택하는 제도화된 과정을 통해 혁신적 기능에 대한 접근을 가능하게 하며, 타사의 기술을 라이선스 받을 기회도 제공한다. 그 결과 개별 기업이 산업의 진화를 통제하는 능력은 줄어들고, 더 많은 경쟁자가 시장에 진입할 수 있게 되었으며, 혁신 기술이 폭넓게 구현되고 다양한 공급자들이 경쟁함으로써 소비자는 더 큰 혜택을 누리게 된다.

---

11 Brachmann, S.(2015), "Evolution of Technology: Bluetooth, the Once and Future King," IP Watchdog, 2015년 5월 10일. 검색위치: www.ipwatchdog.com/2015/05/10/evolution-of-technology-bluetooth-the-once-and-future-king/id=57473/ (2022년 8월 검색)

핵심 요약

- 강한 네트워크 효과가 존재하는 시장에서 여러 네트워크나 표준이 경쟁할 경우 시장 쏠림market tipping이 발생하기 쉽다. 시장 쏠림은 오랜 시간이 걸릴 수 있으며, 패배하는 측에게는 매우 큰 비용이 발생한다.
- 호환성compatibility 및 네트워크 개방성openness에 대한 전략적 결정은 네트워크의 성장 규모를 좌우한다. 호환성은 기존 네트워크에서 새로운 네트워크로 이동하는 것을 용이하게 해 새로운 네트워크에 사용자 유입을 촉진하고, 개방성은 보완적 서비스를 활성화하여 더 많은 사용자에게 매력적인 네트워크를 만들어 준다. 그러나 호환성과 개방성은 외부 서비스 제공자에 대한 의존성이 증가한다는 단점이 있다.
- 통신 네트워크 제공자는 공식적인 표준 개발에 참여할지 여부와 방식을 고려해야 한다. 표준 전쟁은 두 기업 또는 기업 집단이 시장 지배력을 두고 경쟁할 때 발생한다. 협력적 표준 개발은 국가 또는 국제 표준 개발 기구에서 이루어진다. 협력적 개발에는 많은 시간과 자원이 소요되지만 더 큰 시장과 사용자 수용 확대라는 결과를 가져오는 경우가 많다.
- 전자 및 소프트웨어 기술은 특허를 통해 보호될 수 있으므로 특허 자체가 하나의 독립적인 수익 기반이자 전략적 자산으로 작용하는 연계 시장adjacent market으로 발전해 왔다. 특허 기술이 표준화된 시스템에 사용될 경우 표준을 채택하는 모든 기업에게 특허 라이선스를 부여하는 방식이 일반적으로 활용된다. 이로 인해 표준 필수 지식재산권standard-essential intellectual property 시장이 형성되었다. 이러한 표준 필수 특허standard-essential patents는 매우 높은 가치를 지닐 수 있으며, 특허 보유 기업의 경쟁자들은 로열티 비용을 줄이거나 없애기 위해 해당 특허의 무효화를 시도하며 소송을 제기하는 경우가 많다.

용어 정리

- **호환성** compatibility 과 **상호 운용성** interoperability: 시스템 구성 요소들이 서로 연결되고 함께 작동할 수 있는 능력을 의미한다.
- **지적재산**(IP) intellectual property: 특허patents, 저작권copyrights 등과 같은 무형의 기술 자산을 포함한다. 기술 표준과 관련된 IP는 일반적으로 필수 지적재산essential IP이라고 불린다. 표준 개발 기구SDOs는 일반적으로 필수 지적재산이 공정하고, 합리적이며, 비차별적인FRAND 조건 하에 어떻게 라이선스되어야 하는지에 관한 명확한 정책을 가지고 있다.

- **시장 쏠림** market tipping: 여러 경쟁 시스템이 존재하고 네트워크 효과가 강한 시장에서 발생할 수 있다. 일단 시장이 한쪽으로 기울기 시작하면 패배한 측이 아무리 혁신을 하더라도 사용자들이 더 큰 시스템으로 전환하려는 흐름을 막을 수 없다. 누구나 연결할 수 있는 시스템이라면 해당 네트워크 또는 통신 시스템은 개방형open이라고 할 수 있다.
- **표준 개발** standard development: 기술 표준을 설계, 정의, 확정하는 과정을 의미한다. 컴퓨팅 및 통신 분야에서는 **협력적 표준 개발**cooperative standard development이 일반적이지만, 경우에 따라 기업 간에 **경쟁적 표준 개발**competitive standard development이나 **표준 전쟁**standards war이 발생하여 두 가지 표준이 시장 주도권을 놓고 경쟁하기도 한다.
- **표준 개발 기구**(SDOs) Standard Development Organizations: 산업 전반의 협력적 표준 개발을 조율하고 관리하기 위해 설립된 조직이다.

토론하기

10.1 모바일 기기용 새로운 게임을 개발하고자 할 때, 기존의 게임 플랫폼과 호환되도록 설계할 것인가? 이 결정은 어떠한 요인에 따라 달라지며, 선택한 호환성 전략에는 어떠한 장점과 단점이 존재하는가?

10.2 개발 중인 게임이 새로운 형태의 소셜 네트워크이며, 유사한 모바일 애플리케이션이 이미 존재하는 경우 경쟁자보다 더 빠르게 사용자를 확보하기 위해 어떠한 전략을 사용할 것인가?

10.3 한 개발자가 해당 게임을 위한 모드mods 및 기타 가상 아이템을 개발하고, 그에 따른 수익의 일부를 공유하자는 제안을 해온다면, 이는 타당한 제안이라 생각하는가? 이 제안의 수용 여부를 결정하기 위해서는 어떠한 정보가 필요할까?

10.4 유사한 게임 제공자들과 협력하여 게임을 위한 표준 기술을 공동으로 개발하는 것이 바람직한 상황은 언제인가? 또한 자사가 보유한 핵심 기술을 다른 개발자들에게 개방형 표준으로 제공하기 위해서는 어떠한 조건이 충족되어야 하는가?

추천 문헌

- Arthur, W. (1989). Competing technologies, increasing returns, and lock-in by historical events. The Economic Journal 99(394): 116–131.
- Besen, S. M. and Farrell J. (1994). Choosing how to compete: strategies and tactics in standardization. Journal of Economic Perspectives 8(2): 117–131.
- Corts, K.S. and Lederman, M. (2009). Software exclusivity and the scope of indirect network effects in the U.S. home video game market. International Journal of Industrial Organization 27(2): 121–136.
- Katz, M.L. and Shapiro, C. (1994). Systems competition and network effects. Journal of Economic Perspectives 8(2): 93–115.
- Rysman, M. (2004). Competition between networks: a study of the market for yellow pages. The Review of Economic Studies 71(2): 483–512.

CHAPTER 11

플랫폼 전략

Platform Strategies

디지털 플랫폼은 다양한 참여자들이 모여 재화, 정보, 또는 서비스를 교환하는 디지털 기반의 시장이다. 우리는 전통적인 시장에 대해 개인적인 경험, 역사적 사례, 그리고 경제학 이론을 통해 많은 것을 알고 있다. 그렇다면 디지털 플랫폼은 기존의 시장과 무엇이 다를까?

디지털 마켓플레이스와 같은 플랫폼은 전통적인 시장과 마찬가지로, 참여자 간 상호작용이 이루어지는 구조를 가지고 있다. 핵심 구성 요소는 비교적 고정되고 안정적인 반면, 그 외 구성 요소는 시간에 따라 변화한다. 예를 들어, 이스탄불의 그랜드 바자르Grand Bazaar와 같은 전통 시장에서는 물리적 구조가 수 세기 동안 거의 동일하게 유지되는 반면, 각 상점과 판매 상품은 매달, 매일 변경된다. 디지털 플랫폼도 마찬가지이다. 플랫폼의 핵심 아키텍처는 장기간에 걸쳐 안정적으로 유지되는 반면(물론 500년까지는 아니지만), 애플리케이션, 사용자, 판매자, 서비스 제공자 등은 수시로 변경된다.

플랫폼은 사용자들이 서로 연결되어 상호작용하거나 거래할 수 있도록 함으로써 가치를 창출한다. 디지털 플랫폼이 제공하는 또 다른 장점으로는 더 나은 매칭, 신뢰 형성, 시장 유동성 그리고 검색 및 거래비용의 절감 등이 있다. 디지털 통신 기술을 기반으로 한 사용자 간의 연결성은 다수의 공급자나 사용자에 대한 손쉬운 검색이 가능하여 **검색비용**search costs을 크게 줄여준다. 그 결과 검색 기술의 향상과 시장 규모가 확대되어 구매자와 판매자 간의 **매칭**matching 효율성도 높아진다. 우수한 플랫폼은 거래 이력과 관련된 분석 도구를 통해 참여자의 평판을 축적하고 검증할 수 있는 메커니즘을 제공하며, 품질이 낮은 상품에 대한 환불이나 반품을 보장하는 품질보증 시스템도 갖추고 있을 수 있다. 이러한 서비스 기능들은 디지털 환경에서 구현하기 용이하므로 플랫폼이 **디지털 신뢰**digital trust와 호의를 기반으로 한 디지털 거래 공동체를 형성하는 데 기여한다. 또한 디지털 플랫폼은 인터페이스 표준화, 자동 결제,

안전한 자금 이전, 거래 패턴 모니터링, 그리고 전반적인 시장 유동성 확보 등을 통해 **거래비용**transaction costs을 줄이는 기능도 수행한다. 여기서 말하는 시장 **유동성**liquidity이란 판매 의사를 가진 사람이 합리적인 가격에 구매 의사를 가진 상대를 쉽게 찾을 수 있는 상태를 의미하며, 이는 향상된 검색 기능, 효율적인 매칭, 시장의 규모 확대에 의해 가능해진다. 기존의 전통적인 시장에서도 이러한 서비스 기능 중 일부는 제공될 수 있었지만, 디지털 플랫폼은 이를 모두 구현할 수 있으며 동시에 전례 없는 규모의 경제도 달성할 수 있다. 예를 들어 이베이eBay와 같은 디지털 플랫폼은 단순히 도시 내 거래를 촉진하는 전통 시장과 달리, 국가 전체에 걸친 거래가 가능하여 매우 효율적인 시장을 형성할 수 있다. 하지만 아이러니하게도 플랫폼 자체의 시장은 결코 경쟁적이거나 효율적이라고 보기 어렵다.

디지털화는 여러 시장에서 경쟁을 촉진한다. 예를 들어, 도서 시장은 이제 거의 온라인화 되었고 아마존은 도서 가격을 크게 낮추는 데 기여하였다. 이와 같은 현상은 전자제품, 음악, 잡화류 등 다양한 분야에서도 나타난다. 그러나 이러한 시장에는 대개 한 개의 지배적 플랫폼이 존재한다. 예를 들어, 아마존은 도서 시장뿐만 아니라 전자제품 시장에서도 점점 더 지배적인 위치를 차지하고 있다. 음악은 스포티파이Spotify가 점차 시장을 주도하기 시작하였으나 애플 뮤직과 같은 다른 스트리밍 플랫폼들도 반격에 나서고 있다. 중고품 거래 시장에서는 이베이가 독점적 위치를 점하고 있다. 이처럼 강한 네트워크 효과(더 큰 시장에 연결될 때 사용자가 얻게 되는 실질적인 이점)가 존재하는 시장은 전형적으로 '쏠림tipping' 현상을 보이며 독점화되기 쉽다. 이베이의 소프트웨어 기능에 대해 크게 신경을 쓰는 사람은 거의 없지만 이베이는 "DuroMax XP4850EH 하이브리드 포터블 듀얼 연료(가스/프로판) 캠핑 RV 발전기" 품목의 가장 큰 거래 시장이다. 실제로 2019년 6월 한 주 동안 2만 개 이상의 제품이 판매되어 총 약 1,200만 달러의 매출을 기록하였다.[1] 즉, 해당 품목을 사고팔려는 사람이라면 다른 디지털 마켓플레이스보다 이베이를 이용하는 것이 가격 경쟁력 측면에서도 가장 효율적일 가능성이 높다.

시장 내 규모의 경제가 주는 이점은 잘 알려져 있지만, 디지털 시장이 전 세계적으로 확장될 수 있었던 능력은 비교적 최근에 등장한 현상이며 그 영향력은 매우 주목할 만하다. 플랫폼이 임계 규모에 도달한 이후에는 경쟁 플랫폼이 새로 진입하더라도 의미가 없어지는 경우가 많다. 폭발적으로 성장하는 플랫폼을 따라잡는 것은 실질적으로 불가능에 가깝고, 획기적인 혁신이 없는 한 후발 주자에게 승산은 거의

1 검색위치: https://crazylister.com/blog/top-selling-items-on-ebay/ (2022년 8월 검색)

없다. 그 결과, 네트워크 효과는 플랫폼이 막대한 시장 지배력을 집중시킬 수 있는 기반이 된다. 실제로 [표 11-1]의 2021년 기준 전 세계 시가총액 상위 10개 기업 중 7개 기업은 단순한 디지털 기업이 아닌 디지털 플랫폼 기업이었다. 유일하게 디지털 기업이 아닌 기업은 석유 회사인 사우디 아람코Saudi Aramco 였으며, 이 회사는 다른 방식으로 예외적인 시장 지배력을 확보하였다.

표 11-1 2021년 기준 전 세계 시가 총액 기준 가장 가치 있는 기업들과 그들의 주요 서비스

순위	회사	주식 시장 가치(백만 달러)	주요 제품 및 서비스
1	**Apple**	2,050	디지털 플랫폼(앱 스토어)
2	Saudi Aramco	1,890	오일
3	**Microsoft**	1,778	디지털 플랫폼(Windows)
4	**Amazon**	1,558	디지털 플랫폼(마켓플레이스)
5	**Alphabet**	1,395	디지털 플랫폼(구글, 안드로이드)
6	**Facebook**	839	디지털 플랫폼(소셜 네트워크)
7	**Tencent**	767	디지털 플랫폼 대기업
8	Tesla	641	전기 자동차
9	**Alibaba**	615	디지털 플랫폼 대기업
10	TSMC	613	반도체

참고: 디지털 플랫폼 기업은 굵게 표시

출처: https://en.wikipedia.org/wiki/List_of_public_corporations_by_market_capitalization# (2022년 8월 검색)

이와 같은 시장 지배력의 집중은 사회 전체에 상당한 독점 비용을 초래할 가능성이 있다. 예를 들어, 구글, 애플과 같은 플랫폼은 검색, 이메일, 모바일 소프트웨어 서비스를 활용함으로써 모든 이용자의 정보에 접근할 수 있는 능력을 보유하고 있다. 페이스북은 이용자의 사회적 네트워크와 다양한 정보 출처에 대한 접근 권한을 가질 수 있으며, 우버나 구글(특히 Waze를 통해)은 개인의 이동 경로와 습관에 대한 종합적인 프로파일을 확보할 수 있다. 이러한 유형의 네트워크 기반 서비스는 본질적으로 시장 쏠림과 지배를 초래하여 정부 규제 당국에게 큰 정책적 과제를 안겨주는 요인이 된다.

전통적인 시장에서는 통신망, 전력 공급, 철도 등과 같은 "필수 설비"를 제공하는 지배적 기업들이 규제

를 받을 수 있다(예 Lipsky & Sidak, 1999[2] 참조). 그러나 디지털 시장에서는 소비자가 서비스를 무료로 이용하는 대신 개인 정보가 수집되고 상업화되는 방식이 일반적임에도 불구하고, 이러한 정보 교환의 독점을 다룰 수 있는 규제 체계는 충분히 빠르게 발전하지 못하였다. 그럼에도 불구하고 유럽과 미국에서는 주요 디지털 플랫폼 기업을 분할해야 한다는 요구가 점점 더 거세지고 있다.[3]

11.1 다면 시장

다면 시장multisided market은 서로 다른 유형의 두 개 이상의 사용자 집단을 하나의 디지털 플랫폼 상에 연결하는 구조를 의미한다. 이러한 집단들은 상호 간 일정한 방식으로 의존 관계를 형성하고 있으며, 그들의 상호작용 자체가 플랫폼의 전체 가치를 증가시키는 핵심 요인이 된다. 따라서 각기 다른 참여자 집단 간에는 간접적인 네트워크 효과가 발생하며, 한 집단의 참여가 다른 집단의 참여 유인을 강화하는 메커니즘이 형성된다.

바자르의 비유를 이어서 생각해 보면, 쇼핑몰에서는 소비자와 매장이 각각 하나의 참여 집단side이 된다. 이때 쇼핑몰은 플랫폼의 역할을 하여 소비자와 매장이 같은 공간에서 만날 수 있도록 한다. 마찬가지로 이베이는 거의 모든 물품의 구매자와 판매자를 연결하는 플랫폼이며, 온라인 뉴스 서비스는 일반적으로 독자와 광고주라는 두 집단을 연결한다.

다면 시장과 전통적인 상인merchant의 차이점은 후자는 상품을 직접 매입하여 다시 판매하는 방식이라는 점이다. 예를 들어, 월마트는 플랫폼이 아니라 공급업체로부터 상품을 구매한 후 이를 소비자에게 판매하는 중개자intermediary에 해당한다. 월마트는 공급자와 소비자 간의 직접적인 거래를 중개하거나 촉진하지 않으며, 소비자는 어떤 업체로부터 상품이 공급되었는지 알 수 없다. 이 차이는 월마트와 같은 사업 모델은 네트워크 효과를 발생시키지 않기 때문에 중요하다. 월마트는 규모의 경제를 강하게 활용하지만 소비자는 공급업체 수가 많다고 해서 직접적인 혜택을 누리지는 않는다. 소비자 입장에서는

2 Lipsky, A.B. & Sidak, J.G.(1999), "Essential Facilities," Stanford Law Review, 제51권(1999년 5월), 1187 – 1248쪽. 검색위치: www.criterioneconomics.com/docs/essential_facilities1.pdf (2022년 8월 검색)

3 예를 들어, The New York Times (2019) 참조. 검색위치: www.nytimes.com/2019/05/09/opinion/sunday/chris–hughes–facebook–zuckerberg.html (2022년 8월 검색)

상품의 종류가 다양하고 가격이 저렴하기만 하면 만족도가 높아진다. 이에 반해, 디지털 플랫폼 환경에서는 서로 다른 집단이 플랫폼을 통해 직접 연결되는 구조를 가지고 있으며, 각 측면side에 참여하는 당사자의 수가 많을수록 실질적인 혜택이 증가한다. 이는 어떤 당사자가 특정 목적에 가장 적합한 상대인지 사전에 알 수 없기 때문이다. 예를 들어, 이베이의 경쟁력은 희귀하거나 독특한 물건을 보유한 사람들과 그러한 물건을 원하는 사람들 간의 연결을 가능하게 하는 데서 비롯된다. X(Twitter)의 영향력은 특별한 관점을 가진 개인들과 그러한 정보나 시각을 가치 있게 여기는 사용자들을 연결하고 증폭시키는 능력에서 나온다. 반면, 월마트의 경쟁력은 매우 저렴한 가격에 대량으로 구매한 뒤 이를 전국적으로 분포된 점포망을 통해 약간의 마진을 붙여 판매하는 능력에 있다.

네트워크 효과의 구조를 분석하는 것은 그것이 어떻게 진화할 수 있는지 이해하는 데 매우 중요하다. 다면 시장multisided market에서는 여러 형태의 네트워크 효과가 존재할 수 있으며, 그 효과는 긍정적일 수도 부정적일 수도 있다. 예를 들어, 구글의 검색 플랫폼은 두 가지 참여 집단side인 검색 사용자와 광고주로 구성된다. 검색 사용자가 많아질수록 광고주는 더 큰 가치를 느끼므로, 이는 **양(+)의 교차 네트워크 효과**positive cross-side network effect에 해당한다. 하지만 대부분의 검색 사용자들은 광고주에 대해 큰 관심이 없으며, 일부는 광고 자체를 부정적인 요소로 인식하기도 한다. 따라서 이 경우에는 검색자 → 광고주 방향으로만 양(+)의 교차 네트워크 효과가 존재한다. 또한 같은 참여 집단 내same-side에서도 긍정적 또는 부정적 네트워크 효과가 발생할 수 있다. 예를 들어, 다수의 플레이어가 참여하는 대규모 다중 사용자 온라인 게임MMOG은 플레이어 수가 많을수록 게임의 재미와 가치가 증가하므로, 이는 **양(+)의 동일면 네트워크 효과**positive same-side network effect에 해당한다. 반면, 같은 집단 내의 참여자들이 서로 경쟁하는 상황에서는 **음(−)의 동일면 네트워크 효과**negative same-side network effects가 나타날 수 있다. 예를 들어, 소개팅 사이트에서 대부분의 남성 이용자는 여성 이용자가 많은 것을 선호하는 반면(양(+)의 교차 네트워크 효과), 동일한 남성 사용자 수는 적을수록 좋다고 느낀다(음(−)의 동일면 네트워크 효과). 그러나 일부 데이팅 플랫폼에서는 양(+)의 동일면 네트워크 효과가 작용할 수도 있다. 따라서 각 유형의 네트워크 효과가 어느 방향으로, 어떤 방식으로 작동하는지를 면밀히 분석하고 구조화하는 것이 중요하다. 이는 플랫폼 내 어떤 참여 집단이 가장 큰 가치를 창출하는지, 그리고 이들 간의 상호작용이 어떤 성격을 가지는지를 이해하기 위한 핵심적인 과정이다. 특히, 플랫폼의 초기 출시 전략과 성장 전략을 수립할 때 이러한 분석은 매우 중요한 의사결정의 기초가 된다.

11.2 닭과 달걀 문제

일반적인 2-모드 통신 네트워크와 마찬가지로, **플랫폼 전략**platform strategies에서 가장 어려운 과제는 임계 규모에 도달하는 것이다. 그러나 다면 시장은 각 참여 집단이 긍정적인 네트워크 효과를 경험할 수 있을 만큼 충분한 수의 참여자를 확보해야 하므로 이 과제는 더욱 복잡해진다. 따라서 플랫폼 설계자는 네트워크 효과의 구조와 각 집단이 플랫폼에 참여하도록 유도하는 인센티브 설계에 대해 세심한 주의를 기울여야 한다. 네트워크 효과에 대한 분석을 통해 어떤 참여 집단이 플랫폼 성공에 핵심적인 역할을 하는지 식별할 수 있다. 이러한 분석을 바탕으로 플랫폼 설계자는 가격 전략, 서비스 설계, 시스템 통합 전략 등을 활용하여 핵심 참여자 집단을 유입하기 위한 유인책을 설계할 수 있다. 또한 10장에서 다룬 개방성과 호환성에 관한 **네트워크 전략**network strategies도 플랫폼 사용자 확보를 촉진하는 데 유용하게 활용될 수 있다.

		구매자	
		참여	불참
판매자	참여	5, 1	−1, 0
	불참	0, −1	0, 0

그림 11-1 거래 참여에 대한 게임 이론적 예시

참고: 이 게임에는 두 개의 균형이 존재한다. 하나는 (참여, 참여)라는 선호되는 균형이고, 다른 하나는 (불참, 불참)이라는 균형이다. 판매자가 구매자가 참석하지 않을 것이라 믿는다면 판매자 역시 참석할 이유가 없다. 양측 모두 상대방 없이 혼자 참석하게 될 경우 가장 큰 불만족을 경험하게 된다. 플랫폼의 과제는 양측 모두가 동시에 참석하도록 설득하는 것이다.

플랫폼 가격 전략은 경제학자들에 의해 오랫동안 심도 있게 연구되어 온 주제이다. 서로 다른 참여 집단이 동시에 플랫폼을 채택할 수 있도록 행동을 조율하는 것이 핵심 과제다. 그렇지 않으면 이른바 **닭과 달걀 문제**chicken-and-egg problem가 발생하여 플랫폼의 확산이 실패로 이어질 수 있다. 예를 들어, 판매자들이 먼저 플랫폼에 참여하더라도 구매자가 없다면 곧 이탈하게 된다. 반대로 구매자들이 먼저 참여하더라도 판매자가 없다면 마찬가지로 플랫폼을 떠날 가능성이 높다. 이러한 경우에는 "닭이 먼저인가, 달걀이 먼저인가"라는 질문 자체가 의미 없으며, 양측 간에 양(+)의 교차 네트워크 효과가 존재하는 경우에는 양쪽 모두를 동시에 유인하여 참여를 유도하는 전략이 훨씬 중요하다.

플랫폼 가격 책정을 설명하는 데에는 구체적인 예시가 도움이 될 수 있다. 만화책 거래를 중심으로, 참여자의 선호와 인센티브, 그리고 그에 따른 최적 가격 구조를 살펴보자. 이 시장에는 판매자와 구매자가 존재하며, [그림 11-1]의 게임 행렬을 통해 알 수 있듯이 판매자의 참여 의향이 더 강한 편이다.

- **판매자와 구매자 모두 참석하는 경우**: 판매자의 효용(예 이익)은 5, 구매자는 효용(예 소비자 잉여)은 1이다.
- **판매자만 참석하고 구매자가 참석하지 않는 경우**: 판매자의 효용(예 행사장까지의 교통비 손실)은 −1, 구매자의 효용은 0이다.
- **구매자만 참석하고 판매자는 참석하지 않는 경우**: 판매자의 효용은 0, 구매자의 효용은 −1이다.
- **판매자와 구매자 모두 참석하지 않는 경우**: 어떠한 효용도 발생하지 않는다.

따라서 사회적으로 가장 바람직한 결과는 양측이 모두 참석하여 총 효용 6을 실현하는 것이지만 양측 모두 불참하는 또 다른 균형이 존재하며, 이는 회피하기 까다로운 상황이 될 수 있다. 이 문제는 양측의 행동을 조율해야 하는 닭과 달걀 문제에 해당한다. 어느 한쪽도 상대방 없이 혼자 참석하는 상황을 원하지 않으며, 상대가 참석할지 확신이 없다면 그냥 집에 머무르기로 결정할 가능성이 있다. 그렇다면 양측 모두가 참여하도록 어떻게 설득할 수 있을까?

한 가지 가능한 방법은 [그림 11-2]처럼 가격 전략을 활용하는 것이다. 이때, 플랫폼은 판매자에게 P_S, 구매자에게 P_B의 요금을 부과한다고 가정한다. 그렇다면 각 참여자에게 얼마만큼의 요금을 부과하는 것이 적절할까?

판매자 \ 구매자	참여	불참
참여	$5-P_S, 1-P_B$	$-1-P_S, 0$
불참	$0, -1-P_B$	$0, 0$

그림 11-2 참여 유도를 위한 플랫폼 가격 책정 전략

참고: 거래로 얻는 총 효용은 거래를 통해 발생하는 효용에서 참가 비용을 뺀 값으로 계산된다. 그렇다면 어떤 수준으로 판매자 요금 P_S와 구매자 요금 P_B를 설정해야 참여자들이 상대방이 참석하지 않을 수 있다고 생각하더라도 참여를 선택하게 되며, 결국 (참여, 참여)가 유일한 균형이 되도록 만들 수 있을까?

플랫폼이 독점적 가격을 적용한다고 가정하면 판매자 요금 P_S의 최대치는 4.99, 구매자 요금 P_B의 최대치는 0.99라는 것을 알 수 있다. 그러나 이와 같이 단순하고 완벽한 가격 차별 전략도 닭과 달걀 문제를 해결하지는 못한다. 여전히 좋은 균형(참여, 참여)과 나쁜 균형(불참, 불참)이 존재하며, 만약 참여자들이 나쁜 균형에 머물러 있다면, 상대방이 참석하지 않을 것이라는 확신이 있는 한 어느 누구도 행동을 바꾸려는 유인이 없다. 그렇다면 양측 모두가 어떠한 상황에서도 참석하고 싶도록 만드는 방법은 무엇일까?

그 해답은 분할과 정복divide and conquer 전략에 있다. 구매자에게 음(−)의 가격, 다시 말해 보조금을 제공함으로써 구매자가 어떤 상황에서도 참석을 선택하게 만드는 것이다. 구매자가 판매자의 선택과 관계없이 참석할 경우 판매자는 구매자가 올 것이라는 확신을 갖게 된다. 그렇다면 각 집단에 대해 얼마만큼의 가격을 설정하는 것이 적절할까?

가격 전략은 플랫폼의 서로 다른 참여 집단 간 조율을 가능하게 하는 수단이 될 수 있다. 일반적으로 지불 의사가 높을수록 가격도 높아진다. 하지만 플랫폼은 지불 의사가 낮은 집단이라 하더라도 다른 집단에 네트워크 효과를 제공할 수 있다면 해당 집단에 대해 보조금(음의 가격)을 제공할 수도 있다. 여기서 핵심은 한계비용 기준이든, 가격 차별이든, 이러한 방식만으로는 잠재적 참여자들이 플랫폼에 유입되도록 동기를 부여하기 어렵다는 점이다. 플랫폼 혁신가에게 가장 큰 전략적 과제는 임계 규모에 도달하는 것이므로 초기 가격 전략의 초점은 수익 극대화가 아니라 채택 극대화에 두어야 한다. 실제로 플랫폼 가격 전략은 매우 다양하게 구성될 수 있으며, 성공적인 전략은 각 참여 집단의 지불 의사와 참여 동기를 정교하게 분석한 결과물이다. 예를 들어, 일부 온라인 신문(주로 고품질 또는 시의적절한 정보)은 독자와 광고주 모두에게 요금을 부과하는 반면, 다른 일부 매체(보통 품질이 낮거나 중요도가 낮은 정보)는 광고주에게만 요금을 부과하고 독자에게는 무료로 서비스를 제공한다. 마이크로소프트는 소프트웨어 개발자 생태계ecosystem를 구축하며 개발자에게는 윈도우 플랫폼에 무료로 접근할 수 있도록 하고, 최종 사용자에게는 비용을 부과하는 방식을 취했다. 반면, 애플과 구글은 앱 개발자에게 플랫폼 등록 수수료를 부과하고 일반 사용자에게는 플랫폼 접근 비용을 부과하지 않는 대신 앱 자체에 대한 요금을 받는 방식을 사용하고 있다.

플랫폼 설계자는 가격 전략 외에도 중요한 보완재(예 콘텐츠, 기기 등)를 외부 공급자에게만 맡기지 않고 직접 제공하는 방안도 고려해야 한다. 예를 들어, 게임 콘솔 제조사는 새로운 콘솔을 출시할 때, 초기 사용자를 확보하기 위해 자사에서 직접 게임 콘텐츠를 제공하기도 한다. 닌텐도가 슈퍼 마리오 브라더스 같은 자사 게임을 먼저 출시한 것이 대표적인 사례다. 이처럼 플랫폼과 보완재 간의 연관성(상호 보완성)이 클수록 플랫폼 사업자가 직접 보완재를 제공하는 것이 더 효과적인 전략이 될 수 있다. 하지만 플랫폼이 시장에 진입할 때 이미 경쟁력 있는 보완재 시장이 존재한다면 그 시장에 뛰어드는 것은 비용은 크고, 얻는 이익은 적을 수 있다. 따라서 플랫폼 설계자에게 가장 중요한 목표는 플랫폼의 성공을 막고 있는 병목 지점bottleneck을 파악하고 그것을 통제하는 것이다. 예를 들어, [그림 11-3]과 같이 아마존은 기존의 온라인 도서 판매를 기반으로 전자책 시장을 키우기 위해 '킨들'이라는 전자책 전용 기기를 직접 만들었다. 킨들은 아마존의 전자책 플랫폼과 긴밀하게 연결된 핵심 보완재였고, 이 기기를 통해 출판사(또는 저자)와 독자를 연결하는 전자책 생태계를 장악할 수 있었다. 비슷한 사례로 넷플릭스와 아마존 프라임 비디오는 영화 시청자와 제작사(스튜디오)를 연결하는 스트리밍 플랫폼을 만들었다. 하지만 당시 주요 영화 스튜디오들이 콘텐츠 유통을 강하게 통제하고 스트리밍 자체를 허용하지 않거나 높은 라이선스 비용을 요구하였다. 넷플릭스와 아마존은 이런 병목을 피하기 위해 자체적으로 콘텐츠를 제작하고 콘텐츠 시장에 직접 진입하기로 결정했다.[4]

4 아마존은 2021년에 MGM 스튜디오를 인수하였다. 검색위치: https://www.cnbc.com/2021/05/26/amazon-to-buy-mgm-studios-for-8point45-billion.html (2022년 8월 검색)

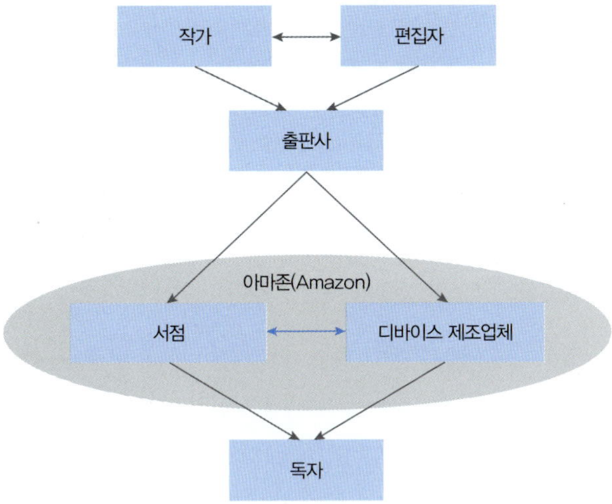

그림 11-3 아마존의 전자책 플랫폼 생태계

참고: 아마존은 전자책 서점과 전자책 리더기(디바이스)를 함께 제공함으로써 출판사와 독자 사이의 병목 지점을 통제하는 전자책 시장 플랫폼을 구축하였다.

핵심 요약

- 디지털 플랫폼은 단순한 전자상거래나 오프라인 상거래에 비해 규모, 유동성, 신뢰, 매칭 효율성, 검색 및 거래비용 절감 등 다양한 장점을 가지고 있어 강력한 상업적 구조로 작용한다.
- 플랫폼 참여자 간의 상호작용 방식에 따라 동일면 네트워크 효과와 교차 네트워크 효과를 낼 수 있다. 플랫폼의 초기 채택을 효과적으로 촉진하기 위해서는 상호작용의 강도와 특성을 정확히 이해해야 한다.
- 플랫폼은 상호작용이 필요한 각 참여 집단에서 임계 규모에 도달해야 하며, 이는 흔히 '닭과 달걀 문제'로 불린다. 상호작용이 기대되는 각각의 집단에서 임계 수요를 확보하는 일은 복잡한 전략적 도전 과제이다.
- 플랫폼 참여자 집단을 확보하기 위한 전략으로는 가격 전략과 보완재 통합 전략이 있으며, 개방성과 호환성을 중심으로 한 네트워크 전략도 함께 고려된다.

용어 정리

- **닭과 달걀 문제** chicken-and-egg problem: 새롭게 출시된 플랫폼이 양쪽 참여 집단에서 임계 규모를 확보하고 초기 확산의 동력을 얻는 데 겪는 어려움을 설명하는 개념이다.
- **교차 네트워크 효과** cross-side network effect: 한쪽 참여자가 증가할 때 다른 쪽 참여자에게 플랫폼의 가치가 높아지는 현상을 말한다.
- **디지털 신뢰** digital trust: 낯선 사람 또는 익명 사용자 간의 상호작용에서 디지털 기술에 기반하여 형성되는 신뢰의 한 형태이다. 이는 대면 관계나 조직적 신뢰를 대신하여 디지털 기술을 신뢰하게 될 때 형성되며, 이용자의 평판 시스템이 핵심적인 역할을 한다.
- **유동성** liquidity: 거래자가 합리적인 시간과 비용 내에서 거래 상대방을 찾을 수 있는 가능성을 의미한다.
- **매칭** matching: 시장(마켓플레이스)의 핵심 기능 중 하나로, 구매자와 판매자가 특정 재화를 거래하기 위해 서로를 찾을 수 있도록 하는 기능을 뜻한다. 노동 시장이나 독특하고 희소한 재화 및 서비스 시장에서는 효율적인 매칭이 매우 어렵다.
- **다면 시장** multisided market: 서로 다른 두 개 이상의 참여 집단(또는 거래자 유형)을 하나의 플랫폼상에 연결하며, 이들 집단은 서로 중요한 방식으로 상호 의존하는 구조를 가진다.

- **네트워크 전략** network strategies: 인터페이스의 개방성openness과 다른 플랫폼 또는 시스템과의 호환성compatibility에 관한 네트워크 전략을 통해 촉진될 수 있다.
- **플랫폼 전략** platform strategies: 서로 다른 참여 집단이 조정된 방식으로 플랫폼을 채택하도록 유도하기 위해 가격 전략과 보완재 통합 전략 등을 포함한다.
- **동일면 네트워크 효과** same-side network effect: 같은 역할 또는 같은 집단 내 사용자들 간의 상호작용을 통해 플랫폼의 가치가 증가하는 현상이다.
- **검색 비용** search costs: 사용자가 원하는 상품을 찾는 데 드는 시간과 노력을 의미하며, 이러한 비용이 클 경우 시장의 효율성을 저해할 수 있다.
- **거래비용** transaction costs: 특정 거래를 완료하는 데 수반되는 모든 비용을 의미하며, 여기에는 자금 조달 비용, 위험 관리 비용, 통화 교환 비용, 검색 및 매칭 비용 등이 포함된다.

토론하기

11.1 공항을 다면 플랫폼으로 생각해 보자. 공항에는 어떤 참여 집단이 존재하며, 이들 집단 간 또는 집단 내에는 어떤 형태의 네트워크 효과가 존재하는가? 이러한 분석은 공항 이용 요금의 책정 방식에 어떤 영향을 주는가?

11.2 [그림 11-2]를 참조하여 구글의 검색 플랫폼에 참여하는 검색 사용자와 광고주의 상호작용을 게임 이론의 관점에서 간략히 구조화해 작성해 보자.

11.3 Venmo는 개인 간P2P 결제를 위한 애플리케이션이다. 이 플랫폼의 참여 집단과 이들 간의 네트워크 효과는 어떻게 구성되어 있는가? 개인 간 송금 서비스가 무료로 제공되는 이유는 무엇인가?

11.4 최근 자동차는 차량 내 Wi-Fi와 주행 데이터 전송 기능을 무선 통신망(예 5G)을 통해 제공하고 있다. 당신이 테슬라와 같은 자동차 제조사라면 자체 통신 플랫폼을 구축하여 통신 서비스를 통합하겠는가, 아니면 기존 통신 플랫폼과 연결하겠는가?

추천 문헌

- Cusumano, M.A., Gawer, A., and Yoffie, D.B. (2019). The Business of Platforms: Strategy in the Age of Digital Competition, Innovation, and Power. New York: HarperCollins Publishers.
- Kretschmer, T, Leiponen, A, Schilling, M, and Vasudeva, G. (2022). Platform ecosystems as meta-organizations: implications for platform strategies. Strategic Management Journal 43 (3): 405–424.
- Parker, G.G. and Van Alstyne, M.W. (2005). Two-sided network effects: a theory of information product design. Management Science 51 (10): 1449–1592.
- Rysman, M. (2009). The economics of two-sided markets. Journal of Economic
- Perspectives 23 (3): 125–143.

사례 3
에픽 게임즈: 언리얼 배틀 로얄

에픽 게임즈Epic Games는 세계적으로 큰 인기를 끈 컴퓨터 게임 포트나이트fortnite의 제작사로, 스스로를 "인터랙티브 엔터테인먼트 기업이자 3D 엔진 기술 제공업체"라고 소개해 왔다. 창업자인 팀 스위니Tim Sweeney는 메릴랜드대학교에서 기계공학을 전공하던 중, 1991년 부모님의 집에서 포토맥 컴퓨터 시스템즈Potomac Computer Systems라는 이름으로 회사를 설립하였고 2021년에도 여전히 CEO로 재직 중이다. 에픽 게임즈는 게임 개발뿐 아니라 게임 및 3D 디자인 산업 전반에서 폭넓게 활용되는 3D 게임 제작 도구 '언리얼 엔진Unreal Engine'을 개발하였다. 이 엔진은 영화, TV, 시뮬레이션, 건축, 자동차, 제조업 분야 등에서 3D 콘텐츠 제작 도구로 사용되었다. 또한, 에픽 온라인 서비스Epic Online Services는 애플, 엑스박스, 플레이스테이션, 스팀, 닌텐도, 안드로이드 등 다양한 플랫폼을 위한 콘텐츠 개발을 지원하는 기능을 제공하였다. 에픽 게임 스토어Epic Game Store는 자사 개발 게임은 물론, 락스타 게임즈(GTA 시리즈), 피락시스 게임즈(문명 시리즈), 행어 13(마피아 시리즈), 슈퍼자이언트 게임즈(하데스) 등 서드파티 개발사의 게임을 유통하는 디지털 플랫폼 역할도 수행하였다. 이 플랫폼에서 유통된 주요 게임 장르는 액션, 어드벤처, 퍼즐, 레이싱, 롤플레잉, 슈팅, 전략, 서바이벌 등으로 다양하다.

사례 3.1 역사

팀 스위니는 자신의 첫 번째 게임인 ZZT를 디스크에 복사하여 수표를 보내온 고객들에게 아버지가 직접 우편으로 발송하는 방식으로 판매하였다. ZZT가 인기를 끌었던 이유 중 하나는 게임을 자유롭게 수정할 수 있는 높은 수준의 확장성 때문이었다. 스위니의 아버지는 2013년까지 직접 이 게임을 우편으로 발송해 왔다.[1] 그로부터 몇 년 후 직원 25명이 있는 규모의 회사로 성장하게 되었다.

2000년대 초반, 싱글 플레이어 게임은 출시 직후 불법 복제가 이루어지는 사례가 빈번해지면서 소프트웨어 불법 복제가 주요 도전 과제로 부상하였다. 이에 따라 에픽 게임즈는 자사의 게임 개발 방향을 콘

1 에픽 게임즈 연혁. 검색위치: https://populartimelines.com/timeline/Epic-Games (2022년 8월 검색)

솔 게임 중심으로 전환하였다. 그 이후 에픽은 콘솔, PC, 모바일 기기용 게임을 지속적으로 개발해 왔으며, 이 과정에서 자체 개발in-house은 물론, People Can Fly와 같이 외부 개발사와의 협업을 통해 게임을 제작하기도 했다. 대표적으로 블렛스톰Bulletstorm 게임은 에픽 게임즈와 People Can Fly가 공동 개발하였으며, Electronic Arts가 퍼블리싱을 담당하였다. 언리얼 엔진은 1인칭 슈팅 게임으로 처음 개발되고 상용화되었다. 이 게임은 당시 시장에서 가장 진보된 3D 플랫폼으로 평가되었다. 에픽 게임즈는 2015년에 이 엔진을 외부 창작자들에게 무료로 개방하여 모든 개발자가 개발 도구와 기술을 자유롭게 사용할 수 있도록 하였다. 대신, 에픽 게임즈는 개발된 게임이 상업적으로 출시된 이후에 게임 수익의 5%를 로열티로 회수하는 방식으로 수익을 얻었다.

2019년에는 에픽 게임 스토어를 오픈하였다. "공정한 수익 배분 구조", 즉 더 낮은 수수료율을 바탕으로 다른 앱 및 게임 스토어들과 경쟁하고, 창작자와 플레이어 간의 직접적인 연결을 가능하게 하는 것이 목적이었다.[2] 에픽 게임즈는 자사 게임만을 제공하는 스토어로는 충분한 매력을 갖기 어렵다는 점을 인식하고 외부 개발자들, 특히 스타트업 창작자들이 게임 스토어 내 시장 경쟁에 함께 참여할 수 있도록 했다.

마지막으로 에픽 온라인 서비스는 매치메이킹, 플레이어 간 P2P 연결, 플레이어 순위표 및 및 통계 기능, 업적, 특별 보상을 위한 티켓 발급 시스템 등과 같은 게임 개발 도구를 제공하였다. 에픽은 이러한 서비스가 가지는 규모의 경제 및 네트워크 효과의 장점을 분명하게 강조하였다.

> 조건은 없습니다. 우리는 이 서비스들 대부분을 포트나이트를 위해 구축했고, 현재 엄청난 규모의 경제 하에서 운영하고 있습니다. 또한 이 서비스는 에픽 게임 스토어 운영에도 활용되고 있습니다. 우리는 이 서비스를 게임 개발자들에게 무료로 제공하게 되어 기쁩니다. 그 목적은 에픽의 다양한 제품군 채택을 촉진하고, 크로스플레이, 크로스진행, 그리고 기타 개방적이고 상호 연결된 온라인 기능들을 모든 사용자에게 더 쉽게 접근 가능하도록 만드는 데 있습니다. 궁극적으로 개발자들이 에픽 계정 서비스Epic Account Services를 선택할 경우 에픽과 참여 파트너 모두는 플랫폼 간 공유 가능한 사용자 기반과 소셜 그래프social graph를 확대함으로써 혜택을 누리게 될 것입니다.[3]

2 에픽 게임즈 공식 웹사이트: www.epicgames.com/store/en-US/about (2022년 8월 검색)

3 에픽 게임즈 개발자 서비스 페이지: https://dev.epicgames.com/en-US/services (2022년 8월 검색)

에픽 게임즈는 2011년에 포트나이트를 처음 공개했으나 실제 출시는 2017년에 이루어졌다. 에픽 게임즈는 포트나이트 외에도 배틀 브레이커스Battle Breakers, 인피니티 블레이드Infinity Blade, 로보 리콜Robo Recall, 섀도우 콤플렉스Shadow Complex, 스파이징크스Spyjinx, 언리얼 토너먼트Unreal Tournament 등 6개의 게임을 개발하고 운영해왔다. 에픽 게임즈는 광대역 인터넷과 스트리밍 서비스의 보급과 함께 PC 게임과 디지털 직접 유통이 차세대 게임 시장의 중심이 될 것이라 판단하고, 콘솔이나 폐쇄적 플랫폼을 우회하는 전략에 베팅하였다. 포트나이트는 다른 많은 새로운 스트리밍 게임과 마찬가지로 기본적으로 무료로 제공되며, 게임 내 아이템 구매(예 스킨이나 캐릭터 의상)를 통해 수익을 창출하였다. 이러한 아이템들은 게임 내 경쟁력을 높이지는 않지만 외형을 꾸미는 용도로 사용된다. 2020년 기준, 3억 5천만 명 이상의 플레이어를 확보한 에픽 게임즈는 3년간 포트나이트 내 가상 아이템 판매만으로 40억 달러 이상의 수익을 올렸다. 포트나이트는 플레이어들이 게임 플레이를 스트리밍할 수 있는 기능을 제공하여, Tyler "Ninja" Blevins와 같은 인기 스트리머들은 트위치Twitch나 유튜브YouTube에서 연간 수백만 달러를 벌어들였다. 2012년, 텐센트는 에픽 게임즈의 새로운 제품 및 플랫폼 전략에 주목하여 3억 3천만 달러를 투자해 지분 40%를 인수하였고, 이를 통해 에픽 게임즈의 기업 가치는 약 8억 2,500만 달러로 평가되었다.[4] 포트나이트의 성공은 에픽 게임즈의 급속한 성장을 견인하였다. 2018년 기업 가치는 45억 달러에 달했으며, 2020년 또 한 차례의 대규모 투자 유치를 거친 후 기업의 가치는 173억 달러로 상승하였다.[5]

사례 3.2 수익 모델

에픽 게임즈는 게임 판매 수익, 게임 내 디지털 아이템 판매 수익, 그리고 게임 스토어 및 게임 엔진 도구(언리얼 엔진) 관련 수수료를 통해 수익을 올렸다. 에픽은 스토어 판매에서 12%의 수수료와 언리얼 엔진 기반으로 개발된 게임에서 발생한 개발자 수익의 5%를 로열티로 받았다. 또한 에픽은 자사 게임 스토어에 차별화된 콘텐츠를 유치하기 위해 여러 개발자들과 독점 유통 계약을 체결하였다. 2019년 기준, 에픽 게임즈 스토어는 6억 8천만 달러의 매출을 올렸으며, 1억 800만 개 이상의 고유 사용자 계정

4 에픽 게임즈 연혁: https://populartimelines.com/timeline/Epic-Games (2022년 8월 검색)

5 Browne, R. (2020), "Fortnite Creator Epic Games Is Now Valued at $17.3B After Blockbuster Funding Deal," CNBC, 2020년 8월 6일. 검색위치: www.cnbc.com/2020/08/06/fortnite-creator-epic-games-is-now-valued-at-17point3-billion.html (2022년 8월 검색)

이 해당 스토어에서 게임을 구매하거나 다운로드한 것으로 나타났다.[6]

포트나이트는 2019년 한 해 동안 18억 달러의 수익을 올렸으며, 이 중 대부분은 게임 내 아이템 판매를 통해 발생한 것이었다.[7] 포트나이트의 수익은 업데이트 버전이 출시되거나 새로운 가상 아이템이 판매될 때마다 급증하는 경향을 보였다.[8] 에픽 게임즈는 수익 모델을 더욱 정교화하기 위해 배틀 패스라는 구독형 패스를 도입하여 독점 기능에 대한 게임 업데이트와 게임 액세서리 할인 혜택을 제공하였고, V-벅스라는 게임 내 가상 화폐를 도입하여 플레이어들이 게임 내 아이템을 구매하도록 유인을 강화하였다.[9] 이러한 전략을 기반으로 에픽 게임즈는 2020년 한 해 동안 약 50억 달러의 매출을 올린 것으로 추정된다.[10]

사례 3.3 비용 구조

게임 개발에는 상당한 초기 고정 비용이 들었지만 게임이 출시된 후에는 디지털 유통을 통해 거의 무제한에 가까운 규모로 배포가 가능하였다. 게임 개발은 우수하고 성실한 인재들이 있어 가능했다.[11] 판매 및 기타 서비스와 관련된 비용은 상대적으로 적은 편이었다. 2020년 기준, 에픽 게임즈의 직원 수는 약 4,468명으로 추정되며, 연 매출 50억 달러를 기준으로 할 때, 직원 1인당 평균 100만 달러 이상의 매출을 창출한 셈이다.[12] 에픽 게임즈의 또 다른 비용 항목은 서드파티(제3자) 게임에 대한 독점 유통 권

6 Perez, M. (2020), "Epic Games Store Has Hit $680 Million in Revenue, 108 Million Customers," Forbes, 2020년 1월 14일. 검색위치: www.forbes.com/sites/mattperez/2020/01/14/epic-games-store-has-hit-680-million-in-revenue-108-million-customers/#5e835584b99a (2022년 8월 검색)

7 Shanley, P. (2020), "Global Digital Game Spending Hits Record $109 Billion in 2019," Hollywood Reporter, 2020년 1월 2일. 검색위치: www.hollywoodreporter.com/news/global-digital-game-spending-hits-record-109-billion-mark-2019-1265275 (2022년 8월 검색)

8 Russell, J. (2018), "Epic Games, the Creator of Fortnite, Banked a $3 Billion Profit in 2081," TechCrunch, 2018년 12월 27일. 검색위치: https://techcrunch.com/2018/12/27/epic-fortnite-3-billion-profit/ (2022년 8월 검색)

9 Ganti, A. (2020), "How Does Fortnite Make Money?" Investopedia, 2020년 9월 10일. 검색위치: www.investopedia.com/tech/how-does-fortnite-make-money/ (2022년 8월 검색)

10 Takahashi, D. (2020), "Epic Games Unveils $1.78 Billion Funding Round at $17.3 Billion Valuation," VentureBeat, 2020년 8월 6일. 검색위치: https://venturebeat.com/2020/08/06/epic-games-unveils-1-78-billion-funding-round-at-17-3-billion-valuation/ (2021년 6월 검색)

11 Campbell, C. (2019), "How Fortnite's Success Led to Months of Intense Crunch at Epic Games," Polygon, 2019년 4월 23일. 검색위치: www.polygon.com/2019/4/23/18507750/fortnite-work-crunch-epic-games (2022년 8월 검색)

12 Epic Games. Craft Intelligence Portal. 검색위치: https://craft.co/epic-games (2022년 8월 검색)

한 확보 비용이었다. 예를 들어, 에픽 게임즈 스토어는 2019년부터 인기 PC 게임인 "컨트롤Control"의 독점 유통을 담당했으며, 해당 독점 유통 권한을 확보하기 위해 선불로 약 1,050만 달러를 지불한 것으로 알려졌다.[13] 또한, 에픽 게임즈는 "피닉스 포인트Phoenix Point"라는 게임의 1년간 독점 유통권 확보를 위해 약 225만 달러를 지불하였다.[14]

에픽 게임즈는 애플 앱 스토어와 같은 모바일 플랫폼을 통해 포트나이트를 유통하면서 소액 결제 수익의 30%를 애플에 수수료로 지급하였다. 포트나이트는 지속적으로 애플 앱 스토어에서 수익 상위권을 기록하는 앱 중 하나였으며, 2020년까지 모바일 버전에서 발생한 소액 결제 수익만 10억 달러를 초과하였다. 에픽 게임즈는 포트나이트 모바일 유통과 관련하여 애플과 구글에 총 3억 달러 이상의 수수료를 지불한 것으로 추정된다.[15]

사례 3.4 경쟁

에픽 게임즈의 주요 경쟁사는 Electronic Arts 및 Activision Blizzard와 같은 게임 개발 기업들이었다. 2019년 기준, Activision Blizzard는 연간 65억 달러, Electronic Arts는 55억 달러의 매출을 기록하며, 에픽 게임즈보다 더 높은 연매출을 올리고 있었다.[16] 이들 기업은 고품질의 대규모 게임을 제작하여 모든 주요 플랫폼을 통해 출시하였는데, 이는 사용자의 한정된 예산과 관심을 끌기 위해 벌어지는 치열한 경쟁을 의미했다.

게임 스토어 경쟁 측면에서 스팀Steam은 여전히 가장 강력한 경쟁자로 남아 있었다. 스팀은 2003년부터 선구적으로 게임 유통 플랫폼을 운영해 온 기업으로, 20년에 걸친 방대한 콘텐츠 라이브러리를 보

13 Raevenlord (2019), "Exclusivity Costs: Epic Games Store's Control Cost $10.5 Million to Become PC Exclusive," TechPower Up, 2019년 9월 23일. 검색위치: www.techpowerup.com/259476/exclusivity-costs-epic-games-stores-control-cost-usd-10-5-million-to-become-pc-exclusive (2022년 8월 검색)

14 Blake, V. (2019), "Phoenix Point's Epic Store Exclusivity Deal Is Worth $2.25 Million Says Fig Investor," PC Gamer, 2019년 4월 22일. 검색위치: www.pcgamer.com/phoenix-points-epic-store-exclusivity-deal-is-worth-dollar225-million-says-fig-investor/ (2022년 8월 검색)

15 Hume, C. and Deller, W. (2020), "Epic Games Goes to Battle with Apple and Google: The Dispute So Far," Lexology, 2020년 9월 25일. 검색위치: www.lexology.com/library/detail.aspx?g=a0a16d4d-a41e-4a51-8e12-68625af1e47d (2022년 8월 검색)

16 에픽게임스 경쟁사. Craft Intelligence Portal. 검색위치: https://craft.co/epic-games/competitors (2022년 8월 검색)

유하고 있었다.[17] 2020년 기준, 스팀은 에픽 게임즈 스토어보다 훨씬 더 높은 인기를 유지하고 있었으며, 이는 독립적으로 개발된 인디 게임indie games과 트리플 A Triple-A 게임(중대형 게임 퍼블리셔가 개발 및 출시한 고예산 게임)을 포괄하는 방대한 게임 라이브러리 덕분이었다. 또한, 스팀의 게임 추천 알고리즘은 이용자의 이전 게임 이용 이력을 기반으로 정교한 추천을 제공한다는 점에서 높은 평가를 받았다.[18] 반면, 에픽 게임즈 스토어는 독점 콘텐츠를 제공하여 해당 플랫폼에서만 구매 가능한 타이틀을 통해 일정 수준의 전환 비용을 형성하였다. 스팀은 독점 콘텐츠를 거의 제공하지 않는 편이었다. 이 외에도 Ubisoft와 Activision Blizzard와 같은 개발사들은 자체 유통 플랫폼을 통해 자사 콘텐츠를 배포하고, 독점 게임을 제공하고 있었다.

수십 개의 업체들이 게임 개발 도구를 제공하였으며, 여기에는 로블록스, 스팀과 같이 매우 인기 있는 유통 플랫폼도 포함되어 있었다. Unity, CryEngine, Lumberyard, Godot과 같은 일부 도구들은 초급 또는 소규모 개발자를 주된 대상으로 설계되었다.[19] 각 도구는 특정 유형의 게임(2D 또는 3D), 스크립트 언어(C#, Lua, GDScript 등), 운영체제(Windows, macOS, Linux 등)에 맞게 최적화된 기능을 제공하였으며, 요금 체계는 무료, 월 구독제, 또는 상업적 수익의 5%를 로열티로 부과하는 방식 등 다양하였다.[20] 에픽 게임즈는 직관적인 편집기, 3D 게임에 특화된 고품질 그래픽 성능, 그리고 에픽 게임즈 스토어를 통한 직접적인 게임 배포 경로 제공을 차별화 요소로 내세웠다.

스팀과 애플처럼 이미 확고한 입지를 가진 기업들이 게임 개발 및 유통 플랫폼 시장에 진입해 있는 상황에서 에픽 게임즈는 다음과 같은 자사 플랫폼의 차별화를 시도하였다.

- 수수료율을 낮게 책정하였다. 다수의 경쟁사가 30%의 수수료를 부과하는 것과 달리, 에픽 게임즈는 개발자에게 단 12%의 수수료를 부과하였다.

---

17 Sayer, M. & Wilde, T. (2018), "The 15-Year Evolution of Steam," PC Gamer, 2018년 9월 12일. 검색위치: www.pcgamer.com/steam-versions/ (2021년 6월 검색)

18 Minor, J. (2020), "Steam vs. Epic Games Store: Which PC Game Store Deserves Your Dollars?" PC Magazine, 2020년 8월 25일. 검색위치: www.pcmag.com/comparisons/steam-vs-epic-games-store-which-pc-game-store-deserves-your-dollars (2022년 8월 검색)

19 Moore, D.M. (2020), "11 Tools to Get You Started Making Video Games," The Verge, 2020년 4월 14일. 검색위치: www.theverge.com/2020/4/14/21219609/video-game-tools-editor-developer-make-price-free-programming (2022년 8월 검색)

20 Wilson, L. (2019), "Godot, Unity, Unreal Engine, CryEngine: Which Game Engine Should I Choose?" Medium, 2019년 11월 1일. 검색위치: https://medium.com/@thelukaswils/godot-unity-unreal-engine-cryengine-which-game-engine-should-i-choose-553f8ff7999f (2022년 8월 검색)

- 게임 개발자를 더욱 적극적으로 지원하기 위해 노력하였다. 예를 들어, 에픽의 CEO는 "우리는 도구를 만들 때, 개발자의 완전한 창작 자유를 존중합니다."[21]라고 설명했다.
- 개발사에게 자사 플랫폼 독점 출시를 조건으로 직접 금전적 보상을 제공하였다. 예를 들어, "Borderlands 3"와 "Metro Exodus"의 PC 버전은 에픽 게임즈 플랫폼에서만 이용 가능하도록 독점 출시되었다. 또한, 에픽 스토어의 인터페이스 디자인은 깔끔하고 사용자 친화적이라는 평가를 받았다.

한편, 스팀은 대규모 시즌 세일 등으로 더 매력적인 할인 혜택과 프로모션을 자주 제공하여 이용자에게 강한 유인을 제공하였다. 이에 맞서 에픽 게임즈는 주기적으로 인기 대작 게임을 무료로 배포함으로써 경쟁력을 높였다.

에픽 게임즈의 주요 과제는 Activision Blizzard와 Electronic Arts와 같은 주요 경쟁사들과의 격차를 좁히고 경쟁력을 유지하는 것이었다. 이를 위해서는 포트나이트와 같은 장수 게임에 대한 게이머들의 지속적인 관심을 유도하여 수익 흐름을 유지하는 것이 핵심이었다. 이를 위해 게임 콘텐츠의 정기적인 업데이트는 필수적 요소였다.

에픽 게임즈가 직면한 또 다른 경쟁 과제는 게임 콘솔 주요 기업들인 마이크로소프트(엑스박스), 소니(플레이스테이션), 닌텐도(스위치)와의 관계 조율이었다. 이러한 산업 내 거대 기업들은 일반적으로 독점 게임을 선호하는 반면, 에픽 게임즈는 여러 플랫폼에 걸쳐 분포한 대규모 사용자 네트워크에 의존하고 있었다. 한동안 소니는 포트나이트 사용자들이 크로스플레이, 즉 마이크로소프트의 엑스박스나 닌텐도 스위치와 같은 다른 콘솔에서도 동일 계정으로 접속하는 기능을 허용하지 않았다.[22] 이로 인해 포트나이트의 네트워크 규모가 크게 제한되었고, 이는 사용자에게 제공되는 플랫폼의 가치 하락으로 이어졌다. 이 문제를 해결하기 위해 에픽 게임즈는 자사 제품이 콘솔 생태계에 가치를 더하는 자산이며, 콘솔의 차별화를 일부 포기할 만큼 충분히 매력적인 콘텐츠임을 납득시켜야 했다.

---

21 Statt, N. (2019), "Epic vs. Steam: The Console War Reimagined on the PC," The Verge, 2019년 4월 16일. 검색위치: www.theverge.com/2019/4/16/18334865/epic-games-store-versus-steam-valve-pc-gaming-console-war-reimagined (2022년 8월 검색)

22 Warren, T. (2018), "Sony Enabling Fortnite Cross Play for PS4 Against Xbox and Switch," The Verge, 2018년 9월 26일. 검색위치: www.theverge.com/2018/9/26/17905146/sony-fortnite-ps4-cross-play-support (2022년 8월 검색)

에픽 게임즈 스토어에 대한 게이머들의 초기 반응은 미지근했다. 출시 당시 기술적인 문제가 있었고, 제공되는 게임의 수와 다양성도 제한적이었다. 또한 에픽 게임즈의 주요 투자자인 텐센트가 회사를 지배하고 있었으며, 에픽 게임즈 스토어가 사용자 개인정보를 탈취하는 스파이웨어를 배포한다는 음모론까지 제기되었다. 에픽 게임즈는 이 모든 의혹을 강하게 부인했지만, 이미 대중의 신뢰에 상당한 타격이 발생한 뒤였다.[23] 이처럼 게임 유통 시장에 진입하는 것은 수많은 도전 과제로 가득했다.

사례 3.5 플랫폼 전략

에픽 게임즈는 플레이어와 개발자 네트워크를 확장하고 신규 사용자를 유치하기 위해 다양한 전략적 조치를 취하였다. 2015년부터 2019년 사이, 에픽은 언리얼 엔진을 모든 개발자에게 개방하고, 상업용 게임을 개발한 경우에만 로열티를 부과하는 방식으로 전환하였다. 이러한 정책은 Unity나 GameMaker와 같은 경쟁 엔진과 비교해 처음 게임 개발에 도전하는 개발자들에게 언리얼 엔진을 더 매력적인 선택지로 만들었다.[24] 또한, 다양한 개발 도구와 자료를 포함한 온라인 서비스도 무료로 제공하였다. 이와 더불어 에픽은 비디오 게임 스타트업에도 전략적으로 투자하였다. 예를 들어, Manticore Games는 에픽 게임즈의 지원으로 1,500만 달러의 자금을 유치하였다.[25]

에픽 게임즈는 비디오 게임 창작자들의 진입 장벽을 낮춤으로써, 사내에서 직접 게임을 개발하는 것보다 더 낮은 비용으로 게임 구성을 다양화할 수 있었다. 동시에, "Undertale"(스팀에서 350만 장 이상 판매), "Papers, Please"(280만 장 이상), "Stardew Valley"(500만 장 이상) 등 인기 있는 인디 게임indie games들이 성공을 거두면서, 자본이 많지 않은 소규모 개발자들로부터도 큰 수익을 창출할 수 있는 가능성을 인정받았다.[26] 에픽의 개발 도구들을 무료로 배포함으로써 개발자들은 에픽 게임즈의 사내 게

---

23 Hall (2019), "The Fury Over the Epic Games Store, Explained," Polygon, 2019년 4월 5일. 검색위치: www.polygon.com/2019/4/5/18295833/epic-games-store-controversy-explained (2022년 8월 검색)

24 Su, Jake(2020), "Epic Games Unveil Unreal Engine 5 with Breathtaking PS5 Demo," Geek Culture, 2020년 5월 14일. 검색위치: https://geekculture.co/epic-games-unveil-unreal-engine-5-with-breathtaking-ps5-demo/ (2022년 8월 검색)

25 Manticore(2020), "Epic Games Leads $15M Investment in Manticore Games," 보도자료, 2020년 9월 22일. 검색위치: https://apnews.com/press-release/business-wire/corporate-news-north-america-software-industry-investment-management-financial-services-c6b2db4276e4476c878e1bc1763d8c46 (2022년 8월 검색)

26 Orland, K.(2018), "Valve Leaks Steam Game Player Counts; We Have the Numbers," Ars Technica, 2018년 7월 6일. 검색위치: https://arstechnica.com/gaming/2018/07/steam-data-leak-reveals-precise-player-count-for-thousands-of-games/ (2022년 8월 검색)

임 수준에 버금가는 멀티플레이어 경험을 제공할 수 있게 되었으며, 이 시스템으로 개발된 게임 간에는 공통된 계정을 통해 사용자 간 연결이 가능했다. 이 개발자 서비스 키트는 크로스 플랫폼 지원, 멀티플레이어 로비 등 주요 멀티플레이 기능을 포함하고 있어 게임 개발자들에게 실질적인 도움을 제공하였다. 에픽 게임즈는 이러한 무료 도구 및 온라인 서비스를 통해, 최종 사용자들이 인식하고 소속감을 느낄 수 있는 게임 생태계를 구축하고자 하였다.

에픽 게임즈는 게임 외에도 자사의 언리얼 엔진을 활용하여 차량 내 소프트웨어in-car software를 개발하기 위해 자동차 제조사들과의 협업을 시작하였다. 에픽 게임즈는 이 프로젝트를 "인간-기계 인터페이스human-machine interface" 이니셔티브라고 설명하였다.[27] 특히, 제너럴 모터스와의 협업은 자율주행차 개발 분야로 진출할 수 있는 잠재적 경로로 여겨졌으며, 에픽은 언리얼 엔진이 자율주행차의 다양한 기능과 인터페이스의 기반 기술로 자리매김하는 것을 목표로 하였다.

사례 3.6 소송

2020년 기준 에픽 게임즈의 포트나이트는 3억 5천만 명의 이용자를 보유하고 있었고, iOS 사용자는 애플의 앱 스토어를 통해서만 게임을 내려받을 수 있었다. 구글은 안드로이드 기기에서 '사이드로딩sideloading'을 허용했지만, 실제로는 대부분의 이용자가 구글 플레이 스토어를 통해 앱을 설치했기 때문에 에픽 게임즈는 두 플랫폼 모두에서 30% 수수료 구조에 동의할 수밖에 없었다. 그러나 에픽 게임즈는 이러한 모바일 플랫폼을 우회하려는 전략을 추진했다. 즉, 애플 또는 구글의 결제 시스템을 거치지 않고 에픽 게임즈에 직접 결제할 경우, 이용자에게 인앱 결제 금액의 20%를 할인해 주는 방식이었다.[28] 이에 따라 애플과 구글은 플랫폼 규정을 위반했다는 이유로 포트나이트를 자사 앱 스토어에서 삭제했다. 이후 에픽 게임즈는 앱 유통 및 결제와 관련한 반경쟁 행위anti-competitive practices를 이유로 애플과 구글을 상대로 소송을 제기했다. 에픽 게임즈는 두 플랫폼이 과도한 시장 지배력을 보유하고 있으며, 이

---

27 Statt, Nick(2020), "GMC's All-Electric Hummer Will Be the First Car with Software Built Using Epic's Unreal Engine," The Verge, 2020년 10월 7일. 검색위치: www.theverge.com/2020/10/7/21506572/epic-games-unreal-engine-general-motors-gmc-hummer-ev-human-machine-interface (2022년 8월 검색)

28 BBC(2020a), "Fortnite: Epic Games sues Google and Apple over app store bans," BBC News, 2020년 8월 14일. 검색위치: www.bbc.com/news/technology-53777379 (2022년 8월 검색)

를 통해 불합리한 제한 조건을 강요하고 있다고 주장했다.[29] 에픽 게임즈는 이들 기업이 독점적 관행을 철폐해야 한다고 요구했고, 나아가 "구글이 약속했던 개방적이고 경쟁적인 안드로이드 생태계"를 실현하기 위한 금지명령injunctive relief도 요청했다.[30] 에픽 게임즈는 iOS와 Android 디바이스에서 경쟁 앱 스토어를 만들 수 있도록 생태계를 개방하여, 앱 배포와 결제 프로세싱을 포함한 다양한 영역에서 더 많은 혁신과 선택권을 제공해야 한다고 주장했다. 결국 에픽 게임즈는 애플과 구글의 핵심 비즈니스 모델, 즉 자사 기기에서의 앱 유통 통제권에 정면으로 도전한 것이다.

법정 바깥에서도 에픽 게임즈의 움직임은 이어졌다. 에픽 게임즈는 Spotify, Match Group 등 주요 앱 개발 업체와 함께 비영리 단체인 Coalition for App Fairness를 설립해 앱 시장 개혁을 위한 공동 대응에 나섰다.[31] 또한 에픽 게임즈는 수많은 포트나이트 팬들을 거대 기술 기업에 반대하도록 조직하기 위해 #FREEFORTNITE 캠페인을 시작했다. 에픽 게임즈는 애플의 유명한 1984년 슈퍼볼 광고를 패러디한 'Nineteen-eighty-fortnite' 영상도 공개했다. 영상은 "에픽 게임즈는 앱 스토어 독점에 맞섰고, 애플은 보복으로 포트나이트를 10억 대의 기기에서 차단하고 있다. 2020년이 1984년이 되는 것을 막기 위한 싸움에 동참하라"는 경고 메시지를 전했다.[32]

이 소송의 판결은 변화하는 기술 산업 전반에서 적용될 경쟁법antitrust 규제의 향방에 중대한 영향을 미칠 가능성이 있었다. 만약 에픽 게임즈가 승소한다면, 애플과 구글의 수익 기반이 되는 모바일 플랫폼 시장의 통제권이 약화되며 기존 질서가 근본적으로 재편될 수도 있었다. 한편, 여론이 에픽 게임즈에 우호적으로 형성되고 있었기 때문에 기술 기업들은 공정성 논란이 지속될 경우 이용자 신뢰를 잃을 위험도 존재했다. 반대로 에픽 게임즈가 패소할 경우, 소송 비용과 시장 영향은 에픽 게임즈에게 상당한 부담이 될 수 있었다.

---

29 D'Anastasio(2020), "Epic Games' lawsuits fire a shot at Apple and Google's app store 'monopolies'," Wired, 2020년 8월 13일. 검색위치: www.wired.com/story/epic-games-sues-apple-fortnite-app-store/ (2022년 8월 검색)

30 Sherr, I. 그리고 Van Boom, D.(2021), "Apple scores legal win over Epic in Fortnite lawsuit: what you need to know," CNET, 2021년 9월 13일. 검색위치: www.cnet.com/news/epic-suing-apple-and-google-over-fortnite-bans-everything-you-need-to-know/ (2022년 8월 검색)

31 Griffith, E.(2020), "Apple and Epic Games spar over returning Fortnite to the app store," The New York Times, 2020년 9월 29일. 검색위치: www.nytimes.com/2020/09/28/technology/apple-epic-app-court.html (2022년 8월 검색)

32 Fortnite(2020), "Nineteen Eighty-Fortnite - #FreeFortnite," 2020년 8월 13일. 검색위치: www.youtube.com/watch?v=euiSHuaw6Q4 (2022년 8월 검색)

질문

1. 에픽 게임즈의 게임 시스템에는 어떤 네트워크 효과가 존재하는가? 그것은 직접적인가, 간접적인가?

2. 에픽 게임즈가 온라인 서비스를 무료로 제공한 이유는 무엇이라고 생각하는가? 이러한 전략이 좋은 선택이었다고 생각하는가?

3. 에픽 게임즈 스토어는 스팀이나 모바일 앱 스토어처럼 이미 확고하게 자리 잡은 게임 유통 플랫폼과 어떻게 경쟁할 수 있는가?

4. 에픽 게임즈와 애플 간의 소송 사례에서 에픽 게임즈의 주요 주장과 애플의 주요 주장은 무엇이었는지 각각 정리하시오.

PART

04

디지털 혁신의 조직화

Organizing Digital Innovations

디지털 혁신의 기술 및 시장의 역학 관계에 대한 이해를 바탕으로, 이제 우리는 혁신을 상업화하기 위한 조직적 접근 방식을 살펴보고자 한다. 이는 결코 단순한 문제가 아니다. 디지털 기술은 전례 없는 새로운 제품과 서비스를 가능하게 만들 수 있으며, 완전히 새로운 유형의 자원과 활동을 어떻게 조직할 것인가를 발견하는 데에는 상당한 시간과 노력이 필요하기 때문이다.

우리는 조직 구조에 대한 고찰을 시작하며, 기업 조직이 궁극적으로 달성하고자 하는 목표와 디지털 조직이 핵심 과업을 어떻게 다르게 수행할 수 있는지에 주목한다. 특히, 디지털 기술을 활용하여 전통적인 조직 구조를 '역전invert'시키는 방식을 통해, 내부 직원에게 할당되었던 과업을 외부의 '대중' 또는 시장을 통해 보다 효율적으로 수행할 수 있다. 역전된 조직 구조는 기술을 기반으로 한 조정과 소통에 의존하며, 전통적인 위계적 방식이 아닌 기술 기반 해결 방식에 의존함으로써 생기는 이점과 비용을 모두 수반할 수 있다.

디지털 혁신가의 보다 넓은 목표는 경제적 가치를 창출하는 것이며, 최소한 그 가치는 창출 비용을 초과해야 한다. 우리는 다양한 가치 창출 방식의 구성을 비교하여, 전통적인 가치 사슬value chain과는 달리, 디지털 서비스는 종종 가치 상점value shop 또는 가치 네트워크value network로 설명되는 경우가 더 적절하다는 점에 주목한다. 이로 인해 비즈니스의 전반적인 논리 역시 무언가를 효율적으로 생산하는 것에서 고유한 문제를 해결하거나 효율적인 교환을 촉진하는 것으로 전환된다. 이러한 구성 방식은 혁신이 성공하고 경제적으로 지속 가능 하도록 해결해야 할 핵심 전략 과제가 무엇인지를 보여준다.

다음으로 우리는 가치 제안value proposition, 수익 창출 방식, 그리고 활동 및 자원 시스템 등 매우 실질적인 선택지들을 구체적으로 살펴본다. 이러한 요소들은 비즈니스 모델 설계의 핵심 구성 요소로서, 앞서 정의한 가치 창출 구조를 구현하며 비즈니스의 전체적인 가치 창출 논리를 뒷받침한다. 선택된 비즈니스 모델은 디지털 혁신이 속한 생태계ecosystem 내에서 실질적으로 작동 가능한 설계여야 한다. 이 장의 마지막에서는 우버의 비즈니스 모델을 사례로 다루며, 역전된 조직 구조가 어떻게 가치 구성 방식을 강화하는지, 또 우버의 다양한 비즈니스 모델 요소들이 자사가 속한 생태계와 어떻게 상호작용하는지를 분석한다.

CHAPTER 12

역전된 기업

The Inverted Firm

디지털화는 기업의 내부 조직 구조를 어떻게 변화시키는가? 긱 경제 플랫폼gig economy platforms과 프리랜서 중개 기업freelancing agencies이 빠르게 시장 점유율을 확대하면서, 우리가 기존에 이해하던 "기업"의 정의 자체가 바뀌고 있다. 한편, 여전히 전통적인 기업에 소속된 직원들조차도 업무의 조율과 소통을 위해 가상 도구나 외부 디지털 플랫폼에 점점 더 의존하고 있다. 예를 들어, 직원들은 사내 메일 시스템 대신 클라우드 기반 이메일 서버를 사용하고, 사내 구내식당 대신 온라인 음식 배달 플랫폼을 통해 점심을 주문하기도 한다. 이와 유사하게, 기업의 다양한 생산 활동 역시 외부 공급자에게 '아웃소싱'되는 사례가 증가하고 있다. 예를 들어, 원재료 조달, 제조, 조립, 물류, 마케팅, 심지어 연구개발R&D까지도 외부 기관이 수행한다. 이러한 상황에서 기업이란 도대체 무엇인가? 자신의 핵심 활동조차 외부 조직들이 수행한다면 우리는 여전히 그것을 하나의 기업이라고 부를 수 있을까?

디지털화가 기업을 어떻게 변화시키는지를 살펴보기 위해서는 먼저 '기업'이란 무엇인가에 대해 명확히 정의할 필요가 있다. 우리는 이 개념을 흔히 당연하게 여기는 경향이 있지만, 디지털화로 인한 변화를 비교·분석하기 위해서는 기준점으로 삼을 수 있는 정의를 명확히 해 보는 것이 유용하다. 예를 들어, 케임브리지 사전은 "함께 일하거나 공동으로 활동하는 사람들의 집단"을 기업이라고 정의한다. 실제로는 개인사업자 형태로 한 명이 기업을 운영할 수도 있지만, 일반적으로 여러 사람이 함께 협력하고 조율하며 생산 활동을 수행하는 집단으로서의 기업을 떠올린다. 소수의 창업자들로 구성된 스타트업은 초기에는 별다른 구조 없이 운영되지만 조직이 성장하고 직원을 채용하게 되면 업무를 관리하고 조정하며 통제하기 위한 **위계적 구조**hierarchy를 갖추기 시작한다. 이러한 위계 구조는 산업혁명 이후 사람들이 함께 일하는 조직을 구성하는 지배적 방식으로 자리 잡아왔다.

12.1 위계 조직과 시장 계약

경제학에서 오랫동안 제기되어 온 고전적인 질문 중 하나는 "애초에 우리는 왜 '기업'이 필요한가?"이다. 모든 경제 활동을 **시장 계약**market contracts만으로 수행할 수는 없는 것일까? 예를 들어, 누군가 집을 짓고 싶다면 건설 회사를 통째로 고용할 수도 있지만, 집을 짓는 데 필요한 다양한 서비스를 각각 별도의 계약으로 외주를 줄 수도 있다. 실제로 미국주택건설협회에 따르면 직접 집을 짓기로 결정한 사람들은 평균적으로 22개의 하청업체를 고용한다고 한다. 이처럼 시장 기반 계약만으로 집을 지을 수 있다면 자동차나 소프트웨어 패키지도 같은 방식으로 만들 수 있을까?

이 질문에 답하기 위해서는 위계 조직이 어떤 기능을 수행하며, 왜 그러한 기능이 독립적인 계약을 통해서는 쉽게 구현되지 않는지를 살펴볼 필요가 있다. 예를 들어, 자동차를 만들기 위해서는 자동차 회사가 엔지니어, 조립 라인 근로자, 재고 관리자, 마케팅 전문가, 영업사원 등 다양한 인력을 고용해야 한다. 먼저, 기업은 모든 구성원이 공통의 목표인 제대로 작동하는 자동차를 만들기 위해 노력할 수 있도록 인센티브를 적절하게 조정해야 한다. 적절하게 조정된 인센티브는 조립 라인 근로자가 생산을 고의로 지연시키거나 영업사원이 회사의 수익성을 해치면서까지 자신의 분기 실적만을 올리는 판촉 활동을 하지 않게 된다. 둘째, 기업은 각 업무가 잘 맞물려 진행되도록 해야 한다. 예컨대, 자동차 설계가 완료되었을 때 생산 인력이 바로 투입 가능해야 하며, 재고 관리자는 이미 조립 요구 조건에 맞는 부품을 미리 주문해 두어야 한다. 셋째, 자동차는 복잡한 제품이므로 다양한 전문 지식이 통합되어야 예기치 못한 문제에 대한 혁신적인 해결책이 도출될 수 있다. 자동차 생산은 다양한 분야와 직무에 걸친 전문 지식의 통합을 통해 예상된 문제뿐만 아니라 예기치 못한 상황에도 유연하게 대응할 수 있는 조직의 능력에 크게 의존한다.

전통적인 기업은 [그림 12-1]처럼 **경영 권한**managerial authority과 **고용 계약**employment contracts에 기반한 잘 확립된 관리 원칙을 통해 인센티브의 조정alignment of incentives, 활동의 조율coordination of activities, 전문성의 통합integration of expertise, 즉 ACE 기능을 실현한다. 이러한 경영 권한은 근본적으로 생산 자산에 대한 투자자의 소유권과 직원을 생산 활동에서 배제할 수 있는 권한에서 비롯된다. 투자자는 이러한 권한을 신뢰할 수 있는 관리자에게 위임하고, 그 관리자가 기업의 이익을 높일 수 있는 활동을 적극적으로 수행하도록 동기를 부여한다. 예를 들어, 두 직원이 협력하지 않고 각자 자신의 이익만을 추구할 경우, 관리자가 개입하여 기업 전체에 도움이 되는 방식으로 갈등을 조정할 수 있다. 직원들이 고용 계약 범위 내에서 관리자의 지시에 따르지 않으면 해고될 수도 있다. 관리자는 업무를 조율하기 위해 프로젝트 계획을 수립하고, 개별 직원에게 과업을 배정하며, 업무 진행 상황을 점검하고, 효율적인 소통과 인수인계를 위한 체계를 마련할 수 있다. 또한, 관리자는 창의적인 프로젝트를 위해 부서 간 협업할 수 있도록 새로운 팀을 구성하거나 전문가들이 과업과 목표에 대해 공통의 이해를 형성해 지식을 나누고 혁신적인 해결책을 함께 만들어낼 수 있도록 지원함으로써 다양한 전문성을 통합할 수 있다.

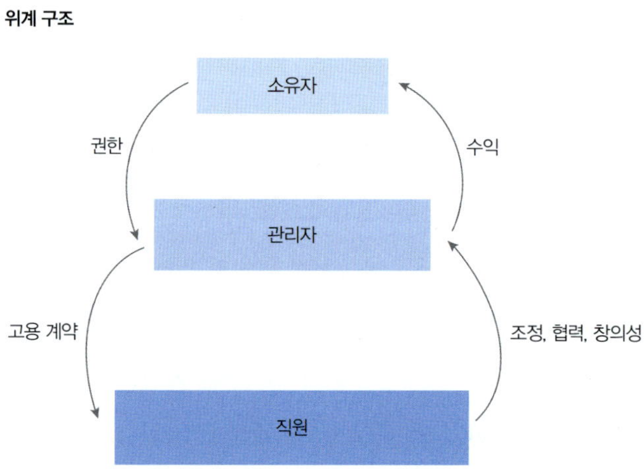

그림 12-1 전통적인 위계 조직

참고: 위계적 조직에서는 소유주가 관리자에게 권한을 위임하여 관리자가 기업의 자원과 활동에 대한 권한을 행사할 수 있도록 한다. 관리자는 일반적으로 장기적이고 포괄적인 고용 계약을 통해 직원을 채용하며, 직원은 안정적인 고용을 기반으로 협력하고 조율하며 창의적인 업무를 수행하도록 동기를 부여받는다. 이러한 활동들은 집단적인 생산을 가능하게 하며, 궁극적으로 소유주에게 이익을 준다.

이처럼 관리자 중심의 위계 구조를 통해 일을 수행할 수는 있지만 인센티브 조정, 업무 조율, 전문성 통합이라는 ACE 기능을 관리 감독 없이 시장 계약으로도 달성할 수 있을까? 예를 들어, 집을 지을 때 건설 회사를 통째로 고용하지 않고 모든 작업을 개별 계약으로 외주 주는 사람들은 시장 계약만으로도 복잡한 프로젝트를 완수할 수 있다고 믿는 것이다. 영화 제작사들도 이와 유사하게 여러 개별 역할과 활동을 별도 계약을 통해 외부에 맡기는 경우가 많다. 이러한 계약 기반 접근 방식의 장점은 명확하다. 바로 관리자 위계 구조에서 발생하는 간접 비용을 줄일 수 있다는 점이다. 즉, 관리 조직 운영에 드는 비용을 절감할 수 있는 것이다. 그렇다면 서비스를 계약으로 처리하는 방식의 단점은 무엇일까?

12.2 디지털화와 시장 계약의 부상

시장 계약이 작동하는 기본적인 방식은 사전에 정의된 작업에 대해 정해진 금액을 지급하는 것이다. 집을 짓거나 자동차를 만드는 모든 작업이 미리 구체적으로 정의된 과업들로 완벽하게 구분되었고, 진행 중에 별도의 조율이 전혀 필요 없다고 가정해 보자. 각 작업에 대해 기한과 조건을 명시한 계약을 체결함으로써 인센티브를 조정하는 것도 가능할 것이다. 그러나 실제로는 프로젝트 중 발생할 모든 작업을 사전에 예측하는 것은 거의 불가능하므로 완전한 계약을 작성하는 것은 매우 어렵다. 게다가 악천후나 장비 고장과 같은 예기치 못한 상황이 생기는 경우 기존 계약을 모두 수정해야 하므로 추가 비용이 발생할 수도 있다. 또한 시장 계약은 전문성을 통합하거나 창의적인 협업을 요구하는 경우에 한계를 드러낸다. 전문성의 통합은 일반적으로 협업을 통한 혁신이 필요하며, 이는 창의적인 활동이기 때문에 계약서로 사전에 구체화하기가 어렵다. 일부 계약자는 공동 문제 해결에 참여할 의지가 있을 수 있지만, 공유된 목표나 조직 문화 없이는 창의적인 해결책에 도달하기 어려운 경우가 많다. 따라서 수행해야 할 작업이 복잡하고 유동적이며, 예상치 못한 대응이 필요하거나 구성원 간의 긴밀한 조율, 소통, 혁신이 필요한 환경에서는 단기적 시장 계약만으로는 해결할 수 없는 영역이 존재한다. 이러한 상황에서는 여전히 위계적 조직이 가지는 강점이 분명하다.

이처럼 감독, 조정, 의사소통, 집단 창의성이 필요한 상황에서는 시장 계약보다 위계 조직이 더 효과적인 경우가 많다. 하지만 오늘날의 디지털 도구는 이러한 기능들을 수행하는 데 드는 비용을 크게 줄일 수 있다. 예를 들어, 전화, 이메일, 신용카드, 스프레드시트, 전자 발주 시스템 없이 22개의 하청업체와 함께 집을 짓는 상황을 상상해 보자. 아마도 이런 방식에 대해 다시 생각해 보게 될 것이고, 차라리 건설 회사에 '관리 비용'을 지불하고 맡기는 것이 더 낫다고 판단할 수도 있다.

이번엔 업워크Upwork, 태스크래빗TaskRabbit, 앤지Angi, 로버Rover 등과 같은 디지털 마켓플레이스를 살펴보자. 이 플랫폼들은 각각 온라인 전문직 업무, 가정 내 작업, 반려동물 돌봄 서비스를 위한 프리랜서나 외부 전문가와 고객을 연결하는 서비스이다. 이들 플랫폼은 계약자의 평판을 확인할 수 있는 도구, 에스크로escrow 계좌를 통한 안전한 결제 방식, 그리고 작업 완료 여부를 모니터링할 수 있는 기능 등을 제공함으로써 인센티브를 조정할 수 있도록 한다. 예를 들어, 업워크에서는 소프트웨어 개발자를 찾는 이용자가 자격을 갖춘 개발자를 검색하고, 작업 제공자들이 제출한 제안서를 바탕으로 프로젝트 가격을 협의할 수 있으며, 데스크톱 모니터링 도구를 통해 실시간으로 작업 진행 상황도 확인할 수 있다. 또한 업워크는 플랫폼 내 인증, 작업자의 포트폴리오 및 학력 정보, 그리고 이전에 수행한 프로젝트 건수 및 평점 기반의 평판 정보 제공을 통해 고객이 서비스 제공자의 역량과 신뢰도를 보다 쉽게 판단할 수 있도록 한다.

디지털 도구의 가장 두드러진 강점은 활동의 조율을 용이하게 할 수 있다는 점이다. 디지털화는 전자 캘린더, 빠르고 저렴한 통신 수단, 공유 문서 저장소 등의 도구를 통해 멀리 떨어진 곳에서도 복잡한 업무를 조정할 수 있게 하였다. 예를 들어, 과거에는 반려동물을 키우는 사람이 주변에 도움을 줄 수 있는 사람이 없는 상태에서 급하게 외출해야 하는 경우, 반려동물을 혼자 둘 수 없다면 난처한 상황에 놓이곤 했다. 하지만 이제는 Rover나 Wag! 같은 플랫폼을 통해 검증된 반려동물 돌보미를 시간 단위로 손쉽게 고용할 수 있다. 이러한 플랫폼에는 돌보미의 실시간 예약 가능 시간과 위치 정보가 디지털화되어 제공되므로, 과거에는 시간이 많이 걸렸을 서비스 일정 조율도 훨씬 간편하고 빠르게 처리된다. 또한, 계획이 변경되는 경우에도 사용자는 위치 공유 기능과 디지털 지도를 활용해 예상치 못한 시간과 장소에서의 만남도 유연하게 조정할 수 있다.

조직 내에서, 특히 지식 기반 업무와 관련하여 관리자가 수행하는 가장 어려운 기능 중 하나는 창의적인 팀워크를 가능하게 하는 일일 것이다. 이러한 관리 기능은 다양한 분야의 전문가들이 각자의 전문지식을 결합해 새로운 제품과 서비스를 창출할 수 있도록 하며, 이는 곧 조직 내 혁신으로 이어진다. 관리자는 이를 위해 창의적인 조직 문화를 구축하는 경우가 많다. 대표적인 사례로 애플을 들 수 있다. 애플은 독창적인 혁신 문화를 구축함으로써 일련의 혁신적인 제품과 서비스를 만들어낸 기업이다. 애플은 제품을 내부에서 설계하고 철저히 통제하는 전략으로도 유명하지만, 디지털 혁신을 위해 조직의 개방성을 일부 수용하기도 했다. 예를 들어, 애플은 초기 아이폰 화면에 코닝의 고릴라 글래스를 사용하고, 초기 아이팟에는 도시바의 대용량 소형 하드 드라이브를 채택함으로써 외부 제조업체와의 협업을 시도했다. 심지어 자사 운영체제의 핵심이라 할 수 있는 Mac OS X 소프트웨어에 대해서도 오픈 소스 소프트웨어 개발 커뮤니티의 역량을 활용하였다. 이러한 커뮤니티는 전통적인 위계 구조나 계약 없이도 자발적인 협업을 통해 기술을 개발하며, GitHub와 같은 코드 저장소, 토론 포럼, 메일링 리스트 등의 디지털 도구를 이용해 "기업의 관리자 없이도" 혁신적인 기술을 공동으로 만들어낸다.

12.3 디지털 시대에도 번성하는 위계 조직의 이유

기술이 계약을 더 쉽게 만든다고 해서 위계 조직이 사라질 것이라고 단정하기는 어렵다. 위계 조직은 그 방식에 익숙한 사람들로 구성되어 있으며, 인류 역사 수천 년 동안 상하 관계는 끊임없이 존재해 왔다. 예를 들어, 가톨릭 교회와 같은 조직 종교는 거의 2,000년에 걸쳐 위계적 관리 구조를 유지해 왔으며, 여러 차례의 기술 혁신기를 거치면서도 그 체계를 유지해왔다. 최근에는 전통적인 방식과는 달리 많은 전문가들이 독립 계약자 형태의 일자리를 선호하고 있다. 일부 지식 노동자는 노트북 하나로 전 세계를 이동하는 디지털 노마드를 선택해, 근무 시간보다 성과의 질로 평가받고 스스로 근무 시간을 조절하기를 원한다.

위계 조직은 여러 측면에서 도전을 받고 있다. 조직 구조로서 시장 계약에 대해 갖고 있던 우위는 약화되고 있으며, 젊은 세대가 전통적인 기업의 경직된 관료적 구조에 매력을 느끼지 않음으로써 문화적으로도 그 매력을 상실하고 있다. 그럼에도 불구하고 아마존, 마이크로소프트, 애플, 구글, 페이스북 등 디지털 시대의 대표 기업들조차도 일부 활동은 시장 계약이 아닌 위계적 조직 체계를 통해 운영되고 있다. 다만, 이들 기업도 애플과 같이 일부 요소나 활동에 대해서는 디지털 시장과 적극적으로 연계하거나 이를 주도하기도 한다. 예를 들어, 전통적인 컴퓨터 기업인 IBM은 2020년 기준 34만 5천 명의 직원을 고용해 780억 달러의 매출을 기록했다. 반면, 구글은 광고 시장과 다양한 디지털 서비스 부문에서 단지 14만 명의 직원으로 1,820억 달러의 매출을 달성했다. 마이크로소프트 역시 플랫폼 기반의 소프트웨어 기업으로, 2020년 16만 3천 명의 직원으로 4,400억 달러의 매출을 올려 IBM보다 직원 1인당 생산성이 높았다. 또 다른 전통 기업인 제너럴 일렉트릭은 2017년 기준 31만 3천 명의 인력으로 990억 달러의 매출을 올렸으나, 그 이후 지속적인 구조 조정을 진행하고 있다. 전통적인 위계 조직은 디지털 플랫폼 기업보다 규모의 경제와 핵심 투입 요소 조달에서 뒤처져 노동 생산성이 낮은 편이다. 다만 아마존은 예외에 가깝다. 플랫폼 기업임에도 불구하고 물류 창고 작업이 여전히 노동 집약적이기 때문에 100만 명 이상의 직원을 고용하고 있다. 이들 직원은 2020년 기준 1,130억 달러의 매출을 창출하였다. 그러는 동안 아마존은 물류 창고의 자동화를 위한 로봇 개발에도 적극 투자하고 있다.[1]

1 Feiner, L.(2021), "Amazon Details New Warehouse Robots, 'Ernie' and 'Bert,'" CNBC, 2021년 6월 14일.
검색위치: www.cnbc.com/2021/06/13/amazon-details-new-warehouse-robots-ernie-and-bert.html (2022년 8월 검색)

따라서 조직의 미래는 점차 더 큰 수준의 시장 축소를 향해 나아가고 있는 것처럼 보이지만 디지털 플랫폼 기업이라 하더라도 여전히 많은 업무와 활동을 내부에서 직접 수행할 수밖에 없다. 디지털화 덕분에 시장 계약이 점차 더 효과적인 방식이 되어가고는 있지만, 조정과 혁신 측면에서 여전히 관리자 중심의 위계 조직이 더 유리한 상황도 많다. 또한, 위계 조직 역시 디지털 기술을 적극 도입함으로써 ACE 기능을 강화하고 시장 기반 계약이 제공하는 효율성과 유사한 수준의 성과를 낼 수 있다. 예를 들어, 관리자들은 디지털 기술을 활용해 정교한 성과 측정과 작업 모니터링 시스템을 구축함으로써 인센티브를 더 효과적으로 조정할 수 있으며, 공유 작업 저장소, 프로젝트 관리 시스템, 디지털 커뮤니케이션 도구를 통해 업무를 더 효율적으로 조율할 수 있다. 또한, 디지털 협업 도구와 기업용 소셜미디어 플랫폼을 통해 전문성과 지식의 통합 역시 향상시킬 수 있다. 결국, 디지털화된 시대에 위계 조직을 통해 업무를 수행할지, 아니면 시장 계약을 통해 외부에 위임할지에 대한 고민은 이제 기술을 얼마나 효율적으로 조직 내부에 적용할 수 있는가에 대한 문제로 바뀌고 있다. 즉, 디지털 시대의 시장 계약이 ACE 기능을 보다 쉽게 수행할 수 있는 환경을 제공하는 상황에서 기업이 관리 감독이라는 간접 비용을 감수할 만큼 기술을 효과적으로 활용할 수 있느냐가 핵심 쟁점이 되고 있다.

이러한 효율성은 두 가지 방식으로 얻을 수 있다. 첫째, 위계적인 조직 구조를 통해 달성하기에 비용이 너무 큰 부분은 외부 인력이나 서비스와 계약을 맺는 시장 계약을 활용하여 외부 자원을 적극적으로 사용하는 것이다. 둘째, 기술과 경영을 통합하여 ACE 기능 중 하나 이상에서 기존보다 더 나은 성과를 내는 방식이다. 예를 들어, 월마트와 아마존은 디지털 통합 공급망과 로봇 기반 물류 창고 시스템을 구축하고 운영하는 데 성공한 것으로 잘 알려져 있다. 소규모 개별 상점들이 이와 같은 기술 자원에 접근할 수 있다 하더라도 이들과 같은 거대 기업과 경쟁하기는 매우 어렵다. 실제로 아마존은 플랫폼 파트너십을 통해 자사의 기술을 중소기업에도 개방하고 있지만, 문제는 기술 그 자체가 아니라 그 기술을 경영 위계 구조를 통해 통제하고 운영하는 능력이다. 아마존과 월마트 같은 기업은 공급망과 물류 시스템에 대한 강력한 통제권을 바탕으로 예기치 못한 상황이나 새로운 시장 수요에 신속하게 대응할 수 있다. 예를 들어, 코로나19 초기 아마존은 의료기관에 우선 공급하는 방식으로 수요가 많은 제품의 배분을 결정하고, 생필품에 대해 빠른 배송을 우선시하는 전략적 의사결정을 내렸다. 비록 아마존이 그 제품들을 직접 제조하지는 않았지만, 글로벌 공급망에 대한 강력한 통제력을 바탕으로 이러한 결정들을 실행에 옮길 수 있었다는 점에서 디지털 시대의 기술과 위계적 경영이 결합된 조직 운영 모델이 가지는 강점을 보여준다.

디지털 기술을 효과적으로 활용하여 ACE 기능을 잘 조직할 수 있는 위계적 기업은 디지털 시대에도 생존하고 성장할 수 있다. 게다가 이러한 기업들 중 상당수는 시장 계약을 가능하게 하는 디지털 기술 자체를 개발하고 제공하는 주체이기도 하다. 이처럼 구매자와 판매자를 성공적으로 연결해주는 시장(플랫폼)을 만들고 관리할 수 있는 기업은 현대적인 방식의 시장 수수료, 즉 디지털 구독료와 거래 수수료를 통해 수익을 창출할 수 있다. 또한, 단순히 매칭 기능만 제공하는 것에 그치지 않고, 사용자가 플랫폼에서 실제 업무까지 수행하도록 유도하기 위해 디지털 플랫폼들은 종종 ACE 기능 중 일부 또는 전부를 사용자에게 제공하는 방향으로 기능을 확장해 나가기도 한다.

업워크를 예로 들어보자. 업워크는 소프트웨어 개발, 그래픽 디자인, 편집 등 전문 업무를 외주로 맡길 수 있도록 지원하는 플랫폼이다. 이 플랫폼은 ACE 기능을 지원하기 위해 다양한 디지털 도구를 갖추고 있다. 판매자의 프로필을 자세히 제공하여 구매자와의 효과적인 매칭을 가능하게 할 뿐만 아니라 디지털 계약서 양식, 작업 모니터링 기능, 지불 수단 검증, 에스크로 계좌 설정, 그리고 정교한 평판 시스템 등을 통해 인센티브 조정을 지원한다. 또한 프로젝트 관리 도구, 커뮤니케이션 도구, 디지털 작업 공간을 통해 업무 조율과 전문성의 통합도 적극 지원하고 있다. 이처럼 업워크가 ACE 기능을 잘 지원할수록 구매자와 판매자 모두가 플랫폼을 지속적으로 사용하고 이를 주변에 추천할 가능성도 높아진다. 시간이 지날수록 양측은 플랫폼 사용에 더 능숙해지고, 자신의 평판을 쌓아 더 높은 수수료를 받을 수 있을 뿐 아니라, 업워크를 잘 사용하는 방법에 대한 암묵적인 지식도 함께 축적하게 된다. 이러한 사용자 고착성은 업워크가 거래 수수료를 안정적으로 확보하는 기반이 되며, 이를 통해 신기술을 개발하고 시장을 더욱 확장해 나갈 수 있게 된다. 업워크는 자체적으로 형성한 시장을 활용해 자사의 업무도 처리한다. 전략적으로 중요한 업무는 사내 직원이 수행하지만 기초적인 프로그래밍이나 디자인 작업처럼 표준화된 서비스는 외주로 진행한다. 따라서 업워크는 [그림 12-2]에서 설명하는 전형적인 **역전된 기업**inverted firm이라고 할 수 있다. 즉, 기술로 보완된 위계 조직을 운영하면서 어떤 ACE 기능을 사내에서 수행하는 것이 더 효과적인지 판단하여 직접 수행하고, 그 외의 작업은 시장 기반 외부 자원(하청업체, 파트너 등)을 조율하여 활용한다. 업워크는 이러한 디지털 시장을 가능하게 하는 기술을 개발하고, 이를 통해 구독료와 거래 수수료 수익을 창출하는 구조를 가지고 있다. 경쟁력을 유지하기 위해서는 최적의 매칭과 강력한 ACE 기능을 제공하는 마켓플레이스 운영을 통해 사용자들이 플랫폼 상에서 실제 업무를 완료할 수 있도록 해야 한다.

역전된 기업

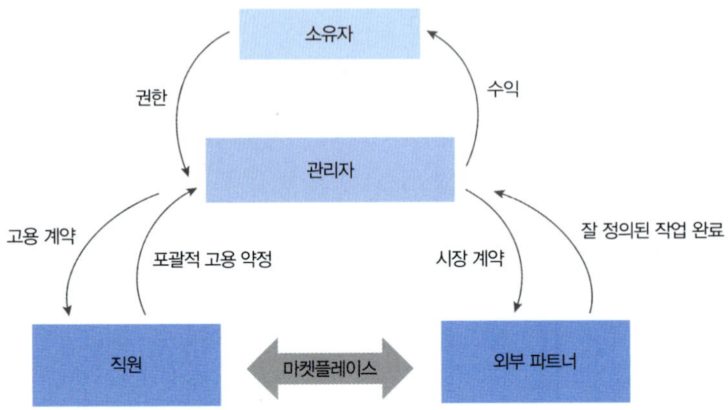

그림 12-2 역전된 기업

참고: 역전된 기업은 위계 조직과 마켓플레이스를 병행해 운영한다. 조직 내부에서는 정규직 직원들이 기업에 대해 비교적 유연하고 장기적인 형태의 참여를 통해, ACE 기능과 같은 핵심적인 역할을 수행한다. 한편, 기업 외부의 프리랜서나 협력 업체와 같은 파트너들은 계약을 기반으로 명확하게 정의된 과업을 수행하며 마켓플레이스를 통해 기업과 연결된다.

핵심 요약

- 어떤 형태의 조직이든 다음의 세 가지 핵심 기능(ACE 기능)을 수행해야 한다.
  - 인센티브 조정Alignment of incentives
  - 활동 조율 및 정보 교환Coordination of activities and information exchange
  - 문제 해결과 혁신을 위한 전문성 통합Expertise integration for problem solving and innovation
- 위계 조직은 일반적으로 시장보다 ACE 기능을 더 잘 수행하지만 운영 비용이 많이 든다.
- 디지털화digitization는 시장이 ACE 기능을 더 효율적으로 수행하도록 돕는다.
- 디지털화는 시장 계약market contracting을 매력적인 선택지로 만든다.
- 디지털 시대에 성공하는 위계 조직은 다음과 같은 특성을 지닌 역전된 기업이다.
  - 위계적 관리가 경제적 이점을 제공하지 못하는 경우 시장 계약을 통해 외부 자원을 활용한다.
  - 디지털 기술로 관리 구조를 강화하여 시장보다 더 효율적으로 ACE 기능을 달성한다.
  - 디지털 시장을 활성화하는 기술과 네트워크를 구축한다.

용어 정리

- **경영 권한** managerial authority: 관리자가 조직의 활동이나 자원에 대해 일방적인 결정을 내릴 수 있는 권한을 의미한다.
- **고용 계약** employment contract: 일반적으로 월급을 받는 대가로 직무 기대 사항과 업무를 명시한 개방형 계약open-ended agreement이다. 성과에 따라 보너스를 받을 수 있는 조항이 포함되기도 하지만 대부분의 업무는 별도 보수가 아닌 직무 기술서job description 내에서 수행될 것으로 기대된다.
- **위계적 구조** hierarchy: 최고경영자CEO가 중간 관리자들을 관리하고, 중간 관리자가 다시 제품 부서나 기능별 부서와 같은 사업 부문을 운영하며 일반 직원들을 고용해 조직을 구성하는 구조를 말한다. 대기업의 경우 운영 계층은 훨씬 더 많아질 수 있다.
- **역전된 기업** inverted firm: 시장 구조를 조직 내부에 도입한 형태이다. 예를 들어, 구글이나 우버 같은 디지털 플랫폼 기업은 외부 참여자를 위한 다양한 시장(예 검색 및 광고 시장, 차량 호출 시장 등)을 운영하

는 동시에 기술 개발이나 마케팅 부서 같은 전통적인 위계 조직도 내부에 포함하고 있다.

- **시장 계약** market contract: 특정 과업, 결과물, 또는 제품을 금전적 보상과 교환하는 형태의 계약이다. 스팟 시장 계약spot market contract은 한 번의 거래나 교환만을 정의하는 단기 계약이다. 시장 계약은 장기적일 수도 있지만 해당 근로자를 법적 고용 관계 아래 두는 것이 아니기 때문에 클라이언트 기업의 내부 직원으로 고용되지 않는다.

토론하기

12.1 디지털화는 ACE 기능에 어떤 영향을 미치는가?

12.2 디지털화는 기업 내부에서의 업무 수행 방식과 시장 기반 계약 방식에 어떤 의미가 있는가?

12.3 자신이 즐겨 사용하는 디지털 플랫폼(예 틱톡, 넷플릭스)을 떠올려 보자. 이 플랫폼들이 제공하는 서비스는 디지털 시대 이전에는 어떤 기업들이 수행하고 있었는가? 이러한 "전통 기업"들은 현재 얼마나 잘 운영되고 있는가? 선택한 플랫폼에서는 ACE 기능이 어떻게 수행되고 있는가? 만약 해당 전통 기업이 여전히 시장에서 경쟁하고 있다면 이들은 어떤 방식으로 기술을 활용해 경쟁하고 있는가?

12.4 두 개의 디지털 플랫폼 이베이eBay와 위키피디아Wikipedia를 비교해 보자. 두 플랫폼 모두 ACE 기능을 잘 수행하기 위해 노력하지만 지향점과 우선순위는 다르다. 세 가지 ACE 기능 중 이베이와 위키피디아 각각에게 더 중요한 것은 무엇인가? 이베이가 ACE 기능에 모두 고르게 투자하는 것이 유리할까, 아니면 한두 가지에 집중하는 것이 더 효과적일까?

추천 문헌

- Van Alstyne M.M., Parker G.G., and Choudary S.P. (2016). Pipelines, platforms and the new rules of strategy. Harvard Business Review April. HBR Reprint R1604C.
- Williamson O.E. (1975). Markets and Hierarchies: Analysis and Antitrust Implications. New York: Free Press.

CHAPTER 13

디지털 비즈니스 모델

Digital Business Models

13.1 가치 구성 평가 및 비즈니스 모델 구상하기

비즈니스 모델은 이용 가능한 자원과 활동을 조직하여 사용자의 요구를 해결함으로써 가치를 창출하는 틀이다. 따라서 제품이나 서비스가 상용화되기 위해서는 반드시 비즈니스 모델이 필요하다. 비즈니스 모델은 위계적 구조 또는 네트워크형 구조를 갖춘 기업 내에 내재될 수 있으며, 그 분석은 가치 구성을 탐구하는 것에서 출발한다. **가치 구성**value configuration은 기업의 가치 창출 논리를 포괄적으로 설명하는 모델이다.[1] 혁신적인 기업이 가치 구성을 확정한 후에는 이를 실행 가능한 형태로 구체화한 비즈니스 모델이 필요하다. 즉, **비즈니스 모델**business model은 기업이 제품과 서비스를 제공하기 위해 필요한 활동과 거래 구조를 체계적으로 설명하는 것이다. 여기에는 기업이 누구에게 어떠한 가치를 제공할 것인지를 정의하는 가치 제안, 이를 실현할 목표 시장의 설정, 가치 창출 방식과 함께 이를 구현하기 위한 핵심 자산·활동·파트너십의 구조가 포함된다. **가치 제안**value proposition과 목표 시장은 기업의 **수익 메커니즘**revenue mechanism을 규정하여 어떤 고객이 어떤 서비스 요소에 비용을 지불할 의사가 있는지를 결정한다. 핵심 자산·활동·파트너십은 기업의 **비용 구조**cost structure, 특히 **목표 시장**에 가치를 전달하는 과정에서 발생하는 비용을 파악할 수 있게 한다. 마지막으로, 이러한 분석을 통해 기업은 비즈니스를 확장할 필요성과 그 구체적 방법을 평가할 수 있다.

1 Thompson, J.D. (1967). Organizations in Action. New York: McGraw-Hill.

13.2 탁월한 가치 창출을 위한 구성

전통적인 기업 분석은 물리적 투입물을 유형의 제품으로 전환하여 유통·마케팅·최종 서비스로 이어지는 순차적 활동에 초점을 두는 경향이 있다. 그러나 디지털 경제의 상당 부분은 서비스로 구성된다. 서비스의 가치 창출 논리를 보다 정확히 반영하는 두 가지 구성 방식은 가치 상점과 가치 네트워크이다.[2] 두 방식의 핵심적인 차이는 조직의 목적에 따라 구분된다. 가치 상점의 주된 목적은 새로운 정보를 창출하는 것이며, 가치 네트워크는 네트워크상에서 이해관계자 간을 연결하는 데 목적을 둔다. [그림 13-1]은 가치 구성의 주요 활동에 대해 설명하고 있다.

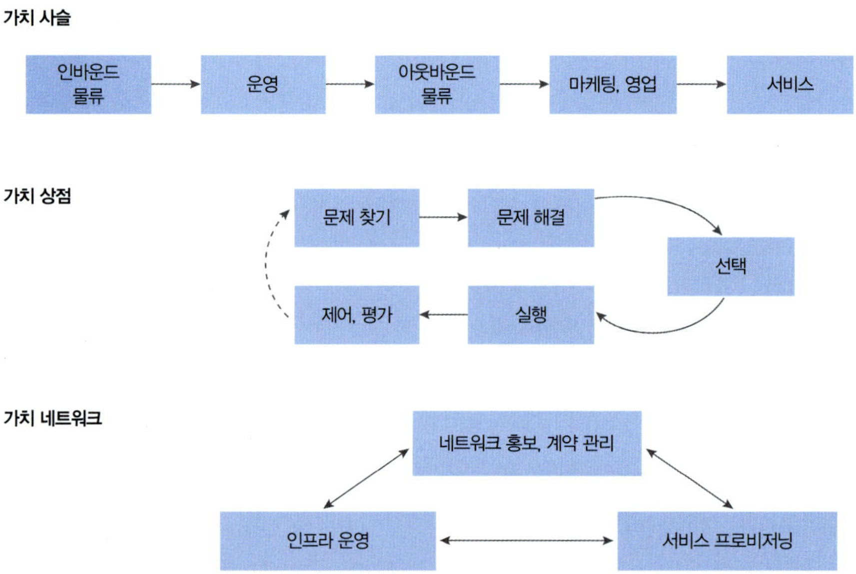

그림 13-1 디지털 혁신을 위한 가치 구성

참고: 가치 구성은 조직 내 가치 창출에 가장 크게 기여하는 핵심 활동을 나타낸다. 가치 사슬(Value chain)은 생산 활동이 선형적으로 배열된 구조이며, 가치 상점(Value shop)은 문제 해결을 중심으로 한 활동 순환 구조이다. 가치 네트워크(Value network)는 네트워크 참여자들 간의 연결과 교환을 촉진하는 동시적 활동으로 구성된다.

출처: Stabell, C.B., & Fjeldstad, Ø.D. (1998)에서 각색. Configuring value for competitive advantage: on chains, shops, and networks. Strategic Management Journal, 19(5): 413–437.

2 Stabell, C.B. and Fjeldstad, O.D. (1998). Configuring value for competitive advantage: on chains, shops, and networks. Strategic Management Journal 19(5): 413 – 437.

가치 상점value shops은 고객의 문제를 해결하기 위해 고유한 솔루션을 개발함으로써 가치를 창출한다. 이들은 고객으로부터 핵심 문제를 도출하고, 자사의 독창적인 방법론을 적용하여 문제를 해결하며, 실행 가능한 대안의 선택을 지원한다. 이어서 해결책을 실행하고 결과에 대한 품질 관리와 평가를 수행한다. 이 과정에서의 변환은 물리적 투입물을 변화시키는 것이 아니라, 서비스 개입을 통해 활동 체계를 조정하고 변형하는 것이다. 이 과정에는 순차적 요소가 포함되지만 문제 정의와 후속 단계 사이에서 반복과 피드백이 지속적으로 발생한다. 또한 변환의 대상이 되는 개인이나 조직이 서비스 과정에 직접 참여하여 정보 투입을 제공하는 경우가 많다. 이는 다수의 서비스가 공동 창출되는 성격을 가지기 때문이다. 각 문제는 기업의 해결해야 할 고유성을 가지며 그 해결책 역시 다르므로 품질을 계약으로 보장하기는 어렵다. 그럼에도 불구하고 기업들은 솔루션 품질에 대해 경쟁한다. 이런 비즈니스 운영 방식은 높은 품질에 대한 기업의 강력한 명성에 의존한다. 많은 경우 품질 표준을 모니터링하고 인증하는 전문 협회나 인증 기관이 있다. 오프라인 영역에서 가치 상점형 기업의 전형적인 사례로는 의료, 엔지니어링, 법률, 컨설팅과 같은 전문 서비스가 있다. 디지털 영역에서는 기술을 매개로 한 전문가 서비스(예 디지털 헬스케어, 온라인 교육, 자문 서비스)와 인공지능 기반 솔루션 및 추천 시스템(예 콘텐츠 추천, 복잡한 최적화, 검색, 내비게이션)이 포함된다.

가치 네트워크value networks는 시스템 내 참여자들을 연결하는 구조이다. 디지털 가치 네트워크는 의사소통, 거래, 기타 교환 활동을 가능하게 하며, 사실상 모든 형태의 시장이나 커뮤니케이션 시스템을 포함한다. 멧칼프의 법칙Metcalfe's Law에 따르면, 가치 네트워크의 본질적 가치는 연결에서 비롯되므로 의미 있는 효과를 얻기 위해서는 대규모 네트워크가 필요하다. 가치 네트워크의 핵심 활동에는 네트워크 참여자 유치(홍보와 계약을 통한 유입), 기존 참여자 간 상호작용 촉진, 운영을 뒷받침하는 인프라 유지가 포함된다. 이러한 활동은 지속적이며 동시에 이루어진다. 다만, 네트워크의 운영 방식은 초기 단계와 성숙 단계에서 차이를 보인다. 초기 단계에서는 참여자가 적고 성공을 위한 최소 조건에 도달하지 못했기 때문에 규모의 확대가 필요하다. 반면, 성숙 단계에서는 네트워크가 충분히 성장하여 네트워크 효과가 작동한다. 규모scale는 가치 네트워크의 가치 창출을 결정짓는 중요한 요소이며, 충분한 규모 달성을 위해서는 서로 다른 전략이 필요하다. 이러한 특성 때문에 가치 네트워크 기반 기업은 종종 운영에 의해 뒷받침된다.

기업은 순수한 가치 구성을 채택할 수도 있고, 서로 다른 구성을 혼합하여 채택할 수도 있다. 많은 디지털 기업은 고유한 데이터 및 분석 기반 솔루션을 제공하는 동시에 커뮤니티나 네트워크 활동을 발전시켜 가치 제안을 강화하고 확산한다. 예를 들어, 클라우드 저장 분야의 혁신 기업인 드롭박스는 저장 문제(가치 상점)를 개선된 소프트웨어 기반 솔루션으로 해결하였다. 동시에 사용자가 안전하게 저장 정보를 공유할 수 있는 기능(가치 네트워크)을 제공하여 입소문을 통한 성장 동력을 확보하였다.

가치 구성은 가치 창출과 차별화를 극대화하는 핵심 활동, 자원, 구조를 규정함으로써 혁신을 통한 최대 가치 확보를 가능하게 한다는 점에서 중요하다. **가치 사슬**value chain에서의 경쟁 우위는 비용 효율적인 제조 공정이나 모방하기 어려운 제품 기술에서 발생한다. 가치 상점은 차별화된 솔루션 품질을 기반으로 경쟁하므로 독창적인 정보 자원과 독점적인 분석 방법 또는 프로세스가 필요하다. 마지막으로 가치 네트워크의 경쟁 우위는 연결의 규모와 매칭의 품질에서 발생하는 유동성에 따라 달라진다.

따라서 가치 구성은 혁신 전략에서 제품 혁신과 프로세스 효율성(가치 사슬), 학습과 지식·정보·데이터 축적(가치 상점), 그리고 규모와 연결성(가치 네트워크) 중 어떤 요소에 중점을 둘지를 결정하는 데 중요한 기준이 된다. 예를 들어, 스냅챗Snapchat은 사용자가 친구와 찰나의 순간을 공유할 수 있는 기회를 제공하는 가치 네트워크의 사례에 해당한다. 동시에 광고주와 미디어 기업에게는 젊은 층의 사용자 네트워크에 접근할 수 있는 기회를 제공하여 양면 네트워크 효과를 창출한다. 스냅챗의 핵심 경쟁 목표는 소셜 네트워크 사용자 간, 개인 및 그들의 콘텐츠를 대상으로 광고하고 관심을 유도하려는 기업 및 집단을 연결하여 대규모 성장과 정밀한 타기팅을 가능하게 하는 것이다. 그러나 다른 소셜 네트워크와 마찬가지로 스냅챗의 사용자 행동 데이터는 상업적으로 높은 가치를 지닌다. 스냅챗은 축적된 데이터를 분석하여 기업 고객에게 솔루션 형태로 제공할 수 있고 구매 행동을 예측하는 정보가 그 대표적인 사례이다. 이러한 데이터 분석 컨설팅은 네트워크 운영 과정에서 생성된 정보를 활용해 부가 가치를 창출하는 가치 상점형 활동에 해당한다. 다만, 적어도 초기 단계에서는 데이터 분석 역량을 강화하는 것보다 소셜 네트워크의 성장을 우선적으로 추진하는 활동이 스냅챗의 투자 수익률에 더 크게 기여했을 가능성이 높다.

13.3 가치 제안: 혁신은 수요를 늘리는가, 아니면 운영 비용을 줄이는가

혁신 기업은 전체적인 가치 구성이 식별되면 가치를 창출하기 위한 계획을 실행하기보다는 보다 구체적인 비즈니스 모델을 설계해야 한다. 가치 제안을 출발점으로 삼아 해당 가치 구성이 어떻게, 그리고 누구를 위해 새로운 가치를 창출하는지 명확히 파악하는 것이 중요하다. 모든 혁신은 고유하고 방어 가능한 가치 제안이 필요하다. 외부 고객을 대상으로 하는 혁신은 잠재적 구매자와 사용자를 설득하기 위해 사용자 경험을 획기적으로 향상시키거나 내부 운영을 대상으로 할 경우 운영 효율성을 현저히 개선해야 한다. 가치 제안은 해당 혁신이 생태계에서 이용 가능한 다른 제품과 서비스와 차별화되는 지점을 명확히 설명한다. 혁신이 시장의 최첨단 기술을 넘어서는 사용자 경험을 제공하면 고객은 해당 제품이나 서비스에 추가 비용을 지불할 의사를 가질 수 있다. 혁신이 내부 운영 효율성을 향상시키면 생산 비용 절감이나 서비스 품질 개선을 통해 궁극적으로 기업의 수익성을 높일 수 있다. 그러나 혁신의 효과를 지속하기 위해서는 가치 제안이 독창적이고 경쟁자의 제품이나 서비스와 차별화되어야 하며, 모방이 어렵도록 설계되어야 한다. 즉, 혁신 기업은 경쟁자가 해당 혁신을 쉽게 복제하지 못하도록 기술적·경제적 장벽을 형성해야 한다. 예를 들어, 스냅챗의 개인 사용자에 대한 가치 제안은 독창적인 창작 도구와 '렌즈' 기능, 그리고 일정 시간이 지나면 콘텐츠를 자동 삭제한다는 특징적 약속까지 포함한다.

디지털 혁신은 B2C(기업-소비자) 시장과 B2B(기업-기업) 시장 모두에서 수요를 충족할 수 있다. 디지털 소비자 시장은 변동성이 크며, 가치 제안의 수용 여부는 빠르게 변화하는 사회적 상호작용과 트렌드에 크게 좌우된다. 반면, B2B 시장은 주로 효율성과 성과에 집중하기 때문에 가치 제안은 대체로 명확한 비즈니스 이점을 제공한다. 그럼에도 불구하고 두 시장 모두에서 신중한 설계는 가치 제안을 강화하고 사용하기 쉽고 매끄러우며 쾌적한 사용자 경험을 제공한다.

사용자 경험은 사용자 참여를 유도하는 핵심 요소이지만 디지털 혁신 기업은 다양한 사용자 그룹에 맞춘 맞춤형 가치 제안을 개발해야 한다. 예를 들어, 스냅챗의 유료 고객에는 광고주와 콘텐츠 제공자가 포함된다. 광고주는 더 많은 사용자와 사용자에 대한 많은 데이터가 확보될수록 광고 타기팅을 정교하게 수행할 수 있기 때문에 플랫폼의 사용자 접근성에 높은 관심을 가진다. 또한 스냅챗의 모회사인 Snap은 '브랜드 렌즈branded lenses'와 같이 사용자가 구매하거나 활용할 수 있는 스폰서 도구 제작을 위한 라이선스를 제공한다. 따라서 이 서비스는 다면 플랫폼을 운영하며 각 측면의 이해관계자들이 콘텐츠와 기회에 접근할 수 있도록 세 가지 가치 제안을 동시에 유지해야 한다. 개별 사용자는 서비스 기능과 친구와의 연결을 높이 평가하는 B2C 고객이다. 광고주와 미디어 기업은 세부 타기팅, 도달 범위, 클릭률과 같은 성과 지표를 통해 설득되어야 하는 B2B 고객이다.

가치 제안은 혁신의 다음과 같은 측면을 명확하게 설명해야 한다.

- 서로 다른 고객 그룹에 대한 주요 이점
- 이러한 이점이 가치 있는 이유
- 특정 고객 요구 사항 및 주요 혜택이 그 요구 사항을 해결하는 방법
- 주요 혜택이 경쟁사가 제공하는 혜택을 능가하는 방법

가치 제안을 설명하고 평가할 때는 주요 제품 기능과 이점을 구체화하고, 주된 경쟁자의 제품과 비교하는 경쟁자 그리드를 활용하는 것이 유용하다. [표 13-1]은 새로운 전자기기에 대한 경쟁자 그리드 예시이며, 이는 이후 패션 AR Fashion AR 비즈니스 사례에서 사용될 것이다. 비교 결과, 해당 혁신은 휴대성과 무게 측면에서 우수하며(++), 배터리 수명과 백라이트 화면 backlit screen 에서는 기능적(+) 수준임을 알 수 있다. 경쟁자 1은 모든 제품 기능에서 최소한 기능적(+) 수준을 유지하지만, 경쟁자 2와 경쟁자 3은 적어도 하나의 핵심 기능에서 부족(−)한 것으로 나타난다. 따라서 경쟁자 1은 주요 경쟁자로 간주될 수 있으며, 혁신 기업은 휴대성과 경량성을 특히 중시하는 틈새 시장을 중심으로 초기 출시 전략을 고려할 수 있다.

표 13-1 경쟁자 그리드 예시: (가상의) 신규 전자 기기

혜택	귀사의 혁신	경쟁자 1	경쟁자 2	경쟁자 3
휴대성	++	+	−	++
배터리 수명	+	+	++	−
무게	++	++	+	+
백라이트 화면	+	++	+	++

참고: 경쟁자 그리드는 혁신 기업이 제품 또는 서비스의 주요 장점과 특징을 정확히 파악하고 가치 제안을 차별화하는 데 도움이 된다.

참조: ++ = 탁월함, + = 기능적, − = 현재 부족

13.4 디지털 서비스 수익 메커니즘

수익 메커니즘은 기업의 재무 구조를 의미한다. 일반적으로 제품이나 서비스 사용자가 대가를 지불하며, 가격은 생산의 한계비용 수준보다 약간 높은 수준에서 책정된다고 생각한다. 그러나 디지털 경제에서는 이와 같은 단순한 구조가 적용되지 않는다. 가치 사슬에서 생산되는 실물 제품은 개별 단위당 가격이 명확히 설정되지만, 가치 상점에서 제공하는 정보 기반 서비스는 서비스 구조에 따라 접근권에 대한 구독료를 부과하는 경우가 많다. 반대로 개별 사용자에게 무료 서비스를 제공하면서 다른 방식으로 수익을 창출하는 경우도 있다. 이는 특히 가치 네트워크에서 주로 나타나는 특징이다. 예를 들어, 스냅챗은 사용자 수를 빠르게 확대하여 성공을 위한 최소 조건에 도달하고, 이를 통해 네트워크 효과를 강화하며, 일부 사용자나 스폰서가 비용을 지불하도록 유도한다. 이처럼 수익 메커니즘은 각 참여자가 플랫폼에 참여하고 비용을 부담할 의지에 달려 있다. 또한, 서비스 제공자는 가격 차별화를 통해 소비자 잉여의 일부를 흡수할 수 있다. 이를 위해 고객 유형별로 차별적인 가격을 책정하거나 접근 권한과 기능을 다양하게 번들링하여 고객이 스스로 고가 또는 저가 상품군을 선택하게 한다. 따라서 혁신 기업은 자사의 주요 가치 구성에서 경쟁 우위를 형성하는 요인에 맞추어, 이상적인 고객 집단이 서비스 이용과 수익을 극대화할 수 있도록 설계된 수익 메커니즘을 선택해야 한다.

서비스 가격: 특별한 경험을 위한 일회성 결제

가장 단순한 서비스 수익 메커니즘은 디지털 콘텐츠 또는 네트워크에 대한 접근 가격을 사용량이나 시간에 따라 차등화하는 서비스당 지불pay-per-use 모델이다. 서비스 제공자는 사용자의 지불 의향을 고려하여 수익을 극대화할 수 있다. 예를 들어, 5G 기반의 엔터테인먼트 이벤트 접근권은 기능별로 가격을 차등화할 수 있다. 청중에게 디지털 서비스를 제공하는 한계비용은 모든 기능에서 동일할 수 있다. 이는 높은 고정비를 들여 개발된 이후 디지털 상품의 한계비용이 거의 0에 가깝기 때문이다. 따라서 고급 번들을 선택한 개인은 기본 서비스 번들을 선택한 개인보다 지불 의사가 훨씬 높은 유형이므로, 훨씬 더 많은 요금을 청구하게 된다. 서비스 제공자는 이를 통해 더 많은 수익을 확보할 수 있다. 이와 같은 유료 모델은 반복적인 상호작용에 의존하지 않는 가치 사슬 또는 가치 상점 구성value shop configuration에서 작동한다.

구독 모델: 지속적인 서비스 관계

많은 디지털 서비스는 영화 스트리밍과 같이 사용자가 반복적으로 서비스를 이용하는 장기적 관계를 기반으로 한다. 구독 모델은 다양한 '버전'을 별도로 패키징하거나 판매하지 않고도 손쉽게 제공할 수 있다. 반복적인 서비스 관계는 일반적으로 구독 가격 책정을 수반하며, 고객은 자신이 관심 있는 콘텐츠나 서비스를 선택해 구독한다. 가격 책정 이론에 따르면, 구독 가격은 보통 저가 고객의 소비자 잉여 수준에 맞춰 설정된다. 이는 저가 고객이 지불할 의사가 있는 최대 금액이다. 고가 고객은 동일한 가격을 지불하지만 더 많은 가치를 얻게 된다. 그러나 혁신 기업은 기본 구독에 고부가가치 서비스를 포함하지 않고, 지불 의사가 높은 고객에게 이를 별도로 판매함으로써 추가 수익을 창출할 수 있다. 아마존Amazon의 프라임 주문형 비디오VOD 서비스와 같은 스트리밍 서비스가 대표적인 사례이다. 예를 들어, 고객은 기본 콘텐츠에 접근하기 위해 낮은 월 구독료를 지불하고, 새로운 영화에는 보통 건당 4~7달러를 지불해야 한다. 그러나 최신 인기 영화는 건당 15달러까지 책정되어 높은 지불 의사를 가진 고객에게만 제공된다. 시간이 지나면 해당 영화는 일반 VOD 가격으로 전환되고, 이후에는 기본 패키지에 포함된다. 이와 같은 구독 수익 모델은 반복적인 상호작용을 전제로 하는 가치 상점 구성에 잘 부합한다.

소비자 플랫폼: 무료 서비스 + 광고

이 광고 모델은 매우 큰 트래픽과 정교한 광고 기술이 필요하며, 광고 시장은 구글과 페이스북의 지배로 고도로 집중화되었다. 예를 들어, 스냅챗은 2019년에 1억 8,600만 명의 사용자를 바탕으로 오픈 애드 경매에서 약 3달러의 CPM(1,000회 노출당 비용)을 기록하였다. 이는 페이스북의 5달러, 인스타그램의 4달러와 비교된다. 이 성과는 스냅챗이 자동화된 셀프 서비스 광고 경매 플랫폼 개발에 수백만 달러를 투자한 결과다. 그러나 당시 회사의 고도화된 광고 기술 플랫폼은 약 2달러의 분기별 ARPU(평균 사용자당 수익)를 창출하는 데 그쳤다. 같은 시기 페이스북의 분기별 ARPU는 전 세계적으로 약 7달러, 미국에서는 30달러 이상이었다. 따라서 광고 수익 모델은 확장성이 높은 가치 네트워크형 구성에서 가장 효과적으로 작동한다.

데이터 수집: 인접 시장에서 활용

디지털 기업은 무료 서비스를 제공하여 사용자 데이터를 수집하고, 이를 시장 인사이트 도출이나 판매 목적으로 활용할 수 있다. 흥미로운 사례로, 일부 카페는 무료 커피를 제공하는 대신 고객 데이터를 확보하기도 한다.[3] 그러나 이러한 거래는 매우 민감하고 비공개적으로 이루어지기 때문에 분석 시장에서 사용자 데이터의 가치를 정확히 평가하기는 어렵다. 한 추정에 따르면, 페이스북이 보유한 사용자 데이터의 가치는 연간 1인당 약 50달러이며[4], 최대 100달러에 이를 수 있다는 평가도 존재한다.[5] 또한 한 개인이 자신의 데이터를 크라우드펀딩 플랫폼인 킥스타터Kickstarter에서 2,733달러에 판매한 사례도 보고된 바 있다. 그러나 소규모 디지털 서비스에서 수집한 데이터는 사례와 같은 고가치를 실현하기 어렵고, 대체로 훨씬 낮은 수준에 머무른다. 결국 데이터 수집은 대규모 가치 네트워크 구조를 기반으로 할 때에만 실행 가능성이 높다(표 13-2 참조).

사용자 행동 데이터를 수집하는 또 다른 방법은 다른 서비스와 제휴하는 것이다. 예를 들어, 스트리밍 서비스 Hulu는 웹사이트 운영자를 대상으로 제휴 프로그램을 제공하며, 해당 웹사이트에 Hulu 광고와 클릭 링크를 게재한다. 방문자가 이를 통해 가입하면 웹사이트는 가입자 1인당 6.6달러의 수익을 얻게 된다.[6]

---

3 Shaffel, C. (2018). No cash needed at this café: Students pay the tab with their personal data. NPR, 2018년 9월 29일. 검색위치: www.npr.org/sections/thesalt/2018/09/29/643386327/ no-cash-needed-at-this-cafe-students-pay-the-tab-with-their-personal-data (2022년 8월 검색)

4 Wibson (2018). How much is your data worth? At least $240 per year. Likely much more. Medium, 2018년 1월 19일. 검색위치: https://medium.com/wibson/how-much-is-your-data- worth-at-least-240-per-year-likely-much-more-984e250c2ffa (2022년 8월 검색)

5 Lengen, S. (2019). How much is your data worth to tech companies? Lawmakers want to tell you but it's not that easy to calculate. The Conversation, 2019년 7월 11일. 검색위치: http:// theconversation.com/how-much-is-your-data-worth-to-tech-companies-lawmakers-want-to-tell- you-but-its-not-that-easy-to-calculate-119716 (2022년 8월 검색)

6 Wibson (2018). How much is your data worth? At least $240 per year. Likely much more. Medium, 2018년 1월 19일. 검색위치: https://medium.com/wibson/how-much-is-your-data- worth-at-least-240-per-year-likely-much-more-984e250c2ffa (2022년 8월 검색)

표 13-2 디지털 소비자 서비스를 위한 수익 메커니즘

메커니즘	수익원	혜택	도전 과제
서비스당 지불 모델	특정 서비스에 대한 1회성 소비자 결제	• 가장 단순한 수익 모델 • 경험 가치가 높지만 자주 소비되지 않는 경우에 잘 작동 • 일부 소비자의 지불 의사(WTP)를 활용하기 위해 계층형 또는 번들 제공으로 전환 가능	• 소비자에게 선불 비용을 발생시켜 서비스 혜택이 명확하지 않은 경우에는 높게 느껴질 수 있음.
구독 서비스	서비스 접근을 위해 소비자가 정기적으로 지불하는 금액	• 소비자가 콘텐츠 선택 • 지속적인 수익 흐름 • 서비스를 반복적으로 사용할 때 가장 효과적 • 한계 제공 비용이 낮고, 소비자의 WTP 하단에서 가격을 설정하여 시장 규모 극대화 • 고급 소비자의 WTP를 포착하기 위해 계층형 시스템 고려 필요	• 소비자에게 선불 비용과 지속적인 약정 발생 • 서비스에 익숙하지 않은 소비자는 반복 결제가 일어나지 않도록 주의 필요
광고 기반 무료 서비스	광고주가 사용자에게 보여줄 광고를 게재하는 대가로 지불	• 소비자에게 직접적 비용 부담 없음 • 잠재 사용자가 많고 WTP가 낮을 때 잘 작동	• 디지털 광고는 대형 플랫폼에 집중된 진화하는 시장 • 쉽게 확장할 수 없는 혁신은 사용자당 광고 수익이 낮음.
데이터 수확 기반 무료 서비스	제3자가 사용자 데이터에 접근하기 위해 지불	• 소비자에게 직접적인 금전적 비용 없음. • 잠재 사용자가 많고 WTP가 낮을 때 적합함. • 광고와 결합 가능	• 상업적으로 가치 있는 데이터가 되기 위해서는 매우 많은 사용자와 상세한 정보 필요 • 소비자 개인정보 보호 및 보호법이 변화하고 있어 위험한 모델이 될 수 있음.

참고: 이 표는 디지털 B2C(기업-소비자) 서비스 비즈니스 모델에서 사용되는 일반적인 수익 메커니즘이다. 서로 다른 수익 구조는 소비자에게 서로 다른 인센티브를 제공한다. 디지털 혁신 기업은 소비자 인센티브를 비즈니스 목표와 일치시킬 필요가 있다.

13.5 하드웨어 및 시스템 수익 메커니즘

제품 판매

하드웨어 제품은 몇 가지의 일반적인 수익 메커니즘이 있다. 여기에는 기기, 부품, 센서나 계측 장비 같은 지능형 장비가 포함된다(표 13-3 참조). 스마트폰이나 컴퓨터 외에도 디지털 생태계 내에는 다양한 하드웨어 혁신 기회가 존재한다. 예를 들어, VR·AR 헤드셋, RFID 태그에서 대형 전자 센서까지 다양한 계측 장비, 각종 활동(의료 장비 포함)을 감지·모니터링하는 산업용 모바일 기기 등이 있다. 또한 칩셋, 모뎀, 안테나, 메모리 제품 등 장치와 연관된 인접 부품 시장도 존재한다. 물리적 제품은 일반적으로 간단한 단가로 제공된다. 제품은 특정 단가 외에도 잠재 구매자의 선호 분산을 완화하기 위해 종종 번들 형태로 판매되거나 대량 할인과 함께 판매된다. 따라서 이러한 제품 비즈니스는 가치 사슬 구성에 의존한다.

서비스로서의 모든 것

제품이 반드시 단위 기준이나 번들 가격으로만 제공되어야 하는 것은 아니다. 디지털 경제에서 혁신 기업은 무엇이든 서비스로 제공할 수 있다. 예를 들어, 산업용 중장비 사용자는 장비를 소유하기 위해 구매보다는 임대하는 경우가 많다. 또, 센서 제조업체가 전체 센서 네트워크를 서비스 형태로 판매하고, 해당 장치를 데이터 수집·분석용 소프트웨어 시스템에 연결하는 것도 가능하다. 이 모델은 제품 비즈니스를 서비스 비즈니스로, 단위 가격 모델을 구독 모델로 전환한다. 또한 가치 사슬 기반 비즈니스를 가치 상점으로 전환하여 고객의 문제를 해결하고 장기적인 관계를 형성한다.

시스템 통합 업체

서비스 비즈니스 모델은 시스템 통합자 모델에서 완성된다. 여기서 한 당사자는 통신 시스템을 운영하는 데 필요한 모든 장치, 부품, 소프트웨어를 조정·통합하는 역할을 맡는다. 이는 수익성이 높은 비즈니스가 될 수도 있지만 노동 집약적일 수도 있으며, 모델의 수익성은 상황에 따라 크게 달라진다. 이 방식은 '서비스로서의 모든 것'과 마찬가지로 가치 상점 구성에 해당한다.

소프트웨어 플랫폼 제공업체

소프트웨어 솔루션 제공자는 통신 플랫폼 제공업체가 되는 것을 목표로 할 수 있다. 예를 들어, 산업용 IoT 시스템이 여러 기업의 데이터를 수집·관리·공유한다고 할 경우, 데이터 접근 및 수정 권한을 관리하는 중앙 중개자(플랫폼)가 필요하다. 이러한 플랫폼 소프트웨어 시스템이 개발되면 이를 다른 유사 산업 IoT 그룹에 복제하는 것은 플랫폼 제공자에게 큰 이점이 된다. 나아가, 플랫폼 제공자는 넓은 생태계에서 데이터 공유와 거래 관리용 산업 플랫폼을 출시하려 할 수 있다. 이런 산업 플랫폼은 기업이 가치 상점에서 가치 네트워크로 전환하고, 더 큰 규모의 경제와 네트워크 효과를 활용할 수 있게 한다.

표 13-3 하드웨어 제품 및 시스템의 수익 메커니즘

메커니즘	수익원	혜택	도전 과제
제품당 요금	단위당 가격 또는 번들 판매	• 전통적이고 명확하며 단순함.	• 대규모 네트워크, 장비 또는 인프라의 경우 선불 가격이 재정적으로 부담스러울 수 있음.
서비스로서의 모든 것	렌탈 또는 리스 계약을 통한 정기 결제	• 안정된 수익 흐름 • 저가 및 고가 고객 세그먼트로 구분 가능	• 혁신 기업은 자산을 직접 자금 조달해야 함. • 소유권 이전이 없으므로 혁신 기업이 위험 부담
시스템 통합 업체	통신 네트워크 또는 시스템 운영을 위한 장치, 부품, 소프트웨어의 통합 설치에 대한 대규모 선불 결제	• 서비스 기대치 및 결제에 대한 명확성 • 복잡한 제품 및 서비스를 쉽게 도입 가능	• 선불 약정 금액이 크고 부담스러울 수 있음. • 지연 또는 실패의 위험을 감수하는 혁신 기업
플랫폼 제공업체	액세스 요금, 멤버십 요금 또는 수익 수수료	• 플랫폼 참여가 쉽고 저렴 • 명확하고 표준화된 조건	• 수익 수수료가 누적될 수 있음. • 참여자는 플랫폼 제공 업체의 시장 지배력에 대해 우려할 수 있음.

참고: 하드웨어의 수익 메커니즘은 기업의 가치 구성에 따라 제품 판매 또는 서비스 제공에 초점을 맞출 수 있다. 단위당 가격은 현물 시장 거래를 포함하며, 서비스 계약은 약속이 있는 지속적인 관계, 지속적인 수익 흐름, 그리고 추가적인 서비스 혁신 기회를 마련한다.

핵심 요약

- 디지털 혁신이 성공하려면 사용자와 이해관계자를 위한 새로운 가치를 창출해야 한다.
- 가치 구성은 혁신의 주요 가치 창출 방식을 나타낸다. 혁신은 투입물의 선형적 변환을 촉진할 수 있으며(가치 사슬), 고객의 문제를 해결할 수도 있고(가치 상점), 교환을 촉진할 수도 있다(가치 네트워크).
- 각 가치 구성의 성공 요인은 다르다. 가치 사슬은 효율성이 필요하고, 가치 상점은 품질에 따라 달라지며, 가치 네트워크는 연결성에 따라 달라진다.
- 가치 제안과 수익 메커니즘은 비즈니스 모델의 핵심 요소이다.
- 가치 제안은 혁신이 특정 사용자 또는 사용자 집단에 새로운 가치를 창출하는 방법을 설명한다. 다수의 사용자 집단이 있는 비즈니스는 여러 개의 가치 제안이 필요하다.
- 각 가치 제안은 제품이나 서비스에 대해 사용자가 지불할 의사를 고려한 수익 메커니즘과 연결되어야 한다.
- 가치 구성에 따른 성공 요인은 수익 메커니즘의 선택에 영향을 미친다. 일부 수익 메커니즘은 고도로 차별화된 서비스나 제품에 적합하고, 다른 메커니즘은 빠른 규모 확장에 적합하다.
- 디지털 혁신 기업은 가치 구성, 가치 제안, 수익 메커니즘의 설계를 조율하여 이들이 상호 보완적으로 작동하도록 해야 한다.
- 가치 제안과 수익 메커니즘은 비즈니스 모델이 확장 가능하고 사용자에게 인센티브가 부합하도록 하며, 기업이 사용자의 지불 의사를 파악할 수 있도록 보장한다.

용어 정리

- **비즈니스 모델** business model: 기업이 제품과 서비스를 전달할 수 있도록 하는 활동과 거래의 구조를 상세히 설명한 것이다. 여기에는 창출된 가치, 목표 시장, 그리고 핵심 자원·활동·파트너십 측면에서의 실행이 포함된다.
- **비용 구조** cost structure: 목표 시장에 가치 제안을 전달하는 데 필요한 핵심 자원, 활동, 파트너십에서 발생하는 재무적 약속을 설명한다.

- **수익 메커니즘** revenue mechanism: 혁신과 관련된 재무적 교환 구조를 설명한다. 사용자의 선호, 행동, 지불 의사에 맞춰 설계되어야 한다.
- **가치 사슬 구성** value chain configuration: 원자재로 제품을 만들어 최종적으로 고객에게 전달하는 일련의 물리적 변환 활동을 설정한다.
- **가치 구성** value configuration: 기업의 가치 창출 논리를 종합적으로 나타내는 모델이다. 주요 구성에는 가치 사슬, 가치 상점, 가치 네트워크가 포함된다.
- **가치 네트워크** value network: 교환 참여자들을 연결하는 데 초점을 맞춘 구성이다.
- **가치 제안** value proposition: 혁신이 어떻게, 누구를 위해 새로운 가치를 창출하는지 정확하게 보여준다.
- **가치 상점 구성** value shop configuration: 고객의 문제를 식별하고 해결하며, 해결책의 실행과 평가를 촉진한다.

토론하기

13.1 당신이 자동차 제조업자라고 가정하자. 가치 사슬 구성을 선택했다면 어떤 형태의 비즈니스 모델을 갖게 되었을지 설명해 보자. 가치 상점 구성을 선택했다면 비즈니스 모델이 어떻게 달라질지, 가치 네트워크 구성의 경우는 어떨지 설명해 보자.

13.2 13.1에서 제시한 각 가치 구성에 대해 어떤 수익 메커니즘을 선택하겠는가?

13.3 이부 요금제[two-part tariff]와 같은 비선형 가격 구조를 구현하여 수익 메커니즘을 개선할 수 있는가? 그 이유는 무엇이며, 반대로 그렇지 않다면 그 이유는 무엇인가?

13.4 자동차를 하드웨어 제품으로 판매하는 것과 자동차에 대한 시간 기반 접근 권한을 서비스 형태로 판매하는 것의 이점과 한계에 대해 논해 보자.

추천 문헌

- Casadesus-Masanell, R., & Ricart, J.E. (2011). How to Design a Winning Business Model. Harvard Business Review Reprint R1101G.
- Stabell, C.B., & Fjeldstad, O.D. (1998). Configuring Value for Competitive Advantage: On Chains, Shops, and Networks. Strategic Management Journal, 19(5), 413–437.
- Tidhar, R., & Eisenhardt, K. (2018). Get Rich or Die Trying: Finding Revenue Model Fit Using Machine Learning and Multiple Cases. Strategic Management Journal, 41, 1245–1273.

CHAPTER 14

비즈니스 모델 프레임워크

Business Model Framework

14.1 가치 제안에서 실행까지

가치 구성, 뚜렷한 가치 제안, 그리고 수익 메커니즘 또는 혁신의 내부적 이익에 대한 초기 계획이 확정되면 이제 혁신의 비즈니스 잠재력을 평가할 범위를 설정해야 한다. 이는 혁신을 구현하고 제공하기 위해 필요한 자원과 활동을 검토하고 어떻게 조직할지, 제공 또는 접근 비용이 얼마인지를 분석하는 과정을 포함한다. 혁신 기업은 1단계에서 설계된 가치 구성을 실행하기 위해 필요한 자원 기반을 명확히 식별해야 한다. 이를 위해 먼저 가치 구성이 더 넓은 **비즈니스 생태계**business ecosystem와 어떠한 연관성을 가지는지를 분석하는 것이 필요하다.

디지털 혁신은 하드웨어와 소프트웨어 구성 요소, IT 서비스, 통신 네트워크 서비스, 인적 협력, 커뮤니케이션, 판단, 그리고 유통 채널을 포함할 수 있다. 이러한 혁신의 제공 방식은 시장 접근성, 법적 제도, 그리고 정부 규제가 소비에 미치는 영향에 따라 달라질 수 있다. 혁신 기업은 필요한 자원과 활동 중 어떤 것을 내부에서 수행할지, 어떤 것을 외부에 아웃소싱할지를 결정해야 한다. 이러한 결정은 본질적으로 장기적이며 전략적이고, 생태계에서 해당 자원이나 서비스가 경쟁적으로 제공되는지, 아니면 혁신 기업이 직접 개발·제조해야 하는지에 따라 달라진다. 고려해야 할 요소에는 혁신 기업이 특정 자원이나 활동을 활용해 경쟁자와 차별화할 수 있는지, 창출된 가치의 점유율을 보호할 수 있는지, 혹은 생태계에 이미 독점적이고 보호된 기술을 보유한 더 효율적인 공급자가 존재하여 해당 자원을 자체적으로 개발하는 것이 지나치게 어렵지는 않은지가 포함된다. [그림 14-1]은 일반적인 디지털 혁신 생태계를 보여준다.

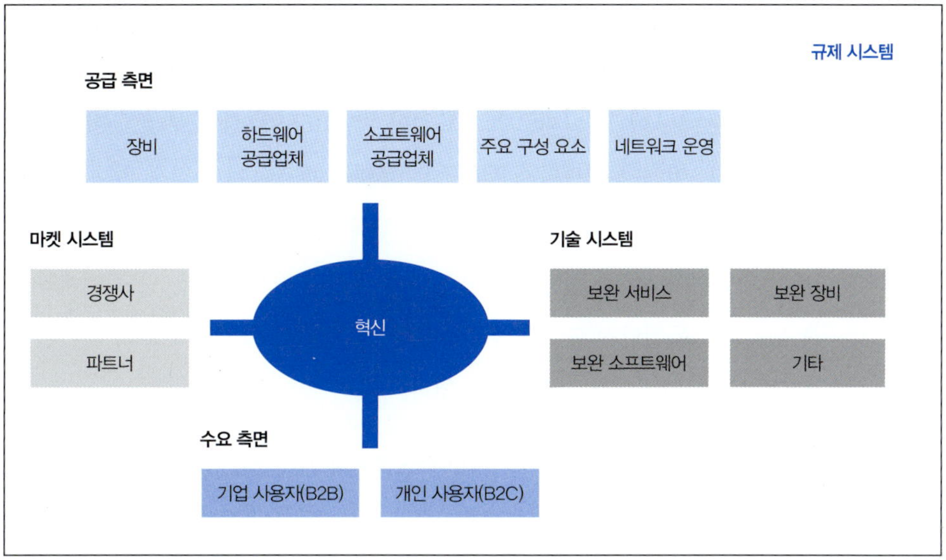

그림 14-1 디지털 혁신 생태계

참고: 혁신 생태계는 디지털 혁신을 가능하게 하거나 제약하는 시장, 기술, 규제 시스템으로 구성된다. 또한 투입물과 서비스를 공급하는 공급자, 그리고 혁신의 사용자도 포함한다.

예를 들어, 스냅챗Snapchat은 소비자에게 앱을 배포하기 위해 컴퓨팅 및 저장 시스템, 광고 기술 및 프로세스, 마켓플레이스가 필요한 소프트웨어 기반 애플리케이션이다. 2020년 스냅챗의 모회사인 Snap Inc.는 지속적인 기술 혁신에 투자를 집중하기로 결정하였으며, 소프트웨어 연구개발R&D에 10억 달러 이상을 주로 고학력 소프트웨어 엔지니어 인건비로 지출하였다.[1] 또한, 컴퓨팅 및 저장 시스템은 클라우드 제공업체에 아웃소싱하여 구글 클라우드 플랫폼Google Cloud Platform 및 아마존 웹 서비스Amazon Web Services와 수십억 달러 규모의 장기 라이선스 계약을 체결하였다. 다른 기업들은 스냅보다 훨씬 더 효율적으로 컴퓨팅 자원을 제공할 수 있는 유리한 위치에 있었다. 마찬가지로 스냅챗은 자체 애플리케이션 마켓이나 판매 채널을 구축하는 대신 모바일 앱 스토어를 통해 애플리케이션을 배포하였다. 따라서 소비자에게 자사의 가치 제안을 전달하기 위해 스냅의 생태계에는 아마존, 구글, 애플과 같은 다른 스마트폰 제조업체와 무선 서비스 제공업체들이 포함되었다.

그러나 스냅챗 플랫폼은 광고주, 뉴스 사이트와 같은 콘텐츠 제작자, 주요 스포츠 리그와 같은 이벤트

1 Yahoo! Financials (2022). Snap financials 2020. 검색위치: https://finance.yahoo.com/quote/ SNAP/financials/ (2022년 8월 검색)

주최자 등 유료 고객을 위한 가치 제안도 구현해야 했다. 이를 위해 스냅챗은 플랫폼 파트너들이 자사의 콘텐츠를 소비자에게 효율적으로 공급·배포할 수 있도록 지원하는 시스템과 이러한 B2B 서비스를 수익화할 수 있는 결제 체계를 구축해야 했다. 실제로 소프트웨어 개발 노력의 상당 부분이 미디어 배포와 광고 기술에 집중되었다. 또한, 이러한 비즈니스 서비스는 플랫폼 파트너에게 직접 판매·전달되어야 했으며, 이를 위해 다수의 영업 및 광고 전문가를 고용해야 했다. 2020년 기준으로 판매·일반관리SG&A 비용은 10억 달러를 초과했으며, 이 중 절반 이상이 판매와 마케팅 비용이었다. 광고 판매와 플랫폼 마케팅은 막대한 지출과 높은 노동집약적 활동을 수반하였다. 이에 따라 스냅은 고도의 숙련된 직원을 핵심 자원으로 삼아 해당 기능을 사내에서 직접 수행하였다.

따라서 소비자, 광고주, 콘텐츠 제작자, 이벤트 파트너에 대한 스냅챗의 가치 제안을 고려하면, 스냅챗은 이들을 상호 연결하는 기술을 개발함으로써 가치를 창출하였다. 이는 가치 네트워크 구성 방식에 해당한다. 스냅챗은 네트워크 홍보, 계약 관리, 서비스 제공은 사내에서 수행하였으며, 인프라 운영은 아웃소싱하였다. 이러한 구성에 의해 창출된 가치는 스냅과 그 서비스 제공업체(주로 클라우드), 보완재 공급자(모바일 앱 스토어, 기기 제조업체, 네트워크 제공업체), 플랫폼 파트너, 사용자 사이에 분배되었다. 경쟁사들은 유사한 소셜 네트워크, 콘텐츠 출판, 광고 서비스를 개발하여 스냅챗의 가치를 일부 흡수하려 시도하였다. 예를 들어, 인스타그램Instagram (당시 페이스북 소유, 현재 Meta 소유)은 스토리Stories 기능을 스냅챗의 직접적인 복제품으로 개발함으로써, 스냅챗으로의 이용자 이탈을 방지하였다.[2] 스냅챗은 이에 대응하여 다른 소셜 네트워크와의 경쟁에서 차별화를 유지하기 위해 독자적인 소프트웨어 기반 기술과 노하우(일부는 특허로 보호되거나 영업 비밀로 유지되었다), 사용자·서비스 제공자·파트너와의 관계, 그리고 사용자 및 파트너 간의 밀도 높은 상호작용을 통해 생성된 데이터(역시 비밀로 유지되었다)에 지속적으로 투자하였다. 이러한 자원들은 스냅챗이 경쟁사와 차별화된 위치를 확보하고, 생태계 내에서 독자적 지위를 유지할 수 있도록 하는 기반이 되었다(그림 14-2 참조).

---

2 Kantrowitz, A. (2020). Snapchat was an "existential threat" to Facebook. Until an 18-year-old developer convinced Mark Zuckerberg to invest in Instagram Stories. Business Insider, 2020년 4월 7일. 검색위치: www.businessinsider.com/how-developer-mark-zuckerberg-invented-instagram-stories-copied-snapchat-2020-4 (2022년 8월 검색)

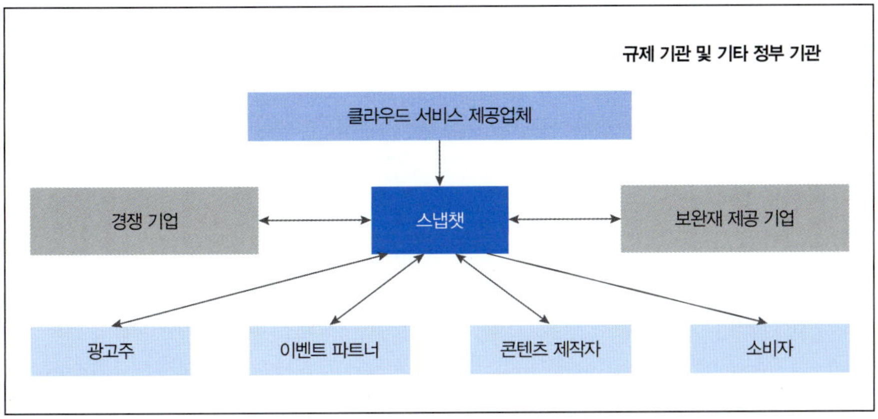

그림 14-2 스냅챗의 혁신 생태계

참고: 디지털 소셜 네트워크인 스냅챗의 혁신 생태계에는 구글과 아마존 웹 서비스와 같은 클라우드 컴퓨팅 서비스 제공업체, 트위터 · 페이스북 · 틱톡 · 카카오와 같은 디지털 소셜 네트워크 경쟁사, 그리고 구글의 안드로이드 운영체제와 애플의 iOS 시스템과 같은 보완재 제공자가 포함된다. 광고주는 아디다스, 삼성, P&G와 같은 브랜드 소비재 기업이 포함되며, 이벤트 파트너로는 NBA, NHL 등 다양한 스포츠 리그가 있다. 콘텐츠 제작자는 일반적으로 디지털 미디어 회사이며, 개인은 콘텐츠의 창작자이자 소비자로 참여한다. 규제 기관은 개인정보 처리 관행과 관련하여 회사에 영향을 미쳤다.

14.2 비즈니스 모델 프레임워크 통합

디지털 혁신 기업이 혁신에 대한 초기 평가를 수행할 수 있도록 비즈니스 모델의 다양한 요소를 하나의 프레임워크로 통합하는 것으로 14장을 마무리하고자 한다. 이 프레임워크는 혁신이 상업적으로 실행 가능한지 여부를 판단하기 위한 분석을 체계적으로 조직한다. 비즈니스 모델을 개발하기 위해 혁신 기업은 다양한 수익과 비용 매개변수에 대한 가정을 검토해야 한다. 구체적으로는 수익 메커니즘과 고객의 지불 의사WTP를 탐색하고 서비스를 제공하는 데 필요한 자원과 활동을 추정하며, 잠재적인 비용 구조와 가격 – 원가 마진을 계산해야 한다. 또한, 확장이 비즈니스 운영에 미치는 영향을 검토하고 잠재적 시장 규모의 범위를 설정해야 한다. 이러한 요소들이 추정되면 해당 사업 아이디어의 예상 손익 분기 규모를 평가할 수 있으며, 이를 통해 혁신이 상업적으로 유망한지 여부를 판단할 수 있다. 초기에는 기존 기업과 산업에서 확보할 수 있는 비교 가능한 수치를 활용하며, 혁신이 개발되고 매개 변수가 구체적으로 알려짐에 따라 가정을 점차 세밀하게 조정할 수 있다. 초기 목표는 혁신을 실행하는 데 필요한 모든 활동과 그에 따른 결과로 발생할 수 있는 수익원과 비용을 대략적으로 추정한 후 잠재적인 수익 흐름이 서비스 제공에 필요한 고정비와 변동비를 충당할 수 있는지를 파악하는 것이다.

대략적인 추정 결과가 유망하게 나타나면 혁신 기업은 이러한 가정을 뒷받침할 수 있는 데이터를 기반으로 더 세밀하고 신중한 분석을 수행할 수 있다. 정교한 분석 결과가 혁신의 상업적 잠재력을 지지한다면 혁신 기업은 프로토타입 개발과 시장 실험을 위해 내부 또는 외부 자금을 확보할 수 있으며, 장기적인 경쟁 우위 확보 가능성에 대한 분석도 진행할 수 있다.

초기 비즈니스 모델 평가에서 중요 요소는 [그림 14-3]과 같다.

R&D 및 자본 투자 비용	• 혁신을 개발하고 출시하기 위한 고정비를 산정 • R&D 비용(일반적으로 R&D 인원 수와 투입 연수) • 새 장비나 기타 자원의 투자 비용
고객의 지불 의사	• 고객이 혁신에 대해 얼마나 지불하려 하는가? • 다른 제품과 비교했을 때 이 혁신이 얼마나 더 많은 가치를 제공하는가?
가격-원가 마진 계산	• 각 단위를 생산하고 전달하는 데 얼마나 드는가? • 새 자원(자재, 장비, 인력 등)이 필요한가? • 마진이 양수인가?
확장성 평가	• 혁신이 확장 가능한가, 아니면 용량 제약이 있는가? (확장 가능한 혁신은 비즈니스가 성장함에 따라 더 효율적으로 생산 가능)
잠재적 시장 규모 결정	• 가치 제안이 다양한 상황, 산업, 지역에 적용되어 큰 잠재 시장을 나타내는가? • 잠재 시장이 제한적이라면 지불 의사가 상당한가?
손익분기 규모 결정	• 가격-원가 마진으로 고정비를 충당하기 위해 얼마나 많은 단위를 판매해야 하는가? • 그렇게 많은 단위를 얼마나 빨리 판매할 수 있는가? • 그 판매를 창출하는 데 얼마나 많은 노력이 필요한가?

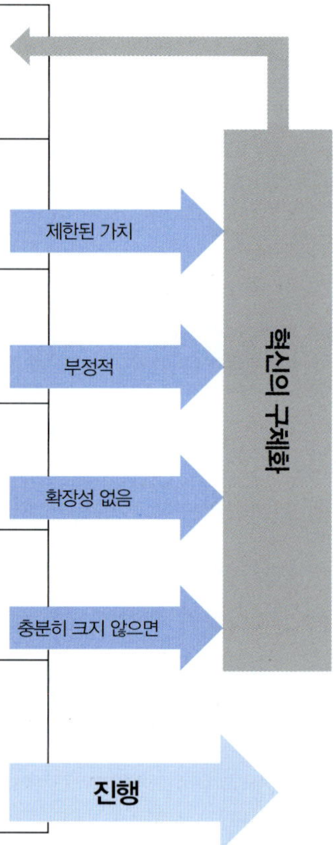

그림 14-3 초기 비즈니스 모델 평가

참고: 이 평가 프레임워크는 디지털 혁신 기업이 혁신의 상업적 잠재력에 대한 대략적인 추정치를 산출할 수 있도록 한다. 비즈니스 모델의 핵심 요소 외에도 이 프레임워크는 혁신의 개발 비용, 확장성, 손익분기 가능성을 고려한다.

❶ R&D 및 자본 투자 비용

혁신을 개발하고 출시하는 데 필요한 총비용은 어느 정도인가? 예를 들어, R&D 비용은 몇 명의 연구개발 인력이 얼마 동안 투입되는지에 따라 달라지며, 신규 장비나 기타 자원에 대한 투자 역시 고정 비용으로 산정된다.

❷ 동등하거나 유사한 서비스에 대한 고객의 지불 의향

혁신이 고객의 제품이나 서비스에 대한 지불 의사를 높이는가? 그렇다면 어느 정도인가? 경쟁 제품과 비교했을 때 혁신이 사용자나 고객에게 제공하는 추가 가치는 무엇인가?

❸ 가격-원가 마진

'가격-원가 마진price-cost margin'은 예상 영업 이익을 보여준다. 각 제품이나 서비스를 생산하고 제공하는 데 드는 비용은 얼마인가? 한계비용이 거의 0에 가까운가, 아니면 추가 단계가 필요한가? 예컨대, 새로운 자재·장비·전문 인력이 필요하다면 이러한 비용은 마진에 반영되어야 한다. 마진이 양수라면 분석을 계속할 수 있지만, 음수라면 해당 혁신은 현실성이 낮다고 판단할 수 있다.

❹ 확장성

생산량이나 판매량이 두 배가 될 때 고용 인력 또한 두 배가 되어야 한다면 이는 **확장성**scalability이 부족한 사업이다. 예를 들어, Groupon과 같은 일부 디지털 기업은 반복 구매율이 낮아 지속적으로 신규 고객을 유치해야 하므로 판매 노력이 판매량과 비례해 증가한다. 마찬가지로 컨설팅 회사나 로펌은 판매량이 증가할수록 신규 전문가를 추가 고용해야 한다. 이 방식은 단순히 사업의 확장과는 다르다. 반대로 확장 가능한 사업은 규모가 커질수록 점점 더 효율적으로 혁신을 제공할 수 있다. 물리적 생산 시스템은 언젠가는 생산 능력의 한계에 도달하지만, 디지털 시스템은 비교적 제약없이 확장할 수 있다. 다만, 소프트웨어 기반 시스템은 복잡성이 높아질수록 확장이 더디거나 어려워질 수 있다.

❺ 시장 규모와 특성

'가격-원가 마진'이 양수이고 혁신이 잘 확장된다면, **총주소가능시장**(TAM) Total Addressable Market을 고려할 수 있다. 가치 제안이 다양한 산업·상황·지역에 적용될 수 있다면 시장은 매우 커질 수 있다. 반면, 가치 제안이 특정 산업이나 상황에만 국한된다면 시장 잠재력은 제한적일 수 있다. 그럼에도 불구하고 고객의 지불 의사가 충분히 높다면 제한된 범위의 문제를 소수의 고객에게 제공하더라도 상당한 수익성을 확보할 수 있다. 따라서 잠재 시장을 정확히 파악하기 위해서는 목표 사용자 집단에 대한 면밀한 분석이 반드시 필요하다.

❻ 손익분기 규모 산출

고정비, 가격, 변동 비용을 알면 **손익분기 규모**break-even scale를 추정할 수 있다. 즉, 고정비를 충당하기 위해 판매해야 하는 최소 단위를 계산할 수 있다. 이익은 '(가격×수량)-(변동 비용×수량)-고정 비용'으로 산출할 수 있으며, 이익이 0을 초과해야 손익분기를 달성할 수 있다. 고정비가 클수록 손익분기 규모도 커지며, 이에 따라 필요한 판매 속도와 노력 또한 증가한다.

최종 분석 결과에 따르면 '가격-원가 마진'이 양수이고 합리적인 기간 내에 고정비를 충당할 수 있으며, 필요한 자금이 내부 또는 외부에서 현실적으로 조달 가능하다면, 비즈니스 모델은 다음 단계로 진행할 수 있다. 여기에는 15장의 비즈니스 모델 출시, 16장의 전략적 분석이 포함된다.

14.3 비즈니스 모델 예시: AR 패션 네트워크

초기 비즈니스 모델 평가 프레임워크를 적용하기 위해 패션 애호가를 대상으로 한 증강현실AR 애플리케이션을 탑재한 소셜 네트워크라는 가상의 혁신 아이디어를 고려해 보자. 이 혁신은 사용자의 신체를 3차원으로 렌더링하고, AR 기술을 활용하여 의류를 가상으로 착용해 볼 수 있다. 사용자는 일정 거리를 두고 전신 거울 앞에 서서 휴대폰 카메라로 신체 치수를 촬영한다. 패션 판매자는 자신의 의류를 3차원으로 렌더링하여 신체 렌더링에 표시하거나 휴대폰 카메라를 거울에 비추는 방식으로 구현할 수 있다. 신체와 의류가 캡처되고 이미지가 합쳐지면 사용자는 소셜 네트워크 기능을 통해 같은 관심사를 가진 친구들에게 자신의 발견과 아이디어를 공유할 수 있다.

이 혁신은 가치 상점과 가치 네트워크 구성의 특징을 결합한 것이다. 가치 상점 측면에서는 사용자가 패션 아이템을 탐색하고 선택하는 과정을 지원하며, 판매자가 새로운 방식으로 고객에게 다가갈 수 있도록 한다. 그러나 가치 네트워크 측면이 더 중요한 비중을 차지할 가능성이 크다. 가치 네트워크는 사용자들이 서로, 그리고 패션 판매자와 상호작용할 수 있도록 하여 사회적 상호작용을 촉진하고 시장 성장을 뒷받침하는 광고 기회를 창출한다. 분명히 잠재적인 네트워크 외부성이 존재하며, 이 혁신이 성공하기 위해서는 충분한 규모의 사용자와 판매자에게 도달해야 한다.

이 플랫폼의 생태계는 주로 시장의 두 측면인 사용자와 패션 판매자로 구성된다. AR 패션 네트워크는 특허받은 AR 기능과 같이 일부 기술을 다른 혁신 기업으로부터 라이선스 형태로 확보해야 할 수 있다. 이 비즈니스의 핵심 과제는 어떤 활동을 내부에서 수행하고 어떤 활동을 생태계 파트너에게 위임할지를 결정하는 것이다. 예를 들어, 패션 판매자가 직접 상품을 디지털화하고 애플리케이션을 통해 3D 렌더링을 생성할 수 있는지, 아니면 이 과정을 AR 패션 네트워크가 담당해야 하는지, 그리고 그 경우 비용 구조에 상당한 지출이 추가되는지 여부는 불확실하다.

가치 제안

AR 패션 네트워크의 가치 제안은 크게 두 유형의 고객을 대상으로 설계된다. 하나는 패션 및 의류와 관련된 아이디어를 탐색하고 착용 이미지와 스타일을 공유하기 위해 네트워크에 참여하는 개인 사용자이며, 다른 하나는 자사의 패션 아이템을 효과적으로 홍보하고 기존과는 다른 방식으로 소비자와 소통할 수 있는 의류 판매자이다. 이와 같은 이중 고객 구조를 바탕으로 AR 패션 네트워크는 개인 사용자에게는 몰입도 높은 쇼핑 경험을 제공하고, 판매자에게는 새로운 마케팅 채널과 정교한 고객 접점을 제공함으로써 다음과 같은 여러 가지 장점을 제공한다.

- AR 렌더링을 통해 고객은 의류가 자신에게 맞는지 혹은 잘 어울리는지 여부를 더 쉽게 확인할 수 있으며, 이는 고객 만족도를 높이고 반품 횟수를 줄여준다.
- 이 서비스는 추가 의류 아이템에 대한 자동화된 추천을 제공하여, 고객이 관심을 가질 만한 상품을 더 쉽게 발견할 수 있도록 돕는다.
- 네트워크는 실제 고객 경험을 기반으로 한 매우 효과적인 광고 방식을 제공하며, 고객이 스스로 발견하지 못했을 수도 있는 판매자나 상품을 찾을 수 있도록 지원한다.
- 혁신적인 기술은 시장의 유사한 제품보다 훨씬 사용이 용이하다.

[표 14-1]의 경쟁자 그리드에 제안을 기존 시장 경쟁자들과 비교하면 여러 가지 새로운 유형의 혜택을 제공하는 것으로 보인다. 특히, 기존 경쟁자들 중 어느 누구도 자사 제품을 중심으로 한 의미 있는 소셜 네트워크를 구축하지는 못했다.

표 14-1 AR 패션 경쟁사 그리드

이점	AR 패션	Stitch Fix	Mode-Relier	ShopStyle
신규 구매를 위한 제안	++	++	–	–
3D 사이징 데이터 업로드	++	–	–	–
AR 보기	++	–	–	–
소셜 네트워크	++	–	–	–
기존 옷으로 스타일링하기	+	–	++	++
정기적으로 새 옷 받기	–	++	–	–

참고: 가상의 벤처기업인 AR 패션 네트워크에 대한 경쟁사 그리드 분석에서는 AR 보기, 3D 사이즈 데이터 업로드, 소셜 네트워크 구축을 통해 가장 차별화할 수 있는 혁신이 무엇인지 강조한다. 기존 옷을 활용한 스타일링이나 신상품의 정기 배송에는 초점을 맞추지 않을 것이다.

참조: ++ = 예외, + = 기능적, – = 현재 부족

다음으로, 제안된 혁신의 경제적 잠재력을 평가하기 위해 앞서 소개한 평가 프레임워크를 적용해 보자.

❶ R&D 및 자본 투자 비용

소프트웨어 개발 전문가들의 견해에 따르면 혁신을 개발하고 출시하기 위해 필요한 고정 비용은 다음과 같다.

- **AR 기반 3D 렌더링 기술용 앱 개발:** 소프트웨어 엔지니어 8명이 12개월간 근무 × 인당 15만 달러 = 120만 달러
- **고급 컴퓨터, 소프트웨어 및 기타 장비 10대:** 20만 달러

❷ 수익 메커니즘 및 고객의 지불 의사

이 혁신은 플랫폼의 양측을 모두 대상으로 하는 다양한 수익 메커니즘이 필요하다. 여기에는 프리미엄freemium, 광고, 추천referral 기반 메커니즘이 포함된다. 네트워크 구축을 위해 초기에는 사용자가 무료로 서비스를 이용할 수 있도록 하고, 일부 프리미엄 기능을 유료로 제공한다. 벤더는 무료로 가입할 수 있으나 플랫폼에서 노출을 확대하기 위해서는 광고와 추천 계약을 통해 홍보 및 클릭당 판매 비용을 부담해야 한다. 따라서 예상되는 주요 수익원은 다음과 같다.

- **광고**: 의류 파트너는 의류를 광고하기 위해 비용을 지불한다. CPM(1,000회 노출당 비용)이 4달러라고 가정해 보자. 사용자가 하루에 3번 앱을 확인하면 사용자당 연간 약 4달러의 수익이 발생한다.
- **추천**: 노출을 통해 발생한 의류 판매의 수수료는 5%이다. 평균 의류 가격을 50달러, 사용자당 연간 3번 구매한다고 가정하면 사용자당 연간 7.50달러의 수익이 발생한다.
- **프리미엄 구독**: 전체 사용자의 10%가 연 30달러를 지불한다고 가정하면 사용자당 평균 3달러의 수익이 발생한다.

따라서 총 예상 수익은 사용자당 연간 약 **14.50달러**로 추정된다.

❸ 가격-원가 마진

클라우드 컴퓨팅 서비스는 일반적으로 연 단위로 구매되지만 사용자 수 증가에 따라 비용이 늘어날 것이므로 여기서는 변동 비용으로 간주할 수 있다. 3D 콘텐츠는 상당한 컴퓨팅 및 저장 자원을 차지할 것이므로, 사용자 1인당 연간 컴퓨팅 비용을 약 5달러로 추정할 수 있다. 따라서 사용자 1인당 연간 이익 마진은 **14.50달러 − 5달러 = 9.50달러**로 예상된다.

또한 이 비즈니스 모델은 상당한 영업, 일반, 관리SG&A 인력이 필요하다. 첫 해에는 10명으로 시작하여 5년 차에는 100명으로 확대될 것으로 예상된다. 또, 1인당 평균 연봉을 10만 달러라고 가정하면 초기 연간 고정비는 100만 달러, 5년 차에는 1,000만 달러로 증가할 것으로 예상된다. 의류 디지털화에는 상당한 비용이 소요되지만 이는 패션 파트너가 직접 부담한다. 이는 곧 네트워크에 참여하기 위한 전환 비용이 된다. 사무실 임대료 및 자금 조달 등의 추가 비용도 있지만 지금은 이에 대해 다루지 않는다.

❹ 확장성

이 혁신은 초기 개발 비용이 높고 사용자 및 패션 파트너와의 관계를 유지하는 데 드는 연간 고정비가 높다. 사용자당 변동비는 매우 낮고 일정하며 규모에 따라 감소하기도 한다. 따라서 강한 규모의 경제를 가지는 **확장 가능한 비즈니스 모델**로 평가된다.

❺ 잠재적 시장 규모

AR 기반 패션 네트워크 시장은 현재 존재하지 않으며 새롭게 창출되어야 한다. 초기 시장은 미국 내 젊은 성인 의류 구매자와 판매자가 될 가능성이 높다. 젊은 성인은 AR과 같은 신기술 및 소셜 네트워크적 요소에 더 적극적으로 반응할 것으로 예상된다. 예컨대, 스냅챗은 젊은 성인을 주요 사용자층으로 확보하며 미국에서 약 1억 명의 사용자를 보유하고 있다. 이는 미국 내에서 도달 가능한 사용자 수의 상한선으로 추정할 수 있다. 또한 2018년 미국 패션 전자상거래 매출은 750억 달러에 달했으므로, 시장은 매우 크고 성장 가능성이 높다. 다만, 패션 판매자의 참여 의사 여부는 불확실하다.

❻ 손익분기 규모

초기 개발비와 연간 고정비 및 변동비를 사용자 1인당 연간 9.50달러의 이익 마진으로 충당하기 위해 필요한 사용자 수를 계산해 보자. 현재로서는 분석을 단순화하기 위해 감가상각과 자본 비용은 제외한다. 1~5년차까지의 초기 개발비와 연간 고정비 총액은 약 2,300만 달러로 추정된다. 이 금액을 사용자당 9.50달러의 수익률로 충당하기 위해서는 5년간 약 240만 명의 사용자가 필요하다. 서비스 규모가 0에서 240만 명으로 선형적으로 확대된다고 가정하면 5년 동안의 평균 사용자 수는 약 120만 명으로 산정된다.

결론

이 분석은 기술이 안정적으로 작동하고 의류 판매자의 협력이 이루어진다면 해당 혁신이 합리적인 기간 내에 손익분기점에 도달할 만큼 충분한 사용자를 확보할 수 있음을 시사한다. 비용 구조와 시장 규모는 강력한 확장 가능성을 보여주며, 개인이 실제로 이러한 패션 네트워크에 참여할 의향이 있는지, 그리고 소매업체가 3D 렌더링을 위해 의류를 디지털화하고 전자상거래에 참여할 역량을 보유하고 있는지를 검토할 필요가 있다. 즉, 이 초기 분석은 잠재 사용자와 파트너를 대상으로 다수의 가정과 매개변수를 시험하고 검증하는 과정으로 나아가는 것을 뒷받침한다. AR 패션의 핵심 가치 구성은 가치 네트워크이며, 성공의 관건은 성공을 위한 최소 조건이 되는 사용자 수에 도달하는 것이다. 따라서 기술 개발을 넘어 네트워크 구축이 이 혁신의 가장 중요한 전략적 과제라 할 수 있다.

핵심 요약

- 생태계는 가치 창출에 기여하고 가치 획득을 위해 경쟁하는 외부 주체를 규정하는 광범위한 시장 맥락이다.
- 비즈니스 모델은 혁신 기업이 제공하는 자원과 활동이 무엇인지, 생태계 파트너가 제공하는 자원과 활동이 무엇인지 정의해야 한다.
- 비즈니스 모델의 초기 평가 프레임워크는 혁신이 상업적으로 유망한지 여부를 판단하는 방법을 제공한다.
- 수익 잠재력, 비용 구조, 목표 시장의 특성 및 확장성에 따라 혁신 아이디어를 추가로 개발할 가치가 있는지 여부를 결정한다.

용어 정리

- **손익분기 규모** break-even scale: 기업의 총비용(그 시점까지의 총비용)이 총수익과 같아지는 시점의 수량을 의미한다.
- **연간 수익성** annual profitability: 연간 수익이 연간 고정비와 변동비를 초과하는 것을 의미한다. 이는 많은 혁신 스타트업에게 유용한 벤치마크가 되는 기준이지만 기업이 개발 비용을 회수하고 투자자에게 수익을 제공하기 시작하는 시점을 고려하는 것도 중요하다.
- **비즈니스 생태계** business ecosystem: 혁신 기업이 외부 환경과 어떻게 관계를 맺는지 보여준다. 이는 어떤 자원과 활동이 내부에서 제공되는지, 어떤 것이 외부 환경(즉, 생태계)에서 조달되는지, 그리고 어떤 조건으로 이루어지는지를 결정한다. 이러한 결정은 혁신 기업의 비용 구조와 수익 흐름을 결정한다.
- **가격-원가 마진** price-cost margin: 단위 가격과 변동비(서비스 단위 원가) 간의 차이를 의미한다. 가격이 변동비보다 크면 마진이 양수(+)가 되어 고정비를 충당하고 향후 수익성을 달성할 수 있다.
- **확장 가능한 비즈니스** scalable business: 성장할수록 수익성이 더 높아진다. 높은 고정비와 낮은 변동비를 가진 대부분의 디지털 비즈니스는 확장성이 매우 높다.
- **총주소가능시장(TAM)** Total Addressable Market: 혁신을 잠재적으로 구매할 수 있는 시장 세그먼트의 크기이다. 예를 들어, 온라인 의류 판매의 총 매출액은 AR 패션 네트워크에 적절한 벤치마크가 될 수 있다.

토론하기

14.1 초기 개발 비용은 혁신의 상업적 실현 가능성에 어떤 영향을 미치는가?

14.2 혁신이 높은 고정비와 낮은 변동비를 수반하는 경우 확장성에는 어떤 차이가 있는가?

14.3 목표 시장에 대해 이상적으로 어떠한 정보를 확보해야 하며, 해당 데이터를 어떻게 수집할 수 있는가?

14.4 자체적으로 개발한 혁신에 대한 비즈니스 모델을 수립하기 위해 생태계를 탐구해야 하는 이유는 무엇인가?

추천 문헌

- Johnson, M.W., Christensen C.M., and Kagermann H. (2008). Reinventing your business model. Harvard Business Review (December).
- Tidhar, R., Hallen, B.L., and Eisenhardt, K. (2021). Measure twice, cut once: Achieving exceptional growth in nascent online fashion markets. Unpublished manuscript. Stanford University, Department of Management Science and Engineering.
- Various authors (2019). On business model innovation. Harvard Business Publishing. Product # 10235E-KND-ENG. Cambridge MA.

사례 4

우버와 공유 모빌리티의 혁신

우버Uber는 2009년 개럿 캠프Garrett Camp와 트래비스 캘러닉Travis Kalanick에 의해 "우버캡UberCab"이라는 이름으로 설립되었다. 초기 아이디어는 스마트폰 애플리케이션을 통해 리무진 공유 서비스를 예약할 수 있도록 하는 데 초점이 맞추어져 있었다. 캘러닉과 캠프는 모두 연쇄 창업가였으며, 우버캡은 캘러닉이 1998년 UCLA를 중퇴한 이후 세 번째로 설립한 회사다. 이 애플리케이션은 2010년 6월 샌프란시스코에서 출시되었고, 같은 해 첫 번째 벤처 자본 투자를 유치하였다.[1] 2011년 우버는 택시 서비스 기업이 아닌 디지털 플랫폼 기업의 성격을 강조하기 위해 회사명을 Uber Technologies로 변경하였다. 같은 해 뉴욕시에서 서비스를 시작하였으며, 동시에 유럽·인도·아프리카로의 국제적 확장을 준비하였다. 이러한 과정에서 기존 택시 업계의 강한 반발에 직면하였다. 2013년까지 회사의 가치는 10억 달러를 넘었고, 동시에 우버 운전자의 고용 신분을 둘러싼 논란이 본격적으로 제기되었다.

우버는 에어비앤비Airbnb, 스테이시비Stashbee, 허블Hubble과 같은 기업과 함께 "공유 경제Sharing Economy" 트렌드를 활용하였다. 이른바 '크라우드 기반 자본주의crowd-based capitalism'는 소비자가 전통적인 산업 구조를 벗어나 기술을 매개로 활용도가 낮은 자산을 공유하도록 유도하였다. 이러한 변화 속에서 소비자의 행동은 점차 달라졌으며, 자동차·도구·의류·숙박과 같이 비싸고 사용 빈도가 낮은 물품을 소유하지 않는 방식에 점점 익숙해지게 되었다.

우버는 자사의 플랫폼을 운영 우수성, 제품 전문성, 모빌리티를 지원하는 광범위한 네트워크를 갖춘 기술 기반 플랫폼으로 규정하였다.[2] 2021년 기준으로 우버는 승차 서비스Mobility, 음식 배달Eats, 화물 물류Freight를 주요 서비스로 하는 다면multisided 플랫폼이었다. 이에 따라 승객Riders, 음식 소비자Eaters, 상

1 Hartmans, A. and Leskin, P. (2019). The history of how Uber went from the most feared startup in the world to its massive IPO. Business Insider. 2019년 5월 18일. 검색위치: www.businessinsider.com/ubers-history#may-2011-uber-launches-in-new-york-city-which-is-today-one-of-its-biggest-markets-but-which-also-presents-some-of-the-strongest-pushback-from-the-taxi-industry-10 (2022년 8월 검색)

2 Uber Annual Report 2021 검색위치: https://s23.q4cdn.com/407969754/files/doc_financials/2021/ar/FINAL-Typeset-Annual-Report.pdf (2022년 8월 검색)

인Merchants, 배송 인력Delivery People, 모빌리티 드라이버Mobility Drivers, 화주Shippers, 운송업체Carriers가 플랫폼의 주요 참여 집단을 구성하였다. 우버의 핵심 역량에는 마켓플레이스, 경로 최적화, 결제 기술이 포함되었다. 특히, 마켓플레이스에는 독자적인 수요 예측, 매칭, 디스패칭, 가격 책정 기술이 내장되어 있었다. 글로벌 팬데믹 이전인 2019년, 우버는 약 70억 건의 운행을 지원하였으며, 월간 활성 플랫폼 이용자(승객 및 음식 소비자)는 1억 1,100만 명에 달하였다. 이를 통해 총 예약금 650억 달러와 130억 달러의 운행 수수료로 수익을 기록하였다. 그러나 상당한 매출 성장에도 불구하고 같은 기간 회사는 85억 달러의 순손실을 보고하였으며, 2021년까지 우버는 연간 수익이 연간 운영비를 초과한 적이 없었다.

사례 4.1 차량 공유를 통한 가치 창출

우버는 택시를 소유하지 않았고 택시 기사를 고용하지 않았으므로 전통적인 의미에서 택시 사업에 속하지 않았다. 우버는 독립된 운전자와 승차가 필요한 소비자를 연결하고, 그 수익의 일부를 가져가는 중개자matchmaker였다. 승객Riders과 모빌리티 운전자Mobility Drivers에 대한 우버의 주요 가치 제안은 승객과 운전자를 심사하여 안전을 보장하는 역량, 다양한 가격 옵션을 갖춘 서비스 수준을 제공하는 수익 메커니즘, 그리고 모바일 기기를 통해 손쉽게 서비스를 추적하고 결제할 수 있는 편리성에서 비롯되었다. 운전자 역시 쉽게 사업에 진입하여 유연한 근무 시간을 가질 수 있었다. 우버의 조직 구조는 역전되어 비용을 낮추고 결과적으로 더 낮은 가격을 가능하게 하였다. 전통적인 택시 서비스와 달리 우버는 재고를 보유하지 않았으며 대부분의 지역에서 택시 서비스 사업자로 분류되지 않았기 때문에 규제 수수료를 지불할 필요가 없었다. 다만, 이를 변경하려는 규제 당국의 압력은 존재하였다. 이 외에도 우버는 Uber Eats를 통한 음식 배달 서비스와 Uber Freight를 통한 화물 운송 서비스도 제공하였으며, 무인자동차 개발과 일상적 항공 이동을 실현할 수 있는 Uber Elevate 프로그램도 실험적으로 추진하였다.

우버는 서비스의 이용 가능성 여부와 위치에 따라 승객에게 차별화된 수준의 서비스를 제공하였다. 가장 저렴한 옵션인 Express Pool은 승객의 집 앞까지 이동하지 않았으며, 하차 지점에서 일정 거리를 도보로 이동해야 했다. 또한 경로상 최대 3명의 승객과 차량을 공유할 수 있었다. Pool 옵션은 문 앞까지 이동이 가능했으나, 차량은 일반적으로 비고급 차량이었다. UberX는 저가형 개인 서비스로 도요타 프리우스와 같은 일반 차량을 사용하였다. Uber Black은 원래의 '저렴한 리무진' 서비스에서 발전한 고급 옵션으로, 전문 기사와 고급 세단을 제공하였다. Uber SUV는 대형 차량을 제공하며 프리미엄 요금을 부과하였고, Uber LUX는 포르쉐나 BMW와 같은 최고급 차량을 제공하였다. 이러한 다양한 서비스 수준 덕분에 승객은 상황에 적합한 서비스를 선택할 수 있었으며, 특히 Uber Express Pool은 저렴한 요금으로 인해 대도시와 대학가에서 젊은 층과 학생들에게 인기를 끌었다.

우버는 승객이 운전자를, 운전자가 승객을 5점 만점으로 평가할 수 있도록 하였다. 승객은 좋은 대화, 차량의 청결, 기타 서비스 옵션 등과 같은 이유로 평가에 근거를 남길 수 있었다. 운전자 역시 대기 시간, 예절, 안전과 같은 요소를 기준으로 평가 사유를 제시할 수 있었다. 개별 평가는 익명으로 처리되었지만 평균 평점은 공개되어 시장의 양측이 모두 확인할 수 있었다. 운전자의 평균 평점이 매우 낮은 경우 계정이 비활성화되었으며, 승객의 평균 평점이 매우 낮은 경우에는 영구적 또는 일시적으로 앱 사용이 제한되었다. 이 방식은 사용자가 매 여정에서 시간을 준수하고 예의 바르게 행동하도록 유도하였으며 자연스럽게 서비스의 가치를 향상시켰다. 또한 우버는 '조용한 모드quiet mode' 옵션을 도입하여, 승객이 업무를 처리하거나 전화를 걸 수 있도록 조용한 이동을 선택할 수 있도록 하였다. 이를 통해 승객은 원치 않는 대화를 정중하게 피할 수 있었으며 서비스의 개인화가 촉진되었다.

플랫폼의 또 다른 이점은 승객이 스마트폰 애플리케이션을 통해 운전자의 이용 가능 여부와 위치를 확인하고 가격과 제안된 경로를 예약 전에 미리 확인할 수 있다는 점이다. 운전자는 승객을 태우기 전에 승객의 평점을 확인할 수 있었으며, 앱을 활용하여 승객과 직접 소통함으로써 픽업을 용이하게 할 수 있었다. 추가적인 혜택으로는 저렴한 차량 임대와 각종 지원 서비스가 제공되었다.

사례 4.2 우버 경험

우버는 전반적인 택시 승차 경험을 재구성하려 하였다. 초기 주요 고객층은 애플리케이션 활용에 익숙한 샌프란시스코의 기술 친화적인 젊은 도시 거주자들이었다. 시간이 지나면서 우버는 점차 대중 시장으로 확산되었다. 특히, 레스토랑이 밀집해 있고 야간 활동이 활발한 지역, 휴일 축하 행사와 각종 이벤트, 대중교통 이용이 줄어드는 악천후, 그리고 스포츠 이벤트가 열리는 지역을 전략적으로 표적화하였다. 예컨대, 시카고는 활발한 야간 생활, 잦은 악천후, 그리고 활기찬 스포츠 문화가 결합되면서 우버의 빠른 성장을 가능하게 하였다.[3] 우버는 뉴욕시에서 전통적인 택시가 종종 서비스를 거부하던 외곽 지역을 대상으로 서비스를 제공함으로써 인지도를 높였다.[4] 혁신적인 스마트폰 기술 활용은 이동 중에도 편리하게 승차를 호출할 수 있게 하여 우버의 파괴적 성장을 가능하게 하였다. 다른 도시에서도 우버의 기술 중심 비즈니스 모델은 서비스가 부족했던 도시 지역에 서비스를 제공할 수 있게 하였고, 시간이 지남에 따라 주류 교통 서비스로 자리매김하였다.

미국에서 온라인 성인의 약 8%는 적어도 한 달에 한 번 우버를 이용한다고 보고되었으며, 특히 젊은 성인들이 가장 활발한 사용자로 나타나 전체 사용자의 약 3분의 2를 차지하였다. 도시 거주자는 교외나 농촌 거주자보다 우버를 더 자주 사용하였고, 상위 소득 사분위에 속하는 사용자가 전체의 4분의 1 이상을 차지하였다. 2017년까지 우버는 미국의 거의 모든 주요 도시에서 서비스를 시작하였고, 미국 전체의 약 70%를 커버하였다. 같은 해 우버는 약 3천5백만 건의 승차를 완료하였으며, 하루 평균 약 10만 건의 승차를 기록하였다. 또한, 63개국으로 글로벌 시장 확장을 지속하였다.

많은 운전자들은 우버를 추가 수입원의 하나로 활용하였다.[5] 운전자들은 종종 주 직업에서 불안정한 수입을 경험하였고, "소득 안정화"가 우버 합류의 주요 이유로 자주 언급되었다. 우버는 운전자들에게 높은 유연성을 제공하였다. 특히, 택시 운전자보다 우버 운전자들은 성별, 연령, 인종에서 더 큰 다양성을 보였으며, 이는 전국 노동력의 인구 통계와 더 유사하였다. 이는 기존 시장에 진입하기 어려웠던 이들에게 새로운 기회를 제공했음을 시사한다. 그러나 많은 운전자들은 우버 활동만으로는 주요 생계를 유지하기 어렵다고 응답하였으며, 보다 예측 가능한 수입과 근무 시간을 확보하기 위해 추가 근무를 선호하였다. 우버는 운전자를 유치하고 동기를 부여하기 위해 신규 운전자나 성과가 우수한 운전자에게 추가 혜택을 제공하였다. 2018년에는 최우수 운전자를 위한 새로운 보상 프로그램을 발표하였다. 이 Uber Pro 파일럿 프로그램은 미국 전역 8개 도시에서 처음 도입되었다. 운전자들은 자격을 얻기 위해 높은 평점을 유지해야 했으며, 평점, 취소율, 그리고 완료한 승차 횟수에 기반하여 포인트를 받았다.

---

3 Ellis, S. and La Com, E. (2021). Uber – what's fueling Uber's growth engine? 검색위치: https://community.growthhackers.com/posts/uber-whats-fueling-ubers-growth-engine (2022년 8월 검색)

4 Bialik, C. (2015). Uber is serving New York's outer boroughs more than taxis are. FiveThirtyEight. 검색위치: http://fivethirtyeight.com/features/uber-is-serving-new-yorks-outer-boroughs-more-than-taxis-are/ (2022년 8월 검색)

5 Hall, Jonathan V. and Krueger, Alan B. (2018). An analysis of the labor market for Uber's driver-partners in the United States. ILR Review 71(3): 705-732.

한편 **Uber Eats**의 레스토랑 음식 배달 서비스는 처음에는 미국과 전 세계 주요 도시에서 운영된 실험적 서비스에서 출발하였고 이후 빠르게 확장하였다. 경영진은 이러한 확장이 향후 성장과 수익성의 기반을 마련할 것으로 기대하였다. 2018년 기준으로 Uber Eats 고객의 약 50%는 우버 플랫폼을 처음 이용하는 신규 사용자였다. 회사는 소비자들이 가장 중요하게 여기는 요소를 배달 속도라고 판단하였다. 그러나 음식 배달 시장은 경쟁이 매우 치열하였다. Caviar, Postmates, DoorDash 등은 모두 빠르고 저렴한 레스토랑 음식 배달에 집중하고 있었다. **Uber Freight**는 자사의 제품 지식, 기술 전문성, 운영 경험을 활용하여 미국의 7천억 달러 규모의 트럭 운송 산업에 진출하였고, 이를 주문형 시장으로 재편하였다. 2019년에는 유럽의 6천억 달러 규모의 시장으로 확장하였다. Uber Freight는 플랫폼 기반 연결 모델을 마진이 더 클 수 있는 서비스에 적용함으로써 수익 창출을 모색하는 다각화 전략을 제시하였다.

사례 4.3 경쟁 심화

리프트Lyft는 규모가 더 작은 차량 공유 서비스였지만, 우버에게 치열한 경쟁을 불러일으켰다. 특히, 우버의 팁 금지 정책으로 이해 많은 운전자가 리프트를 선호하였고, 상당수 운전자가 두 회사 모두에서 활동하는 '멀티홈드multihomed' 전략을 선택하였다. 우버는 기존 택시 산업과도 경쟁에도 직면하였다. 그러나 미국 택시 산업은 기술 활용이 부족하였고, 고객 피드백을 반영하는 데 한계가 있었다. 또, 일부 지역(특히 외곽 지역)으로의 운행을 거부할 수 있었고, 승객이 길거리에서 직접 차량을 잡아야 하는 전통적 방식을 유지하였다. 하지만 전통적인 택시 산업은 많은 도시와 국가에서 강력한 규제의 보호를 받고 있었으며, 이는 산업을 유지·보호하는 역할을 하였다. 우버는 이러한 규제 환경으로 인해 여러 주요 시장에서 금지되었다. 덴마크에서는 우버 운전자들이 규정 미준수와 세금 회피 문제로 벌금을 부과받았으며, 다른 여러 유럽 국가와 도시에서도 금지되었다.

아시아에서는 인도의 Ola, 중국의 Didi Chuxing, 싱가포르의 GrabTaxi와 같은 기업들이 우버의 강력한 경쟁자로 등장하였다. 이들 기업은 모두 수십억 달러 규모의 벤처 캐피털 투자를 확보하였다. 결국 동남아시아 시장에서 우버는 Grab의 모회사인 GrabTaxi에 사업을 매각해야 했다. 이는 우버가 미국 외 시장에서 사업을 매각하거나 합병한 세 번째 사례였다. 앞서 우버는 중국 사업을 Didi Chuxing에 매각하였으며, 러시아 및 인근 국가에서의 사업은 현지 기술 기업인 Yandex와 합병하였다. 그러나 우버는 여전히 Didi Chuxing과 Yandex에 대한 지분을 보유하고 있었으며, Didi Chuxing의 투자자들은 리프트에도 투자하였다. 리프트는 우버를 따라잡는 데 어려움을 겪었지만 일부 운전자들은 리프트의 조직 문화를 선호하였다. 리프트는 차량 공유 경험을 사회적 경험으로 규정하고 공동체 의식을 강조하며 새로운 사람을 만날 기회를 제공하였다. 승객들은 함께 이동하는 동안 교류하며 새로운 인연을 만들 수 있었다. 이러한 태도는 기업의 사명 선언문을 넘어 우버와 리프트의 차량 외관에도 반영되었다. 우버가 운전자에게 정장을 착용하고 승객의 문을 열어주며 검은색 차량을 사용할 것을 장려한 반면, 리프트는 운전자와 차량의 개성을 존중하였다. 예를 들어, 예술가나 음악가인 운전자는 '디스코 리프트'나 '노래방 리프트'와 같은 콘셉트를 만들어 탑승을 단순한 이동이 아닌 특별한 경험으로 홍보하였다. 리프트의 운전자 개성 장려는 운전자들에게는 매력적이었을 수는 있지만 일부 승객은 우버의 깔끔하고 전문적인 이미지를 더 선호했을 수도 있다.

일부 미국 운전자들은 우버를 덜 매력적인 플랫폼으로 인식하였다. 운임과 운전자 급여를 둘러싼 분쟁이 있었고, 리프트에서의 운행이 더 많은 수입을 얻는 경우도 있었다. 이에 대응하여 우버는 2017년 '180일 변화(180 Days of Change)' 캠페인을 시작하여 운전자와의 관계 강화를 도모하였다. 이 캠페인에는 팁 허용, 24시간 고객 서비스 지원, 장거리 운행 사전 알림, 2분 취소 제한 등 새로운 기능이 포함되었다. 또한 우버는 운전자가 새로운 기능을 일반에 공개하기 전에 시험할 수 있도록 '얼리 테스터 프로그램Early Tester Program'을 도입하였다. 더불어 Uber Pro 보상 프로그램을 통해 운전자에게 추가 혜택과 높은 요금을 제공함으로써 플랫폼에 대한 헌신을 유도하고자 하였다.

우버는 음식 배달 시장에서도 치열한 경쟁에 직면하였다. 이 산업은 2013년 이후 77%의 성장률을 기록하며 빠르게 확대되었으나 GrubHub, DoorDash, Deliveroo, Swiggy, Postmates, Zomato, Delivery Hero, Just Eat, Takeaway.com, Amazon 등 다양한 플랫폼이 경쟁에서 우위를 점하고 있었다.

운송 산업에서 Uber Freight는 글로벌 및 북미 화물 중개업체와 경쟁하며 하나의 플랫폼에서 운송과 화물 운송 서비스를 연결하였다. 미국 트럭 운송 협회American Trucking Association에 따르면 2017년 미국 기업들은 트럭 운송에 7,000억 달러를 지출하였고, 이 중 약 720억 달러가 중개 수수료로 사용되었다. 이 시장 부문은 1995년부터 2017년까지 연평균 11% 성장하였으며, 구식 물류 모델이 온디맨드(수요자가 시간, 장소, 방식 등을 직접 결정하는 시스템) 기술로 전환되면서 우버는 개인 모빌리티와 식사 배달 시장에서 이미 확보한 기술을 활용하여 점유율을 확대할 수 있는 유리한 위치에 있었다. Uber Freight의 주요 경쟁자로는 C.H. Robinson, Total Quality Logistics, XPO Logistics, Convoy, Echo Global Logistics, Coyote, Transfix, DHL, NEXT Trucking 등이 있었다. 2018년 3억 5,900만 달러의 총 예약액은 우버가 미국 화물 중개 시장의 0.5% 미만을 차지했음을 보여준다. 우버의 주요 강점은 미국 내 플랫폼 기술과 온디맨드 예약 역량이었으며, 동시에 유럽의 매우 세분화된 화물 운송 시장에도 진출하여 다수의 소규모 경쟁자들과 경쟁하였다.

사례 4.4 우버 내부

우버는 사용하기 쉬운 모바일 앱을 통해 승객을 운전자와 연결하고 차량 또는 배달의 도착을 추적할 수 있도록 하였다. 또한 승객의 안전을 보장하기 위해 예비 운전자를 대상으로 신원 조회, 운전 기록 확인, 신용 보고서 검사를 실시하였다. 운전자는 승인이 완료된 후에 운전자 앱에 접근할 수 있었다. 운행이 종료되면 회사는 거래를 처리하고 승객의 카드에서 요금을 청구하며, 플랫폼을 통해 영수증을 직접 전송하였다. 운전자는 주 단위로 자신의 수익 몫을 지급받았다.

승차 매칭은 수요와 공급 데이터를 실시간으로 처리하는 복잡한 알고리즘 시스템이 필요했다. 우버는 시간대, 위치, 날씨, 교통 패턴과 같은 빠르게 변하는 데이터뿐 아니라 운전자 평점, 승객 행동과 같은 점진적으로 변하는 데이터, 그리고 차량 유형과 같은 고정 데이터를 포함한 대량의 정보를 분석하였다. 이러한 알고리즘은 다양한 시장에서 일관적으로 작동해야 했다. 따라서 우버가 새로운 도시에 진입하면 컴퓨팅 스택은 즉시 작동해야 하고, 해당 지역의 특성에 신속히 적응해야 했다. 회사는 고객 수요를 정확히 예측하고 그에 따라 운전자를 효율적으로 배치할 필요가 있었다. 또한, 우버는 운전자 경로 설정, 푸시 알림, 요금 폭등surge pricing과 관련된 특허를 포함해 수십 건의 특허를 확보함으로써 자사 기술을 보호하였다.

우버의 모바일 결제 방식은 기존 택시 회사와의 경쟁에서 살아남기 위한 핵심적인 기능이었다. 이를 개발하기 위해 우버는 선도적인 모바일 결제 제공업체이자 PayPal의 자회사인 Braintree와 협력하였다. Braintree는 클라이언트 측 암호화를 활용해 속도와 보안을 강화한 모바일 결제 시스템 설계를 지원하였다. 또한, Braintree는 130개 이상의 통화를 지원하여 국제 결제에 필수적이었다. 우버는 Card.io

의 서비스를 도입하여 휴대폰 카메라로 신용카드를 스캔해 사용자의 계정에 등록할 수 있도록 하였다. 이러한 기능들은 우버가 내세운 속도와 단순성이라는 특징을 강화하였다.

사례 4.5 수익성 전망

우버는 운임을 설정하고 이를 운전자와 회사가 각각 80%와 20%씩 분담한다. 탄력 요금제를 운영하여 혼잡 시간대에 프리미엄 요금을 부과할 수 있도록 허용하였다. 우버 운전자는 독립 계약자로 분류되었으며, 차량·연료·유지보수·보험 등과 같은 비용을 스스로 부담하였다. 우버는 또한 Uber Plus와 같은 구독 기반 모델을 실험하였는데, 승객은 월정액을 지불하고 20회 또는 40회의 탑승권과 UberPool 및 UberX에 대한 고정 요금을 제공받았다. Rider Pass는 고객에게 UberX, UberPool, Uber Express Pool을 할인된 요금으로 이용할 수 있도록 하였으며, 월 14달러의 요금을 부과하였다.

그러나 2020년까지 우버의 재무 상황은 [표 C4-1]에 나타난 것처럼 규모의 경제에 기반한 수익성 달성으로 가는 명확한 경로를 보여주지 못하였다. 매출원가, 운영·판매·마케팅, 일반 관리 부문은 매출에서 상당한 비중을 차지하였으며 감소 조짐이 없었다. 2019년 기업공개IPO 시점에는 주식 기반 보상 등으로 인해 비용이 오히려 증가하였다. 또한 운전자 인센티브, 할인, 충성도 프로그램 비용, 판촉 비용 등 지속적인 지출은 회사가 여전히 모든 시장에서 운전자와 승객을 유치하기 위해 치열하게 경쟁하고 있음을 보여주었다.

우버는 2009년 초기에 엔젤 투자자로부터 시드 자금을 확보하였다. 이후 First Round, Benchmark, Menlo Ventures, Google Ventures, Fidelity 등으로부터 추가적인 벤처 캐피털 투자를 유치하였으며, 2015년에는 바이두와 골드만삭스로부터 사모펀드와 부채 자금을 조달하였다. 결과적으로 우버는 총 116명의 투자자로부터 250억 달러 이상의 벤처 자금을 확보하였다.[6]

6 Crunchbase Company Financials. 검색위치: www.crunchbase.com/organization/uber/company_financials (2022년 11월 검색)

표 C4-1 우버의 재무 실적 (단위: 백만 달러)

12월 31일 마감 연도	2018년	2019년	2020년	2021년
매출	10,433	13,000	11,139	17,455
비용 및 경비				
수익 비용	4,786	6,061	5,154	9,351
운영 및 지원	1,516	2,302	1,819	1,877
영업 및 마케팅	3,151	4,626	3,583	4,789
연구 및 개발	1,505	4,836	2,205	2,054
일반 및 관리	2,082	3,299	2,666	2,316
감가상각 및 상각	426	472	575	902
총 비용 및 경비	13,466	21,596	16,002	21,289
영업 손실	(3,033)	(8,596)	(4,863)	(3,834)

참고: 우버는 매출 성장이 두드러졌지만 비용 증가 속도가 더 빨랐다. 특히, 매출 원가가 매출보다 빠르게 증가한 점이 우려스러웠으며, 플랫폼 참여자 인센티브가 상당한 부담으로 작용했음을 시사한다.

출처: Uber Annual Report 10K filing, 검색위치: https://s23.q4cdn.com/407969754/files/doc_financials/2021/ar/FINAL-Typeset-Annual-Report.pdf (2022년 8월 검색), 검색위치: https://investor.uber.com/news-events/news/press-release-details/2022/Uber-Announces-Results-for-Fourth-Quarter-and-Full-Year-2021/default.aspx (2022년 8월 검색)

우버는 2019년 5월 10일 주당 45달러의 공모가로 공식 상장되었다. 그러나 상장 첫날 주가 성과는 저조하였으며, 이는 페이스북 이후 가장 큰 미국 기술 IPO Initial Public Offering 였다는 점을 고려할 때 실망스러운 결과였다. 이러한 부진은 투자자들이 우버의 검증되지 않은 비즈니스 모델에 대해 우려하고 있음을 보여주었다. 같은 해 IPO를 진행한 리프트 역시 유사한 부진을 겪었으며, 이는 네트워크 효과의 가치와 배달·차량 공유 플랫폼의 지속 가능성에 대한 전반적인 회의론을 반영하였다.

사례 4.6 규제 문제와 저항

정부 기관은 기술과 비즈니스 모델이 발전함에 따라 종종 규제를 개정하는 데 뒤처진다. 우버는 자사의 운영 관행을 두고 현지 정부 및 규제 기관과 지속적으로 갈등을 겪었다. 우버의 운전자는 직원이 아닌 계약자로 분류되었으므로, 우버는 건강 보험이나 경비 보전과 같은 복지 혜택을 제공할 의무가 없었다. 또한 우버의 비즈니스 모델은 기존 택시 회사가 준수해야 했던 면허 수수료, 가격 규제, 위치 제한 등과 같은 규제를 회피할 수 있었다. 그러나 이러한 이점은 안정적이지 않았다. 우버는 지역 정부의 강한 반발과 수많은 소송에 직면했다. 스페인에서는 운영이 중단되었고, 캘리포니아주에서는 고용 관행의 합법성을 둘러싼 주요 소송에서 패소했다.

2015년, 오리건주 노동위원장은 우버 운전자가 개인 차량을 사용하고 근무 일정을 스스로 결정할 수 있음에도 불구하고 계약자가 아닌 직원이라는 획기적인 성명을 발표했다. 캘리포니아에서도 유사한 판결이 내려져 한 전직 운전자가 실업급여 자격을 인정받았다. 이어서 5월에는 플로리다에서도 비슷한 결정이 나왔다. 그럼에도 불구하고 9개 주의 노동위원회는 우버 운전자를 계약자로 규정했다.

우버는 뉴욕시에서 특히 심각한 규제 문제에 직면했다. 2015년 봄, 뉴욕시 최대 택시 면허 자금 제공자인 멜로즈 크레딧 유니온Melrose Credit Union은 시장 빌 드 블라지오Bill de Blasio에게 편지를 보내, 우버가 현지 택시 규정을 준수하지 않을 경우 수십억 달러 규모의 소송을 제기하겠다고 경고했다. 우버가 시장 점유율을 확대하면서 택시 면허(메달리온) 가격은 급격히 하락했다. 우버를 비판하는 사람들은 택시 운전사는 메달리온에 비용을 내고 규제를 준수하는 반면, 우버 운전자는 동일한 의무 없이 요금을 받는 것이 불공정하다고 주장했다. 2018년 8월, 뉴욕시 의회는 승차 공유 서비스의 혼잡 효과를 연구하기 위해 우버와 같은 차량 서비스에 대한 신규 차량 면허 발급을 동결하는 법안을 통과시켰다. 같은 해 여름, 드 블라지오 시장은 뉴욕 내 모든 임대 차량 운전자에게 차량 면허를 의무화하고, 택시 및 리무진 위원회가 임대 차량 운전자의 순수입을 약 20% 인상하도록 강제하는 법안을 승인했다. 이 조치는 우버의 수익을 줄이고 운전자에게 지급되는 최소 금액을 높였다.

2019년 맨해튼에서 우버 운전자들은 우버가 서비스 수수료와 관련한 자체 계약을 위반했다고 주장하며 소송을 제기했다. 우버 운전자들은 우버가 약 4년 동안 운전자 임금에서 공제한 세금을 납부하지 않았다고 주장했다. 전반적으로 우버 운전자의 권리는 명확하지 않은 경우가 많았다. 결국 우버는 운전자 권익을 대변하는 단체인 드라이버 길드를 공식적으로 인정하였으며, 이 단체는 더 높은 임금과 신규 운전자 제한과 같은 문제에 초점을 맞췄다.

뉴욕시의 입법 변화는 다른 도시의 운전자들에게도 유사한 변화를 촉진했다. 택시와 승차 공유 운전자들은 경쟁 관계임에도 불구하고 시카고 시에 운전자 수를 제한하는 법안을 요구하며 연대하였다. 사방의 반대에도 불구하고 우버는 새로운 확장 방법을 모색하고 있었다.

2016년에는 시카고 시가 개인 데이터 유출과 관련하여 소비자 사기 소송을 제기했다. 이는 약 5,700만 명의 운전자와 승객에게 영향을 미친 1년간의 데이터 유출 은폐 혐의와 관련되었다. 또한 우버는 고객 운송 과정에서 규제 규정을 위반한 혐의로도 적발되었다. 프랑스에서 우버가 사용하던 UberPOP 서비스는 인증 받지 않은 운전자와 무면허 운전자의 영업을 허용하여 일반적인 정상 운임보다 크게 낮은 요금으로 이용할 수 있게 하였다. 이로 인해 기존 택시 서비스의 수요가 감소하였고, 택시 기사들의 시위와 대중의 반발이 발생하였다. 프랑스 정부는 UberPOP 서비스를 금지하고 우버의 영업 중단을 명령하였다. 또한 최대 30만 유로의 벌금과 2년의 징역형을 부과하였다.

2017년 유럽 사법재판소는 우버를 운송 서비스로 분류하고 이에 따라 규제를 받아야 한다고 판결하였다. 이 판결은 항소할 수 없었다. 이에 따라 우버는 운행 중 발생하는 사고에 대한 책임을 지고 운전자에게 복지와 생활임금을 지급해야 했다.

승차 공유 기업에서는 운전자와 승객 모두의 안전과 관련된 위험이 항상 제기되었다. 사망, 강도, 폭행과 같은 사건이 보고되었으며, 인도에서는 우버 운전자가 승객을 성폭행한 사건이 발생하였다. 부적절한 신원 조회 절차로 인해 우버는 인도에서 금지되기도 했다. 우버는 자사가 소프트웨어 플랫폼을 제공하는 기업으로서 할 수 있는 일은 투명성과 안전성을 위해 신원 조회 절차를 마련하는 것뿐이라고 주장하였다. 그럼에도 불구하고 회사는 안전하지 않은 환경과 운영 조건에 대한 혐의로 수차례 소송에 직면하였다. 또한 우버는 자율주행차 사업에서도 비판을 받았다. 2018년에는 우버 자율주행 차량과 관련된 최초의 사망 사고가 발생하였다. 우버는 2020년에 자율주행 사업부를 매각하였다.

질문

1. 우버의 가치 구성을 설명하고 이 구성이 우버의 수익 메커니즘과 어떤 관련을 맺고 있는지 논하시오. 또한, 수익 메커니즘 측면에서 제안할 수 있는 잠재적 개선점은 무엇인가?

2. 우버의 생태계(그림 14-1 참고)를 도식화하고, 플랫폼이 창출하는 가치에 기여하거나 경쟁하는 주요 주체들을 설명하시오. 이어서 현재 비즈니스 모델의 성과에 영향을 미치는 생태계 과제는 무엇인가?

3. 우버의 사업은 확장 가능한가? [표 C4-1]에 제시된 Uber의 고정 비용과 변동 비용의 변화를 검토하고, 비즈니스의 어떤 부분이 잘 확장되는지 혹은 그렇지 않은지, 그리고 그 이유가 무엇인지 설명해 보자.

4. 우버는 2022년까지 약 13년간 누적 손실 270억 달러를 기록하였다.[7] 궁극적으로 회사가 지속적으로 수익을 창출하고 이러한 손실을 만회하여 기업 존재를 정당화할 수 있다고 생각하는가? 그렇다면 그 방법은 무엇일까?

---

7 Funk, J. (2021). Today's unicorns have bigger cumulative losses than Amazon, lost money far longer than Amazon, still no turnaround. Wolf Street, 2021년 7월 5일. 검색위치: https://wolfstreet.com/2021/07/05/todays-unicorns-have-bigger-cumulative-losses-than-amazon-had-lost-money-far-longer-than-amazon-still-dont-show-a-turnaround/ (2022년 8월 검색)

PART

05

에코시스템 모멘텀 확보

Gaining Ecosystem Momentum

새로운 혁신을 구상하고 성공을 기대하는 일은 쉽지만 실제로 이를 실현하는 과정은 어렵다. 경제적·사회적으로 지속 가능한 사업을 시작하고 구축하는 과정은 지루하고 고된 여정이며, 몇 년 이상 걸릴 수도 있다. 유명한 디지털 플랫폼 기업 대부분은 안정적인 수익을 내기까지 10년 이상이 소요되었고, 덜 알려진 기업들은 그 단계에 도달하기도 전에 실패하였다. 따라서 혁신을 추진하는 기업에게는 고객, 공급자, 보완재 공급자, 규제 당국, 그리고 기타 사회적 파트너와 함께 모멘텀을 형성하기 위한 신중한 전략이 필수적이다. 여기서 모멘텀은 이해관계자들이 해당 혁신을 점점 더 매력적이고 유용하며, 탐구하고 지원할 가치가 있다고 인식하는 것을 의미한다. 고객은 혁신이 자신들에게 실질적 가치를 제공한다고 판단할 때 주변에 이를 추천한다. 공급자와 보완재 공급자는 혁신의 가능성을 높게 평가하여 상용화와 전달에 필요한 투입물과 시스템을 기꺼이 제공한다. 규제 당국과 사회 공동체는 해당 혁신이 너무 위험하거나 피해를 초래하지 않으며, 법적으로도 문제없다고 인정할 때 이를 수용한다.

따라서 설득력 있는 혁신은 모든 관련 생태계 구성원의 관점에서 정당성을 인정받아야 하며, 이를 통해 혁신가는 상용화 과정에서 필요한 지원을 확보할 수 있다. 정당성을 얻기 위해서는 혁신이 기술적·경제적·상업적으로 실행 가능해야 한다. 이러한 수준의 정당성과 실행 가능성에 도달하기 위해서는 소통, 실험, 개발, 시제품 제작, 그리고 시연의 과정을 반복해야 한다.

이 장에서는 시장 실험과 고객 확보 과정에서 출발하여 공급 측면에서의 차별화와 가치 포착 잠재력을 보장하는 생태계 전략을 탐구한다. 마지막으로 디지털 시장에서의 법적·규제적 쟁점, 특히 혁신의 방향을 결정짓는 지식재산권의 체계에 대한 논의로 마무리한다.

CHAPTER 15

새로운 디지털 비즈니스 모델 출시

Launching a New Digital Business Model

새로운 디지털 비즈니스 모델의 설계는 대체로 불확실한 가정과 대략적인 추측에서 출발한다. 혁신 기업은 아이디어가 발전하는 과정에서 사용자 피드백과 시장 데이터를 체계적으로 수집하여 초기 가정을 보완하고 더 정교한 예측으로 다듬어야 한다. 디지털 혁신을 시작할 때 직면하는 가장 큰 난관은 고객 확보, 비즈니스 모델의 타당성 검증, 그리고 네트워크 효과를 창출할 동력을 확보하는 것이다. 먼저 디지털 시장에서 고객을 유치하기 위한 전략을 다루고, 이어서 비즈니스 모델의 핵심 요소를 검증하는 실험적 접근법을 소개한다. 마지막으로 네트워크 효과를 강화하고 플랫폼 생태계를 성장시키는 방법을 제시하며 논의를 마무리한다.

15.1 고객 확보의 중요성

어떤 새로운 사업이나 제품에 대해 돈을 지불하는 고객을 유치하는 것은 해당 비즈니스의 정당성을 입증하는 데 가장 큰 도전 과제이다. 디지털 혁신의 경우 이러한 도전은 더욱 두드러진다. 제품이 무형이며 소프트웨어 기반이라면 어떻게 존재를 알릴 수 있을까? 제안된 기능과 약속된 혜택을 제공한다는 사실을 사용자에게 어떻게 설득할 수 있을까? 또한 사용자가 자신의 소비 및 의사소통 습관을 바꾸고 새로운 서비스를 채택하도록 하려면 무엇이 필요할까? 일부 장애물은 물리적 제품이나 전통적 서비스의 혁신 기업에도 동일하게 적용된다. 그러나 소비자에게 새로운 신발 한 켤레를 구매하게 하는 것보다 새로운 사회적 의사소통 네트워크를 채택하도록 유도하는 것은 훨씬 더 어렵다. 신발이 훨씬 더 비쌀 수 있음에도 불구하고 그렇다. 새로운 사회적 네트워크의 혜택은 네트워크가 충분히 형성되기 전에는 불투명하고 이해하기 어려울 뿐만 아니라, 무엇보다 사회 집단 내에서 다수의 개인들이 행동을 조정하고 패턴을 바꿔야 한다는 점에서 도전적이다. 반대로 신발의 이점은 쉽게 상상할 수 있으며, 오프라인 신발 매장은 붐비는 상권이나 쇼핑몰에 위치하여 많은 행인들에게 제품을 직접 보여줄 수 있다.

전통적인 제품 출시는 주로 광고와 판매 촉진 캠페인에 의존한다. 예를 들어, 새로운 종류의 시리얼 제조업체는 TV 광고를 실행하고 슈퍼마켓 체인과 협력하여 할인 행사에 참여하며, 매장 내 진열대 끝과 같은 핵심 위치에 제품을 배치하기 위한 조건을 협상할 수 있다. 그러나 새로운 디지털 애플리케이션의 상황은 훨씬 더 복잡하다. 온라인 사용자를 대상으로 한 광고는 매우 많은 비용이 들 수 있다. 예를 들어, 새로운 컴퓨터 게임의 잠재적 사용자는 TV를 자주 시청하지 않을 가능성이 높다. 게임 개발자는 광고 경매를 통해 광고를 진행할 수 있지만, 이러한 방식은 비용 대비 효과가 제한적일 수 있다. 또한 강력한 배포 플랫폼과의 파트너십을 시도할 수 있으나, 수천 명의 게임 개발자와 소수의 플랫폼이 존재하는 시장 구조를 고려할 때 협상은 불리할 가능성이 크다. 반면, 단순히 새로운 게임을 유통 플랫폼에 등록한 뒤 성공을 기대하는 전략은 효과적이지 않을 수 있다. 초기 인터넷 붐의 주요 교훈 중 하나는 '만든다고 해서 사용자가 자연스럽게 몰려오지는 않는다'는 점이었다.[1]

디지털 혁신 기업은 초기 사용자 기반을 확보하기 위해 보다 정교한 접근이 필요하다. 확보된 사용자 기반은 혁신을 자신의 네트워크와 인접 시장 세그먼트로 확산시키는 역할을 해야 한다. 일반적으로 주요 전략에는 초기 수용자와 시장 리더에게 직접 접근하는 것, 특정 채널을 활용하여 지식이 풍부하고 영향력이 있는 **베타 사용자**beta user 그룹을 형성하는 것이 포함된다. 성공적인 디지털 기업들은 소셜 네트워크와 다양한 디지털 네트워크 구조를 활용하여 혁신을 바이럴로 확산시킨다. 이는 혁신 기업이 잠재적 사용자 그룹, 즉 **시장 세그먼트**market segment를 이해하고 각 사용자 유형이 가장 높이 평가하는 가치 제안의 측면을 파악해야 함을 의미한다.

디지털 시장 세분화의 주요 기준에는 인구통계, 교육 수준, 지리적 위치, 소득, 개인 또는 조직의 필요가 포함된다. 예를 들어, Pew 리서치 센터는 2021년에 소셜 미디어 채택이 연령, 성별, 소득, 교육, 지

1 Mullen, S. (2021). Startup fallacies: If you build it they will come. 검색위치: https://samuelmullen.com/articles/startup-fallacies-if-you-build-it-they-will-come (2022년 8월 검색)

리(농촌과 도시)에 따라 크게 달라지지만, 인종에 따라서는 큰 차이가 없다고 보고했다.[2] 또한 Pew는 미국 성인들 사이에서 고정형 광대역 인터넷 대신 스마트폰에 의존하여 인터넷에 접속하는 정도가 인종, 연령, 소득, 교육에 따라 차이가 있지만 성별이나 지리에 따라서는 차이가 없음을 발견했다.[3] 이와 같은 시장 데이터는 디지털 혁신 기업에 중요한 시사점을 제공한다. 예를 들어, 고정형 광대역 인터넷이 필요한 애플리케이션은 젊은 저소득층 개인에게 도달하기 어려울 수 있다. 따라서 시장 출시(GTM) Go-To-Market 전략을 수립하기 전에 [표 15-1]처럼 목표 시장 세그먼트의 규모와 행동 특성을 조사하고, 기존 경쟁자가 해당 세그먼트를 어느 정도 확보하고 있는지를 분석하는 것이 필요하다. 이러한 분석은 제안된 혁신이 공략할 수 있는 고유한 사용자 집단을 드러내며, 시장 진입 전략을 설계할 때 목표 사용자를 식별하고 접근 방식을 결정하는 데 중요한 기초 자료가 된다.

표 15-1 개인 사용자를 위한 타깃 시장 세그먼트 표

사용자 특성	나의 혁신	경쟁자 1	경쟁자 2	…	경쟁사 N
나이					
성별					
교육/기술 능력					
수입					
지리적 시장					
민족/인종					
고충/필요 사항					

참고: 목표 시장 세그먼트 분석은 혁신 기업이 자신의 고유한 기능이 특히 가치 있게 여겨지는 사용자 세그먼트를 식별하는 데 도움을 준다. 이는 제품을 가장 높이 평가하는 사용자에게 접근하기 위한 시장 진출 또는 출시 전략을 수립할 수 있다.

마찬가지로 B2B 시장에서도 [표 15-2]처럼 세분화를 활용하여 마케팅과 커뮤니케이션 활동을 보다 효율적으로 집중함으로써 시장 출시를 크게 촉진할 수 있다. 잠재적 비즈니스 사용자 집단은 직원 수, 수익 기반, 이윤 지향성, 기술 역량, 그리고 특정 비즈니스 요구와 같은 특성에 따라 새로운 디지털 서비스를 채택하고 비용을 지불하려는 의지와 능력에 영향을 미칠 수 있다. 예를 들어, 대기업은 복잡한

2 Pew Research Center (2021). Social Media Fact Sheet, 2021년 4월 7일. 검색위치: : www.pewresearch.org/internet/fact-sheet/social-media/?menuItem=45b45364-d5e4-4f53-bf01-b77106560d4c (2022년 8월 검색)

3 Pew Research Center (2021). Mobile Fact Sheet, 2021년 4월 7일. 검색위치: www.pewresearch.org/internet/fact-sheet/mobile/?menuItem=d40cde3f-c455-4f0e-9be0-0aefcdaeee00 (2022년 8월 검색)

신기술을 수용할 수 있는 재정적·기술적 자원을 보유할 가능성이 크지만, 조달 절차가 느리고 복잡하여 검증되지 않은 혁신에는 부담이 될 수 있다. 반면, 중소기업SME은 일반적으로 자금은 제한적이지만 민첩한 의사결정은 장점이다. 한편, 비영리 및 공공 부문 조직은 자금과 기술적 역량은 부족하지만 디지털 기술에 대한 수요는 오히려 매우 클 수 있다.

표 15-2 조직(비즈니스) 사용자를 위한 타깃 시장 세그먼트 표

사용자 특성	나의 혁신	경쟁자 1	경쟁자 2	…	경쟁사 N
조직 규모(직원 수)					
조직 유형 (예 영리, 비영리, 공공 부문)					
산업별 기술 가용성					
기술 수익					
지리적 시장의 문제점/요구 사항					

참고: 비즈니스 사용자는 개인 사용자와 비교하여 다른 특성 집합을 기준으로 분석해야 한다. 그러나 기술적 기술의 보급, 사용자 요구, 그리고 사용자의 소득 수준은 조직과 개인 모두의 채택 결정에 영향을 미친다.

다면 플랫폼multisided platforms의 경우 가치 제안과 마찬가지로 시장 세분화와 출시 전략은 플랫폼의 모든 측면에서 신중히 검토되어야 한다. 예를 들어, 14장에서 살펴본 것처럼 스냅챗은 개인 사용자, 광고주, 디지털 콘텐츠 발행인 각각을 위한 매력적인 가치 제안을 유지해야 한다. 마찬가지로 플랫폼의 각 사용자 집단에 대해 시장 세분화를 수행하고, 최소한의 마케팅 비용과 시간으로 각 집단의 관심을 끌 수 있는 효과적인 방안을 토대로 시장 출시 전략을 맞춤화해야 한다.

드롭박스Dropbox는 성공적인 제품 개발과 출시 전략으로 잘 알려진 기업으로,[4] 이 회사는 2007년에 설립되어 2008년에 제품을 출시했으며, 2011년까지 2,500만 명의 등록 사용자를 확보하였다. 그러나 이들 중 약 96%는 유료 결제를 하지 않았다.[5] 2010년, 창립자 드류 휴스턴Drew Houston은 한 컨퍼런스 발표에서 2007년에 이루어졌던 초기 제품 발표 과정에 대해 설명했다. 당시 발표는 컴퓨팅 애호가들을

4 Houston, D. (2010). Dropbox: Startup lessons learned. Slideshare presentation. 검색위치: www.slideshare.net/gueste94e4c/dropbox-startup-lessons-learned-3836587 (2022년 8월 검색)

5 Statista Research Department (2016). Number of registered Dropbox users. Statista, 2016년 3월 7일. 검색위치: www.statista.com/statistics/261820/number-of-registered-dropbox-users/ (2022년 8월 검색)

위한 웹사이트 '해커뉴스Hacker News'를 통해 이루어졌다. 하지만 당시에는 제품이 완성되지도 않았기 때문에 라이브 시연도 제공되지 않았고, 단지 서비스 작동 방식을 설명하는 몇 장의 스크린샷과 짧은 동영상만 있었다.[6] 그럼에도 불구하고 '해커'로 불리는 지식이 풍부한 집단의 관심을 끌기에 충분했으며, 동시에 높은 수준의 피드백을 확보하는 계기가 되었다. 1년 후, 제품이 거의 완성되었을 때 회사는 웹사이트 Digg에 전체 기능을 소개하는 동영상을 게시하였다. 두 번째 게시물의 목적은 광고 효과와 함께 보다 기술적인 피드백을 확보하기 위해 베타 사용자를 모집하는 것이었다. 베타 사용자는 일반적으로 숙련되거나 경험이 많은 사용자로 제품 사용에 어려움이 적고 사려 깊은 피드백을 제공할 수 있으며, 첨단 기술의 초기 수용자가 되는 경우가 많다. 두 번째 동영상 게시물은 매우 효과적이었으며, 베타 사용자가 되기 위한 대기자 명단은 단 하루 만에 5,000명에서 75,000명으로 급격히 증가하였다.

드롭박스는 검색 엔진 최적화SEO와 구글 애드워즈를 활용한 전통적인 마케팅 기법도 시도하였다. 그러나 여러 차례의 캠페인 결과, 이 접근 방식은 비용 대비 효과가 매우 낮다는 사실을 확인하였다. 예를 들어, 약 1,200달러를 투자하여 65만 회 광고 노출(CPM 약 1.84달러)을 달성했으나, 클릭률은 0.11%에 불과해 약 700명이 광고를 클릭하였다. 이 가운데 74명이 회원으로 등록했지만 실제 유료 고객은 단 4명에 그쳤다. 결과적으로 신규 유료 고객 한 명을 확보하는 데 약 300달러가 소요되었으며, 연간 구독료가 99달러인 상황에서는 지속 가능한 마케팅 전략으로 보기 어려웠다. 몇 차례의 실험 끝에 광고 전략은 결국 중단되었다. 드롭박스의 창립자 드류 휴스턴은 SEO가 새로운 수요를 창출하기보다는 이미 존재하는 수요를 수확하는 도구에 가깝다고 설명했다. 새로운 디지털 비즈니스의 경우 검색 최적화나 광고 경매 시장은 가치 있는 신규 고객을 효과적으로 창출하지 못한다. 이는 사용자들이 일상적으로 USB 드라이브를 휴대해야 하는 불편을 명확한 문제로 인식하지 않았기 때문이다. 즉, 드롭박스와 같이 새로운 서비스는 신규 사용자가 필요성을 아직 인식하지 못할 때 친구나 동료의 소개를 통해 실제 서비스를 사용해 보고 만족감을 느낀 경우 다른 사람에게 이를 추천한다. 이러한 방식이 바로 **바이럴 마케팅**viral marketing이며, 제품이 입소문을 통해 스스로 확산되는 메커니즘이다.

바이럴 마케팅이 효과적으로 작동하려면 매력적인 가치 제안과 더불어 내재적 네트워크 효과가 뒷받침되어야 한다. 이러한 맥락에서 파일 공유 기능은 드롭박스의 성공을 견인한 핵심 요인 중 하나였다.

---

6 Houston, D. (2007). My YC App: Throw away your USB drive. Hacker News, 2007년 4월 5일. 검색위치: https://news.ycombinator.com/item?id=8863 (2022년 8월 검색)

실제로 다수의 신규 사용자는 타인이 드롭박스를 통해 대용량 파일을 공유함으로써 서비스에 가입하게 되었다. 이러한 현상은 회사 내부뿐만 아니라 다른 조직 간 협업에서도 빈번하게 발생했다. 특히 공동 프로젝트에서의 파일 공유는 드롭박스를 통해 보다 효율적으로 수행될 수 있었다. 이 과정에서 기존 사용자가 새로운 사용자들을 초대하거나 파일 공유를 통해 자연스럽게 참여를 확산시킴으로써, 서비스의 네트워크 효과가 강화되었다. 드롭박스는 이러한 바이럴 확산을 가속화하기 위해 추천 프로그램을 도입했는데, 이는 추천인과 피추천인 모두에게 혜택을 제공하는 방식이었다. 실제로 2008년 말부터 2010년 초까지 신규 가입자 약 400만 명 중 35%는 추천 프로그램을 통해, 20%는 공유 폴더 사용을 통해 유입된 것으로 나타났다. 특히, 조직 내에서 동료 간 폴더 공유는 일종의 '트로이의 목마'처럼 작용했다. IT 부서가 이 도구의 사용을 인식하고 모든 인원을 엔터프라이즈 요금제로 전환하기 전까지 애플리케이션은 자연스럽게 조직 전체로 확산되었다. 이러한 과정 덕분에 드롭박스는 전통적인 B2B 영업 프로세스의 복잡성을 상당 부분 회피할 수 있었다.

잘 알려진 또 다른 고객 확보 사례는 에어비앤비Airbnb이다.[7] 에어비앤비는 2007년 샌프란시스코에서 열린 한 전문 컨퍼런스 참석자들에게 자신의 아파트를 임대해 약간의 부가 수입을 얻으려는 창립자들의 아이디어에서 시작되었다. 이들은 'Airbed and Breakfast'라는 웹사이트를 만들어 행사 기간 동안 몇 명의 참석자를 호스팅하였고, 이후 정치 행사 기간에도 동일한 방식을 시도하였다. 전 세계에서 여러 도시에 비슷한 웹사이트를 개설해 달라는 요청을 받았지만 그러나 웹사이트 자체만으로는 고객 기반을 확장하는 데 한계가 있었다.

에어비앤비는 플랫폼의 양측, 즉 숙소를 제공하는 호스트와 숙소를 이용하는 게스트를 동시에 성장시키는 것이 중요하다는 점을 빠르게 인식했다. 이 과정에서 나온 첫 번째 '성장 해킹growth hacking'은 Craigslist와의 통합이었다. 당시 Craigslist는 단기 임대 시장에서 주요 플랫폼으로 자리 잡고 있었다. 에어비앤비는 숙소를 등록한 호스트가 선택하면 해당 숙소가 Craigslist에도 자동으로 게시되도록 하여, 게스트 수가 부족했던 시기에 충분한 가시성을 확보할 수 있었다.

에어비앤비는 Craigslist의 임대 사용자 기반을 활용하여 호스트 네트워크를 확장할 수 있었다. 이를

7 Brown, M. (2021). Airbnb: the growth story you didn't know. GrowthHackers, 2021년 6월 9일. 검색위치: https://community.growthhackers.com/posts/airbnb-the-growth-story-you-didnt-know (2022년 8월 검색)

위해 에어비앤비는 Craigslist를 방문해 고유 매물 URL을 수집하고, 숙소 세부 정보를 입력한 후 해당 URL을 호스트에게 전달하는 자동화 도구를 개발하였다. 또한 Craigslist의 모든 임차인에게 '에어비앤비 사용자'라는 이름으로 자동 이메일을 발송하여 에어비앤비 웹사이트 방문을 유도하였다.

게스트 측면에서는 '**소셜 커넥션**Social Connections' 기능을 통해 사용자의 기존 페이스북 인맥을 활용하였다. 호스트와 게스트가 페이스북이나 에어비앤비 네트워크에서 공통의 지인을 가지고 있을 경우, 더 높은 수준의 상호 신뢰를 형성할 수 있었다. 또한 에어비앤비 역시 드롭박스와 마찬가지로 추천 프로그램을 운영하였다. 흥미로운 점은 추천 보상의 내용을 "친구를 추천하면 다음 예약 시 본인에게 $25 할인 제공"에서 "친구를 추천하면 친구에게 $25 제공"으로 변경했을 때 추천 활동이 크게 증가했다는 사실이다.

마지막 사례는 이타카Ithaca에 본사를 둔 자선 단체 분야의 스타트업 회사인 GiveGab이다. GiveGab은 기부자가 비영리 단체의 모금 활동을 지원할 수 있도록 하는 플랫폼을 구축하였다. 전통적으로 자선 모금 시장은 복잡하고 비효율적이었으며, 많은 비영리 단체들은 기부자를 확보하는 데 어려움을 겪었다. 또한 마케팅을 효과적으로 진행할 만한 역량과 자원이 부족하다는 한계도 있었다. 디지털 플랫폼은 이러한 분절된 시장에서 조정과 소통을 가능하게 하여 큰 변화를 만들어낼 잠재력을 지니고 있었다. 그러나 미국 내에는 규모가 작은 비영리 단체만 해도 백만 개 이상 존재했기 때문에 이들을 하나하나 영업해 플랫폼에 가입시키는 것은 매우 큰 도전 과제였다.

GiveGab의 공동 창업자이자 CEO인 찰리 멀리건Charlie Mulligan은 '기빙 데이Giving Day'라는 개념을 바탕으로 자선 기부 마켓플레이스를 구상하였다. 기빙 데이는 특정 지역에서 하루 동안 집중적으로 모금을 진행하는 행사로, 이타카의 "Giving is Gorges 캠페인"이나 허드슨 밸리 지역 캠페인이 이에 해당한다. 다지점 조직을 대상으로 하기도 하였다. 예를 들어, YMCA는 "Open for Good 캠페인"을 통해 코로나19 팬데믹으로 피해를 입은 뉴욕 지역 지부들을 지원하기 위한 기금을 조성하였다. GiveGab은 해당 지역의 비영리 단체를 위한 전용 웹사이트와 플랫폼을 제공하여, 캠페인 정보를 이해관계자들에게 알릴 수 있도록 지원하였다. 이 플랫폼은 광고와 커뮤니케이션 자료를 제작해주고 참가하는 비영리 단체에 교육과 자원을 제공하였다. 기빙 데이를 통한 공동의 노력은 각 단체의 비용을 절감하면서도 주목도와 참여를 극대화하였다. 이를 통해 더 많은 비영리 단체와 기부자를 효율적으로 연결할 수 있었으며 개별적으로 연결하는 방식보다 훨씬 효과적이었다. 또한 하루라는 짧은 기간은 기부자들에게 행동을 촉구하는 긴박감을 조성하여 참여를 유도하였다. 기빙 데이는 보통 1년에 한 번만 열리지만 한 번 참여한 비영리 단체와 지역 기부자는 GiveGab 플랫폼에 등록되어 이후에도 자체적인 캠페인을 운영할 수 있었다. 이는 단체가 장기적인 모금 활동과 후원자 유지 전략을 전개하는 기반이 되었다.

찰리 멀리건은 다음과 같이 설명했다.

> GiveGab의 '기빙 데이Giving Days'는 기부자들이 지역 내 거의 모든 비영리 단체 중에서 선택할 수 있는 마켓플레이스를 제공하여 기부자의 선택 폭을 크게 확대합니다. 이는 비영리 단체에 긍정적인 영향을 미치는데 기부자가 기빙 데이를 통해 특정 단체를 선택함으로써 해당 단체에 대한 사명과 더 강한 연계를 형성하게 되므로 1년 내내 다시 기부할 가능성이 훨씬 높아집니다. 따라서 기빙 데이는 비영리 단체와 기부자를 동시에 유치하며 지역 단위에서 공급(비영리 단체)과 수요(기부자)의 성공을 위한 최소 조건을 마련하는 효과적인 방식입니다. 이는 비영리 단체, 기부자, 그리고 GiveGab 모두에게 이익을 제공합니다.[8]

세 가지 사례의 공통점은 디지털 혁신 기업이 먼저 플랫폼에서 상호작용을 통해 가치를 창출할 수 있는 핵심 사용자 그룹을 식별했다는 점이다. 이후 이들은 기존의 온라인 또는 오프라인 네트워크 구조를 활용하여 혁신 서비스 내 네트워크 형성을 가속화하였다. 특히, 시장이 매우 분절된 상황에서는 기존 커뮤니티(예 해커 토론 게시판, Craigslist, 특정 지역사회 등)를 기반으로 초기 사용자 그룹을 확보하는 것이 효과적이었다. 이러한 접근은 초기 사용자 식별과 온보딩 과정에서 발생하는 비용을 크게 절감할 수 있다는 점에서 전략적 의의를 가진다. 또한, 혁신이 소셜 네트워크 기능을 포함하는 경우 기존에 상호작용할 친구가 없는 개별 사용자를 단독으로 유입시키는 것은 비효율적이다. 따라서 혁신 기업은 공동체 전체를 동시에 온보딩할 필요가 있다. 예를 들어, 기업 내 동료 집단, 대학 캠퍼스의 학생 집단, 지역 사회의 비영리 단체, 혹은 임차인 커뮤니티와 같은 집단 단위의 유입이 효과적일 수 있다.

15.2 실험을 통한 비즈니스 모델 검증

디지털 혁신은 상당한 수준의 실험 과정이다. 사용자 행동과 선호도에 대한 불확실성이 크며, 때로는

8 Personal Communication, 2021년 6월 14일.

사용자 스스로도 자신의 선호를 명확히 알지 못한다. 따라서 혁신 기업은 선호를 탐색하고 확인할 수 있는 기회를 만들어야 한다. 잠재적 사용자 집단과 시장 세그먼트를 조사하는 것이 도움이 되지만, 이들이 실제로 제품을 구매할지 여부, 어떤 기능을 선호하거나 기피할지, 또는 얼마를 지불할 의사가 있는지는 명확하지 않을 수 있다. 이러한 선호는 아직 형성되지 않았을 가능성이 크기 때문이다. 제품이 사용자의 일상생활 속에 어떻게 적합한지를 확인하고 사회적 집단과 함께 채택·상호작용하는 학습 과정이 필요하다. 디지털 제품이 일상적 습관과 관행에 미치는 영향, 그리고 사회적 집단에서 어떻게 해석·활용되는지를 이해하는 과정을 **사회적 구성**social construction이라고 한다.

이러한 선호의 불확실성 때문에 디지털 혁신 기업은 사용자 선호를 평가하기 위해 실험적 연구를 활용할 수 있다. 디지털 서비스 환경에서 실험을 수행하는 것은 상대적으로 용이하고 비용도 저렴하다. 실제로 우버[9]와 페이스북과 같은 기업은 제품과 서비스를 사용하는 사용자 활동 과정에서 사용자 행동에 관한 수백 가지 실험을 지속적으로 수행해 왔다. 실험적 제품 개발은 가능한 한 빨리 **어포던스**affordance, 즉 제품이 어떻게 사용될 수 있는지를 시사하는 속성에 대한 사용자 피드백을 수집하는 과정이 필요하다. 기업은 이 피드백을 기반으로 추가 개발을 진행하며 시장 출시를 뒷받침할 만큼 긍정적인 반응이 확보될 때까지 이를 반복한다. 이 접근 방식은 제조업과 기업가 정신에서 강조되는 **린**lean 개념에 해당한다. 린 원칙은 제조업에서 불필요한 재고를 줄여 낭비를 최소화하게 하고, 혁신과 기업가 정신에서는 사용자가 원하지 않는 기능을 개발하는 데 불필요한 자원과 시간을 낭비하지 않도록 하는 역할을 한다.

사용자 피드백과 제품 개발의 반복적인 과정은 학습과 사용자 선호의 발견을 가속화할 수 있도록 체계적으로 설계되어야 한다. "시간은 곧 돈"이며, 대부분의 혁신 기업은 외부 지원이 끊기기 전에 프로젝트의 타당성을 입증할 수 있는 제한된 기간과 예산을 보유한다. 이러한 제약 속에서 새로운 제품에 대한 사용자 반응을 이해하기 위해서는 기능을 시연하고 사용자가 그것과 어떻게 상호작용하는지를 탐색하는 것이 가장 효과적이다. 제품 개발자는 초기 프로토 타입이나 탐색적(베타) 버전을 제공하거나, 경우에 따라 드롭박스의 사례처럼 단순한 스크린샷을 제공하는 것만으로도 혁신에 대한 초기 수용을 촉진할 수 있다. 나아가 린 혁신 과정은 사용자가 혁신적 제품과 상호작용하는 방식을 관찰하고 이를 학습할 수 있는 기회를 마련하는 디자인 사고의 원칙도 포함한다.

9 Deb, A. et al. (2018). Under the hood of Uber's experimentation platform. Uber Engineering, 2018년 8월 28일. 검색위치: https://eng.uber.com/xp/ (2022년 8월 검색)

디자인 사고design thinking는 디지털 혁신의 핵심적 요소다. 앞서 설명한 아이디어 발상, 신속한 프로토타이핑, 반복적 테스트 과정 외에도 디자인 사고 접근법은 사용자에 대한 공감을 강조한다. Lockwood(2009)[10]는 디자인 사고를 관찰, 협업, 빠른 학습, 아이디어의 시각화, 신속한 프로토타이핑, 동시적 비즈니스 분석을 강조하는 인간 중심의 혁신 프로세스로 정의한다. 이 접근법은 행동의 불확실성과 솔루션의 모호성이 높은 상황에서 특히 효과적이다(Liedtka et al., 2013). 따라서 제품 디자이너는 사용자가 처한 맥락에서 그들을 이해하고 혁신을 채택하고 활용하기 위해 필요한 기술, 지식, 자원을 파악해야 한다. 만약 디자이너가 사용자의 요구와 역량을 충분히 공감하지 못한다면 제품 설계는 과도하게 복잡해져 사용자의 좌절감을 유발하고 시간·디지털 자원·효율성을 잃게 만들 수 있다. Eisenmann et al.(2014)에 따르면, 드롭박스는 개발 초기 Craigslist에서 고용한 비숙련 사용자들에게 제품을 설치하고 사용해볼 수 있도록 하였다. 그 과정에서 비전문 사용자에게 제품이 지나치게 복잡하다는 사실을 확인할 수 있었다. 이는 고도로 숙련된 엔지니어는 일반적인 시장 사용자와 제품의 사용성을 매우 다르게 인식할 수 있음을 보여준다. 엔지니어는 첨단 기술과 기능적 세부 사항에 매료되는 경향이 있는 반면, 일반 사용자는 사용 편의성과 일상생활을 단순화하는 기능을 선호한다.

에어비앤비는 놀라운 성공 사례였지만 초기의 많은 관찰자들은 에어비앤비의 잠재력을 의심했다. 가장 큰 우려 중 하나는 사람들이 낯선 사람의 집에서 머물기를 꺼릴 것이라는 점이었다. 이 서비스는 처음 '카우치서핑' 사업으로 출발했으나 고객의 피드백을 바탕으로 아파트나 집 전체를 임대하는 전통적 단기 임대 형태로 빠르게 발전했다.

또 다른 우려는 세 명의 공동 창업자 중 두 명의 직업이 디자이너라는 점이었다. 전통적으로 인터넷 스타트업은 기술 플랫폼을 빠르게 발전시킬 수 있는 IT 전문가들에 의해 설립되고 주도되는 경우가 많았다. 그러나 에어비앤비는 창업자들이 보유한 디자인 사고 역량은 한계가 아니라 오히려 강점으로 작용했음이 밝혀졌다.

에어비앤비의 제품 개발은 사용자 경험에 중점을 두었다. 첫 번째 목표는 웹사이트의 사용자 인터페이스와 숙소 등록 과정을 최대한 간단하고 직관적으로 만드는 것이었다. 공동 창업자이자 고객 서비스 담

---

10 Lockwood, T. (ed.). 2009. Design Thinking: Integrating Innovation, Customer Experience, and Brand Value (3rd ed.). New York: Allworth Press.

당자였던 조 게비아Joe Gebbia는 관찰된 사용자 행동과 명시적 피드백을 기반으로 웹사이트를 개발하였다고 설명했다.[11] 브라이언 체스키Brian Chesky CEO에 따르면 "에어비앤비는 완벽한 사용자 경험을 발견하고 이를 제공하기 위해 역으로 작업했다."[12]고 설명하였다.

실제로 완벽한 사용자 경험을 파악하는 일은 상당한 노력이 필요했다. 예를 들어, 2009년 여름 체스키는 고객 서비스 개선 방안을 이해하기 위해 직접 웹사이트 등록된 숙소에 머물렀다. 2010년 당시 회사는 뉴욕시에서 주목받지 못하였다. 세 창업자가 직접 현장을 방문한 결과 호스트가 촬영한 숙소 사진의 품질이 좋지 않은 경우가 많다는 사실을 발견했다. 이에 따라 에어비앤비는 전문 사진사를 고용해 고품질 사진을 제공하는 서비스를 시작하였고, 이는 곧 표준 관행으로 자리 잡았다. 2012년까지 에어비앤비는 여섯 개의 대륙에서 2,000명 이상의 프리랜서 사진사와 계약을 체결하였다.[13]

서비스 설계 측면에서 신뢰와 보안은 에어비앤비의 핵심 과제였다. 회사는 결제 시스템에 사기 방지 절차를 도입하였으며, 모든 커뮤니케이션이 웹사이트를 통해 안전하게 이루어지고 보안 문제를 추적할 수 있도록 시스템을 구축하였다. 그럼에도 불구하고 2011년에는 한 호스트의 아파트가 방문객에 의해 도난을 당하는 사건이 발생하였다. 이에 대응하여 회사는 광범위한 책임 보장 제도를 마련하고 음성 및 영상 인증 시스템을 도입하였으며 24시간 운영되는 고객 지원 핫라인을 구축하였다.[14]

요약하면 에어비앤비의 서비스 개발은 사용자의 관점을 깊이 이해하고 최적의 경험을 설계하는 데 초점을 맞추었다. 마찬가지로 GiveGab 역시 '고객 중심'을 핵심 가치로 삼았다. 이러한 접근이 단기적으로 가장 비용 효율적인 전략은 아닐 수 있으나 장기적으로는 성장을 촉진하는 효과가 크며, 특히 디지털 플랫폼에서 초기 성장 모멘텀을 확보하는 데 중요한 역할을 한다.

실험적 혁신의 핵심은 제품 설계의 인과적 효과를 정확히 파악하는 능력에 있다. 과학적 방법은 표본의

11 Allentrepreneur (2011). Travel like a human with Joe Gebbia, co-founder of Airbnb. 2009년 8월 26일. 검색위치: https://allentrepreneur.wordpress.com/2009/08/26/travel-like-a-human-with-joe-gebbia-co-founder-of-airbnb/ (2022년 8월 검색)

12 Carr, A. (2012). 19_Airbnb for turning spare rooms into the world's hottest hotel chain. Fast Company 2012년 2월 7일. 검색위치: www.fastcompany.com/3017358/19airbnb (2022년 8월 검색)

13 Brown, M. (2021). Airbnb: the growth story you didn't know. GrowthHackers, 2012년 6월 9일. 검색위치: https://community.growthhackers.com/posts/airbnb-the-growth-story-you-didn-t-know (2022년 8월 검색)

14 Carr, A. (2012). 19_Airbnb for turning spare rooms into the world's hottest hotel chain. Fast Company, 2012년 2월 7일. 검색위치: www.fastcompany.com/3017358/19airbnb (2022년 8월 검색)

일부에 무작위로 처치를 제공하고, 다른 일부에는 위약placebo을 제공하는 아이디어에 기초한다. 처치가 무작위로 이루어진 경우 혁신 기업은 두 집단의 통계적 평균 결과를 비교함으로써 효과를 식별할 수 있다. A/B 테스트도 동일한 원리에 기반한다. 한 집단은 A를 경험하고, 다른 집단은 B를 경험한 뒤 일정 기간 관찰을 거쳐 두 집단의 피드백이나 행동을 비교하는 방식이다.

인과 효과를 확인하기 위해서는 처치의 할당이 사용자 유형이나 선호와 무관해야 한다. 그러나 실제로는 무작위 할당이 어렵기 때문에 효과 추정치가 편향될 수 있다. 예를 들어, 드롭박스의 베타 사용자는 전체 시장보다 숙련되고 경험이 많은 경우가 많았기 때문에 이들로부터 얻은 데이터가 전체 시장의 선호를 정확히 반영하지 못할 수 있다. 따라서 숙련된 베타 사용자 집단을 대상으로 한 실험에서 특정 기능에 대한 반응이 관찰되더라도 이는 주류 시장의 실제 선호와는 차이가 있을 수 있다.

실험을 설계하기 위해서는 처치가 결과에 미칠 영향에 대한 가설을 먼저 수립해야 한다. 이 가설은 예상되는 효과를 뒷받침하는 경험적 또는 개념적 증거에 기반해야 한다. 예를 들어, 사용자의 요구 변화, 지불 의사의 변화, 또는 제품을 새로운 방식으로 사용하는 사람들의 관찰 등이 그 근거가 될 수 있다. 가치 제안이 정확히 정의되고 충분히 설명되면 혁신 기업은 동일한 비용 구조에서 더 큰 가치를 창출할 수 있는 방법을 탐색할 수 있다. 가설은 반드시 검증 가능하고 반증 가능해야 한다. 즉, 실험 처치가 기대하는 결과를 충분히 개선했는지를 확인할 수 있는 방법이 마련되어야 한다.

마지막으로, 실험 설계에서 중요한 고려 요소는 **통계적 검정력**statistical power이다. 충분한 검정력을 확보해야만 실제로 효과가 존재할 경우 그 효과를 신뢰할 수 있는 수준에서 검출할 수 있다. 검정력 P=0.9란, 처리군과 대조군 간에 실제로 차이가 존재할 경우 이를 90%의 확률로 유의미하게 발견할 수 있음을 의미한다. 검정력 분석은 처치 효과를 신뢰할 수 있는 추정치를 생성하는 데 필요한 관측치 산출에 활용된다. 검정력은 예측의 정밀도 범위와 신뢰 수준, 그리고 목표 모집단의 예상에 따라 달라진다. 단순 평균 비교의 경우 필요한 관측치 수 N은 다음과 같은 관계식으로 정의된다.

$$N = (Z)^2 \times (SD)^2 / (R)^2$$

여기서 Z는 원하는 Z-통계량(보통 더 큰 표본의 양면 검정에서 95% 신뢰 수준을 반영하는 $Z=1.96$), SD는 모집단에서 해당 통계량의 표준 편차로 가정한 값이며, R은 실험자가 그 통계량을 알고자 하는 정밀도의 범위이다. 예를 들어, $Z=1.96$이고 $SD=5.0$인 경우, 실험자가 ±1.0 내의 정밀도로 통계를 확인하고자 한다면 필요한 표본 크기는 96명이다. 예를 들어, 이러한 숫자는 대학생 집단에서 부활절 달걀의 평균 소비량을 나타낼 수 있다. 따라서 표준 편차가 커질수록(어떤 학생들은 부활절 달걀을 매우 많이 먹고, 어떤 학생들은 전혀 먹지 않는 경우처럼) 정확한 소비량 추정을 위해 더 큰 표본이 필요하다. 그러나 실험 전에 연구자는 모집단의 실제 표준 편차를 알지 못할 수 있다. 연구자는 관련된 이전 연구, 예를 들면 여러 종류의 사탕 소비에 관한 연구를 바탕으로 이를 추정치로 계산해야 한다.

2011년에 드롭박스는 전체 사용자의 97%가 2GB 미만의 저장 용량을 무료로 사용했고, 3%의 사용자가 한 달에 9.90달러를 내고 최대 50GB의 저장 공간을 이용하는 프리미엄 수익 모델을 사용했다. 한 달에 19.99달러를 내고 최대 100GB를 사용할 수 있는 옵션도 있었다. 그러나 무료에서 유료로 전환하는 사용자가 거의 없었기 때문에 회사의 수익은 타격을 입었다. 이 문제를 해결하기 위한 한 가지 아이디어는 무료에서 유료로의 '전환'을 더 쉽게 만들 수 있는 방법을 실험하는 것이었다.

제품 개발 팀은 월 5달러에 10GB 저장 공간을 제공하는 옵션을 생각해낼 수 있다. 이는 더 낮은 월 구독료를 제공함으로써 일부 사용자를 유료 카테고리로 옮겨, 구독자로 익숙해지도록 하는 것이다. 이 해결책이 실현 가능하고 수익성이 있는지 어떻게 시험해볼 수 있을까?

- **가설**: 월 5달러에 최대 10GB의 저장 공간을 제공하면 무료에서 유료로 전환하는 비율이 20% 이상 증가할 것이다. 이를 통해 이 가격대를 만들고 처리하는 데 드는 비용을 회수할 수 있을 것이다.
- **실험 집단**: 로그인 시점에 무작위로 선정된 무료 사용자 집단에게 위의 제안을 2주 동안 제공한다.
- **통제 집단**: 로그인 시점에 무작위로 선정된 기존 무료 사용자 집단에게 기존 제안(50GB에 월 9.99달러)을 2주 동안 연장하여 제공한다.
- **통계적 검정력**: 제품 개발 팀은 다른 유사한 전환 샘플에서 무료에서 유료로 전환하는 결정의 표준 편차가 약 0.15임을 확인했다. 95% 신뢰 수준의 양측 검정에서 Z-통계량은 1.96이 된다. 그리고 $\pm1\%=0.01$의 범위 안에서 효과를 알고 싶다고 가정한다. 이 경우 필요한 표본 수는 다음 공식에 따라 계산된다.

$N = (Z)^2 \times (SD)^2 / (D)^2 = (1.96)^2 \times (0.15)^2 / (0.01)^2 = 864$

즉, 연구 기간 동안 최소 864명의 개별 데이터를 확보할 수 있도록 총 1,000명의 사용자 집단을 대상으로 실험을 설계해야 한다.

- **관찰**: 두 사용자 집단 모두에서 전환 행동에 대한 데이터를 수집한다. 즉, 연구 기간 동안 무료 사용자가 얼마나 많이 유료 사용자로 전환했는지를 기록한다.
- **데이터**: 실험 집단의 무료 사용자 중 2.1%가 월 5달러에 10GB를 제공하는 제안으로 전환(표준편차 0.14)하였다. 실험 집단의 무료 사용자 중 0.6%가 기존 제안(50GB에 월 9.99달러)으로 전환(표준 편차 0.07)하였다. 따라서 실험 집단의 전체 신규 유료 전환율은 2.7%($\mu_1 = 0.027$, $SD_1 = 0.16$), 통제 집단의 전환율은 1.1%($\mu_2 = 0.011$, $SD_2 = 0.10$)이다.
- **분석**:

귀무 가설은 평균 간의 차이가 기준 전환율의 20% 미만이다.

$$H_0: \mu_1 - \mu_2 < d \ (0.027 - 0.011 < 0.0022)$$

주요 가설은 평균 간의 차이가 기준 전환율의 20% 이상이다.

$$H_a: \mu_1 - \mu_2 < d \ (0.027 - 0.011 > 0.0022)$$

평균 차이 검정:

$$\text{T-통계량} = t = \frac{(\mu_1 - \mu_2 - d)}{\sqrt{\frac{\mathrm{SD_1}^2}{N_1} + \frac{\mathrm{SD_2}^2}{N_2}}}$$

$= 0.014/0.0061 = 2.3$

P-값 $= 0.011$ (d.f. 1705)

따라서 이 테스트는 월 5달러 중간 구독 옵션을 제공하면 무료에서 유료로 전환하는 사용자가 기준 대비 20% 더 많아진다는 주요 가설을 뒷받침한다.

15.3 플랫폼 모멘텀 확보와 생태계 개발

통신 네트워크나 커뮤니티 기능을 갖춘 디지털 혁신에서는 제품 경험과 네트워크를 동시에 발전시키는 것이 매우 중요하다. 예를 들어, 에어비앤비의 경우 웹사이트에 사진이나 보안 기능이 아무리 뛰어나더라도 사용자가 방문하고자 하는 도시에 등록된 숙소가 없다면 실질적인 가치는 없다. 반대로 호스트들 또한 손님이 충분하지 않다면 커뮤니티 내에 숙소를 등록하려 하지 않을 것이다. 따라서 채택 과정을 효과적으로 조율하고, 플랫폼의 양측(수요 측과 공급 측) 및 생태계 내 다양한 주체들로부터 충분한 사용자를 확보하는 방법을 찾는 것은 모든 디지털 혁신 기업에게 중요한 전략 과제이다. 에어비앤비가 Craigslist의 사용자 기반을 활용한 사례나 GiveGab이 '기빙 데이'를 통해 지역 커뮤니티 전체를 플랫폼에 참여시킨 사례처럼 혁신 기업은 합리적인 시간과 노력을 들여 상호작용이 가능한 적절한 기존 커뮤니티를 식별하고 이를 플랫폼에 연결할 필요가 있다.

더 나아가 많은 소셜 네트워크 서비스에서 사용자 커뮤니티는 실제 생활에서 서로 알고 지내는 관계를 기반으로 한다. 예를 들어, Match.com과 같은 데이팅 사이트는 비교적 가까운 물리적 범위에서 낯선 사람들 간 새로운 연결을 창출하는 반면, 대부분의 소셜 플랫폼(스냅챗 등)은 오프라인 친구들이 온라인에서 경험을 공유하는 구조를 전제로 한다. 따라서 스냅챗은 가치 있는 제안을 실현하기 위해 친구 그룹 전체를 플랫폼으로 유입시켜야 했다. 이러한 이유로 많은 소셜 네트워크 서비스가 젊은 성인을 주요 대상으로 하고, 대학 캠퍼스에서 출시되는 것은 자연스러운 현상이다. 실제로 스냅챗, 페이스북, 그리고 Yik Yak은 모두 대학생 집단을 중심으로 학생 간 연결을 촉진하기 위해 개발된 사례이다. 물론 모든 혁신 기업이 대학생이나 캠퍼스를 출발점으로 삼을 필요는 없지만, 스포츠 동아리나 청소년 단체와 같은 젊은 성인층의 오프라인 커뮤니티는 네트워크형 소셜 애플리케이션의 바이럴 채택을 촉진하는 중요한 기반이 될 수 있다.

잠재적으로 접근 가능한 커뮤니티를 탐색할 때, 디지털 혁신 기업은 신규 사용자가 쉽게 진입할 수 있도록 채택 과정을 편리하게 설계해야 한다. 신규 사용자가 친구의 추천이나 공유를 통해 손쉽게 서비스에 참여할 수 있도록 하는 방법은 무엇일까? 예를 들면, 간단한 초기 등록 절차를 제공하고 이후 전체 등록을 거쳐 지속적인 구독이나 유료 관계로 이어지는 방식이 효과적일 수 있다. 드롭박스의 사례는 이를 잘 보여준다. 사용 과정은 친구가 공유한 파일에 접근하는 단계에서 시작되며, 이때 새로운 사용자의 이메일이 드롭박스에 등록된다. 이어서 서비스는 파일 접근을 유지하려면 비밀번호를 설정하도록 안내하고 이후 무료 계정을 개설하도록 유도한다. 사용자는 애플리케이션을 로컬 컴퓨터에 다운로드하여 즉시 파일을 이용할 수 있게 된다. 마지막으로, 사진이나 동영상과 같은 대용량 파일을 저장하면서 무료 저장 용량이 빠르게 소진되면 저렴한 구독 패키지를 구매하도록 자연스럽게 전환된다. 이와 같은 단계적 경로는 신규 사용자가 서비스에 신속히 적응하고, 장기적으로 유료 고객으로 전환할 수 있도록 돕는 **채택 및 전환 전략**의 대표적 사례라 할 수 있다.

핵심 요약

- 고객 확보는 디지털 혁신 기업에게 어려운 과정이다. 왜냐하면 사용자가 무형의 제품을 발견하고 이해하도록 돕는 것이 쉽지 않기 때문이다.
- 목표 시장 세그먼트의 필요와 선호를 파악하고 이해하면 고객 확보 활동에 집중할 수 있다.
- 디지털 시장에서는 아무리 많은 시장 조사를 하더라도 실험을 대체할 수 없다. 무작위 대조 실험을 통해 제품 채택을 촉진하거나 방해하는 요인을 정확히 파악할 수 있다. 실험 전략은 가치 제안뿐만 아니라 수익 구조 등 비즈니스 모델의 다른 측면을 검증하는 데 활용될 수 있다.
- 디자인 사고 원칙은 혁신 기업이 사용자와 공감하고 최상의 사용자 경험을 개발하도록 돕는다.
- 플랫폼은 혁신 기업이 상호 의존적인 사용자 집단 간의 조율된 채택을 촉진할 수 있을 때 성장할 수 있다. 따라서 혁신 기업은 기존의 소셜 네트워크와 사용자의 상호작용 선호도를 이해하는 것이 중요하다.

용어 정리

- **채택 및 전환 퍼널** adoption and conversion funnel: 사용자가 제품에 대해 학습하고 이를 채택하며 궁극적으로 유료 고객이 되도록 돕는 절차를 말한다.
- **어포던스** affordance: 제품의 사용 가능성을 암시하는 속성이다. 예를 들어, 휴대전화의 어포던스는 장거리 음성 통화를 가능하게 하는 것이다.
- **베타 사용자** beta user: 시제품이나 완성되지 않은 제품을 기꺼이 사용해 보려는 사용자를 의미하며, 보통 베타 사용자는 새로운 기술에 매우 능숙하고 열정적이다.
- **디자인 사고** design thinking: 관찰, 협업, 빠른 학습, 아이디어 시각화, 신속한 프로토타이핑, 동시 비즈니스 분석을 통해 사용하기 쉽고 실제 사용자 요구를 충족하는 제품을 개발하는 인간 중심 혁신 프로세스이다.
- **시장 진출 전략** Go-To-Market strategy: 혁신 기업이 의미 있는 고객 기반을 확보하기 위해 실행하는 행동 계획이다.
- **린 원칙** lean principles: 생산이나 혁신에서 불필요한 행동을 피하는 데 중점을 둔 원칙이다.

- **시장 세그먼트** market segment: 다른 고객 그룹에 비해 선호와 행동이 상대적으로 더 유사한 고객 집단을 의미한다. 세분화된 고객들은 서로 간에는 더 비슷하지만 시장의 다른 부분과는 차이가 있다.
- **반증 가능한 가설** refutable hypothesis: 새로운 제품 기능과 같은 실험적 처치가 원하는 결과를 충분히 개선했는지를 판단할 수 있는 가설이다.
- **사회적 구성** social construction: 디지털 제품이 사용자의 일상 습관과 실천에 어떻게 영향을 미치는지, 그리고 제품이 사회 집단에서 어떻게 해석되고 사용되는지를 파악하는 사회적 과정이다.
- **통계적 검정력** statistical power: 효과가 실제로 존재할 경우 통계적 검정이 그 효과를 발견할 가능성이 높다는 것을 의미한다.
- **바이럴 마케팅** viral marketing: 혁신 기업이 직접 설계하거나 비용을 들이지 않고도 네트워크를 통한 커뮤니케이션이 제품이나 관련 정보를 확산시키도록 하는 전략이다.

토론하기

상담 및 치료와 같은 서비스를 제공하는 공급자를 위한 디지털 정신 건강 서비스 플랫폼을 개발하고 있다고 가정하자. 당신은 이러한 서비스에 원격으로 접속할 수 있는 원격 의료 애플리케이션을 개발하고자 한다.

15.1 개별 환자용과 케어 제공자용, 두 개의 타깃 시장 세그먼트 그리드를 사용할 때 당신의 타깃 시장 세그먼트가 무엇이며 그 이유는 무엇인가?

15.2 5명으로 팀을 구성하고 애플리케이션에 대한 선호도와 우려 사항이 무엇인지 논의해 보자.

15.3 원격 의료 애플리케이션을 개발할 때 디자인 사고를 어떻게 적용할 것인가?

15.4 플랫폼에서 개별 사용자(환자)와 의료 서비스 제공자의 채택 프로세스를 어떻게 조정할 것인가?

15.5 원격 의료 플랫폼의 생태계(생태계 참여자와 그들의 상호작용)를 도식화해 보자. 생태계를 확장하고 그 안에서 당신의 입지를 개선하는 데 도움이 될 전략은 무엇인가?

추천 문헌

- Autio, E. (2022) Orchestrating ecosystems: a multi-layered framework. Innovation: Organization and Management 24(1): 96–109.
- Eisenmann, Thomas R., Pao, Michael, and Barley, L. (2011). "Dropbox: 'It Just Works.'" Harvard Business School Case 811-065, January 2011. (Revised October 2014.)
- Kerr, W. R., Nanda, R., and Rhodes-Kropf, M. (2014). Entrepreneurship as experimentation. Journal of Economic Perspectives 28(3): 25–48.
- Kohavi, R., Longbotham, R., Sommerfield, D., and Henne, R.M. (2009). Controlled experiments on the web: survey and practical guide. Data Mining and Knowledge Discovery 18: 140–181.
- Liedtka, J., King, A., and Bennett, K. (2013). Solving Problems with Design Thinking: Ten Stories of What Works. New York: Columbia University Press.
- Lockwood, T. (ed.) (2009). Design thinking: Integrating Innovation, Customer Experience, and Brand Value (3rd ed.). New York: Allworth Press.
- Symeonidou, N., Leiponen, A., Autio, E., and Bruneel, J. (2022). The origins of capabilities: resource allocation strategies, capability development, and the performance of new firms. Journal of Business Venturing 37(4): 106–208

CHAPTER 16

디지털 생태계에서 경쟁 우위의 원천

Sources of Competitive Advantage in Digital Ecosystems

16.1 디지털 혁신을 통한 수익 창출: 생태계에서 가치 창출하기

혁신의 수익성에 영향을 미치는 요인은 다양하다. 산업이나 시장 차원의 요인 외에도 거시경제 상황은 총수요와 자본 비용에 영향을 미친다. 또한 문화적 규범이나 규제 변화와 같은 사회적 요인 역시 제품의 매력과 운영 비용에 영향을 미칠 수 있다. 혁신 전략에서는 일반적으로 기업이 직접적으로 영향을 미칠 수 있는 요인에 초점을 맞춘다. 여기에는 생태계 내 다른 참여자들과의 관계, 그리고 규제 환경의 일부 측면이 포함된다. 이러한 요인들은 기업이 전략적으로 대응할 수 있는 영역이며, 장기적인 수익성 확보를 위해 반드시 고려되어야 한다.

경쟁의 경제 모델은 좁게 정의된 시장 내에서 기업 간의 전략적 상호작용에 초점을 둔다. 일반적으로 시장에 참여하는 기업 수가 많을수록, 그리고 제품이 서로 유사할수록 경쟁이 치열해진다. 그러나 기업은 단순히 경쟁자와만 이윤을 두고 경쟁하는 것이 아니라, 고객이나 공급업체와의 관계 속에서도 이익을 위해 경쟁한다. 공급망과 고객 관계에서의 협상력은 양측이 얼마나 많은 대안이 있는지, 그리고 제품이나 수요가 얼마나 독창적인가에 따라 상이한 결과가 나타날 수 있다. 디지털 시스템의 혁신 기업은 다수의 보완적 제품, 기술, 서비스 제공자들과 협력해야 한다. 보완적 제품이나 서비스의 공급자는 핵심 재료, 정보, 부품, 기술, 물리적 자산, 유통 채널, 통신 시스템 등 디지털 혁신의 상용화를 가능하게 하는 주요 투입 요소를 제공한다. 예를 들어, 모바일 게임은 앱 스토어를 통해 배포되어야 하므로 앱 스토어는 필수적인 **보완재**complements다. 마찬가지로 전기차는 충전소 네트워크가 필요하며, 충전 인프라가 갖추어지기 전까지 시장의 성장은 제한될 수밖에 없다. 전기차 제조업체가 직접 충전 인프라를 구축할 수도 있지만 기존 서비스 사업자인 주유소와 같은 외부 파트너에 의존하는 것이 더 실용적일 수 있다.

이처럼 보완재에 대한 의존성은 전략적으로 관리해야 하는 중요한 요소다. 다만, 보완재를 기업이 자체적으로 개발하고 제공하는 것은 기술적 난이도와 높은 비용으로 인해 현실적으로 어려운 경우가 많다.

혁신 전략은 보완재와 투입 요소를 내부에서 조달할지, 외부에서 조달할지를 결정하는 절충 과정을 관리하는 것과 밀접하게 관련된다. 이러한 조달 방식을 적절히 설계하면 고객의 지불 의사를 높이는 방식으로 차별화를 달성할 수 있으며 이는 곧 수익성 향상으로 이어진다. 혁신 기업은 보완재와 투입 요소를 외부 파트너에게 의존할 수 있지만 반대로 파트너들도 독창적이고 차별화된 혁신 기업에 의존할 수 있다. 이러한 상호 의존성은 수익 분배 협상에서 혁신 기업이 보다 유리한 위치를 점할 수 있도록 한다. 즉, 혁신 기업은 고객에게 실질적인 가치를 제공하는 동시에 생태계 파트너 및 경쟁자와 차별화된 위치를 확보해야 한다. 이러한 원칙은 어떤 보완 제품과 서비스를 내부적으로 개발할지, 외부에서 조달할지를 판단하는 지침이 된다. 특히 가장 높은 수준의 차별화와 지속적인 경쟁 우위를 창출할 수 있는 활동은 내부화하는 것이 바람직하다.

차별화의 정도는 혁신이 가진 고유한 기술적 특성과 기업의 전략적 선택에 달려 있다. 기술 영역은 혁신의 모방 용이성에 따라 다르게 나타난다. 예를 들어, 개인 서비스는 제공자가 특별한 기술이나 전문성을 보유하지 않는 한 쉽게 모방할 수 있다. 식당을 설립하는 것은 쉽지만 독창적인 요리 경험을 제공하는 식당을 운영하거나 명성을 쌓는 것은 어렵다. 기계적 혁신은 특허가 없는 경우 쉽게 모방할 수 있으며, 특허가 있더라도 비슷하지만 동일하지는 않은 대체 발명이 등장할 수 있다. 반면, 의약품을 포함한 화학적 발명은 특정 화합물을 보호하는 특허에 의해 강력하게 보호되며, 우회 설계가 어려워 모방 방지 효과가 크다. 따라서 특허는 차별화를 강화하는 핵심 전략이 될 수 있지만 모든 기술 분야에서 동일한 효용을 보장하지는 않는다.

디지털 경제에서 전자 하드웨어(컴퓨터 및 장치)는 종종 수백 개의 개별 특허 가능 부품으로 구성된다. 예를 들어, 스마트폰은 수백 개의 특허 받은 하드웨어 부품과 디자인을 포함하며, 일부는 제조사(삼성, 애플 등)가 직접 제작하고 다른 많은 부품은 외부 기업에서 공급된다.[1] 특허가 없다면 이러한 발명은 쉽게 모방될 수 있으나 반도체와 같이 제조에 고도의 전문 지식이 필요한 부품은 예외에 해당한다. 스마

1 Engstrom, E. (2017). So how many patents are in a smartphone? Engine, 2017년 1월 19일. 검색위치: www.engine.is/news/category/so-how-many-patents-are-in-a-smartphone (2022년 8월 검색)

트폰에는 운영체제와 임베디드 소프트웨어를 포함한 매우 복잡한 소프트웨어 요소도 탑재된다. 기술 설계의 복잡성은 모방을 어렵게 하는 요인으로 작용한다. 예를 들어, 약 5천만 줄의 코드[2]로 이루어진 윈도우 운영체제를 복제하는 것은 사실상 불가능하다. 요소들이 상호 의존적이어서 일부만 복제해서는 제품이 작동하지 않기 때문이다. 일부 소프트웨어 혁신은 특허를 받을 수 있지만 전자상거래 비즈니스 모델과 같은 소프트웨어 기반 혁신은 쉽게 재현될 수 있다. 예를 들어, 반스앤노블Barnes & Noble은 아마존Amazon의 원클릭 주문 특허를 단순히 두 번째 클릭을 추가하는 방식으로 회피할 수 있었다. 유럽 특허청은 해당 특허를 "자명하다"고 판단해 거부하기도 했다. 이처럼 특허 분쟁과 문제는 소프트웨어 분야에서 빈번하다.[3]

조직 전략은 모방 방지 수단으로 활용될 수 있다. 비공개는 유지되는 한 강력한 보호 장치가 되며, 운영 효율성이나 품질을 향상시키는 내부 혁신은 대부분 비밀로 유지되어야 한다. 이러한 비공개는 수십 년간 지속될 수 있으며 공개가 필요하지 않다. 그러나 제품 출시 후 리버스 엔지니어링이 이루어지면 그 효과는 빠르게 약화될 수 있다. 또한 기업은 경쟁자보다 빠르게 시장에 진입하거나 계약·네트워크·평판을 통한 전환 비용을 활용해 고객과 파트너를 확보하려고 할 수도 있다. 속도에 기반한 이점은 혁신이 끊임없이 등장하는 역동적인 시장에서 특히 효과적이다. 반면, 혁신 기회가 적고 모방이 용이한 경우 혁신 기업은 시장을 빠르게 상실할 수 있다.

[표 16-1]은 디지털 혁신의 차별화를 강화하는 전략의 장점과 과제를 요약한 것이다. 차별화와 보완재에 대한 협상은 디지털 혁신 전략의 핵심 과제다. 이상적으로 혁신 기업은 차별화를 안정적으로 유지하고 필요한 보완재에 원활히 접근할 수 있어야 한다. 만약 보완재가 풍부하게 제공된다면 독자적인 하이테크 제품은 특허를 취득하고 제품 판매만으로도 충분할 수 있다. 그러나 이러한 상황은 드물다. 대부분의 경우 혁신 기업은 모방을 방지하려는 노력과 동시에 강력한 보완재 공급자와의 협상에 직면한다. 혁신을 개시하는 과정에서 보완재나 서비스가 요구될 경우 혁신 기업은 생태계 파트너와의 협력과 협상을 병행함으로써 이를 확보해야 한다. 혁신 기업은 여러 생태계 파트너와 협력하고 협상을 병행해야 한다.

---

2 Metz, C. (2015). Google is 2 billion lines of code and it's all in one place. Wired, 2017년 1월 19일. 검색위치: www.wired.com/2015/09/google-2-billion-lines-codeand-one-place/ (2022년 8월 검색)

3 Kirk, J. (2011). Europe rejects one-click-to-buy Amazon patent application. PCWorld, 2011년 7월 7일. 검색위치: www.pcworld.com/article/235190/article.html retrieved (2022년 8월 검색)

표 16-1 디지털 혁신의 차별화를 강화하기 위한 전략

전략	이점	도전 과제
특허	혁신적인 아이디어를 위한 강력한 보호 수단	취득과 집행에 비용이 많이 들고 서비스나 콘텐츠에 도움이 되지 않으며, 발명의 공개가 필요함.
저작권	원본 표현을 정확히 복제하는 것을 장기간 방지	기술적 아이디어나 유사하지만 동일하지 않은 표현은 보호하지 않음.
상표	브랜드 정체성과 명성을 강화하는 데 도움	혁신 자체는 보호하지 않음.
영업 비밀 수단	프로세스 혁신에 대한 강력한 보호	특히 제품 혁신의 경우 유지가 어렵고, 독립적인 혁신은 막을 수 없음.
통신 표준	하드웨어, 특히 특허와 결합 시 잠재적으로 장기적인 효과 지속	달성과 유지에 비용이 많이 듦.
인재, 전문성, 노하우	직접 모방하기 매우 어려움.	직원 이동성 제어의 어려움.
복잡성	일부 소프트웨어 · 프로세스 혁신 분야에서 효과적	유지 비용이 많이 들 수 있음.
선점(퍼스트/얼리 무버) 이점	최초 시장 진입 또는 규모 확장이 사용자를 잡아둘 수 있는 강력한 수단	보통 비용이 많이 들고 불확실성이 높음.
전환 비용	강력한 진입 장벽	고객의 초기 구매 의사를 떨어뜨릴 수 있음.

참고: 차별화는 혁신 기업이 다른 사람들을 혁신 사용에서 배제할 수 있는 기간을 연장하는 전략과 모방 비용을 높이는 전략으로 강화될 수 있다.

[그림 16-1]은 보완재 제품 및 서비스 제공자와 관련된 디지털 혁신의 전형적인 전략적 위치를 보여준다. 혁신이 쉽게 모방 가능하고 중요한 보완재가 존재하지 않는 경우 수익을 창출하기 어렵다(사분면 I). 이러한 유형의 대표적 예로는 뉴스 수집기나 날씨 업데이트와 같은 디지털 정보 서비스이다. 정보는 쉽게 복제될 수 있으며, 단어가 약간만 수정되면 저작권 보호를 받지 못한다. 예를 들어, 허프포스트HuffPost와 같은 디지털 뉴스 수집기는 기존 뉴스 매체의 정보를 기반으로 부분적으로 기계가 생성한 뉴스 요약과 검색 엔진에 최적화된 콘텐츠를 결합해 온라인 트렌드에 맞춰 발행할 수 있었다(Voigt et al., 2016[4]). 하지만 2014년까지 SEO(Search Engine Optimization, 검색 엔진 최적화)에 의존하던 뉴스 시장은 구글의 검색어 작동 방식 변경과 자체 뉴스 서비스 도입으로 인해 구조적 변화를 겪었

4 Voigt, K.I., Buliga, O., and Michl, K. (2017). Journalism 2.0: the case of the Huffington Post. Business Model Pioneers pp. 95–111. Springer, Cham. 검색위치: https://link.springer.com/chapter/10.1007/978-3-319-38845-8_9 (2022년 8월 검색)

으며, 그 결과 다시 구독 기반의 오리지널 보도 중심으로 회귀하였다.[5] 즉, 디지털 뉴스는 여전히 [그림 16-1]에서 모방이 매우 용이한 상단 영역에 속했지만, 수요는 평판과 신뢰성이라는 보완재를 중시하는 방향으로 이동했다. 이는 뉴욕 타임스New York Times나 월스트리트 저널Wall Street Journal과 같은 고품질 뉴스 매체가 효과적으로 활용할 수 있는 기회가 되었다.

<table>
<tr><td rowspan="2">모방 가능성</td><td>높음</td><td>I
• 수익 창출이 어려운 경우
• 온라인 정보 서비스</td><td>II
• 보완의 소유자가 수익 창출
• 온라인 식료품 비즈니스</td></tr>
<tr><td>낮음</td><td>IV
• 발명가가 수익 획득
• 전자 부품, 과학 기기</td><td>III
• 기술과 보완책을 모두 갖추거나 강한 협상력을 갖춘 당사자가 수익 창출
• 제약, 플랫폼 소유자</td></tr>
<tr><td></td><td></td><td>무료로 사용 가능하거나 중요하지 않음.</td><td>긴밀하게 유지되고 중요한 것</td></tr>
<tr><td></td><td></td><td colspan="2">필수 보완 기능</td></tr>
</table>

그림 16-1 혁신 전략 프레임워크

참고: 혁신 전략의 핵심 측면은 모방의 위협과 핵심적인 보완재 및 투입물에 대한 접근과 관련이 있다. 혁신 기업은 자사 제품의 모방을 줄이고 보완재에 대한 접근성을 향상시키며, 경쟁자의 모방을 강화하고 경쟁자가 보완재에 접근하는 비용을 높이도록 노력해야 한다.

Afuah, A. and Tucci, C. (2001). Internet Business Models and Strategies: Text and Cases. New York: McGraw-Hill, and Teece, D.J. (1986). Profiting from technological innovation: Implications for integration, collaboration, licensing, and policy. Research Policy 15(6): 285–305.

모방이 매우 용이한 혁신이 희귀하고 가치 있는 보완재와 결합해야 하는 경우, 즉 사분면 II에 해당하는 상황에서는 보완재를 소유한 주체가 이윤을 얻는 경향이 있다. 온라인 식료품 스타트업 회사인 웹밴Webvan은 이러한 유형의 대표적인 사례였다. 보더스Borders 서점의 창립자이자 웹밴의 창업자인 루이 보더스Louis Borders는 온라인 식료품 시장에 진입하기 위해서는 물류와 배송 시스템이라는 중요한 보완재가 필요하다는 점을 인식했다. 웹밴은 이러한 유통 자산을 자체적으로 구축하여 혁신(온라인 슈퍼마켓)을 상업화하고자 했다. 그러나 유통과 물류 시스템 구축에는 막대한 비용이 소요되었고, 동시에 소비자들의 온라인 식료품 쇼핑 전환 속도는 매우 더뎠다. 결국 첫 번째 인터넷 붕괴 시기, 투자자들은 웹밴의

5 Waterson, J. (2019). As HuffPost and BuzzFeed shed staff, has the digital content bubble burst? The Guardian, 2019년 1월 24일. 검색위치: www.theguardian.com/media/2019/jan/24/as-huffpost-and-buzzfeed-shed-staff-has-the-digital-content-bubble-burst (2022년 8월 검색)

사업 모델에 대한 신뢰를 잃게 되었다.

Peapod는 온라인 식료품 시장의 또 다른 선구자였다. Peapod는 자체 물류와 배송 시스템을 직접 구축하지 않고, 먼저 Jewel-Osco와 제휴한 뒤 Tops와 Stop & Shop 식료품 체인을 소유한 Royal Ahold와 협력하기로 결정했다. 이를 통해 공급망 보완 자산에 접근할 수 있었으며, 자사는 온라인 인터페이스와 배송 개발에 집중할 수 있었다.[6] Peapod는 1996년에 상장했지만 2001년 Royal Ahold에 완전히 인수되기 전까지는 수익성을 달성하기 어려웠다.[7] 따라서 보완 자산 제공자와의 협력 전략이 Peapod의 생존을 가능하게 했으나, 보완 자산 소유자가 상당한 시장 지배력을 보유할 경우 유리한 계약을 협상하는 데에는 한계가 있었다.

온라인 식료품 시장의 초기 과제 중 하나는 소비자들이 기존의 쇼핑 습관을 바꾸고 상품을 대신 선택해 줄 서비스 제공자를 신뢰하도록 설득하는 것이었다. 이로 인해 첫 10년 동안 수요는 완만하게 증가했다. 영국의 오카도Ocado는 본질적으로 웹밴과 유사한 전략을 따랐지만 시점이 달랐다. 이 회사는 2000년에 설립되어 2002년에 첫 번째 주요 고객 주문 처리 센터를 건설했다.[8] 2000년대 초반, 온라인 접속 환경과 인터넷 보급률이 빠르게 상승하면서 2010년까지 오카도는 매주 10만 건의 주문을 처리했고, 런던 증권거래소에 상장되었다. 2021년 현재 오카도는 여전히 운영되고 있으나 이익 마진은 낮다. 또한 이 회사는 크로거Kroger와 같은 해외 기업에 식료품 주문 처리 기술과 컨설팅 서비스를 제공하며 사업을 확장했다. 이러한 사례는 혁신 기업이 보완 자산을 직접 통제하지 못할 경우 생존이 어려울 수 있음을 보여준다. 그러나 동시에 해당 자산에 직접 투자하는 것은 위험성과 높은 비용을 수반한다는 점도 시사한다.

이익 마진은 일반적으로 모방 가능성이 낮은 사분면 III와 IV에서 더 높게 나타난다. 사분면 IV에 속하는 기업들은 외부 관계에서 혁신 기업의 지위를 약화시킬 만한 중요한 보완재가 존재하지 않기 때문에 비교적 단순한 전략을 선택할 수 있다. 이 경우 혁신 기업은 먼저 상당한 규모의 연구개발R&D에 투자하고 이후 강력한 특허나 그에 준하는 보호 장치를 확보하는 것이 일반적이다. 만약 해당 혁신이 전자 부

6 Sachdev, A. (2000). Peapod to sever connection with Jewel. Chicago Tribune, 2020년 12월 28일. 검색위치: www.chicagotribune.com/news/ct-xpm-2000-12-28-0012280092-story.html (2022년 8월 검색)

7 PYMNTS (2017). Peapod and Alexa deliver greater grocery ordering convenience. Pymnts.com, 2017년 7월 13일. 검색위치: www.pymnts.com/news/retail/2017/peapod-and-alexa-deliver-greater-grocery-ordering-convenience/ (2022년 8월 검색)

8 Ocado (2022). Company website. 검색위치: www.ocadogroup.com/about-us/our-history (2022년 8월 검색)

품 및 장치 분야와 같이 회피하기 어려운 성격을 지니고 있다면 경쟁자의 수는 제한되고 높은 수준의 이윤을 기대할 가능성이 크다. 예를 들어, 퀄컴Qualcomm은 반도체 칩셋과 무선 통신 기술 분야에서 매우 혁신적인 개발 업체이다. 이 회사는 매출의 약 25%를 연구개발R&D에 투자하였으며, 순이익은 일반적으로 매출의 약 20% 수준을 유지하였다. 2018년 애플은 퀄컴의 일부 핵심 특허와 로열티 요구의 유효성에 대해 법적 분쟁을 제기하였다. 퀄컴의 기술은 모방하거나 우회하기 매우 어려웠지만 또 다른 강력한 글로벌 기업이 그 차별화 전략에 도전했을 때 큰 어려움에 직면하였다. 장기간의 협상 끝에 양사는 2019년 지식재산권 라이선스와 칩셋 공급 계약을 포함한 새로운 6년간의 라이선스 계약을 체결하였다.[9] 전반적으로 퀄컴과 같이 독창적이고 가치 있는 기술을 개발하는 것은 결코 쉬운 일이 아니다. 그럼에도 불구하고 퀄컴의 차별화 전략은 비교적 단순하였다. 이 회사는 특허에만 의존하지 않고 해당 특허 기술을 산업 표준에 포함시키고, 계약을 통해 고객의 전환 비용을 높이는 방식으로 경쟁에 대응하였다.[10]

또한 모방이 어렵지만 상업화 과정에서는 보완재가 필요한 사분면 III에서도 높은 이윤을 기대할 수 있다. 이 경우 혁신 기업은 외부 당사자와 보완재 접근을 협상하거나 내부적으로 보완재를 개발해야 한다. 예를 들어, 닌텐도가 게임 개발과 더불어 게임기 시스템을 제공하거나 에픽 게임즈가 게임과 게임 스토어를 동시에 운영하는 사례처럼 두 영역에서 수익을 창출할 수 있다. 그러나 이러한 전략은 초기 비용이 높고, 보완 플랫폼이 충분한 사용자를 확보하지 못할 위험이 크다. 반대로, 슈퍼셀SuperCell과 같은 모바일 게임 개발사는 애플과 구글이 통제하는 앱 마켓과 모바일 운영체제에 의존한다. 대형 플랫폼 수수료(일반적으로 수익의 30%)에서 알 수 있듯 시장 지배력이 큰 보완재 제공자에 대한 의존은 상당한 비용을 수반한다. 그러나 인텔이 수십 년간 개인용 컴퓨터용 마이크로칩을 통해 꾸준히 혁신을 제공해온 것처럼 보완재 제공자가 지속적으로 혁신을 창출한다면 해당 파트너와 협력하는 것은 여전히 가치가 있을 수 있다. 실제로 인텔의 마이크로프로세서 기술 발전은 전반적인 컴퓨팅 혁신을 가능하게 해왔다.

요약하면, 디지털 혁신의 상업화 과정에서 필수적인 보완 제품이나 서비스가 존재한다면 혁신 기업은

9 Apple (2019). Qualcomm and Apple agree to drop all litigation. Press release, 2019년 4월 16일. 검색위치: www.apple.com/newsroom/2019/04/qualcomm-and-apple-agree-to-drop-all-litigation/ (2022년 8월 검색)

10 Gervase, R.G., Miller, J.M., Renaud, M.T., and Song, T.T. (2020). Ninth Circuit reverses FTC win in FTC v. Qualcomm finding no antitrust violations from Qualcomm's licensing of its standard-essential patents. Mintz Insights, 2020년 8월 13일. 검색위치: www.mintz.com/insights-center/viewpoints/2231/2020-08-13-ninth-circuit-reverses-ftc-win-ftc-v-qualcomm-finding-no retrieved (2022년 8월 검색)

이를 내부적으로 개발·투자하거나 외부 제공자와 협상을 통해 확보해야 한다. 이때 혁신 기업은 재무적·기술적 위험, 예상 개발 기간과 시장 출시 시점, 잠재적 외부 제공자와의 협상력 등을 종합적으로 고려하여 보완재를 자체 개발할지 아웃소싱할지를 결정해야 한다.

필수 보완재가 필요하지 않은 경우 혁신 기업은 가능한 모든 수단을 동원해 자사의 차별성을 강화하고 유지하려고 노력해야 한다. 이는 지식재산권 확보나 비밀 유지와 같은 방식일 수도 있으며, 경쟁자를 앞서기 위해 지속적인 혁신을 추구해야 할 수도 있다. 특히, 후자의 경우 지속 가능한 차별화 요소는 혁신 서비스 그 자체가 아니라 지속적으로 새로운 가치를 창출할 수 있는 조직의 창의적 역량이다. 제품이나 서비스는 쉽게 모방할 수 있지만 가치 있는 개선점을 꾸준히 만들어낼 수 있는 능력은 쉽게 모방할 수 없다.

16.2 아키텍처 전략

아키텍처 전략architectural strategies은 투입 공급자, 서비스 사용자, 수평적 보완자, 경쟁자로 구성된 생태계 전반에 영향을 미치는 행위를 포함한다. 10장과 11장에서 살펴본 것처럼 표준화와 플랫폼 전략은 누가 어떤 조건에서 기술 혁신에 접근할 수 있는지를 규정한다. 예를 들어, 핵심 혁신을 보완하고 다른 혁신 기업들이 연결될 수 있도록 경계 자원을 제공하는 플랫폼 전략은 보다 활발하고 가치 있는 서비스 생태계를 창출할 수 있다. 애플리케이션 프로그래밍 인터페이스API, 개발자 도구 모음, 그리고 명확하고 우호적인 개발자 이용 약관을 제공하는 것은 플랫폼 내 혁신 과정을 가속화하는 데 기여한다. 핵심 혁신 기업은 생태계 내 혁신의 방향을 완전히 통제하기는 어렵지만 연결된 혁신의 품질과 보안 기능을 감독하고 전체 생태계의 가치 제고에 기여하지 않는 보완자를 배제할 수 있다.

플랫폼과 생태계를 확장하려고 할 때 개방형 표준에 관한 보다 자유로운 정책이 바람직할 수 있다. 예를 들어, 통신 기술 기업들이 5G 무선 시스템을 개발할 때, 글로벌 혁신과 보편적 채택을 보장하기 위해 이를 개방적이고 표준화된 형태로 유지하기로 합의하였다. 그 결과 방대한 생태계가 형성되었고, 각 혁신이 진입할 수 있는 대규모 시장이 마련되었다. 이는 과거의 경험에 근거한 결정이었다. 퀄컴이 개발한 3G 시스템 CDMA2000 사례에서 보듯, 기술적 장점이 명확하더라도 지나치게 제한적인 플랫폼 전략은 통신 시스템의 확산을 저해할 수 있다는 점이 이미 확인된 바 있다.

핵심 혁신 기업은 생태계 내 혁신의 방향을 완전히 통제하기는 어렵지만 연결된 혁신의 품질과 보안 기능을 감독하고 전체 생태계의 가치 제고에 기여하지 않는 보완자를 배제할 수 있다. 플랫폼과 생태계를 확장하려는 경우에는 개방 표준과 관련하여 보다 자유로운 정책이 바람직할 수 있다. 예를 들어, 통신 기술 공급업체들이 5G 무선 시스템을 개발할 때, 글로벌 혁신과 보편적 채택을 보장하기 위해 이를 개방적이고 표준화된 형태로 유지하기로 합의하였다. 그 결과 방대한 생태계가 형성되었고, 각 혁신이 진입할 수 있는 대규모 시장이 마련되었다. 이는 과거의 경험에 근거한 결정이었다. 퀄컴이 개발한 3G 시스템 CDMA2000 사례에서 보듯, 기술적 장점이 명확하더라도 지나치게 제한적인 플랫폼 전략은 통신 시스템의 확산을 저해할 수 있다는 점이 이미 확인된 바 있다.

혁신 기업은 경계 자원(표준, API, 도구 모음 등) 외에도 보완 기술에 대한 전략적 투자strategic investments를 통해 생태계에서 성장하는 보완 혁신 기업들을 장려할 수 있다. 대기업들은 종종 자사의 생태계 진화를 위한 전략적 비전에 따라 기술 스타트업에 투자하는 기업 벤처 캐피털 부서를 운영한다. 예를 들어, 배터리 스타트업 A123 Systems의 초기 투자자에는 퀄컴과 모토로라가 포함되었다. 이들은 모바일 기기의 핵심 부품인 리튬 이온 배터리 분야에서 새로운 혁신의 진입을 촉진하기 위해 협력하였다. 또한 크라이슬러Chrysler, 포드Ford, 제너럴 모터스General Motors와 같은 주요 자동차 제조업체들도 이 벤처를 지원하는 컨소시엄에 참여하였다. 배터리 기술은 전기차의 핵심 요소이기 때문에, 각 기업은 자사의 핵심 제품을 보완하는 배터리 혁신을 더 쉽게 지원할 수 있었다. 더 나아가 창출된 혁신이 특정 기업들에 의해 독점되지 않도록 컨소시엄 구조를 설계하였다. 이를 통해 인접 시장의 보완 제품들이 개방적이고 경쟁적인 상태를 유지하도록 보장하였다.

디지털 산업에서는 기술이 빠르게 진화하기 때문에 생태계 구조(아키텍처)가 장기간 고정되는 경우는 드물다. 따라서 효과적인 생태계 전략을 수립하기 위한 한 가지 접근법은 생태계 내 차별화와 보완재의 아키텍처를 적극적으로 관리하는 것이다. 구체적으로 기업은 자사의 혁신 차별화를 강화하기 위해 모방 가능성을 줄이는 동시에 경쟁자의 혁신 차별성을 약화시켜야 한다. 또한 보완재의 소유권과 가용성을 조정하여 외부 보완재는 경쟁적 시장에서 풍부하게 제공되도록 하고, 내부 보완재는 독창성과 높은 수요를 유지하도록 관리해야 한다.

생태계의 전반적인 아키텍처는 [그림 16-2]와 같이 시각화할 수 있다. 이전 장에서는 핵심 혁신을 중심으로 생태계를 구성하는 요소를 도식화했지만 여기서는 혁신 기업이 직접 연결되어 있지 않은 주체까지 범위를 확장하였다. 이 단계에서 우리는 혁신 기업의 성과와 이익에 직·간접적으로 영향을 미칠 수 있는 모든 참여자를 묘사하고자 한다. 단순한 예로, 상류 공급자 A1, A2, A3이 각기 부품과 자재를 생산자 B1, B2, B3에 제공한다고 가정해 보자. 모든 생산자 B는 최종 고객 C에게 제품을 판매할 수 있다. 이때 모든 공급자 A는 서로 경쟁적인 제품을 B에게 제공하며, 마찬가지로 모든 B는 C에게 판매하기 위해 시장에서 경쟁한다. 따라서 A와 B는 경쟁 시장에 속하고, C는 단일 구매자로서 독점적 지위를 가진다. C는 상당히 수익성이 높은 반면, A와 B는 상대적으로 낮은 수익성을 가질 가능성이 크다. 전략적 목표는 경쟁자가 적고 공급자·구매자·보완자가 풍부한 시장 위치를 구축하는 것이다. 이를 통해 혁신 기업은 생태계 파트너와의 관계에서 강력한 협상 지위를 확보할 수 있다.

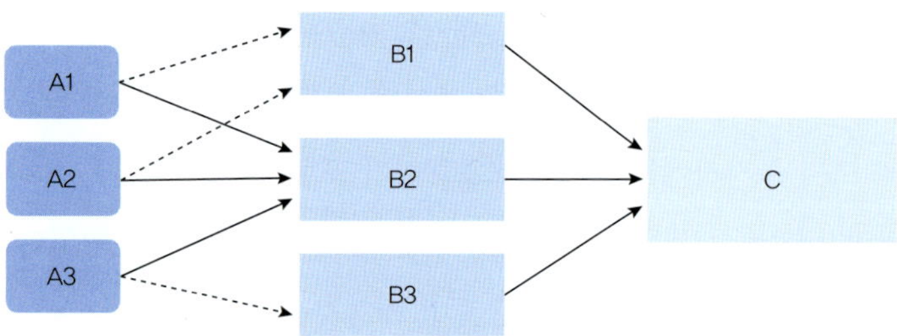

그림 16-2 경쟁적인 투입물 공급과 최종 사용자의 독점을 통한 공급 생태계

참고: 어떤 투입재의 공급자가 유사한 다수일 때 업스트림 시장은 경쟁적이며, 어느 공급자도 유의미한 협상력을 갖지 못한다. 반면, 사용자가 소수일 때 그들은 단일 구매자 권력을 가지며 낮은 투입재 가격을 위해 강하게 협상할 수 있다.

[그림 16-3]에 설명된 디지털 음악 생태계의 아키텍처는 모든 계층에서 경쟁력이 있다. 음악 저작권 보유자인 레이블은 스트리밍 서비스에 콘텐츠 라이선스를 부여하고, 스트리밍 서비스는 사용자에게 음악에 접근할 수 있는 경로를 제공한다.

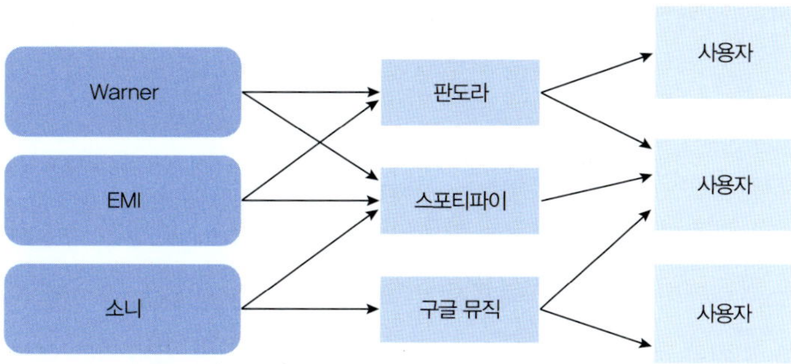

그림 16-3 디지털 음악 에코시스템

참고: 디지털 음악 생태계는 모든 시장 단계에서 다수의 공급자와 사용자를 가진다.

그러나 오랫동안 음악 산업은 판도라Pandora, 스포티파이Spotify와 같은 스트리밍 서비스를 시장에서 배제하려고 시도했다. 서비스의 운영 방식이 기존 관행과 달랐기 때문이다. 음악 레이블은 전통적으로 패키지 형태로 콘텐츠를 판매하는 데 익숙했으며 개별 음원 단위로 라이선스를 부여하는 방식에는 익숙하지 않았다. 따라서 주요 레이블은 [그림 16-4]에 나타난 생태계 아키텍처를 구축하려 했는데, 이는 레이블의 가격 설정 권한과 소비자에게 콘텐츠를 직접 판매하는 비즈니스 논리를 유지하려는 시도였다. 그러나 애플 아이튠즈Apple iTunes의 독점 구조가 장기적으로는 수익성을 보장하기 어렵다는 점은 간과되었다.

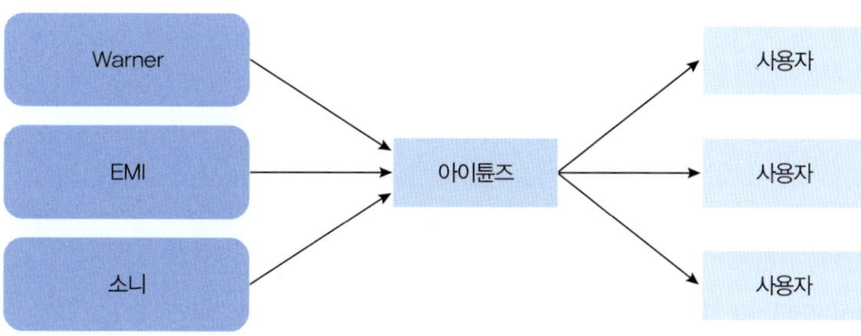

그림 16-4 애플의 아이튠즈가 유통을 통제하는 대안적 디지털 음악 생태계

참고: 유통의 독점은 업스트림 공급자와 다운스트림 사용자 모두에게 불리하다

일부 혁신은 본질적으로 다른 혁신보다 모방이 용이하지만 기업이 생태계에서의 상대적 위치를 강화할 기회는 여전히 존재한다. 예를 들어, 입법 변화를 위한 로비 활동은 미국과 영국에서 음악 저작권자들

에게 유리하게 작용했다. 지난 수십 년간 이어진 저작권 연장은 음원 녹음물의 가치를 높였고 모방자가 시장에 진입하기 더 어려워졌다.

때때로 생태계 파트너의 차별화를 약화시키는 것이 더 효과적일 수 있다. 이를 Pisano와 Teece(2007)는 '재산권 선점property pre-empting' 전략이라 부른다. 대기업은 공급자나 보완자의 시장에 경쟁을 촉진하기 위해 발명을 공개 도메인에 두거나 소프트웨어를 무료로 배포할 수 있다. 예를 들어, IBM과 인텔은 보완 시장의 오픈 소스 소프트웨어 개발을 적극 지원해 왔으며 개발 역량을 기부하거나 자사 소프트웨어 특허를 OSS 프로젝트에 제공했다. 이러한 전략은 Microsoft와 같은 강력한 소프트웨어 공급자에 대한 경쟁을 유도하고 잠재적 도전자인 스타트업을 기업 벤처 투자를 통해 미래의 생태계 파트너로 육성할 수 있게 한다. 또한 기업은 디지털 생태계에서 보완 자산의 아키텍처에 영향을 미칠 수 있다. 예를 들어, 인터페이스 개방 여부와 호환성 표준은 보완 자산의 접근성을 결정한다. 개방형 인터페이스와 표준은 시장 진입과 경쟁을 촉진하므로 혁신 기업은 공급자 시장이나 보완자 시장과 같은 인접 시장에서 개방형 시스템 구축에 투자할 수 있다. 1995년 당시 노키아는 제품 디자인과 제조에서는 강점을 보였지만 무선 네트워크 기술에서는 독창성이 부족했다. 이 경우 네트워크 기술 시장의 개방 표준은 노키아의 보완재를 더욱 개방적이고 경쟁적인 환경으로 만들었다. 반대로 퀄컴은 일부 네트워크 기술을 독점적으로 보유하여 시장 지배력을 유지하려 했으나 글로벌 기술 업체와 네트워크 사업자를 자사 네트워크로 끌어들이는 데 실패했다. 결국 퀄컴은 보완재를 개방해야 했고 이후 성공적인 구성 요소 공급업체로 자리 잡았다(표 16-2 참조).

표 16-2 생태계 전략

아키텍처 전략	구현 방법	예
자사의 차별화 강화	• 지식재산권, 표준과 같은 "차단 전략" 사용 • 더 강력한 보호를 위한 로비 활동	특허 및 저작권 확장
파트너의 차별화 강화	자원을 제공하여 파트너의 기술 "차단 해제"	오픈 소스 소프트웨어 기여, 공개 데이터 발행
내부 보완 경쟁 감소	독점 플랫폼 또는 처리 시설 구축	API(호환성)를 사용하여 다른 업체를 위한 인터페이스에 접근할 수 있도록 개방
외부 보완 기능의 경쟁력 강화	파트너 시장의 경쟁 촉진	스타트업에 투자하여 상호 보완적인 경쟁 창출

참고: 생태계 전략은 자사 혁신 대 경쟁사 혁신의 차별성과 자사 시장 대 인접(보완) 시장의 경쟁과 관련된다.

소프트웨어 기반 시장에서 대부분의 혁신은 특정 엔터테인먼트 형태(예 신문 앱)나 생산성 향상 활동(예 내비게이션 시스템)의 애플리케이션 형태를 띤다. 그러나 이러한 애플리케이션은 일반적으로 운영체제나 더 넓은 디지털 시스템과 연결해주는 플랫폼이 필요하다. 플랫폼이나 운영체제가 독창성을 갖추고 있다면, 그 접근에 비용을 부과할 수 있다. 플랫폼의 개방성과 호환성 전략은 생태계 내 상호작용을 좌우한다. 예를 들어, 수십억 달러 규모로 성장한 모바일 게임 산업에서 모든 게임은 애플과 구글에 30%의 플랫폼 수수료를 지불한다. 이러한 상황에서 혁신 기업이 웹 기반 게임 플랫폼을 구축해 기존 앱 스토어와 경쟁하고, 모바일 게임 개발자들에게 더 낮은 비용으로 시장 접근을 제공하는 것은 타당한 전략이 될 수 있다.

핵심 요약

- 혁신 전략은 혁신의 모방 가능성과 혁신에 대한 보완재의 통제에 중점을 둔다.
- 혁신의 모방 가능성은 지식재산권, 비밀 유지, 혁신 역량 개발, 계약 체결과 같은 전략에 따라 달라진다.
- 핵심 보완재에 대한 접근은 해당 혁신의 수익성 전망을 결정할 수 있다.
- 디지털 생태계는 참여자들 간의 긍정적 상호작용에서 발생한다. 디지털 혁신 기업은 이러한 상호작용을 아키텍처 전략을 통해 촉진하여 채택 과정을 개선하고 가속화할 수 있다.
- 아키텍처 전략의 목적은 생태계 자원에 영향을 미쳐 경쟁 제품의 모방 가능성을 높이고 외부 보완재의 가용성을 향상시키는 것이다.
- 아키텍처 전략은 특정 생태계 참여자에게 자원을 제공하거나 차단하는 투자를 포함할 수 있다. 여기에는 호환성 표준, API, 소프트웨어 개발 키트(SDK), 보완 기술에 대한 재정적 투자 등이 포함될 수 있다.

용어 정리

- **아키텍처 전략** architectural strategies: 생태계의 구조에 영향을 미치려는 것으로, 사용 가능한 제품의 모방 가능성과 해당 제품에 대한 보완재의 가용성을 중심으로 한다.
- **보완재** complements: 혁신의 성공적인 상업화를 위해 필요한 핵심 자산, 제품, 또는 서비스를 의미한다. 예를 들어, 하드웨어는 종종 소프트웨어와 보완 관계에 있고, 서비스는 유통 채널과 보완 관계를 가진다.
- **모방 가능성** imitability: 혁신이 경쟁자에 의해 얼마나 쉽게 모방될 수 있는지를 나타낸다. 혁신 기업은 거의 항상 자사 제품의 모방 가능성을 줄이기 위해 노력한다.
- **전략적 투자** strategic investments: 아키텍처 전략을 촉진하는 새로운 기술이나 기타 유형의 자산을 개발하려는 시도를 말한다. 전략적 투자는 생태계 참여자의 장기적인 수익성에 영향을 미친다.

토론하기

16.1 컴퓨터 게임은 모방하기 쉬운가, 아니면 모방하기 어려운가? 게임의 어떤 디자인 선택이 게임을 더 모방하기 쉽거나 어렵게 만드는지 논의해 보자.

16.2 게임 개발자가 새로운 게임의 모방 가능성을 어떻게 줄일 수 있는가?

16.3 게임이 상업화될 수 있는 생태계를 설명하시오. 핵심 보완재는 무엇이며, 게임 개발자가 이러한 보완재를 내부적으로 제작해야 하는지, 아니면 외부에서 보완재에 접근해야 하는지 설명하시오.

16.4 게임 혁신 기업이 수익 가능성을 높이기 위해 추구할 수 있는 아키텍처 전략은 무엇인가?

추천 문헌

- Ander, R. and Kapoor, R. (2010). Value creation in innovation ecosystems: how the structure of technological interdependence affects firm performance in new technology generations. Strategic Management Journal 31(3): 306–333.
- Autio, E. (2021). Orchestrating ecosystems: a multilayered framework. Innovation: Organization and Management 24(1): 96–109.
- Jacobides, M.G., Cennamo, C., and Gawer, A. (2018). Towards a theory of ecosystems. Strategic Management Journal 39(8): 2255–2276.
- Pisano, G. and Teece D.J. (2007). How to Capture Value From Innovation: Shaping Intellectual Property And Industry Architecture. California Management Review 50(1): 278–296.

CHAPTER 17

지적재산권과 디지털 기술

Intellectual Property Rights and Digital Technologies

디지털 혁신의 수익성은 모방을 사전에 차단하고 생태계 내 병목 현상을 통제할 수 있는 혁신가의 능력에 달려 있다. 이전 장에서 살펴본 것처럼 정보 통신 시장에서 가치의 주요 결정 요인에는 정보 상품이나 서비스의 내재적 가치(V_i)와 네트워크의 규모 및 구조(N)가 포함된다. 이 장에서는 정보의 가치인 V_i를 보호하고 강화하는 방법에 대해 살펴본다.

정보와 지식은 소유권을 확립하기 어렵다는 점에서 독특한 경제적 재화이다. 특허·저작권·상표권과 같은 **지적재산권**intellectual property rights은 실제 소유권이 아닌 타인의 사용을 배제할 수 있는 권리를 제공한다. 그러나 특허와 저작권은 유효기간이 정해져 있으며, 그 기간이 만료되면 해당 지적재산이 공공의 영역으로 편입된다. 한편 정보는 영업비밀보호법trade secrecy laws에 따라 비밀로 유지되고 법적 보호를 받을 수 있다. 계약은 이러한 비밀의 법적 정의와 효력을 강화하는 수단이 된다. 특히, 비밀은 지적재산권보다 훨씬 더 장기간 유지될 수 있다. 예컨대, 코카콜라의 원조 레시피는 100년 이상 상업적으로 가치 있는 비밀로 남아 있다.[1]

지적재산권은 지식과 정보의 다양한 측면을 보호한다. 특허는 유용한 아이디어를 보호하는 반면, 저작권은 **독창적 표현**original expression을 보호하지만 추상적인 아이디어 자체는 보호하지 않는다. 상표와 디자인은 제품의 물리적 형태와 구성과 같은 고유한 정체성이나 로고·소리·형태와 같은 비물리적 정체성을 보호한다. 상표와 디자인의 주된 목적은 소비자가 제품을 서로 구별할 수 있도록 하는 것이다. 특

1 Coca-Cola (2022). Coca-Cola's formula is at the world of Coca-Cola. Company website. 검색위치: www.coca-colacompany.com/about-us/history/coca-cola-formula-is-at-the-world-of-coca-cola (2022년 8월 검색)
Pourciaux, A. (2018). The mystery of Coca-Cola's secret formula. The Vintage News, 2018년 8월 20일. 검색위치: www.thevintagenews.com/2018/08/10/coca-cola-formula/ (2022년 8월 검색)

허와 저작권의 핵심 목적은 창작자에게 일정 기간 동안 타인이 해당 창작물을 그대로 복제하여 사용하는 것을 배제할 권리를 부여함으로써 사회에서 가치 있는 창작 활동을 장려하고 보상하는 데 있다. 실제로 이는 1789년 제정된 미국 헌법(제1조 제8항)에 명시되어 있다. 즉, "의회는 저자와 발명가에게 각자의 저술과 발견에 대한 독점적 권리를 제한된 기간 동안 확보함으로써 과학과 유용한 예술의 진보를 촉진할 권한을 갖는다."

특허와 저작권은 전통적으로 창작자의 권리를 보호하고 보상하기 위한 장치인 동시에 불완전한 도구였다. 디지털 기술 시대에는 지적재산의 경계가 더욱 모호해졌다. 특허는 디지털 기술, 특히 소프트웨어 기반 기술을 보호하는 수단으로서 매우 불확실하며, 때로는 '확률적'[2]인 메커니즘에 불과하다. 반면, 통신 기술의 발전은 저작권자가 자신의 권리를 통제하고 집행할 수 있는 능력을 크게 약화시켰다. 이에 따라 먼저 저작권의 본질과 진화를 살펴본 후 소프트웨어 특허에 초점을 맞춰 검토한다.

17.1 디지털 시대의 저작권

저작권을 인정받기 위해서는 창작물이 유형의 표현 매체에 고정된 독창적인 저작물이어야 한다. 저작권은 근본적인 아이디어가 아니라 그 표현을 대상으로 한다는 점에 유의해야 한다. 작품의 독창성에 대한 기준은 낮다. 표현이 다르면 충분하고, 예술적·미적 가치나 유용성을 충족할 필요는 없다. 디지털 환경에서는 창작물이 컴퓨터 하드 드라이브에 저장되어 있으면 매체의 유형성 요건이 충족된다. 따라서 컴퓨터에 저장된 텍스트, 숫자, 음성, 이미지, 기호 등 모든 원본 디지털 콘텐츠는 저작권 보호를 받을 수 있다. 창작물을 저작권청에 등록할 필요는 없다.

저작권은 창작물의 원본을 복제할 수 있는 독점적 권리를 창작자에게 부여한다. 이 권리는 저작물의 판매, 라이선스 및 배포뿐만 아니라 공개적으로 재생·공연하거나 각색 및 수정하는 행위에도 적용된다. 다만, 저작권은 영구적이지 않고 일정 기간 동안만 보장된다. 미국 최초의 저작권법(1790년)에서는 저작권 기간을 14년으로 정했으며, 첫 번째 기간이 끝날 때 저작자가 생존해 있을 경우 추가로 14년을 연

2 Lemley, M. and Shapiro, C. (2005). Probabilistic patents. Journal of Economic Perspectives 19(2): 75–98. 검색위치: www.aeaweb.org/articles?id=10.1257/0895330054048650 (2022년 8월 검색)

장할 수 있었다. 이 법은 1710년 제정된 영국의 '앤 법령Statute of Anne'을 거의 그대로 따른 것이었다. 이후 저작권 보호 기간은 점점 늘어나 1831년에는 28년+14년, 1909년에는 28년+28년으로 연장되었으며, 1976년에는 저작자의 생존 기간+50년, 법인 창작물의 경우에는 75년까지 확대되었다.

1990년대 디지털 기술이 통신 환경을 변화시키기 시작하자 미국 의회는 1998년에 디지털 밀레니엄 저작권법(DMCA)Digital Millennium Copyright Act을 제정하였다. 이 법은 소니 보노 저작권 연장법과 결합하여 저작권 보호 기간을 저작자의 생애+70년, 법인 창작물의 경우 95년까지 연장하였다. 이 연장 조치는 디즈니의 대표 지적재산인 미키마우스가 공공 영역으로 편입되는 것을 막는 효과를 가져왔다.[3] 미키마우스 캐릭터는 1928년 「증기선 윌리」라는 작품에서 처음 공개되었으며, 2024년 1월 1일부터 미국에서는 공공 영역에 편입되었다. 단, 이후에 제작된 미키마우스 버전과 상표권은 여전히 저작권 보호를 받는다.

저작권으로 보호되는 창작물을 허가 없이 복제하거나 게시하는 행위는 저작권 **침해**infringement에 해당한다. 예를 들어, 특정 가수의 노래를 무단으로 공연하는 것은 그 가수의 공연권을 침해하는 것이므로 저작권자는 법적 조치를 취할 수 있다. 실제로 2007년에는 한 어머니가 특정 아티스트의 음악에 맞춰 춤추는 아기의 영상을 유튜브에 게시했다가 저작권자였던 유니버설 뮤직으로부터 직접 침해 소송을 당한 사례가 있다.[4] 이 사건은 과도하다는 비판을 받았고 전자 프론티어 재단(EFF)Electronic Frontier Foundation이 어머니를 대신해 10년간 소송을 이어갔으나 미국 대법원은 이를 기각하였다. 그 후 양측은 2018년 합의에 이르렀다.[5]

간접 침해indirect infringement는 기여적 침해의 형태로 발생할 수 있다. 예를 들어, 록 밴드 매니저가 해당 록밴드의 노래가 아니라 타인인 아델Adele의 노래를 공개적으로 공연하기 위한 계획과 편곡 과정에 실

---

3 Lee, T.B. (2018). Why Mickey Mouse's 1998 copyright extension probably won't happen again. ArsTechnica, 2018년 1월 8일. 검색위치: https://arstechnica.com/tech-policy/2018/01/ hollywood-says-its-not-planning-another-copyright-extension-push/ (2022년 8월 검색)

4 McCarthy, K. (2018). Infamous 'Dancing Baby' copyright battle settled just before YouTube tot becomes a teen. The Register, 2018년 6월 27일. 검색위치: www.theregister.co.uk/2018/06/27/ dancing_baby_settlement/ retrieved (2022년 8월 검색)

5 Even earlier in 1993, the artist himself had considered the music label as excessively greedy and decided to give up his name and become a symbol. Cf. Whatley, J. (2020). Why Prince changed his name to a symbol. Far Out, 2020년 11월 25일. 검색위치: https://faroutmagazine.co.uk/ why-prince-changed-his-name-to-a-symbol/ (2022년 8월 검색)

질적으로 참여하는 경우가 이에 해당한다. 반대로 **대리 침해**vicarious infringement는 저작권이 있는 곡이 공연되는 공간의 소유자에게 적용될 수 있다. 공간 소유자는 침해 자료가 공개되거나 이용될 수 있도록 관리·통제했으며, 그 과정에서 금전적 이익이 발생했다면 이를 직접적으로 얻었을 것이다.

대리 침해의 정의로 인해 전자기기 제조업체와 인터넷 서비스 제공업체ISP는 모호한 위치에 놓이게 되었다. 1998년 미국에서 제정된 디지털 밀레니엄 저작권법DMCA은 ISP가 가정에 인터넷 접속 서비스를 제공하는 과정에서 이용자가 저작권을 침해하는 자료를 공유하여 금전적 이익을 얻더라도 ISP가 직접적인 책임을 지지 않도록 면제 조항을 마련했다. 그러나 디지털 불법복제가 확산되자 미국 의회는 ISP가 네트워크상에서 불법복제 콘텐츠를 모니터링하고 차단하는 역할을 강화하려 했다. 예를 들어, 2011년 발의된 SOPA(Stop Online Piracy Act, 온라인 불법복제 방지법)와 PIPA(Preventing Real Online Threats to Economic Creativity and Theft of Intellectual Property Act, 경제적 창의성 및 지적재산권 도용 방지법)는 디지털 밀레니엄 저작권법DMCA의 개정을 통해 해외 불법복제 사이트를 포함한 불법 콘텐츠 유통을 차단하려는 시도를 담고 있었다. 만약 이 법안들이 통과되었다면, 웹사이트 소유자, 검색 엔진, ISP, 그리고 불법 콘텐츠에 연결되는 링크를 제공하는 정보 위치 도구 운영자는 저작권자가 발송한 삭제 통지를 받는 즉시 해당 링크를 제거하거나 웹사이트 자체를 폐쇄해야 했을 것이다. 그러나 이 법안들은 활동가, 학계, 그리고 주요 디지털 서비스 기업들의 대규모 반대 시위와 항의로 인해 결국 통과되지 못했다(예 2012년 1월 18일, 영어 위키백과와 주요 웹사이트들이 공동으로 블랙아웃을 단행한 사례). 이러한 법안이 시행되면 합법적인 콘텐츠가 적법한 법적 절차 없이 단순한 침해 주장만으로 차단될 수 있으므로 온라인 표현의 자유에 대한 심각한 우려를 불러일으킬 수 있다. 그럼에도 불구하고 이러한 기술과 서비스(즉, 정보 위치 추적 도구)의 역할은 여전히 불확실하며 향후 입법 조치의 위험에 노출되어 있다.

디지털 기술은 저작권이 있는 수많은 저작물을 빠르게 전파할 뿐만 아니라 이를 보호하거나 노출하는 수단으로도 활용될 수 있다. 1990년대에 등장한 냅스터Napster와 그누텔라Gnutella와 같은 P2P 파일 공유 기술은 중앙 서버 없이 피어peer 간에 직접 디지털 콘텐츠를 대규모로 배포할 수 있게 하였다. 이에 대응해 다양한 디지털 저작권 관리(DRM)Digital Rights Management 시스템은 파일에 복제나 열람을 제한하는 코드를 삽입하여 저작권 콘텐츠의 유포를 기술적으로 방지하려 했다. 1998년 제정된 DMCA는 DRM 시스템을 우회하거나 그러한 우회 수단을 배포하거나 사용하는 행위를 범죄로 규정했다. DRM

은 복제 속도를 지연시키는 방식으로 어느 정도 보호 기능을 수행했으나, 해킹 및 DRM 우회 방법이 온라인에 빠르게 확산되면서 보호 기술을 강화하기 위한 끊임없는 경쟁을 벌였다. 예를 들어, 1996년 DVD 포럼은 DVD 콘텐츠 보호를 위해 콘텐츠 스크램블 시스템(CSS)Content Scramble System을 도입했으나, 1999년 노르웨이의 한 청소년이 공개한 deCSS 소프트웨어로 무력화되었다.[6] 이처럼 대부분의 DRM 기술은 출시 후 몇 년, 때로는 몇 달, 심지어 몇 주 만에 동일한 운명을 맞이했다.

17.2 미국 저작권 제도의 진화

디지털 혁신과 법적 분쟁은 처음부터 함께 존재해 왔다. 1970년대 중반 전자 기술의 등장으로 저작권을 둘러싼 격렬한 논쟁의 첫 번째 국면이 열렸다. 소니Sony는 혁신적인 베타맥스 비디오 카세트 레코더VCR와 관련 파일 포맷을 개발해 상용화를 추진했다. 이는 JVC의 VHS 포맷과 '포맷 전쟁'을 벌인 주요 경쟁자였다. 두 장치 모두 TV 신호를 직접 녹화할 수 있었기 때문에 영화사와 방송사 등 콘텐츠 제공업체들은 큰 위협을 느꼈다.[7] 실제로 콘텐츠 업계는 소니 대 유니버설 사건에서 VCR 판매를 전면 차단하려 시도했으나, 대법원 판결에서 간발의 차이로 패소했다. 이후 업계는 비디오 대여 시장이 자사의 비즈니스 모델을 잠식할 것이라 우려했지만 결과적으로 기존 콘텐츠의 수명을 연장하고 새로운 시청자를 확보하는 데 기여하는 매우 유익한 모델로 자리 잡게 되었다. 영화관의 관객 수는 감소했지만, 특히 어린 자녀가 있는 가정에서는 집에서 영화를 대여해 시청하는 문화가 정착되었다.

소니에 대한 저작권 소송은 기업으로서의 소니뿐 아니라 기술로서의 VCR 산업 전체의 존속을 위협할 뻔했다.[8] 소니 대 유니버설 소송은 1심 지방법원에서는 소니가 승소했으나, 항소법원에서 패소 판결이 내려졌다. 소니는 대법원에 상고했고, 1984년 심리에서 대법원은 5대 4의 근소한 차이로 소니의 손을 들어주었다. 대법원의 핵심 논리는 소니의 베타맥스가 저작권 침해에 해당하지 않는 실질적인 사용이

6 Techopedia (2011). De-content scrambling systems. Techopedia, 2011년 8월 18일. 검색위치: www.techopedia.com/definition/24879/de-content-scrambling-system-decss (2022년 8월 검색)

7 Riley, C. (2015). Sony is finally killing its ancient Betamax format. CNN Business, 2015년 11월 10일. 검색위치: https://money.cnn.com/2015/11/10/technology/sony-betamax/index.html (2022년 8월 검색)

8 Khanna, D. (2013). A look back at how the content industry almost killed Blockbuster and Netflix (and the VCR). TechCrunch, 2013년 12월 28일. 검색위치: https://techcrunch.com/2013/12/27/ how-the-content-industry-almost-killed-blockbuster-and-netflix/ (2022년 8월 검색)

가능하므로 제조업체가 소비자의 저작권 침해 행위에 대해 책임을 지지 않아야 한다는 것이었다. 또한, 방송 프로그램을 녹화해 이후에 시청하는 이른바 시간 이동time-shifting은 저작권 침해가 아니라는 판단이 내려졌다. 이 판결은 이후 '소니 스탠다드Sony Standard'로 불리며 법적 기준으로 자리 잡았다. 그 결과 오늘날까지도 비디오 녹화 산업은 존속할 수 있었다.

다음으로 저작권의 분수령이 된 사건은 1990년대 후반 등장한 P2PPeer-to-Peer 파일 공유였다. 냅스터Napster와 같은 선구적 기업을 비롯해 그록스터Grokster, 카자Kazaa, 비트토렌트BitTorrent 등 후발 업체들이 파일 공유를 대규모로 확산시켰다. 냅스터는 2001년 미국 법원에 의해 폐쇄되었고 그록스터는 중앙 집중식 파일 목록이나 통제 장치를 두지 않음으로써 냅스터의 법적 한계를 회피하도록 설계되었다. 그록스터는 단순히 사용자의 컴퓨터에 설치되는 소프트웨어를 제공하였으며, 사용자들은 이를 통해 다양한 방식으로 네트워크상에서 파일을 공유할 수 있었다. 이 소프트웨어는 저작권 침해 콘텐츠뿐만 아니라 합법적 파일 공유에도 활용될 수 있었으므로 비침해적 사용이 가능하다는 특징이 있었다. 그럼에도 불구하고 그록스터는 저작권 침해를 조장했다는 이유로 소송을 당했고 사건은 2005년 미국 대법원까지 이어진 또 하나의 획기적인 저작권 판례로 남게 되었다.[9]

그록스터 소송에서 원고 측 대표인 MGM은 그록스터의 파일 트래픽 중 약 90%가 저작권을 침해하는 자료였으며, 그록스터가 이러한 사실을 알고도 조장했다고 주장하였다. 반면, 그록스터는 자사가 소니 판례(소니 표준)를 준수하고 있으며, 해당 기준을 변경할 경우 소프트웨어 및 콘텐츠 산업의 혁신이 위축될 수 있다고 반박하였다. 또한 P2P 다운로드가 실제로 음반 판매를 감소시키는지에 대해서도 치열한 논쟁이 있었으나, 어떤 연구는 판매 감소 효과를, 다른 연구는 홍보 효과를 강조하는 등 결과가 엇갈렸다. 당시 이용 가능한 데이터만으로는 인과관계를 명확히 입증하기 어려워 최종적인 결론을 내릴 수 없었다. 그럼에도 불구하고 미국 대법원은 서비스가 저작권 침해를 사실상 조장했다고 보고, 만장일치로 그록스터의 책임을 인정하며 원고 측 손을 들어주었다.

9 EFF (2022). MGM v. Grokster. Electronic Frontier Foundation. 검색위치: http://w2.eff.org/IP/P2P/MGM_v_Grokster/ (2022년 8월 검색)

> 저작권 보호를 통한 창의성 지원과 침해 책임 제한을 통한 기술 혁신 촉진 사이의 긴장감이 이 사건의 핵심 주제이다. 상충되는 고려 사항에도 불구하고 저작권 침해에 대한 책임을 부과해야 한다는 주장은 다음과 같은 근거를 제시한다. 피신고자의 소프트웨어를 통해 매일 발생하는 침해적 다운로드 수의 규모를 감안할 때 간접 책임의 필요성은 매우 크다고 볼 수 있다. 광범위하게 공유된 제품이 침해에 활용될 경우 보호 대상 저작물의 권리를 효과적으로 집행하는 것은 사실상 불가능할 수 있다. 모든 직접 침해자를 상대로 소송을 제기하는 것은 현실적으로 불가능하다. 따라서 가능한 대안은 기기의 배포자에게 2차 책임을 묻는 것이다. 이는 기여적 침해와 대리적 침해 이론에 근거한다. 직접 침해를 의도적으로 유도하거나 조장하면 기여적 침해가 되고, 직접 침해를 통해 이익을 얻으면서도 이를 중단하거나 제한할 권리를 행사하지 않는 경우에는 대리적 침해가 성립한다.

따라서 소프트웨어가 저작권을 침해하지 않는 상당한 용도로 사용될 수 있었음에도 불구하고, 해당 회사는 저작권 침해를 유도한 것으로 간주되어 저작권 침해에 기여한 것으로 판단되었다. 이로써 미국 저작권 판례법에는 '**유도 법리**inducement doctrine'라는 새로운 개념이 등장하였다. 대법원 판사들은 사건에 대한 해석에서 의견이 다소 엇갈렸으나, 침해 규모가 방대하고 비침해적 사용이 상대적으로 적다는 점을 근거로 그록스터에 불리한 판결을 내렸다. 그러나 많은 관심을 끌었던 이 사건은 실제 음악 시장의 구조를 근본적으로 변화시키지는 못했다. 미국 레코딩산업협회RIAA의 전 CEO 힐러리 로젠Hilary Rosen은 이를 다음과 같이 평가하였다.

> 누가 이기느냐가 심리적으로는 중요할 수 있지만 시장에서는 큰 의미가 없습니다. (…) 소비자는 훌륭한 콘텐츠를 제공하는 합법적 서비스가 거의 없는 상황에서 다양한 콘텐츠와 함께 스파이웨어·악성 파일·원치 않는 위험을 제공하는 불법 P2P를 훨씬 더 많이 접하고 있습니다. (…) 이러한 문제는 법적 판결이나 무역협회의 홍보로 해결될 수 있는 사안이 아닙니다. 근본적으로 시장에서 해결해야 할 비즈니스 과제입니다.[10]

즉, 힐러리 로젠은 음악 산업이 합리적인 가격의 합법적 스트리밍 서비스라는 새로운 비즈니스 모델을 개발하지 않는 한 불법복제는 다른 형태로 계속될 것이며, 산업은 쇠퇴할 수밖에 없을 것으로 전망하였다.

---

10 Rosen, H. (2011). The supreme wisdom of not relying on the court. Huffington Post, The Blog, 2011년 5월 25일. 검색위치: www.huffingtonpost.com/hilary-rosen/the-supreme-wisdom-of- not_b_3221.html (2022년 8월 검색)

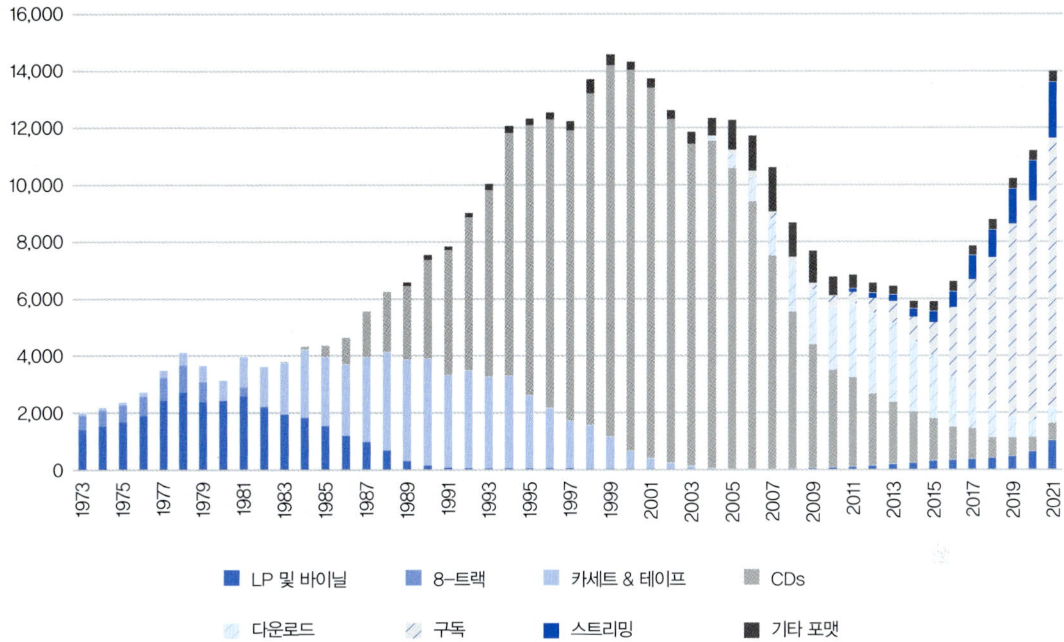

그림 17-1 포맷별 음악 산업 수익

참고: 미국 음반 산업의 총 수익은 1999년과 2010년 사이에 음악 CD 판매 감소로 인해 급격히 감소했다. 디지털 음악 유통은 처음에는 콘텐츠 다운로드를 통해, 2012년부터는 구독 스트리밍 서비스를 통해 성장하기 시작했다.

출처: 미국 레코딩 산업 협회(2021). 형식별 음악 산업 매출. 검색위치: www.riaa.com/u-s-sales-database/ (2021년 10월 검색)

[그림 17-1]은 총 산업 수익 측면에서 다양한 음악 포맷의 진화를 보여준다. 1999년 이후 음악 산업의 총수익이 크게 감소한 것은 분명하며, 그 주요 원인 중 일부는 불법 파일 공유와 이후 음악 스트리밍 서비스의 확산에 있었다. 그러나 음악 소비 전반은 꾸준히 증가하였고, 소비자들은 판도라나 스포티파이와 같은 스트리밍 서비스가 제공하는 대규모 음악 라이브러리에 훨씬 더 쉽게 접근할 수 있게 되었다. 실제로 새로운 산업 구조로 인해 음악의 질이 저하되었다는 증거는 존재하지 않는다.[11] 오히려 인터넷은 독립 레이블과 디지털 전용 제작 모델을 통해 더 다양한 창작자들의 시장 진입이 가능해져 2000년 이후 새 앨범의 총량은 급격히 증가하였다. 또한 합법적 구독 서비스의 도입으로 아티스트는 소비자의 선택과 지불 의사에 따라 보상을 받을 수 있게 되었고, 이는 전반적으로 사회적 관점에서 복지 향상으

11 Waldfogel, Joel (2012). Copyright protection, technological change, and the quality of new products: evidence from recorded music since Napster. The Journal of Law and Economics 55 (4): 715-740.

로 이어졌다. 소비자는 합리적인 가격으로 더 많은 음악을 이용할 수 있었고, 독립 뮤지션은 시장 진입 장벽을 낮출 수 있었다. 반면, '스타 만들기 기계' 역할을 수행하던 대형 레이블은 가장 큰 손실을 입었다.[12] 이들은 2019년 에미넴의 소속사와 스포티파이 간의 분쟁 사례에서 드러나듯 라이선스 요율과 콘텐츠 접근을 둘러싸고 스트리밍 플랫폼과 갈등을 반복하였다. 동시에 주요 음반사가 라이선스 요율 협상에서 사실상 담합하는 한편, 소수 플랫폼으로 유통이 독점될 가능성은 소비자와 음악 창작자 모두에게 잠재적 위협으로 남아 있었다. 2018년 제정된 음악 현대화법은 저작권자에게 지급되는 로열티 산정 기준과 절차를 투명하게 하기 위해 중앙 데이터베이스를 도입하였으나, 산업 구조와 제도적 기반은 여전히 충분히 발전하지 못하였다.

17.3 소프트웨어 특허

대부분의 디지털 혁신을 뒷받침하는 소프트웨어는 지적재산권 제도의 근본적인 변화를 경험했다. 1980년대까지만 해도 물리적 장치에 내장된 소프트웨어에 일부 특허가 존재했으나, 소프트웨어 보호의 주요 대상은 저작권과 영업 비밀이었다. 1982년 특허 친화적인 연방순회항소법원의 설립과 1998년의 판결은 소프트웨어 특허에 새로운 길을 열었다. 이 판결은 "가격과 같이 유용하고 구체적이며 가시적인 결과"를 산출하는 알고리즘이 특허 대상이 될 수 있다고 인정하였다. 그 결과, 새로운 알고리즘은 이를 실행하는 물리적 장치의 참신성이 없어도 특허를 받을 수 있게 되었다.

특허는 독창적이고 해당 기술 분야의 숙련된 전문가가 보았을 때 쉽게 떠올릴 수 없는 '발명 단계'를 포함하며, 산업적으로 적용 가능한 새로운 기술 아이디어를 보호한다.

발명가가 특허청에 특허 출원을 하면 해당 기술 분야에 정통한 심사관이 선행 기술 조사를 수행한다. **선행 기술**prior art은 새로운 발명과 관련이 있거나 그 기초가 될 수 있는 이전의 발명 및 과학적 발견을 의미한다. 특허 출원에 포함된 선행 기술 목록은 잠재적 특허의 범위를 제한하고, 심사관이 해당 발명이 실제로 발명 단계를 포함하는지를 평가하는 데 중요한 근거가 된다.

12 Gardner, E. (2019). Eminem publisher sues Spotify claiming massive copyright breach, "unconstitutional" law. The Hollywood Reporter, 2019년 8월 21일. 검색위치: www.hollywoodreporter.com/thr-esq/eminem-publisher-sues-spotify-claiming-massive-copyright-breach-unconstitutional-law-1233362 (2022년 8월 검색)

미국 특허 제도의 중요한 변화 중 하나는 특허심판원(PTAB)Patent Trial and Appeal Board의 도입이다. 2012년 '미국 발명법(AIA)America Invents Act'에 따른 특허법 개정 이후, 다른 특허권자나 제3자는 허가 후 검토Post-Grant Review 또는 당사자 간 검토Inter Partes Review를 통해 신규 특허의 유효성에 이의를 제기할 수 있게 되었다. 이러한 절차는 신규성이나 명백성이 불분명한 특허의 수를 줄이기 위해 도입되었다. 또한, 경쟁자는 해당 발명이 이미 존재하거나 명백하며 기술 분야의 기존 수준을 넘지 못한다는 점을 입증할 기회와 인센티브를 갖게 되었다. 새로운 심판 제도의 도입과 AIA에 따른 입법적 변화는 특허 청구를 무효화하고 특허 소송의 빈도를 줄이는 것을 상대적으로 용이하게 만들었다.

특허 제도는 발명자에게 최대 20년간 제한된 독점권을 부여하여 발명 활동을 장려하기 위해 마련되었다. 그러나 특허가 비즈니스 방법을 포함한 소프트웨어 기반 기술로 확대되면서 잘 알려진 비즈니스 방식을 소프트웨어로 구현한 발명에도 특허가 부여되는 사례가 늘어났다. 이러한 특허가 인정되면 기업은 경쟁사가 해당 비즈니스 활동을 우회하도록 강요함으로써 불필요한 비용을 발생시킬 수 있었다. 대표적인 사례가 아마존의 원클릭 특허, 즉 통신 네트워크를 통한 구매 주문 방법 및 시스템(미국 특허 제5,960,411호)이다. 이 특허는 1997년 워싱턴주 시애틀의 페리 하트만, 제프리 베조스, 쉘 카판, 조엘 스피겔 등이 출원하였고, 2년 뒤 미국 특허청USPTO에서 승인되었다. 이 특허는 1994년 창업자 중 한 명인 제프 베조스가 설립한 온라인 서점 Amazon.com에 할당되었다. 이 특허는 "사소하고 명백한 소프트웨어 개념에 대한 광범위한 특허가 산업 전반에 걸쳐 심각한 반경쟁적 영향을 미칠 수 있다."는 주장의 대표적인 사례로 자주 인용된다.[13]

원클릭 특허는 1995년에 출원된 제프 베조스의 두 건의 선행 특허를 포함해 12건의 미국 특허와 7건의 외국 특허(유럽 또는 세계지식재산권기구 특허)를 인용했다. Amazon.com은 창업 초기부터 소프트웨어 및 비즈니스 방법 특허를 적극적으로 출원했으며, 베조스는 1995년부터 2005년까지 최소 30건의 특허에 발명자로 이름을 올렸다. 원클릭 발명은 [그림 17-2]와 같이 고객의 ID를 확인한 뒤 원클릭 주문을 설정하고 확인 페이지에서 '완료' 버튼을 누르면 거래가 끝나는 단순한 과정을 설명했다. 그럼에도 불구하고 이 발명은 미국 특허청으로부터 신규성, 비자명성, 산업적 응용 가능성을 인정받아 특허가 부여되었다. 아마존은 이 특허를 상업적 이점으로 활용하여 2000년 반스앤노블을 상대로 소송을 제기했

13 Paul, R. (2010). Controversial Amazon 1-click patent survives review. ArsTechnica, 2010년 3월 10일. 검색위치: https://arstechnica.com/tech-policy/2010/03/controversial-amazon-1-click- patent-survives-review/# (2022년 8월 검색)

고, 법원은 가처분 명령을 내려 경쟁업체가 유사한 'Express Lane' 서비스를 제공하지 못하도록 했다. 그로 인해 반스앤노블은 결제 과정에 추가 클릭 단계를 넣어야 했다. 그러나 업계 관계자 다수는 이 특허가 자명하다고 보았고, 전자 프론티어 재단은 이를 문제 특허 후보 목록에 포함시켰다.[14]

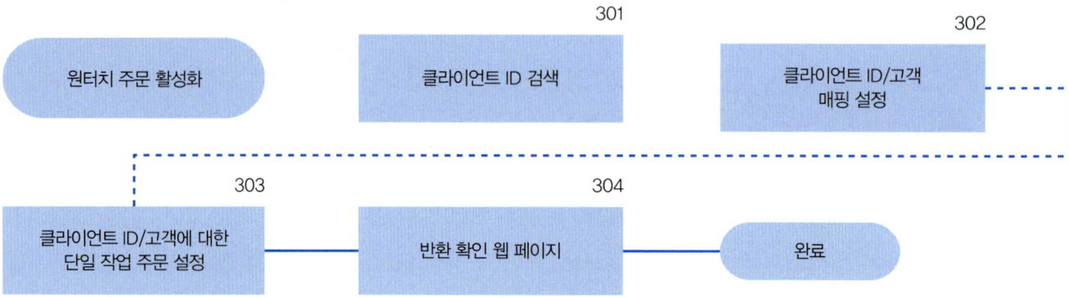

그림 17-2 아마존의 원클릭 주문 특허

참고: 아마존의 악명 높은 원클릭 특허는 단 6개의 간단한 단계로 구성되어 있다.

미국 특허 5960411A: 통신 네트워크를 통한 구매 주문 방법 및 시스템. 검색위치: https://patentimages.storage.googleapis.com/37/e6/81/3ebb1f33c41b4a/US5960411.pdf (2022년 8월 검색)

2006년 뉴질랜드의 배우이자 활동가인 피터 칼벨리Peter Calveley는 새로운 선행 기술을 제시하고 자금을 모아 미국 특허청에 원클릭 특허의 재심사를 요청했다.[15] 특허청은 이를 받아들여 26개 신규성 청구항 중 21개가 유효하지 않다고 판단했다. 또한 유럽 특허청은 유럽 내 특허 출원을 거부하여 누구나 원클릭 거래 방식을 활용할 수 있게 되었다. 그럼에도 불구하고 애플은 2017년 특허 만료 시점까지 아이튠즈 스토어에 해당 특허를 라이선스해 사용했다. 한편, 다작의 소프트웨어 발명가이기도 한 제프 베조스는 2000년 공개 서한을 통해 "비즈니스 방법과 소프트웨어 특허는 다른 특허와 본질적으로 다르며, 이들의 존속 기간은 3~5년이 되어야 한다. 또한 특허 발급 전에는 선행 기술을 검토할 수 있도록 공개 의견 수렴 절차가 필요하다."고 주장했다.[16] 베조스 자신도 소프트웨어와 비즈니스 방법 영역에서 더 적은

---

14 Bangeman, E. (2004). Electronic Frontier Foundation will contest problematic patents. ArsTechnica, 2004년 4월 20일. 검색위치: https://arstechnica.com/uncategorized/2004/04/3681-2/ (2022년 8월 검색)

15 Anderson, N. (2006). Amazon's "one-click" patent reconsidered. ArsTechnica, 2006년 5월 19일. 검색위치: https://arstechnica.com/uncategorized/2006/05/6872-2/ (2022년 8월 검색)

16 Bezos, J. (2000). An open letter from Jeff Bezos on the subject of patents. Tech Law Journal, 2000년 3월 9일. 검색위치: www.techlawjournal.com/intelpro/20000309bez.htm (2022년 8월 검색)

수의 고품질 단기 특허가 필요하다고 언급했다. 한편, [그림 17-3]에서 확인할 수 있는 것처럼 소프트웨어 특허 출원은 지속적으로 증가하여 2005년에는 다른 모든 유형의 특허를 합한 규모에 이를 정도가 되었다.

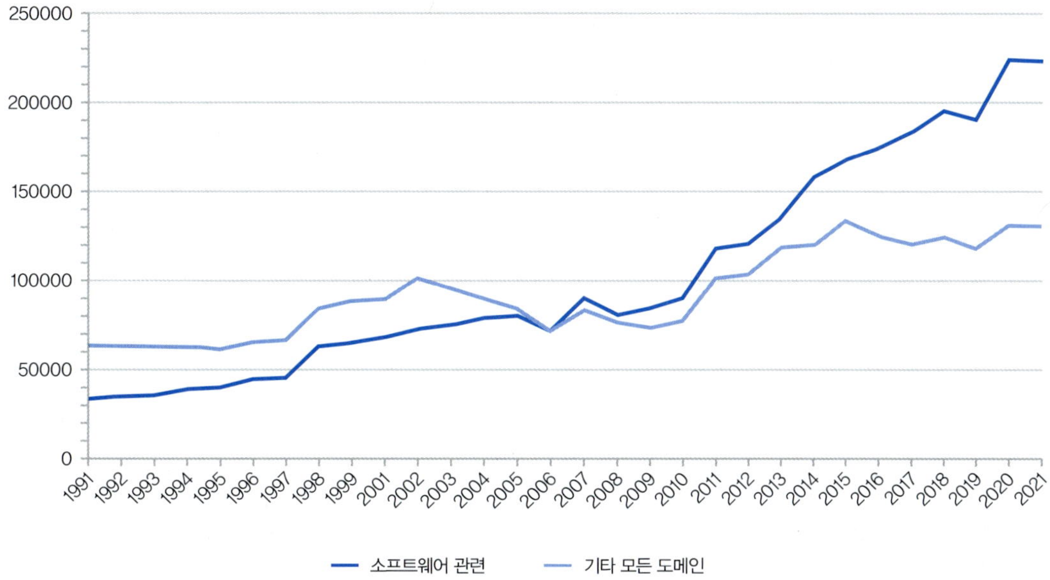

그림 17-3 소프트웨어 관련 특허와 기타 특허의 규모 비교

참고: 1998년 이후 소프트웨어 특허의 성장이 활발해져 2006년에는 소프트웨어 특허의 수가 다른 특허를 넘어섰다.

출처: Millien, R. (2021): 앨리스 이후 7년 후, 2020년에 발급된 미국 특허의 63.2%가 소프트웨어 관련 특허였다. IP Watchdog. 검색위치: https://ipwatchdog.com/2021/03/17/seven-years-after- alice-63-2-of-the-u-s-patents-issued-in-2020-were-software-related/id=130978/ (2022년 10월 검색)

미국 발명법은 PTAB 절차를 도입하여 품질이 낮은 특허를 신속하게 제거하고자 했지만, 소프트웨어 산업의 빠른 진화 속도 때문에 여전히 모호하고 지나치게 광범위한 청구항을 가진 특허가 존재했다. 이에 따라 미국 대법원은 일련의 판례를 통해 특허의 범위와 집행 방식을 제한하였다. 먼저 eBay 대 MercExchange(2006) 판결에서는 금지 명령injunction의 발동 요건을 강화하여 침해 비용을 낮췄다. 이어서 Bilski 대 Kappos(2010) 판결에서는 추상적 재무 데이터의 변환과 같은 비즈니스 방법process은 특허를 받을 수 없다는 점을 명확히 하며, 비즈니스 방법 특허의 광범위한 가용성을 제한했다. 마지막으로 Alice 대 CLS Bank(2014) 판결에서는 단순한 수학 공식이나 추상적 아이디어에 해당하는 발명은 특허 자격을 인정하지 않았다. 특히, 기존 개념을 단순히 디지털화한 수준(예 에스크로의 전산화)은 발명 개념이 결여되어 특허로 보호될 수 없다고 판시하였다.

품질이 낮은 특허는 실제로는 유용하지 않은 발명을 검증하거나 경제 혁신에 기여하지 않으면서 다른 기업으로부터 금전적 보상을 요구하는 데 악용될 수 있다. 이러한 특허는 소위 '특허 괴물patent troll'이라 불리는 기업들에게 막대한 법적 권한을 부여한다. 그 대표적인 사례 중 하나가 과거 ArrivalStar로 알려졌다가 이후 Shipping and Transit으로 이름을 바꾼 회사이다. Shipping & Transit은 엔지니어링 경험이 없는 전직 프로 운동선수가 발명한 소규모 전자상거래 관련 특허를 주로 보유하고 있었다. 이 특허는 이메일로 배송 확인서를 발송하거나, GPS를 이용해 차량 위치를 추적하는 등 일반적인 비즈니스 활동과 관련된 것이었다. 특허 내용 자체는 새로운 기술이라기보다 이미 널리 사용되던 관행을 법적으로 보호받는 권리로 포장한 것에 가까웠다. 그럼에도 미국 특허청은 일련의 심사 오류로 이 특허를 승인하였고, 회사는 이를 활용해 800개가 넘는 중소기업으로부터 라이선스 비용을 징수하였다. 많은 기업이 소송 비용과 불확실성을 피하기 위해 어쩔 수 없이 합의에 응한 것으로 알려져 있다. 이후 이 회사는 활동 영역을 확장하여, 대중교통 관리에 GPS 장치를 적용하는 시스템으로 전환했다고 주장하였다.

미국 대법원이 앨리스 판결에서 "단순히 컴퓨터를 이용해 잘 알려진 아이디어를 자동화하는 것만으로는 특허를 인정할 수 없다."고 판시한 이후 Shipping & Transit 특허로 위협받은 기업들은 특허를 그대로 수용하기보다는 당사자 간 검토 절차를 통해 해당 특허의 유효성에 이의를 제기할 수 있는 새로운 선택지를 갖게 되었다. 이 절차는 행정 단계에서 특허의 타당성을 다시 따져 보는 장치로 설계되었으며 형식상으로는 불합리한 특허를 비교적 신속하게 무효화할 수 있는 길을 제공하였다. 그러나 이 절차에는 약 20만 달러에 달하는 법률 비용이 소요될 수 있었고 심사와 이후 소송에서 법원의 판결 결과를 예측하기도 어려워 실제로 이를 이용하는 기업 입장에서는 상당한 재무적·법적 위험이 뒤따랐다. AIA 이전에는 소송을 제기하는 데만 100만 달러 이상의 비용이 필요했으며 결과에 대한 불확실성도 더 컸다. 이러한 상황을 악용하여 Shipping & Transit은 중소기업을 상대로 침해 소송을 제기하며 1만5천 달러에서 10만 달러 사이의 합의금을 요구하였다. 이는 특허 무효화를 위한 소송 비용보다 훨씬 적은 금액이었기 때문에 많은 기업이 단순히 비용 절감을 위해 합의에 응했다. 만약 상대 기업이 반격하면 회사는 소송을 취하하고 더 취약한 기업을 대상으로 협박을 이어갔다. 이 전략을 통해 회사는 약 10년 동안 1,500만 달러 이상을 수익으로 올릴 수 있었다. 그러나 2017년 이후 피해 기업들이 반발하면서 법원을 통해 특허와 침해 소송이 무효화되기 시작하였다.[17] 결국 2018년 Shipping & Transit은 파산을 신청했고 보유한 34개의 특허 가치는 불과 34달러에 불과한 것으로 평가되었다.

17 Nazer, D. (2017). Court orders prolific patent troll Shipping n Transit LLC to pay defendant's legal bill. Electronic Frontier Foundation, 2017년 7월 7일. 검색위치: www.eff.org/deeplinks/2017/07/ court-orders-prolific-patent-troll-shipping-transit-llc-pay-defendants-legal-bill (2022년 8월 검색)
Ranieri, V. (2017). Death knell is tolling for Shipping n Transit LLC. Electronic Frontier Foundation, 2017년 7월 11일. 검색위치: www.eff.org/deeplinks/2017/07/death-knell-tolling- shipping-transit-llc (2022년 8월 검색)

핵심 요약

- 디지털 배포는 모방이 용이하기 때문에 디지털 콘텐츠를 판매하기 어렵게 만들었다.
- 각국 정부는 규제, 입법, 사법적 변화를 통해 복제를 처벌할 수 있는 방법을 만들어 만연한 온라인 불법복제를 통제하려고 했다.
- 권리 보유자들도 정보 상품의 복제를 법적으로 막으려 했지만, 때로는 그러한 방식이 권리 보유자 자신에게 큰 홍보 피해를 입히기도 했다.
- 소프트웨어 특허, 특히 소프트웨어 기반 비즈니스 방법은 치열한 소송과 의심스러운 발명품으로 인해 특허 출원 시 문제가 되는 분야였다.
- 2012년 제정된 America Invents Act는 부실 특허의 무효화를 용이하게 하고 소송을 줄임으로써 가장 악명 높은 특허 괴물patent trolling의 활동을 억제하는 데 기여하였다.
- 소프트웨어 특허는 적절하게 활용될 경우 소프트웨어 혁신의 가치를 강화하고 경쟁사로부터의 법적 공격 위험을 낮출 수 있다. 강력한 특허 포트폴리오는 교차 라이선스 협상에서 매력적인 자산이 될 수 있기 때문이다.
- 일반적으로 무형자산을 보호하기 위한 법적 수단은 불완전하고 지속적으로 발전하고 있다. 따라서 시장의 전략적 지배를 위해 지식재산권에 주로 의존하는 비즈니스 모델을 구축하는 것은 바람직하지 않다.

용어 정리

- **지적재산권** intellectual property rights: 제한된 기간 동안 창작물을 사용하거나 복제할 수 있는 배타적 권리를 부여한다. 물리적 자산에 대한 재산권과 같은 방식으로 영구적인 소유권을 부여하지는 않는다.
- **지적재산권 침해** infringement of intellectual property rights: 다른 사람이 라이선스 없이 창작 자산을 복제, 사용 또는 상업적 이익을 취하는 경우에 발생한다.
- **독창적 표현** original expression: 다른 사람이 저작권을 가지고 있지 않은 일련의 기호를 말한다. 짧은 분량의 텍스트나 시각적 표현도 보호 대상이 될 수 있다.

- **선행 기술** prior art: 현재 발명의 기반이 되는 특허 또는 공개 영역에 있는 모든 기존 발명이 포함된다. 새로운 발명은 발명의 새로운 측면을 정의하는 데 관련된 선행 기술을 인용해야 한다.

토론하기

17.1 게임 개발자는 소프트웨어 특허와 저작권 집행을 어떻게 적용하여 모방 가능성을 낮출 수 있을까?

17.2 미국 저작권 제도의 변화는 이러한 노력을 촉진하는가, 아니면 복잡하게 만드는가?

17.3 지적재산권(IP) 제도의 어떤 측면이 혁신을 촉진하고, 어떤 측면이 혁신을 저해하는가?

17.4 디지털 혁신가는 지적재산권 제도의 과제를 전략적으로 어떻게 대응할 수 있는가?

추천 문헌

- Cockburn Iain M. and MacGarvie, Megan J. 2011. Entry and patenting in the software industry. Management Science 57(5): 915–933.
- Giorcelli, Michela and Moser, Petra. 2020. Copyrights and creativity: evidence from Italian opera in the Napoleonic Age. Journal of Political Economy 128(11): 4163–4210.
- Waldfogel, Joel. 2017. How digitization has created a golden age of music, movies, books, and television. Journal of Economic Perspectives, 31 (3): 195–214.
- Webb, Michael, Short, Nick, Bloom, Nicholas, and Lerner, Josh. 2018. Some Facts of
- High-Tech Patenting. National Bureau of Economic Research Working Paper 24793.
- Retrieved from www.nber.org/system/files/working_papers/w24793/w24793.pdf in October 2021.

사례 5

스포티파이: "듣는 것이 전부다"

다니엘 에크Daniel Ek와 마틴 로렌손Lorentzon은 2006년 스웨덴 스톡홀름에서 스포티파이Spotify를 설립하였다. 이 플랫폼은 음악 산업을 위협하던 온라인 불법복제에 대한 대응책으로 발전하였다. 냅스터Napster, 라임와이어LimeWire 등 파일 공유 서비스가 기존 음악 산업 모델을 붕괴시킨 이후 스포티파이는 광고를 기반으로 한 무료 서비스를 제공하며 판도라와 유사한 궤적을 따랐다. 그러나 스포티파이의 궁극적 목표는 광고 없는 유료 구독 서비스로 사용자를 유도하는 것이었다. 다니엘 에크는 2010년 텔레그래프와의 인터뷰에서 "불법복제를 단순히 법적 규제로 막을 수 없다는 것을 깨달았다. 문제를 해결하는 유일한 방법은 불법복제보다 더 우수한 서비스를 만드는 동시에 음악 산업에 정당한 보상을 제공하는 것이었다."고 언급하였다.[1]

판도라는 여전히 미국 시장의 선두 주자였지만[2] 전 세계적으로 스포티파이의 주요 경쟁자는 애플 뮤직Apple Music이었다. 애플은 드레이크, 프랭크 오션, 테일러 스위프트 등 인기 아티스트와 독점 계약을 체결하며 시장 점유율 확대를 시도하였다. 애플의 아이튠즈iTunes가 음악 '판매' 모델을 기반으로 운영된 것과 달리, 애플 뮤직은 방대한 음악 라이브러리를 무제한으로 이용할 수 있는 구독 모델로 출시되었다. 한편, 사운드클라우드SoundCloud는 원래 신인 뮤지션과 독립 DJ를 위한 플랫폼으로 출발했으나 2016년 SoundCloud Go 구독 서비스를 도입하면서 주요 레이블의 콘텐츠로 다각화하였다.

음악 스트리밍 서비스는 음반사와 독립 아티스트로부터 콘텐츠의 라이선스를 받아 제공하며, 음악이 스트리밍되는 빈도에 따라 아티스트와 작곡가에게 로열티를 지급하는 방식으로 운영된다. 그러나 일부 슈퍼스타들은 이 모델에 반대 의사를 밝혔다.[3] 2014년 테일러 스위프트는 스포티파이와 같은 플랫폼의

---

1 BBC (2018). How Spotify came to be worth billions. BBC Newsbeat, 2018년 3월 1일. 검색위치: www.bbc.com/news/newsbeat-43240886 (2022년 8월 검색)

2 Sun, L. (2019). A foolish take: the Top 4 music-streaming services in the US. The Motley Fool, Yahoo Movies, 2019년 4월 1일. 검색위치: https://ca.movies.yahoo.com/foolish-top-4-music- streaming-160000141.html (2022년 8월 검색)

3 Butterly, A. (2014). Taylor Swift's entire back catalogue removed from Spotify. BBC Newsbeat, 2014년 11월 3일. 검색위치: www.bbc.com/news/newsbeat-29885973 (2022년 8월 검색)

수익 배분 방식을 문제 삼으며, "작가, 프로듀서, 아티스트, 그리고 음악 창작자들에게 공정한 보상을 하지 않는 실험에 제 평생의 작품을 바칠 의향이 없다."라고 공개적으로 발언하였다.[4] 2015년에는 제이지와 비욘세가 노르웨이 음악 플랫폼 타이달Tidal을 인수하고 리한나, 카니예 웨스트, 알리샤 키스 등과 함께 '슈퍼스타 소유 모델'을 구축하였다.[5] 그러나 2017년 테일러 스위프트는 스포티파이와의 갈등을 마무리하고 자신의 모든 음악을 다시 플랫폼에 제공하였다.

사례 5.1 배경

스포티파이는 2011년부터 빠르게 성장하였다. 1,000만 명의 사용자를 확보하는 데 5년이 걸렸고, 이후 2년 만에 2,000만 명을 돌파했다. 2018년에는 뉴욕증권거래소에 보통주를 직접 상장하였다. 이후 앵커 FM, 김렛 미디어, 커틀러 미디어를 인수하며 팟캐스트 및 비음악 오디오 콘텐츠 시장으로 사업을 다각화하였다. 2019년 말 기준 스포티파이는 월간 활성 사용자 수MAU가 2억 7,100만 명, 프리미엄 구독자가 1억 2,400만 명에 달했으며, 79개 국가와 지역에 진출한 세계 최대 규모의 오디오 스트리밍 플랫폼으로 성장하였다. 스포티파이는 "백만 명의 창의적인 예술가에게는 그들의 예술로 생계를 유지할 기회를, 수십억 명의 팬에게는 창작물을 즐기고 영감을 얻을 수 있는 기회를 제공한다."는 사명을 내세우고 있다.[6]

2019년 스포티파이는 총 활성 사용자, 구독자, 광고 수익 모두에서 연간 약 30%의 성장을 기록하였다. 전 세계 음반 산업 수익도 스트리밍 수익 증가에 힘입어 10% 성장하였다. 스포티파이가 아티스트, 음반사, 퍼블리셔에게 지급한 금액은 매년 30% 이상 증가했으며, 2019년 말 기준으로 서비스 출시 이후 권리 보유자에게 지급한 로열티는 150억 유로를 초과하였다.

스트리밍 산업은 사람들이 음악에 접근하고 소비하는 방식을 근본적으로 변화시켰다. 사용자는 음악을

---

4 Willman, C. (2014). Taylor Swift on being pop's instantly platinum wonder … and why she is paddling against the streams. Yahoo! Entertainment, 2014년 11월 6일. 검색위치: www.yahoo.com/entertainment/blogs/music-news/exclusive—taylor-swift-on-being-pop-s-instantly- platinum-wonder-and-why-she-s-paddling-against-the-streams-085041907.html (2022년 8월 검색)

5 www.ibtimes.co.uk/tidal-launch-livestream-watch-jay-z-relaunching-high-fidelity-music-streaming-service-1494210 (2022년 8월 검색)

6 Annual report, 2019. 검색위치: https://s29.q4cdn.com/175625835/files/doc_financials/2019/ AR/2019-AR.pdf (2022년 8월 검색)

구매·보유하는 거래 기반 경험에서 벗어나 필요할 때 원하는 곡을 들을 수 있는 액세스 기반의 스트리밍 모델로 이동하였다. 기존 라디오가 청취자의 선택권이 거의 없는 선형적 배포 모델에 의존했던 것과 달리 스트리밍은 이용자에게 더 큰 자율성을 제공하였다. 또한 스포티파이는 단순 음악 서비스에 그치지 않고 팟캐스트와 음성 콘텐츠 등으로 확장하여 다양한 콘텐츠 제공을 통해 사용자 참여를 강화하고자 하였다.

판도라가 음악 게놈 프로젝트를 통해 음악을 세밀하게 분류하고 검색하는 데 강점을 보였다면, 스포티파이는 청취 패턴을 기반으로 한 전통적인 추천 엔진을 제공하였다. 이 엔진은 사용자가 곡을 얼마나 오래 들었는지, 노래를 건너뛰었는지, 재생 목록에 추가했는지 등을 분석하여 새로운 음악과 엔터테인먼트를 추천하였다. 추천 엔진은 협업 필터링을 활용해 유사한 선호를 가진 사용자가 즐겨 듣는 음악을 제안하고, 자연어 처리를 통해 가사나 재생 목록 제목 등 텍스트 기반 콘텐츠의 유사성을 파악하기도 했다. 또한 자동화된 오디오 모델이 새로운 곡의 음향적 특징을 분석하면 스포티파이는 이전에 유사한 패턴의 음악을 즐긴 사용자에게 해당 곡을 추천할 수 있었다. 스포티파이는 발견이 기쁨을 불러오고, 기쁨은 다시 참여로 이어진다고 보았다. 스포티파이는 "음악은 단순히 문화를 반영할 뿐만 아니라, 청취 데이터를 추천으로 전환해 사람들이 삶 속에서 음악의 의미를 다시 인식하도록 함으로써 문화를 창조하기도 한다."[7]고 설명하였다.

사례 5.2 비즈니스 모델

스포티파이는 두 가지 서비스와 수익 모델을 기반으로 운영되었다. 광고 지원 서비스는 독립적인 수익원을 제공함과 동시에 신규 프리미엄 가입자를 유치하는 역할을 수행하였다. 프리미엄 구독자는 보다 안정적인 수익을 창출했으며 플랫폼에 대한 이용자의 충성도와 참여도를 높이는 데 기여하였다.

스포티파이는 사용자와 크리에이터를 위한 새로운 기능, 특히 개인화된 사용자 경험을 지속적으로 개발함으로써 사용자 참여와 만족도를 높일 수 있을 것으로 기대하였다. 회사의 내부 데이터에 따르면 스트리밍 콘텐츠 이용 시간은 34% 증가하여 사용자 수의 증가 속도를 상회하였다. 스포티파이는 이를 사용자가 플랫폼에서 더 많은 시간을 소비하고 있음을 보여주는 지표로 해석하였다.

---

7 Annual report 2019. 검색위치: https://s29.q4cdn.com/175625835/files/doc_financials/2019/ AR/2019-AR.pdf (2022년 8월 검색)

프리미엄 서비스는 가입자에게 광고 없는 환경에서 음악과 팟캐스트 카탈로그를 무제한으로 스트리밍 할 수 있는 온라인·오프라인 접근 권한을 제공한다. 이 서비스는 최종 사용자에게 직접 판매되거나 통신사와 같은 파트너사의 자체 서비스와 번들 형태로 제공되기도 하며 독립형 구독 요금을 통해서도 판매된다. 구독 요금제는 표준 개별 요금제(월 9.99달러), 최대 6개 계정을 지원하는 가족 요금제(월 14.99달러), 학생 요금제(월 4.99달러) 등으로 다양하게 구성되어 있으며, 이를 통해 다양한 연령대와 라이프스타일을 지닌 사용자층을 포괄한다. 각 요금제는 차별화된 혜택을 제공하였다. 예를 들어, 학생 요금제에는 Hulu와 Showtime 비디오 스트리밍 서비스가 포함되었으며, 가족 요금제는 노골적인 가사가 포함된 음악을 차단하는 기능을 제공하였다.

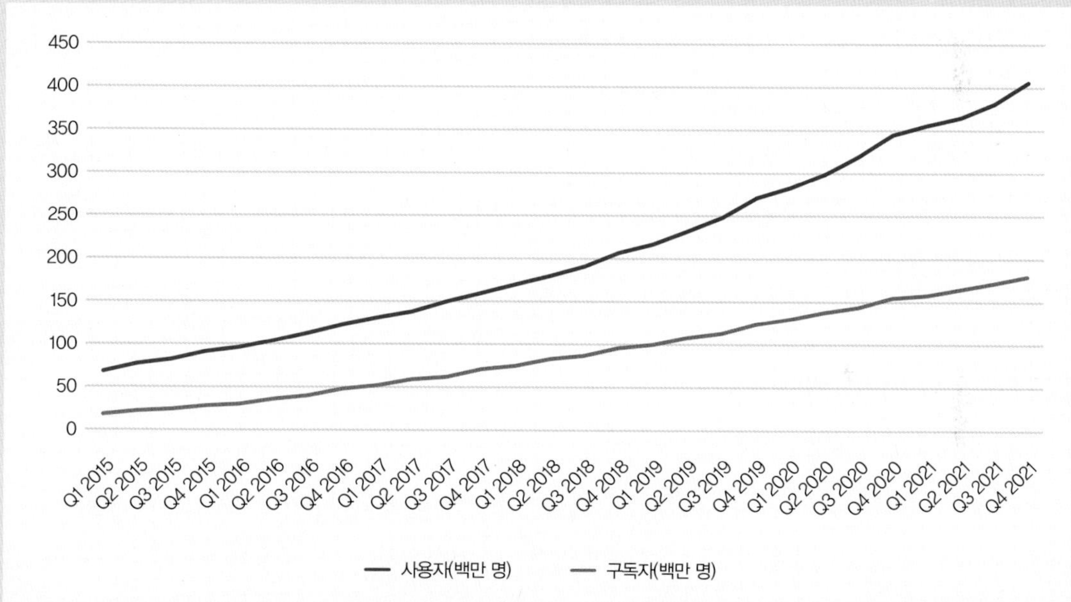

그림 C5-1 전 세계 스포티파이 사용자 및 프리미엄 사용자(가입자) 수(단위: 백만 명)

참고: 스포티파이의 사용자 수와 구독자 수는 꾸준히 증가했으며, 2018년 이후에는 더욱 가속화되었다.

출처: 비즈니스 오브 앱. 검색위치: www.businessofapps.com/data/spotify-statistics/ (2022년 8월 검색)

대부분의 신규 가입자는 광고 지원 서비스 이용자가 유료 구독으로 전환한 결과였다. 전환 전략에는 제품 내 링크 제공, 기존 사용자를 대상으로 한 마케팅, 그리고 소셜 미디어 플랫폼을 활용한 홍보 활동이 포함되었다. 신규 구독자는 무료 또는 할인된 체험 프로그램을 통해서도 유입되었다(그림 C5-1 참조).

스포티파이는 해당 분기의 프리미엄 서비스 수익을 분기의 일일 평균 프리미엄 구독자 수로 나누고, 이를 다시 3개월로 나눈 값을 월별 수익 지표인 프리미엄 ARPU(사용자당 평균 수익)로 정의하였다. 프리미엄 ARPU는 2017년 5.32유로에서 2018년 4.81유로, 2019년 4.72유로로 감소하였다. 감소의 원인으로는 개인 요금제에서 가족 요금제로의 전환, 그리고 프리미엄 가입자 수에는 포함되었지만 아직 수익이 발생하지 않은 무료 체험 가입자의 증가를 꼽았다. 프리미엄 서비스는 타사 서비스 및 제품과도 번들로 제공되었으며, 협상된 계약에 따라 가입자당 요금이 산정되었다.

한편, 스포티파이의 광고 지원 서비스는 사용자에게 제한된 범위의 노래 카탈로그 온디맨드 액세스와 무제한 팟캐스트 액세스를 제공하였다. 회사는 음악 및 팟캐스트 콘텐츠 재생 중 노출되는 디스플레이, 오디오, 비디오 광고 판매를 통해 수익을 창출하였다. 광고 대행사는 고객을 대신하여 광고 유형, 가격, 삽입 시점, 노출 횟수를 지정하여 스포티파이 플랫폼에서 광고를 구매하였다. 광고 수익은 사용자 수, 사용자당 총 시청 시간, 그리고 광고 제품의 혁신 수준에 따라 달라졌다. 또한 스포티파이는 광고주를 위해 광고 캠페인 효과를 평가하고 개선하는 데 도움이 될 수 있는 분석 서비스를 제공하여 광고 수익을 높였다. 더 나아가 광고주가 셀프 서비스 방식으로 광고를 집행할 수 있도록 지원함으로써 효율성과 확장성을 강화하였다.

사례 5.3 라이선스 계약

스포티파이는 사용자에게 콘텐츠를 스트리밍하기 위해 권리 보유자로부터 라이선스를 확보하고 로열티를 지급해야 했다. 여기에는 유니버설 뮤직 그룹과 소니 뮤직 엔터테인먼트, 워너 뮤직 그룹과 같은 대형 음반사와 많은 독립 음반사를 대표하는 멀린Merlin이 포함되었다. 전 세계적으로 체결되는 라이선스 계약은 일반적으로 1~2년간 유지되며, 음반사는 계약 조건 준수를 확인하기 위해 스포티파이를 감사할 권한을 가진다.

스포티파이는 일반적으로 저작 인접권과 퍼블릭 공연권을 모두 라이선스한다. 미국에서는 정부 기관인 저작권 로열티 위원회가 작곡에 대한 로열티 요율을 결정하며, 해리 폭스 에이전시Harry Fox Agency가 모든 라이선스를 관리하였다. 스포티파이는 구글, 아마존, 판도라와 함께 위원회가 정한 요율에 이의를 제기하며 콘텐츠 확보 비용을 낮추려 했으나 스트리밍 플랫폼에 더 유리한 요율이 책정된다는 보장은 없었다. 유럽, 아시아 태평양, 라틴 아메리카 등 다른 지역에서는 스포티파이가 현지 저작권 징수 단체를 통하거나 혹은 개별 퍼블리셔와 직접 계약을 맺어 음악 라이선스를 획득하였다. 이러한 계약은 일반적으로 1~3년 동안 유지되며 스포티파이의 보고 의무와 라이선스 제공자의 감사 권한도 포함되었다.

스포티파이는 비음악 콘텐츠에 대해서는 권리 보유자로부터 직접 권리를 확보하였다. 다년간의 장기 계약에는 콘텐츠 성과에 따른 수익 배분과 추가적인 지급 조건이 포함되었다.

사례 5.4 운영 및 재무

스포티파이의 본사는 스톡홀름과 뉴욕에 있으며, 미국, 영국, 인도, 일본, 브라질, 호주, 캐나다를 포함한 여러 유럽연합 국가에 영업 및 마케팅 자회사를 두고 있다.

수익

구독 수익은 스포티파이 전체 수익의 약 90%를 차지했으며, 광고 수익은 10%에 불과했다. 2019년 기준으로 구독 수익은 29% 성장했고 광고 수익은 약 25% 증가했다. 광고 매출은 주로 프로그램 광고 판매를 통해 노출 수 확대에 힘입어 성장했다. 한편, 팟캐스트는 1,900만 유로 규모의 비교적 적은 수익을 창출했다(표 C5-1 참조).

표 C5-1 2017~2021년 스포티파이 매출(단위: 백만 유로)

구분	2017	2018	2019	2020	2021
프리미엄	3,674	4,717	6,086	7,135	8,460
광고 지원	416	542	678	745	1,208
합계	4,090	5,259	6,764	7,880	9,668

참고: 스포티파이의 수익은 주로 구독 고객으로부터 발생했지만, 광고 수익도 구독 수익만큼 빠르게 성장했다.

출처: 스포티파이 연례 보고서. 검색위치: https://investors.spotify.com/financials/default.aspx (2022년 8월 검색)

수익 비용

로열티와 유통 비용은 변동비의 주요 구성 요소였다. 프리미엄 서비스와 관련된 로열티는 발생한 수익과 사용자 수를 기준으로 산정되었다. 광고 지원 서비스의 로열티는 일반적으로 수익의 일정 요율로 산정되었으나 경우에 따라 스트리밍 빈도가 함께 고려되기도 했다. 가족 요금제와 학생 요금제와 같은 저가형 구독 요금제는 로열티 약정액이 낮았지만 일부 계약에서는 스포티파이가 수익 발생 여부와 관계없이 선급금이나 최소 보장금을 지급하도록 요구했다. 다만, 미회수 선급금이나 최소 보장금은 대체로 큰 문제가 되지 않았다. 로열티율은 국가마다 크게 달랐다. 또한 수익 비용에는 결제 처리, 고객 서비스, 클라우드 컴퓨팅, 스트리밍, 시설, 장비, 팟캐스트 및 기타 콘텐츠 제작 관련 비용이 포함되었다. 매출원가는 매출 대비 비교적 안정적인 비중을 유지하는 경향이 있었다. 프리미엄 서비스의 수익 비용은 매출의 약 73% 수준이었으나 광고 지원 서비스는 수익성이 낮아 비용이 매출의 약 85%에 달했다(표 C5-2 참조).

표 C5-2 2017~2021년 스포티파이 수익 비용(단위: 백만 유로)

구분	2017	2018	2019	2020	2021
프리미엄	2,868	3,461	4,465	5,126	5,986
광고 지원	373	445	577	739	1,091
합계	3,241	3,906	5,042	5,865	7,077

참고: 광고 지원 서비스의 수익 비용이 상대적으로 더 높았는데, 이는 부분적으로 이러한 서비스의 라이선스 더 높았기 때문이다.

출처: 스포티파이 연례 보고서, 검색위치: https://investors.spotify.com/financials/default.aspx (2022년 8월 검색)

사례 5.5 기타 활동 및 관련 비용

연구 및 개발

스포티파이는 기술 혁신을 장기적인 성공의 핵심 요인으로 보았다. 연구개발R&D 투자는 사용자 참여와 만족도를 향상시키는 데 중점을 두었다. 더 나은 사용자 경험은 사용자 증가로 이어지고, 이는 구독자 확대와 광고 기반 수익 창출로 연결된다고 가정했다. 연구개발 투자는 매출 대비 약 9%로 비교적 높은 비중을 차지했다. 연구개발 활동은 플랫폼, 서비스 및 광고 제품, 모바일과 데스크톱 애플리케이션, 스트리밍 기능 개선에 초점을 두었으며, 이를 위해 상당한 엔지니어링 자원과 시간, 비용이 투입되었다. 새로운 기술의 개발과 출시에는 항상 높은 수준의 위험이 수반되었다.

영업 및 마케팅

영업과 마케팅은 스포티파이 운영에서 핵심적인 기능이었다. 영업에는 고객 관계 관리, 홍보, 브랜딩, 광고가 포함되었다. 특히 고객 확보는 모든 성장 지향적 플랫폼에서 공통적으로 직면하는 과제이며, 스포티파이의 비즈니스 모델 성장과 수익성 확보에도 중요한 요소였다. 여기에는 서비스 광고, 라이브 이벤트와 시사회, 새로운 콘텐츠 홍보, 프리미엄 서비스 무료 평가판 제공 등이 포함되었다. 영업 및 마케팅 비용의 대부분은 연구개발와 마찬가지로 고도로 숙련된 인력에 의해 발생했으나 광고 채널 운영과 프로모션 이벤트 실행에 따른 지출도 포함되었다.

플랫폼 관리

또 다른 주요 비용 범주는 일반 관리 부문이었다. 여기에는 재무와 회계, 분석, 법률, 인적 자원 관리와 같은 핵심 비즈니스 기능이 포함되었다. 이 외에도 컨설팅, 시설, 장비와 관련된 추가 비용이 발생하였다(표 C5-3 참조).

표 C5-3 2015~2021년 운영 데이터(단위: 백만 유로)

구분	2015	2016	2017	2018	2019	2020	2021
수익	1,940	2,952	4,090	5,259	6,764	7,880	9,668
수익 비용	1,714	2,551	3,241	3,906	5,042	5,865	7,077
총 이익	226	401	849	1,353	1,722	2,015	2,591
연구 및 개발	136	207	396	493	615	837	912
영업 및 마케터	219	368	567	620	826	1,029	1,135
일반 및 관리	106	175	264	283	354	442	450
영업 이익(손실)	(235)	(349)	(387)	(43)	(73)	(293)	94

참고: 매출 원가는 여전히 높았지만 매출 대비 비중은 감소하여 2021년까지 스포티파이는 플러스 영업 이익을 기록할 수 있었다.

출처: 스포티파이 연례 보고서. 검색위치: https://investors.spotify.com/financials/default.aspx (2022년 8월 검색)

사례 5.6 생태계에서의 경쟁

미국 시장에서 스포티파이의 주요 경쟁자는 판도라, 애플, 아마존, 구글 등이다. 이 가운데 판도라는 글로벌 시장에서 핵심적 경쟁자로 자리 잡지 못했다. 스포티파이는 [그림 C5-2]에서 확인할 수 있는 것처럼 전 세계적으로 애플 뮤직을 제치고 선두를 유지하며 그 격차를 더욱 확대하는 데 성공하였다.

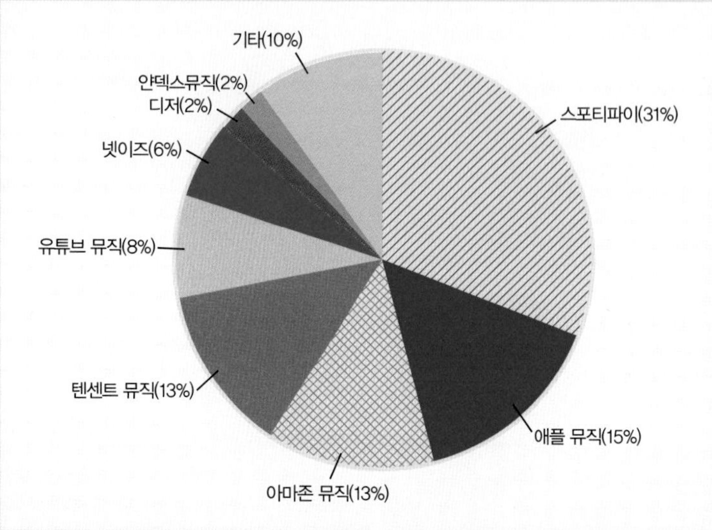

그림 C5-2 2021년 스포티파이의 글로벌 시장 점유율

참고: 2021년까지 스포티파이는 글로벌 시장에서 지배적인 음악 구독 플랫폼이 되었다.

출처: MIDiA Research. 검색위치: www.midiaresearch.com/blog/music-subscriber-market- share-q2-2021 (2022년 8월 검색)

스포티파이는 음악 스트리밍 전문 서비스인 반면, 주요 경쟁자인 애플, 아마존, 구글은 음악 스트리밍 시장에서 활용할 수 있는 방대한 자원과 플랫폼을 보유하고 있었기 때문에 이들과의 경쟁은 매우 어려웠다. 애플은 휴대용 기기 시장에서 막대한 수익성을 확보하고 있었으며 기기 판매 수익을 기반으로 음악 서비스에 보조금을 지급할 수 있었다. 구글 역시 전 세계 모바일 운영체제 시장의 약 90%를 점유한 안드로이드를 통해 30억 명 이상의 사용자에게 접근하며 자체 음악 서비스를 확장할 수 있었다. 이러한 플랫폼 사업자는 자사 시스템에서 스포티파이 애플리케이션의 접근성을 제한하거나 간접적으로 매력을 약화시킬 수 있는 위치에 있었다. 또한 주요 플랫폼 사업자는 애플리케이션 스토어를 통제하며 스포티파이를 비롯한 앱 개발사에 인앱 구매 수수료를 부과하였다. 반면, 자체 애플리케이션은 이러한 수수료를 지불할 필요가 없었기 때문에 경쟁에서 상대적으로 유리한 위치에 있었다. 한편, 아마존은 전자책과 동영상 스트리밍을 넘어 음악까지 포함한 수천 개의 제품을 제공하는 종합 이커머스 플랫폼으로 성장하였다. [그림 C5-3]처럼 최근 5년간 스트리밍 미디어 시장에서의 경쟁은 뚜렷하게 심화되었다.

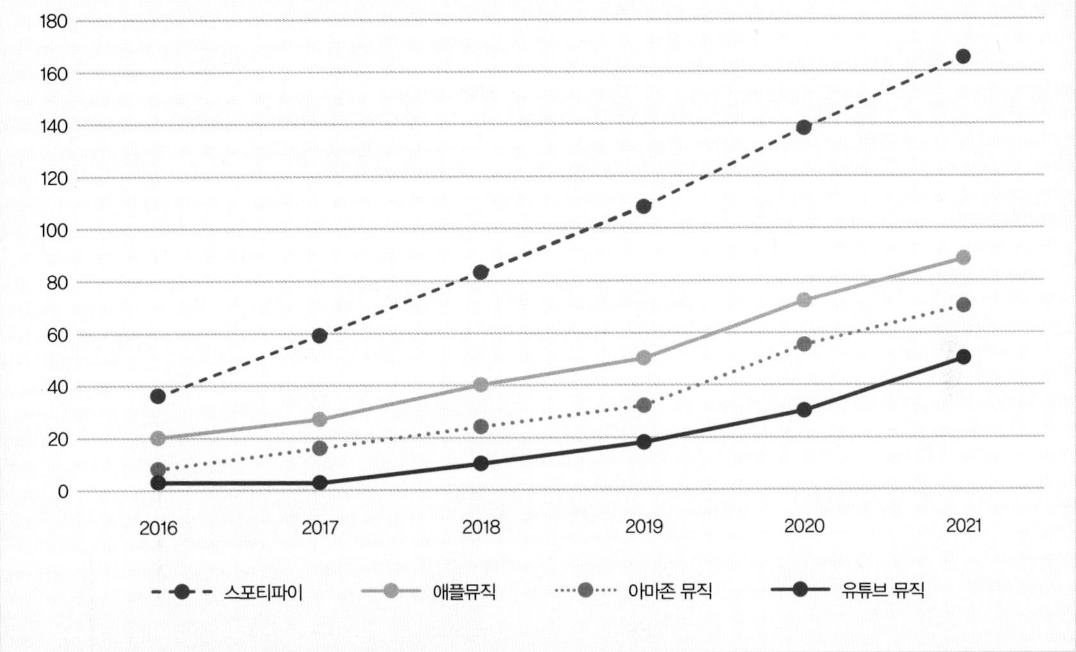

그림 C5-3 2016년부터 2021년까지 수백만 명의 사용자와 주요 음악 플랫폼의 성장

참고: 스포티파이는 오랜 기간 동안 가장 빠르게 성장한 음악 구독 플랫폼이었다.

출처: 비즈니스 오브 앱. 검색위치: www.businessofapps.com/data/spotify-statistics/ (2022년 3월 검색)

디지털 플랫폼만이 스포티파이에 대한 경쟁 압력의 원천은 아니었다. 미디어 시장은 복잡하고 빠르게 진화하며 혁신적인 비즈니스 모델과 서비스가 끊임없이 등장하고 사라졌다. 일부 인터넷 라디오 및 위성 라디오 사업자는 더 광범위한 콘텐츠 라이브러리를 제공하거나 인프라·콘텐츠·브랜드 인지도·기존 사용자 기반을 활용해 온디맨드 음악 서비스를 강화할 수 있었다. 반면, 많은 지상파 라디오 사업자는 사용자에게 고품질 디지털 오디오를 무료로 제공하고 광고나 기타 지원금을 통해 재원을 마련하였다.

스포티파이는 기술 전문성, 브랜드 인지도, 재정적 자원, 디지털 미디어 경험을 모두 갖춘 기업의 진출은 온디맨드 오디오 유통 시장에서 큰 위협이 될 수 있다고 우려했다. 예를 들어, 페이스북과 같은 기업이 시장에 진출한다면 방대한 자원과 기존 사용자 기반, 그리고 사용자와 광고주가 선호하는 서비스를 제공할 수 있는 독점적 기술을 바탕으로 빠르게 영향력을 확대할 수 있을 것이다. 이 시장에서 경쟁 우위를 결정하는 핵심 요인은 브랜드 인지도, 운영 노하우, 대규모 사용자 기반, 콘텐츠 보유자와의 협력 관계, 그리고 모바일 디바이스 제조 업체와의 정교한 기술적 연계라고 할 수 있다. 충분한 자금력은 부족한 자원을 확보하는 데 중요한 역할을 했다. 실제로 시리우스 XM[Sirius XM]과 판도라가 그랬던 것처럼 일부 경쟁자는 합병을 통해 자원과 고객 기반을 결합하며 더 강력한 위협으로 부상했다. 또한 언제든 경쟁 기업이 모방하기 어려운 새로운 기능, 기술, 혹은 비즈니스 모델을 혁신할 경우 스포티파이는 시장 내 입지를 잃을 위험에 직면할 수 있었다.

플랫폼의 다른 측면에서는 콘텐츠 제공업체 및 광고주들의 마케팅 예산을 놓고 경쟁이 이루어졌다. 이 과정에서 투자 수익률, 광고 상품의 효과와 적합성, 가격 구조, 그리고 목표 사용자 집단에게 대규모 또는 정밀한 방식으로 광고를 전달할 수 있는 능력이 핵심 요인으로 작용했다. 광고 시장에는 구글과 아마존뿐만 아니라 페이스북과 X(Twitter)와 같은 소셜 미디어 기업, 그리고 지상파 라디오와 텔레비전과 같은 전통적 광고 채널도 포함되었다.

대형 인터넷 플랫폼은 브랜드 인지도, 영업 조직, 풍부한 광고 인벤토리, 독점적 광고 기술, 그리고 광고 가격에 영향을 미칠 수 있는 대규모 사용자 트래픽을 보유하고 있었다. 이러한 점을 고려할 때 스포티파이가 전체 수익에서 광고 의존도를 상대적으로 낮게 유지한 것은 오히려 긍정적인 요인으로 볼 수 있다.

스포티파이는 고도로 집중된 음악 산업 구조에 의존했다. 단 네 개의 주요 음반사(유니버설, 소니, 워너, 멀린)가 전체 스트리밍 음악의 80% 이상을 차지하고 있었다. 따라서 권리 보유자와의 관계는 매우 중요했고 협상 과정에서는 섬세한 전략이 필요했다. 특히, 특정 지역 시장에서 지배적 권리를 보유한 업체는 높은 로열티를 요구하는 경우가 많았다. 이러한 공급자 중 하나라도 관계를 끊으면 스포티파이는 해당 음악을 플랫폼에서 삭제해야 하고, 이로 인해 상당한 사용자를 잃을 위험에 직면하게 된다.

질문

1. 스포티파이는 얼마나 모방이 가능한가? 스포티파이와 주요 경쟁 업체의 차별화 정도를 비교하고 스포티파이가 모방 가능성을 줄일 수 있는 방법은 무엇이 있을까?

2. 지적재산권 제도의 발전이 스포티파이의 수익성 전망에 어떤 영향을 미치는가?

3. 스포티파이의 생태계를 설명하고, 음악 스트리밍 서비스에 필요한 중요한 보완 요소를 제시해 보자. 외부 보완 기능을 누가 관리하며 스포티파이는 이에 대해 어떻게 대응할 수 있을까?

4. 스포티파이가 생태계 구조에 유리한 영향을 미치기 위해 어떤 아키텍처 전략을 제시할 수 있을까?

5. 외부에서 통제되는 생태계 병목 현상을 완화하기 위한 전략적 투자 방안을 제안해 보자.

EPILOGUE
에필로그

차세대 통신 네트워크를 통한 혁신의 기회 인식하기

Recognizing Opportunities for Innovation with Next-Generation Communication Networks

통신 기술은 시장의 역동성과 더불어 지속적으로 변화하고, 그 기술이 적용되는 사회·경제 시스템과 상호작용하며 '공진화'한다. 많은 첨단 기술 산업은 일정한 주기를 가지며 발전하는 경향이 있다. 이러한 패턴은 차세대 네트워크와 서비스가 어떤 방향으로 형성되고 성장할지를 예측하는 데 중요한 근거가 된다. 에필로그에서는 이러한 진화 패턴을 분석하여 정보통신기술ICT 시장에서 어떤 변화가 예상되는지 이해하고, 새로운 ICT 서비스의 채택과 혁신과 관련된 의사결정을 어떻게 내려야 하는지 살펴본다. 이어서 이러한 패턴이 향후 통신 네트워크와 관련 제품에 어떤 영향을 미칠지 논의한다.

E.1 통신 시스템의 혁신 주기

[그림 E-1]의 기술 주기[1]는 성능을 크게 개선하는 급진적 혁신으로 시작되는 경우가 많다. 예를 들어, 5G는 4G 대비 다운로드 속도와 지연 시간을 약 10배 향상시킬 것으로 예상된다. 급진적 혁신은 새로운 기술 기반을 요구하기 때문에 기업은 새로운 역량을 구축해야 하며, 이는 기존 기업의 '역량 파괴'를 초래해[2] 새로운 진입자에게 기회를 제공한다. 이러한 기술적 불연속성은 이전에는 불가능했던 새로운 유형의 애플리케이션 개발을 가능하게 하며, 전반적인 후속 혁신을 촉발한다. 업계 전반에 확산되는 이 혁신 과정은 일반적으로 수년에 걸쳐 진행된다.

1 Anderson, P. and Tushman, M.L. (1990). Technological discontinuities and dominant designs: a cyclical model of technological change. *Administrative Science Quarterly 35*(4): 604-633.

2 Tushman, M.L. and Anderson, P. (1986). Technological discontinuities and organizational environments. *Administrative Science Quarterly* 31(3): 439-465.

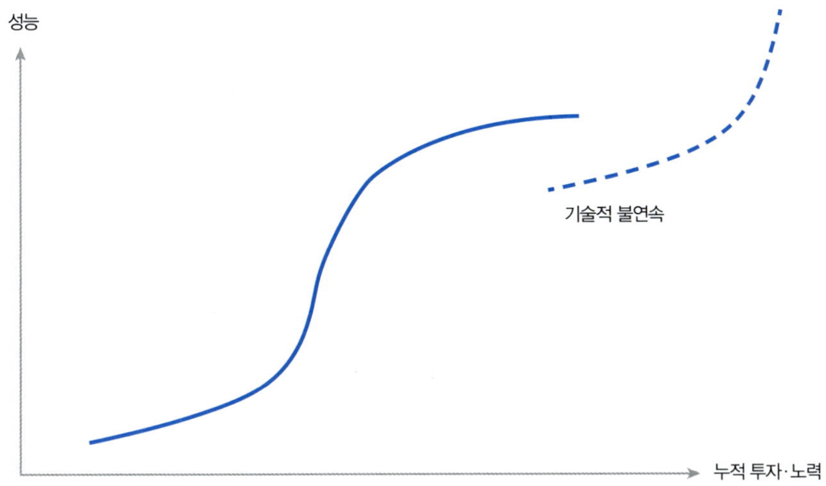

그림 E-1 기술 주기

참고: 기술 주기는 R&D에 대한 누적 투자를 기반으로 제품 성능의 변화를 설명한다. 성장 단계를 지나면 성능 개선 속도는 점차 둔화되며, 그에 따라 새로운 혁신 기회를 포착하기가 점점 더 어려워진다. 이러한 상황에서 불연속적 혁신이 등장하면 기술 주기의 새로운 성장 단계가 다시 시작될 수 있으나, 초기에는 기존 기술 대비 성과가 낮게 나타날 가능성도 있다.

시간이 지남에 따라 시스템 성능의 향상 속도는 점차 둔화하고, 기술이 성숙함에 따라 혁신의 폭과 범위도 제한된다. 결국 또 다른 급진적 혁신이 등장하여 새로운 기술 주기가 시작되고, 산업 진화 과정에 새로운 불연속성이 도입된다.

기술 주기에 따라 기업의 혁신 전략도 달라져야 한다. 기술 주기의 초기 단계에서는 기업이 다양한 기술 옵션과 제품 설계를 실험하기 때문에 제품 혁신 활동이 활발하게 나타난다. 이 시기에는 고객 선호와 신기술의 성과에 대한 불확실성이 크며, 새로운 기업의 진입과 기존 기업의 퇴출이 빈번해 시장과 서비스 환경이 크게 요동친다. 이러한 시장 실험 중 일부는 성공하지만 대부분은 실패한다. 특히, 통신 기술 시장에서는 소비자 선호와 사회적 역학이 핵심적인 역할을 한다. 통신 네트워크와 애플리케이션은 기업 조직, 가족, 교육 공동체 등 다양한 사회 집단 내에서 채택되고 활용된다. 따라서 혁신의 성패는 해당 집단의 이용 방식과 집단 역학에 의해 좌우된다. 사회 집단이 새로운 애플리케이션이나 기술이 의사소통과 협업 방식의 개선에 기여한다고 판단하지 않는다면 해당 혁신은 시장에서 도태되어 확산되지 못한다.

성공적인 혁신은 임계 사용자 수에 도달한 이후 급격한 확산을 보이는 경우가 많다. 이러한 혁신은 기술 인터페이스의 의도적 표준화 또는 자연스러운 시장 채택을 통해 지배적인 디자인으로 자리 잡을 수 있다. 지배적 디자인이 형성되고 선택되면 이를 기반으로 한 제품 및 서비스 혁신이 본격적으로 전개된다. 그러나 시간이 지나면서 성능 개선의 여지는 점차 축소되고 기업은 제품 성능 향상보다 운영 효율성 제고를 통해 더 많은 수익을 창출하는 방향으로 전략을 전환한다. 이 시점에서 기업의 초점은 운영 프로세스 혁신과 규모의 경제 달성으로 이동한다(그림 E-2 참조).

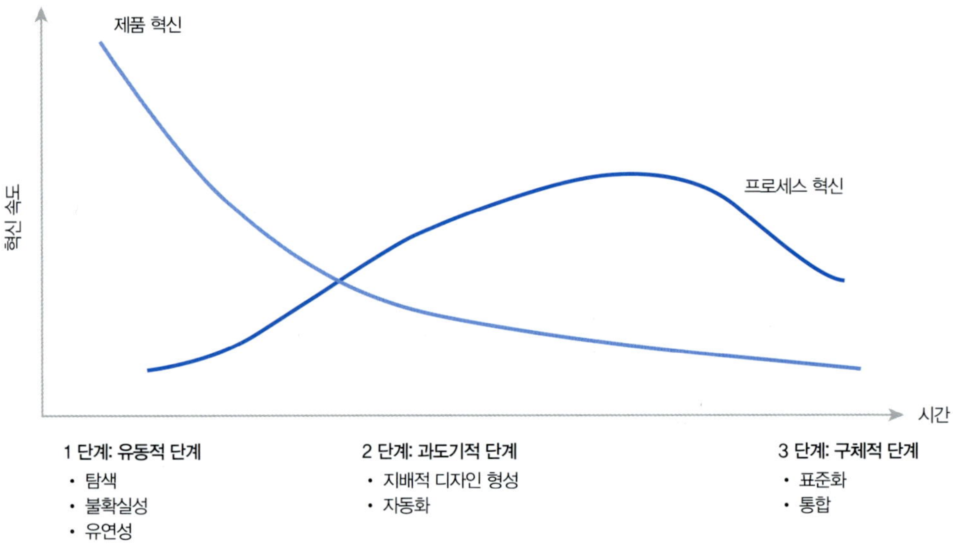

그림 E-2 산업 수명 주기

참고: 혁신 주기의 초기 단계에서는 제품 혁신이 중심이 되지만 시간이 경과하면서 제품 혁신의 기회가 감소하고 소비자 선호가 명확해짐에 따라 프로세스 혁신이 점차 중요한 역할을 차지하게 된다.

출처: Abernathy, W.J. and Utterback, J.M. (1978). Patterns of industrial innovation. Technology Review 80(7): 40–47.

혁신 주기의 3단계

Abernathy와 Utterback(1975)[3]은 고전적 혁신 이론에서 혁신 주기를 [표 E-1]처럼 유동적 단계, 과도기적 단계, 구체적 단계의 세 단계로 체계화하였다.

3 Utterback, J.M. and Abernathy, W.J. (1975). A dynamic model of process and product innovation. Omega 3(6), 639–656.

표 E-1 혁신 주기의 단계

구분	1단계. 유동적	2단계. 과도기적	3단계. 구체적
혁신	잦은 주요 제품 변경	수요 증가에 따른 주요 프로세스 변경 사항	점진적 제품 및 누적 개선 사항
제품	다양한 디자인, 종종 맞춤형	대중적이고 안정적으로 확장할 수 있는 제품 디자인 등장	대부분 차별화되지 않은 표준 제품
R&D	불확실성으로 인해 명확하지 않은 집중	특정 제품 기능에 집중	점진적인 제품 기술 및 프로세스 효율 향상에 집중
생산 프로세스	소규모, 사용자 근처에 위치	전문 섹션이 있는 일반적 목적	대규모, 제품에 대한 높은 구체성
프로세스 변경에 따른 비용	낮음	중간	높음
경쟁의 기준	제품 성능	제품 종류	가격
업계 리더의 취약점	모방자와 성공적인 혁신에 대해	보다 효율적이고 고품질의 생산자에 대해	우수한 제품을 대체할 수 있는 기술 혁신에 대해
조직 제어	비공식적이고 기업가적	프로젝트 및 작업 그룹을 통해	구조, 규칙 및 목표를 통해

참고: 기술 발전은 산업 내 기업들의 혁신 전략 전반에 중대한 영향을 미친다. 기업은 제품 혁신에서 프로세스 혁신으로 무게 중심을 옮기는 것뿐만 아니라 조직 구조와 투자 방향, 경쟁 전략 역시 기술 주기의 변화에 맞추어 조정해야 한다.

출처: Abernathy, W.J. and Utterback, J.M. (1978). Patterns of industrial innovation. Technology Review 80(7): 40 – 47.

■ 유동적 단계

유동적 단계에서는 제품 디자인이 새롭고 유연하게 변화하기 때문에 기업 규모는 대체로 작고 생산 프로세스는 비교적 일반적인 형태를 유지한다. 기업들은 빠르게 향상되는 제품 성능을 중심으로 경쟁한다. 시장과 기술 환경이 빠르게 변화하므로 조직 구조는 비공식적이며 유연성이 높고 경우에 따라 기업가적 특성이 강하게 나타나기도 한다.

■ 과도기적 단계

과도기적 단계에서는 제품 디자인과 생산 프로세스에서 안정성, 구체성, 표준화가 나타나기 시작한다. 소비자 선호도가 점차 명확해지면서 특정 제품 디자인이 더 큰 수요를 확보하게 되고 생산량 역시 증가한다. 이에 따라 기업은 운영 효율성에 보다 많은 관심을 기울여야 한다.

■ **구체적 단계**

구체적 단계에서는 제품 디자인이 안정화되면서 선택지가 점차 줄어들고 가격 경쟁이 심화되어 제품이 상품화되는 경향이 나타난다. 이에 따라 기업은 프로세스 혁신을 통한 비용 절감에 전략적 초점을 두기 시작한다. 생산 프로세스와 조직 구조는 공식화되고, 생산되는 제품의 특성에 맞춰 더욱 구체적으로 정렬된다.

E.2 무선 통신에서 데이터 네트워크 그리고 만물인터넷으로: 향후 전개 방향

새롭게 등장하는 통신 네트워크에서는 향상된 성능을 활용하기 위한 다양한 창의적 아이디어가 등장할 것으로 예상된다. 5G가 약속하는 더 높은 데이터 전송 속도, 향상된 신뢰성, 낮은 지연 시간, 그리고 대규모 데이터 처리 용량은 정밀한 원격 의료 시술, 가상현실 기반의 실시간 소통, 대규모 디지털 이벤트와 같은 다양한 방식으로 활용될 수 있다. 그러나 이러한 기술 중 사용자에게 가장 큰 가치를 제공하는 것이 무엇인지 확인하기 위해서는 상당한 시간이 필요하며 수많은 실험적 서비스와 제품을 거쳐야 한다. 특히, 5G는 다음과 같은 세 가지 핵심 기능을 새롭게 제공한다.

❶ **계측 및 디바이스 확산:** 5G는 휴대폰과 개인용 디바이스뿐 아니라 다양한 규모의 컴퓨터, 자동차, 로봇, 센서, RFID 태그 등 거의 모든 유형의 무선 디바이스 연결을 가능하게 한다. 본질적으로 모든 제품과 애플리케이션, 심지어 인간과 동물까지도 모바일 통신 네트워크에 연결되는 센서를 내장할 수 있는 환경이 조성되었다. 이는 네트워크 커버리지의 평방 마일당 설치되는 디바이스 수가 매우 많아진다는 의미이며, 밀집된 연결은 무선 신호 처리와 기지국 운영 측면에서 새로운 기술적 과제를 만든다.

❷ **짧은 지연 시간과 높은 안정성:** 5G는 자율주행과 같이 시간 민감성이 매우 높은 애플리케이션을 지원하기 위해 설계되었다. 이러한 서비스는 네트워크의 상시 가용성과 매우 빠르고 안정적인 응답성을 요구한다. 예를 들어, 항만에서 두 대의 자율 크레인이 고가의 화물을 운반하며 작업을 수행하는 경우 통신망을 기반으로 기계 간 동작을 정확하게 조정해야 하며, 이를 위해 초저지연·고신뢰 통신이 필수적이다.

❸ **속도와 용량 증대:** 기존 세대의 네트워크와 마찬가지로 5G는 장치당 처리량과 지역 단위 용량을 대폭 확대하도록 설계되었다. 초고화질 스트리밍, 가상현실VR, 증강현실AR과 같은 애플리케이션은 빠른 데이터 전송 속도와 높은 용량이 필요하다. 특히, 지역당 디바이스 수와 전체 데이터 트래픽이 빠르게 증가하는 상황에서 이러한 수요는 더욱 중요해지고 있다. 예를 들어, 2021년 전 세계 스마트폰 월간 데이터 트래픽은 약 50페타바이트로 추정되며, 이는 2016년 수준의 약 12배에 해당한다.[4]

5G의 데이터 트래픽 증가와 고속 전송 요구는 더 넓은 무선 스펙트럼과 스펙트럼 효율이 높은 기술의 도입이 필요했다. 이를 위해 더 높은 주파수 대역이 활용되었으며, 이러한 대역은 기지국으로부터의 유효 거리가 짧아 소형 셀 기반의 네트워크 구성이 필요하였다. 즉, 주파수가 높아질수록 셀의 크기가 작아지는 구조적 특성이 나타났다.[5] 고주파 대역은 네트워크의 데이터 처리 용량을 크게 확대하였지만 실내 핫스팟이나 실외 소형 셀 구축에 적합한 특성을 지녔다. 충분한 커버리지를 확보하고 사용자 간 접속 경쟁을 줄이기 위해서는 더 많은 기지국 설치가 필요했다. 또한 멀티플렉싱과 같은 새로운 기술들은 제한된 스펙트럼 자원의 효율적 활용을 가능하게 했다. 한편, 이러한 신규 주파수 대역은 위성 통신, 기상 관측, 지구 및 기후 변화 모니터링 등 기존의 무선 기반 서비스에서도 사용되고 있어 잠재적 간섭 문제에 대한 우려가 제기되었다. 이러한 기술적 실험과 전환의 시기에는 민첩하고 유연한 조직 구조를 유지하는 동시에 R&D 투자를 통해 다양한 전략적 옵션을 지속적으로 확보하는 것이 중요했다. 다음 절에서는 5G가 어떠한 방식으로 디지털 혁신 기회를 창출하는지, 그리고 이러한 기회를 어떻게 평가할 수 있는지를 설명하기 위해 대표적인 산업 적용 사례를 살펴본다.

E.3 혁신 기회에 대한 평가

인터넷이나 5G와 같은 새로운 통신 시스템은 거대한 글로벌 혁신 프로젝트로 발전할 수 있다. 실제로

4 Ericsson AB, "Traffic exploration tool," Online tool. 검색위치: www.ericsson.com/en/reports- and-papers/mobility-report/mobility-visualizer?f=1nft=2nr=2,3,4,5,6,7,8,9nt=1,2,3,4,5,6,7ns=4n u=1ny=2021,2027nc=3 (2022년 8월 접속)

5 Morgado, A., Huq, K.M.S, and Mumtaz, S. (2018). A survey of 5G technologies: regulatory, standardization and industrial perspectives. Digital Communications and Networks 4: 87 – 97.

인터넷이 그랬던 것처럼 수많은 새로운 활동과 애플리케이션이 5G 시스템에 연결될 것이며, 5G 글로벌 표준 개발 과정에는 약 700개의 기업이 참여하였다. 초기 활용 사례는 적용 기술과 제공 기능 측면에서 매우 다양했으며, 교통 시스템은 엔터테인먼트 애플리케이션이나 산업용 사물인터넷과는 전혀 다른 방식으로 설계되고 운영될 가능성이 높았다. 이러한 다양한 사용 시나리오에 대한 네트워크 요구 사항을 충족시키기 위해 5G 표준은 향상된 모바일 광대역, 초신뢰·저지연 통신, 대규모 기계형 통신이라는 세 가지 핵심 시나리오를 중심으로 개발되었다.

향상된 모바일 광대역eMBB은 소비자용 5G 무선 통신 서비스와 직접적으로 연결된다. 이 시스템은 더 빠른 데이터 전송 속도와 높은 용량을 제공하여 좁은 지역 내에서도 대규모 데이터 트래픽을 처리할 수 있다. 네트워크 혁신을 통해 기가비트당 데이터 전송 비용이 감소하였고, 수천 명이 동시에 참여하는 이벤트 현장에서도 고품질의 데이터 서비스를 제공하는 것이 가능해졌다. 멀티플레이어 게임 이벤트 또한 대표적인 혁신 기회로 주목받았다.

초신뢰·저지연 통신URLLC은 자율주행차와 드론과 같은 시간 민감형 서비스뿐 아니라 원격 수술과 같이 미션 크리티컬한 서비스에 필요하다. 이러한 서비스는 보통 1밀리초보다 짧은 지연 시간과 매우 촘촘한 네트워크 커버리지가 필요했다. 네트워크가 충분히 안정적이지 않으면 안전사고로 이어질 수 있으므로 최고 수준의 신뢰성과 즉각적인 응답이 필수적이다. 특히, 이 분야에서는 자율주행 트럭 운송을 포함한 운송 산업이 중요한 혁신 기회를 형성하였다.

대규모 기계형 통신mMTC은 네트워크 자체의 기능 향상보다 산업 현장에서의 계측과 디지털화를 가능하게 하는 데 중점을 둔다. 이는 지능형 기계 간의 자동 데이터 생성, 전송, 분석, 운영을 의미하며, 대부분의 과정이 인간의 개입 없이 이루어진다.[6] 수십억 개의 새로운 디바이스가 모바일 네트워크에 연결되면서 기계 간 통신은 전체 네트워크 트래픽의 대부분을 차지하였다. 각 디바이스는 일정 간격으로 소량의 데이터를 전송하거나(예 매시간 온도 측정), 산업용 장비의 성능 데이터를 실시간으로 지속적으로 전송할 수 있었다. 예를 들어, 스웨덴 기업 SKF가 개발한 센서 내장형 볼 베어링은 회전수, 속도, 회

6 Bockelman, C., Pratas, N., Nikopour, H., et al. (2016). Massive machine-type communications in 5G: physical and MAC-layer solutions. IEEE Communications Magazine 54(9): 1-13. 검색위치: www.researchgate.net/publication/305881263_Massive_Machine-type_Communications_ in_5G_Physical_and_MAC-layer_solutions (2022년 8월 접속)

전 방향, 상대적 위치, 가속 및 감속 등 핵심 기계 부품에 관한 모든 데이터를 수집하여 전송하였다.[7] 스마트 항구와 같은 스마트 공간을 구축하기 위해서는 대규모 기계형 통신 네트워크가 필수적이다.

다양한 새로운 기술이 등장하는 환경에서 디지털 혁신가는 어떻게 새로운 혁신 기회를 포착할 수 있을까? 다음에서는 5G 네트워크의 도입과 함께 나타난 실제 사례를 기반으로 실행 가능한 비즈니스 모델로 발전할 수 있는 잠재력을 평가한다. 이를 위해 2020년 표준이 출시되던 시점의 정보를 바탕으로 기회 평가를 진행한다. 혁신 기회를 평가하는 데 유용한 출발점은 잠재적 사용자와 기존 사용자의 니즈를 면밀히 분석하는 일이다. 현재 문제나 활동이 어떤 방식으로 수행되고 있는지, 생산성이나 사용자 경험을 제한하는 핵심 병목 요인이 무엇인지 파악하는 것은 모든 혁신 프로젝트에 필수적이다. 이어서, 사용 가능한 새로운 기술과 그 기술이 향후 어떤 개선 궤적을 가질 수 있는지를 체계적으로 매핑하면 혁신 기회가 기존 제품이나 서비스 대비 의미 있는 개선을 제공하는지, 사용자 니즈 측면에서 실질적인 가치를 창출할 수 있는지를 평가하는 데 도움이 된다. 마지막으로, 혁신가는 개발 비용을 충당하고 지속 가능한 비즈니스를 구축할 수 있을 만큼 충분한 수익 잠재력이 존재하는지, 어느 정도의 기간 내에 수익이 발생할 수 있는지를 검토해야 한다. 따라서 다음 단계의 혁신 과정에서는 초기 설계 선택에 중대한 영향을 미치는 다음과 같은 측면이 고려되어야 한다.

❶ **고객**CLIENT: 사용자, 개인 소비자 또는 산업체는 누구이며 이들의 요구 사항과 기존 기술 사용 패턴은 무엇인가를 파악해야 한다. 이를 통해 혁신의 대상이 소비자인지 비즈니스 통신 네트워크인지가 결정되며, 서비스의 시장 출시 방식 또한 달라지게 된다. 시스템 비용을 누가 부담하는지도 중요하다. 개인 사용자가 비용을 지불하는지, 아니면 관련 기업이 비용을 지불하는지가 서비스 구조와 가격 전략에 직접적인 영향을 미친다.

❷ **서비스 기능**SERVICE FEATURES: 혁신적인 애플리케이션 아이디어란 무엇인가를 명확히 해야 한다. 새로운 서비스가 주로 데이터 수집과 실시간 전송에 관한 것인지, 다운로드 및 스트리밍 중심인지, 또는 사용자·참가자 간 상호작용에 기반한 것인지 검토해야 한다. 서비스가 이동성을 요구하는지, 특정 위치에서의 서비스 품질에만 의존하는지도 중요한 판단 기준이다. 또한 서비스가 시간

7 SKF (2020). New wireless sensors enable automated machine monitoring for reliable rotation in heavy industries. SKF News and events, 2020년 3월 27일. 검색위치: www.skf.com/us/news- and-events/news/2020/2020-03-27-new-wireless-sensors-enable-automated-machine-monitoring- for-reliable-rotation-in-heavy-industries (2022년 8월 접속)

에 민감한지, 일정 수준의 지연을 허용할 수 있는지도 평가해야 한다. 이러한 분석을 통해 혁신 아이디어가 빠르게 진화하는 통신 네트워크와 어떻게 연결되며, 어떤 기술적 이점을 확보할 수 있는지를 파악할 수 있다.

③ **최신 기술**STATE-OF-THE-ART: 현재 기존 서비스가 이러한 사용자 요구를 어떻게 충족하고 있는지, 어떤 성능상의 문제가 존재하는지를 살펴봐야 한다. 다시 말해, 해결해야 할 '문제점'이 무엇인지 규명해야 한다. 새로운 기술의 도입이 이러한 성능 문제를 어느 정도 완화할 수 있는지 평가하는 것도 필수적이다.

④ **투자**INVESTMENT: 서비스를 개발하고 시장에 출시하는 데 필요한 예상 비용을 산정해야 한다. 나아가 현재 사용자나 고객의 지불 의향과 비교했을 때 예상 수익에서 개발과 관련된 고정 비용을 회수하는 데 어느 정도의 시간이 필요한지를 검토해야 한다. 이러한 분석은 지속 가능한 수익 모델을 구축하는 데 핵심적인 역할을 한다. 이는 현재의 혁신이 지나치게 초기 단계에 머물러 있는지, 혹은 가까운 미래에 실제로 출시될 수 있는지를 판단하는 매우 대략적인 분석이다. 개발 비용이 향후 몇 년 동안 예상되는 잠재적 수익을 크게 초과하는 경우 필요한 기술 개발의 수준이 과도하게 높으며 해당 애플리케이션에 적용하기에는 기술이 아직 초기 단계일 가능성이 높다.

다음으로, 5G 통신 네트워크가 제공하는 새로운 기능을 활용할 잠재력이 있는 세 가지 혁신 기회를 평가한다.

사례 1 위치 정보 기반 멀티플레이어 증강 현실 게임

포켓몬 GOPokemon GO와 인그레스Ingress와 같은 멀티플레이어 증강 현실 게임은 사용자가 실제 환경에서 보고 경험하는 요소를 디지털 정보로 증강하는 방식으로 작동한다. 두 게임은 모두 Niantic Studios에서 개발되었고, 전 세계적으로 수백만 건의 다운로드를 기록하였다. 또한 플레이어의 성과를 향상시키는 디지털 아이템의 인앱 구매를 통해 수익을 창출했다. 포켓몬 GO의 플레이어는 주변 환경에 나타났다 사라지는 포켓몬을 수집해야 한다. 특정 포켓몬을 '잡기' 위해서는 정확한 물리적 위치에 도달해야 했다. 인그레스의 플레이어는 실제 환경 속에 디지털 방식으로 숨겨진 에너지원(포털)을 발견하고 이를 점령하여 세계 지배를 구축하기 위해 경쟁한다. 이 게임 역시 포켓몬 GO와 마찬가지로 전 세계적으로 높은 인기를 얻었으며, 플레이어는 도시를 이동하며 지속적으로 변화하는 게임 스토리를 따라 에너지원의 위치를 탐색할 수 있었다. 2018년에는 전 세계적으로 약 50개의 라이브 이벤트가 개최되어 플레이어들이 동 시간대에 더욱 강렬하고 몰입감 있는 게임 경험을 할 수 있었다.

5G가 멀티플레이어 AR 게임 경험을 향상시킬 수 있는지 검토하기 위해 [표 E-2]처럼 게임 인그레스를 중심으로 혁신 기회를 요약해 볼 수 있다.

표 E-2 멀티플레이어 AR 게임 혁신 기회 평가

기회 차원	평가
고객	클라이언트는 게임을 유료 또는 무료로 다운로드하고 인앱 아이템을 구매할 가능성이 있는 개인 플레이어이다. 따라서 직접(게임 요금) 또는 위치 기반 광고를 통해 간접적으로 수익을 창출하는 소비자 애플리케이션이다.
서비스 기능	게임 서버에서 콘텐츠를 다운로드하는 것과 다른 플레이어가 볼 수 있도록 게임 동작을 업로드하는 것 모두 관련이 있다. 게임 속도에 따라 애플리케이션에는 지연 시간이 짧은 무선 네트워크가 필요할 수 있다. 지연 시간이 짧으면 인터랙티브 게임 기능(예 움직이는 AR 타깃 '사격')을 더 빠르게 구현할 수 있다. AR 게임에는 이동성이 포함될 수도 있지만 일반적으로 플레이어는 걸어서 이동한다. 이러한 게임은 전 세계적으로 제공되며, 글로벌 시장에서 사용할 수 있는 다양한 네트워크 품질이 사용자 경험에 영향을 미칠 수 있다.
최신 기술	2020년 기준 멀티플레이어 AR 게임이 존재하였으며 매우 많은 인기를 끌었다. 인그레스는 최근 대대적인 업데이트를 진행하였으며, 구글 플레이 스토어 앱 마켓의 게임 리뷰에 따르면 사용자 경험과 관련된 주요 이슈는 다음과 같다. - 인터페이스의 특수 효과로 인한 성능 저하 - 큰 이미지로 인한 대역폭 소모 - 너무 많은 버그와 충돌 - AR 이미지 왜곡 - 선명하지 않은 시각 자료와 이미지 - 플레이 가능성(속도)보다 비주얼이 우선시 - 30초 지연 - 높은 CPU 사용량 - 플레이 중 무선으로 전송되는 대용량 데이터 - 장치와의 호환성 문제 - 배터리 소모 - 높은 지연 시간 - 데이터 업로드 시 앱 멈춤 현상
투자	이 애플리케이션은 주로 공용 5G 네트워크에 의존한다. 소비자 무선 통신 서비스 제공업체(통신사)가 구축하고 제공한다. 이는 단순히 모바일 앱 스토어에서 플레이어가 시각적 콘텐츠에 액세스하고 물리적 및 디지털 공유 위치에서 서로 상호작용할 수 있도록 하는 소프트웨어 기반 서비스를 제공하는 애플리케이션일 뿐이다. 참고로 Niantic은 포켓몬 GO와 인그레스를 개발하기 위해 2억 달러를 모금했다.

참고: 멀티플레이어 AR 게임 혁신에 적용된 기회 평가 프레임워크는 5G 네트워크가 더 널리 보급됨에 따라 더 빠른 네트워크가 사용자 경험을 크게 향상시킬 수 있기 때문에 AR 게임이 수익성 있는 혁신의 기회가 될 수 있음을 시사한다.

AR 게임의 성능 문제는 대부분 업로드 및 다운로드 속도, 지연 시간과 관련이 있는 것으로 나타났다. 또한 대역폭 문제도 분명히 존재했으며, 고급 그래픽을 사용하는 상황이나 동일한 위치에서 다수의 플레이어가 동시에 게임 데이터에 접근하는 경우에는 데이터 볼륨이 성능 저하의 원인이 될 수 있었다. 더불어 많은 플레이어가 게임 기능을 충분히 지원하지 못하는 단말기를 사용하고 있었기 때문에 단말기 업그레이드 역시 성능 향상에 크게 기여할 수 있을 것으로 예상되었다. 이러한 요인을 고려할 때 이 애플리케이션은 5G 네트워크가 광범위하게 보급되는 시점에 혁신을 시도하기에 적합한 후보로 평가되었다.

결론적으로 멀티플레이어 AR 게임은 5G의 새로운 기능을 활용하여 사용자 경험을 크게 개선할 수 있는 잠재력을 지니고 있었기 때문에 무선 네트워크의 발전과 함께 유망한 혁신 기회를 제공했다. 그러나 이러한 가능성을 실현하기 위해서는 게임 개발을 위한 대규모 R&D 투자와 더불어 사용자 측의 첨단 기기 도입이 필수적이었다. 따라서 R&D의 속도와 네트워크 도입 시기를 적절히 조율하는 것이 매우 중요한 과제였다.

사례 2 자율주행 트럭 운송

트럭 운송은 미국에서 약 7,000억 달러 규모의 산업으로, 미국 전체 화물의 70% 이상을 운송하고 있다. 이 산업에는 약 70만 개의 개인 운송업체(트럭 운송 회사)가 존재하며, 사업용으로 등록된 트럭은 3,300만 대가 넘는다.[8] 그러나 이 산업은 만성적으로 심각한 운전자 부족 문제를 겪고 있었다. 2022년에는 미국의 운전자 부족 규모는 약 8만 명에 이를 것으로 예상되었다.[9] 현재 약 350만 명의 트럭 운전자가 고용되어 있으며, 운전자 1인당 평균 연간 수입은 약 7만 3,000달러로 전체 산업 매출(약 2,500억 달러)의 약 3분의 1을 차지한다. 따라서 트럭이 운전자 없이 운행될 수 있다면 업계는 매우 큰 비용 절감 효과를 기대할 수 있다. 자율주행 트럭 운송 서비스는 차량 관리 기술에 대한 연구개발 및 장비 투자 등 고정 비용을 충당한 이후에는 더 낮은 가격으로 경쟁력 있는 서비스를 제공할 수 있다. [표 E-3]은 자율주행 트럭 운송의 혁신 기회를 요약한 표이다.

8 American Trucking Associations (2022). Economics and industry data. 검색위치: www.trucking.org/economics-and-industry-data (2022년 8월 접속)

9 Goodman, P.S. (2022). The real reason America doesn't have enough truck drivers. The New York Times , 2022년 2월 9일. 검색위치: www.nytimes.com/2022/02/09/business/truck-driver- shortage.htm (2022년 8월 접속)

표 E-3 자율주행 트럭 운송 기회 평가

기회 차원	평가
고객	장거리 대형 운송이 필요한 기업이나 개인을 위한 자율주행 트럭 운송 서비스가 제공된다.
서비스 기능	자율주행 트럭 운송은 대량의 데이터를 짧은 지연 시간으로 업로드하고 다운로드할 때 짧은 지연시간으로 자율주행 차량을 지원하고 관리하는 무선 네트워크가 필요하므로 계측 및 네트워크 속도가 매우 중요하다. 이 서비스는 장거리 이동성에 의존하며 전체 도로 네트워크를 커버해야 할 가능성이 높다. 매우 안전하고 신뢰할 수 있는 운송 서비스를 제공하기 위해서 상호작용은 시간에 민감하고 지연 시간이 매우 짧아야 한다. 트럭과 네트워크 '엣지' 디바이스 역시 높은 컴퓨팅 용량이 필요하다.
최신 기술	2020년 기준으로 트럭 운전은 도전적 작업이었으며, 운전자가 충분하지 않았다.
투자	자율주행 교통 네트워크는 주요 도로와 고속도로의 공공장소에서 사용할 수 있어야 하므로 공공 5G 네트워크에 의존할 가능성이 높다. 차량 안의 소프트웨어 및 센서 기반 시스템은 환경(위치, 장애물, 교통 규칙 및 규정)을 감지하고 차량을 운전하는 중요한 보완재가 될 것이다. 자율주행 차량 시스템은 개발 중이었지만 매우 복잡하여 공공 도로에서 사용할 수 있게 되려면 수십억 달러의 연구개발비가 필요할 것으로 예상되었다. 동시에 공공장소에서 자율주행 차량을 수용하기 위해 법규와 교통 규정도 바뀌어야 했다. 또한 레이더와 LIDAR(빛 감지 및 거리 측정) 기술이 크게 발전하지 않는 한 매우 안정적이고 지연 시간이 짧은 통신 네트워크가 전체 도로 시스템을 커버해야 할 수도 있다.

참고: 혁신 기회 평가 프레임워크는 자율주행 시스템의 초기 단계와 사회에서 자율주행 활동을 규율할 규제 및 법적 프레임워크의 불완전성에 대한 우려를 강조한다.

결론적으로, 트럭이 운전자 없이 자율적으로 주행할 수 있게 되면 업계는 인건비 부담을 크게 줄일 수 있다. 자율주행 트럭 운송 서비스는 자율주행 시스템과 관련 장비에 대한 초기 고정 비용을 회수한 이후 가격 경쟁력을 확보할 수 있다. 이를 위해서는 국가 도로망 전반을 안정적으로 지원할 수 있는 초신뢰·저지연 5G 네트워크와 운전자 없이도 안전한 운행을 가능하게 하는 차량 간 통신(V2X, Vehicle-to-X 등) 기술이 필수적이다. 이러한 기술이 상용화되고 교통안전 규제 기관의 승인을 거치는 과정에 수년이 소요될 수 있다. 그럼에도 불구하고 높은 인건비와 만성적인 운전자 부족 문제를 고려하면 운송 및 물류 시스템은 일정 부분 자동화될 가능성이 높다. 그러나 2020년에는 자율주행 트럭 운송 시스템을 완전한 형태로 구현하기 어려운 상황이었다. 이는 안전하고 신뢰할 수 있는 운행을 위해 필요한 필수 시스템 구성 요소가 너무 많거나 아직 개발 단계에 있기 때문이다. 따라서 장기적으로 완전 자율주행이 가능해지기 전까지는 장거리 고속도로 구간에서 자율주행 시스템이 주행을 맡는 동안 운전자가 휴식을 취할 수 있는 형태의 자율주행-인간 운전 하이브리드 모델이 중기적으로 더 실용적인 대안으로 보였다.

사례 3 스마트 항구

사물인터넷 기술은 다양한 산업 및 물류 환경에 적용될 수 있으며, 그중 가장 큰 혜택을 기대할 수 있는 분야는 항만이다. 대형 항구에는 매일 수백 척의 선박, 트럭, 택시가 출입하고 수천 명의 사람과 수십 대의 리프팅 및 운반 장비(지게차, 크레인 등)가 뒤섞여 운영된다. 이러한 복잡한 환경에서 모든 참여자에게 빠른 처리와 짧은 대기 시간은 비용 절감으로 이어지지만 실제 운영에서는 이를 달성하기 어려운 경우가 많다.

예를 들어, 톤수 및 컨테이너 처리량 기준으로 세계 최대 항만 중 하나인 싱가포르 항구에는 하루 약 1,000척의 선박이 입·출항하며, 평균적으로 2~3분마다 한 척의 선박이 출항했다.[10] 그러나 항구의 컨테이너 처리 능력은 시간당 66개 수준에 머물렀고, 도착에서 출발까지 평균 1.38일이 소요되었다.[11] 운송되는 물동량 자체의 문제도 컸지만, 선박 하역과 육상 운송을 조율하여 화물을 항구에서 최종 목적지까지 원활하게 이동시키는 일은 매우 복잡하였다. 항만은 규모는 매우 크지만 일반적으로 공간이 제한되어 있기 때문에 육상 운송 차량은 적재 또는 하역 순서가 되었을 때에만 작업 구역에 진입할 수 있도록 제한된다. 즉, 트럭은 자신이 투입될 시점에는 준비되어 있어야 하지만, 불필요하게 하역 구역에서 몇 시간씩 대기할 필요는 없었다. 하지만 2020년 당시 대부분의 항만에서는 육·해상 운송업체가 도착, 출발 또는 화물 특성 정보를 실시간으로 공유하지 않았고, 그 결과 복잡한 오프라인 상호작용이 발생했다. 심지어 주요 항만에서도 일부 정보는 종이에 인쇄하여 수동으로 전달되었다. 따라서 흐름 관리와 운영 조율의 디지털화가 생산성, 특히 선박 및 트럭의 처리 시간을 크게 개선할 수 있다는 점은 쉽게 예상할 수 있다. 그러나 실제로 디지털 기반의 '항만 운영 시스템'을 도입한 항구는 거의 없었다.

선박 및 화물 특성에서부터 항만 구역 내 차량의 운영까지 항만 운영 전반을 디지털화하면 선박의 회전 시간을 획기적으로 단축할 수 있다. 예를 들어, IBM은 로테르담 항구가 부두 및 부표에 센서를 설치하여 조수, 해류, 온도, 바람, 습도, 탁도, 염도 등의 데이터를 수집하도록 지원했다. 이러한 데이터는 기상 정보, 선박 및 육상 운송의 도착·출발 데이터와 결합되어 인공지능을 활용한 최적 정박 시간 예측

10 SeaNews (2018). The Busiest Ports in the World and How they Handle Operations, 2018년 1월 11일. 검색위치: https://seanews.co.uk/features/the-busiest-ports-in-the-world-and-how- they-handle-operations-part-ii-singapore/ (2022년 9월 접속)

11 Tan, M. (2015). Singapore's container port faces a productivity question. The Business Times, 2015년 7월 21일. 검색위치: www.businesstimes.com.sg/companies-markets/singapores-container- port-faces-a-productivity-question (2022년 9월 접속)

및 부두·육상 작업 조율에 사용될 수 있으며, 운영의 효율성을 극대화할 수 있다. IBM에 따르면 선박 처리 시간을 단 1시간 단축하면 약 8만 달러의 비용 절감 효과가 발생한다고 한다.[12]

그러나 이러한 방대한 데이터를 수집·정리·분석해 지능적이고 실행 가능한 인사이트를 도출하는 일은 쉽지 않았다. 게다가 로테르담과 같은 선도 항만은 2025년까지 자율운항 선박 도입을 목표로 하고 있어, 항만 운영은 수년 내 더욱 빠른 통신 시스템을 기반으로 최적화되고 연계될 필요가 있었다. 항만 디지털화의 잠재적 이점은 매우 크지만 도입 및 구현 과정에서의 어려움 역시 상당하였다. [표 E-4]는 이러한 혁신 기회를 요약한 것이다.

표 E-4 스마트 항만 기회 평가

기회 차원	평가
고객	이 통신 시스템은 항만 운영 회사가 사설 산업용 5G 통신 시스템으로 제공할 수 있다. 항만 회사는 항만을 방문하는 모든 운송 회사가 이 시스템을 채택할 수 있도록 지원해야 한다.
서비스 기능	스마트 항구는 정보 업로드와 다운로드를 모두 포함할 것이며, 데이터의 양과 분석 수요를 감당하기 어려울 것으로 예상했다. 이 혁신 아이디어는 어느 정도 이동성에 관한 것이며 시스템은 전체 항만 지역을 원활하게 커버해야 하지만 도로망에 비해 이러한 영역은 크지 않다. 또한 이동성 관리에 의존하지 않는 다른 조정 및 통신 애플리케이션도 있을 것이다. 안전한 화물 처리를 위해 매우 짧은 지연 시간이 필요한 시간에 극도로 민감한 활동과 더 큰 시간 지연을 용인할 수 있는 조정 활동이 모두 존재할 것이다.
최신 기술	매일 주요 항구를 방문하는 수백 개의 기업과 수천 대의 개별 차량이 디지털 방식으로 연결되지 않아 선착장과 육상 모두에서 대기 시간이 길어졌다.
투자	자율주행 차량과 장비를 운영할 수 있는 항만 운영 시스템은 항만 당국의 사설 5G 네트워크 투자에 의존할 것이다. 운송 시스템과 마찬가지로 환경(위치, 장애물, 규칙)을 감지하고 기계를 작동하는 소프트웨어 및 센서 기반 시스템으로 보완될 것이다. 문제는 육상 및 해상 운송 회사에서 이를 채택하도록 하는 것이었다. 전 세계적으로 도입하려면 공항 통신 분야의 SITA 얼라이언스 같은 글로벌 협력 협정이 필요할 것이다.

참고: 스마트 항만의 경우 혁신 기회 평가 프레임워크는 시간이 지남에 따라 전 세계 다양한 항만 운영업체와 해운업체의 통신 시스템 간의 상호 운용성을 이끌어낼 수 있는 점진적인 디지털화 경로를 제시한다.

결론적으로, 항만 디지털화는 자율운항 및 자율 트럭 운송 애플리케이션이 등장하는 환경에서 매우 유망한 혁신 기회를 제공한다. 선박 및 화물 데이터부터 항만 구역 내 차량 운영까지 항만 운영을 디지털

12 IBM Mediacenter: Port of Rotterdam: transforming Europe's largest port through digitalization. 검색위치: https://mediacenter.ibm.com/media/Port+of+RotterdamA+Transforming+Europe's+largest+port+through+digitalization/1_0jcv9na8 (2022년 9월 접속)

화하면 처리 시간을 획기적으로 단축할 수 있으며, 자율 장비의 확산과 함께 시스템적 지능이 축적되면 점진적인 혁신 궤적이 형성될 수 있다. 그러나 여러 산업에서 협력 조직과 시스템이 다음 단계로 나아가기 위한 경험과 템플릿을 제공하고 있지만 국제 해운 업계 전반의 조율된 채택은 여전히 핵심적인 과제로 남아 있다.

통신 네트워크가 5G 이상으로 발전함에 따라 이러한 사례들과 더불어 다양한 형태의 서비스 혁신이 개발되고 시장에 출시될 것이며 초기에는 대부분 실패할 것이다. 성공하는 혁신은 기술 시스템과 수요 패턴을 반영하고 혁신의 성장 가능성을 극대화하는 설계 원칙과 비즈니스 모델 프레임워크를 구현할 가능성이 높다. 이후 새로운 네트워크는 확산되고 규모를 확보하며, 궁극적으로는 대규모 플랫폼 생태계로 진화할 수 있다. 표준화와 규제가 도입되면 이러한 플랫폼은 공식적인 구조와 규칙, 조직적 특성, 때로는 시장 지배력에 대한 사회적 저항으로 인해 점점 더 경직되고 정형화될 것이다.

그러나 혁신 주기에서 규모 확대, 통합, 상품화로의 전환은 매우 빠르게 나타날 수 있으며, 특히 선도 기업이 인수합병을 통해 유기적 성장을 선점하는 경우 후발 기업에게는 위협이 될 수 있다. 과도기에 있는 혁신 기업은 일부 제품에 대한 시장 모멘텀을 강화하여 지배적 지위를 구축하려는 경쟁자의 움직임을 면밀히 관찰해야 한다. 또한 경쟁사 및 파트너 일부와 적극적으로 협력하여 상호 보완적 제품·서비스를 지원하는 생태계와 표준을 구축하고, 경쟁 생태계의 확산 속도를 늦출 수 있다. 대부분의 정보 및 통신 서비스는 공급 측면의 규모의 경제뿐 아니라 네트워크 효과까지 갖추고 있다. 따라서 전환 과정에서 바람직한 '물리적 구조'가 표준화되면 특정 시점에서 프로세스 및 조직 구조의 확장, 통합, 공식화가 매우 빠르게 이루어질 수 있다. 그러나 네트워크 효과와 전환 비용을 활용해 대규모 규모를 확보한 플랫폼은 장기간 유지되는 경향이 있으며, 이는 다음 혁신이 도래할 때까지 지속된다.

E.4 디지털 경제의 향후 발전 방향

디지털 혁신에 대한 시장의 반응은 기존의 정보 소비 패턴과 네트워크 구조를 얼마나 강하게 변화시키는지에 따라 달라진다. 2장에서 제시한 파괴적 혁신 프레임워크는 혁신이 완전히 새로운 기능이나 성능 궤적을 도입하는 경우, 특히 이전에 독점적으로 관리되던 정보를 개방하거나 공개 소스로 전환하는 경우 기존 시장을 근본적으로 파괴할 수 있음을 시사한다. 이러한 파괴적 제품은 시장의 새롭거나 소외된 수요층을 효과적으로 해결하면서 단순하고 비용 효율적인 방식으로 등장할 수 있다.

세 가지 5G 혁신 사례와 관련하여 AR 게임은 초기에는 지속적 혁신의 형태로 발전할 수 있다. 새로운 하드웨어를 구매하거나 추가 기술을 학습하지 않아도 스마트폰 사용자라면 누구나 모바일 앱을 통해 쉽게 이용할 수 있기 때문이다. 이미 상당한 규모의 시장이 형성되어 있다. 그러나 AR 게임이 게이머들이 동일한 장소에 모여 상호작용하는 온오프라인 결합형 이벤트로 확장될 경우, 완전히 새로운 기능을 제공함으로써 파괴적 혁신으로 전환될 수 있다. 이러한 기능은 궁극적으로 새로운 AR 커뮤니티를 형성하며 기존의 다양한 게임에서도 채택될 수 있는 새로운 게임 현상을 촉발할 수 있다.

자율주행 트럭 운송 또한 높은 수준의 파괴적 가능성을 지닌 것으로 평가된다. 자율주행 기능은 매우 새롭고 뚜렷한 기능적 특성을 가지며, 이 기능이 본격적으로 도입되면 업계 참여자와 조직 간 상호작용 방식이 근본적으로 변화하게 된다. 반면 스마트 항구는 시장에 미치는 영향이 파괴적이라기보다는 지속적일 가능성이 높다. 기존 항만은 첨단 통신 시스템에 점진적으로 투자하는 경향을 보이며, 완전히 새로운 서비스를 제공하지는 않더라도 기존 서비스의 효율성과 품질을 크게 향상시킬 것으로 예상된다. 따라서 5G와 같은 새로운 통신 네트워크는 산업 및 상황에 따라 기존 시장을 강하게 파괴하기도 하고 점진적이고 지속적인 방식으로 채택되기도 한다.

기술 변화 속도가 지속적으로 빨라지고 새로운 혁신 기회가 등장함에 따라 3장에서 제시한 디지털 사회 혁신을 위한 디자인 원칙의 중요성은 더욱 커지고 있다. 미래 지향적 설계는 네트워크 기능과 성능의 발전에 따라 유연하게 적응할 수 있는 시스템과 제품을 구축하는 것을 의미한다. 예를 들어 2022년까지 항만과 같은 폐쇄된 환경에서는 일부 자율주행 기능이 이미 구현되었지만, 국가 단위 고속도로 네트워크에서는 여전히 도입되기 어렵다. 따라서 자율 모빌리티를 촉진하는 혁신적 제품은 초기에는 폐쇄적인 산업 현장을 중심으로 개발하고 이후 점차 대중교통 수요에 맞게 조정되는 단계적 접근이 필요하다. 기업들은 이러한 유연성을 제품 개발 전략에 반영해야 한다.

또한 '변화를 위한 디자인' 원칙은 빠르게 진화하는 기술 환경의 불확실성을 해결하기 위한 개념이다. 기술 로드맵은 향후 제품 개발 경로를 계획하는 데 도움이 되지만, 예상하지 못한 기술적 문제나 새로운 발견으로 인해 일정이 변경되거나 기회가 새롭게 발생할 수 있다. 따라서 제품과 시스템, 그리고 이를 뒷받침하는 조직은 예상치 못한 상황에서도 즉각적으로 적응할 수 있어야 한다. 파괴적 혁신의 원천을 찾기 위해 환경을 면밀히 관찰하고 새로운 과제나 기회가 등장하면 신속히 전략을 조정할 수 있어야 한다. '생성성을 위한 설계' 또한 혁신가와 파트너가 사용자의 관심과 요구에 따라 혁신을 빠르게 확장할 수 있도록 한다. 개방형 표준과 인터페이스는 고정된 제품 구성의 효율성을 극대화하는 것이 아니라 지속적 혁신을 가능하게 하여 정적인 효율성이 아닌 동적인 효율성에 기여하는 핵심 요소가 된다.

새롭게 부상하는 디지털 혁신 기업들은 어떻게 경쟁하는가? 혁신 주기의 초기 단계에서는 4장에서 설명한 것처럼 차별화 전략이 중심이 된다. 혁신가들은 새로운 제품이나 서비스를 성공적으로 출시하더라도 이를 빠르게 업그레이드하거나 개선하거나 필요할 경우 새로운 버전으로 교체해야 한다. 빠르게 변하는 기술을 통합하면서 사용자 선호도와 잠재적 니즈를 파악해야 하기 때문에 세 가지 사례 모두에서 R&D 비용은 상당한 수준일 것으로 예상된다.

5G 기반 혁신의 수익 메커니즘과 관련하여 5장은 중요한 통찰을 제공한다. AR 게임은 인앱 구매와 같은 널리 알려진 부분 유료화 모델을 활용할 수 있다. 또한 특정 이벤트에서 비용을 지불하고 참여하는 AR 이벤트를 통해 새로운 수익원을 창출할 가능성도 존재한다. 스냅챗은 이러한 형태의 제휴 기반 모델을 선도적으로 구축해 왔다. 자율주행 트럭 운송의 경우 운송 자체의 수익 구조는 크게 변하지 않지만, 자율주행을 가능하게 하는 통신 시스템의 가치 배분은 매우 복잡한 구조로 발전할 가능성이 있다.

트럭 운송 회사는 자율주행 시스템과 관련 기술 사용을 위해 라이선스 비용과 시스템 접근 비용을 지불하게 되며, 이러한 비용은 시장에서의 지배력에 따라 시스템 기여자들에게 분배될 것이다. 이러한 라이선스 기반 구조는 무선 통신 분야에서 수년 동안 사용되어 왔지만 그 과정에서 많은 논쟁과 소송이 이어졌다. 자율주행은 자동차 산업과 다양한 신규 기술 제공업체가 라이선스 제도에 참여하게 되고, 규제 기관도 중요한 역할을 수행하게 되므로 제도가 한층 복잡해질 가능성이 높다. 한편, 스마트 시티나 스마트 항만과 같은 시스템에서는 다양한 형태의 접근료를 기반으로 수익을 징수하지만 접근료가 존재하면 참여자가 시스템을 채택하도록 유도하는 데 어려움이 발생할 것이다.

이러한 시스템 혁신의 주요 전략적 과제는 네트워크 출시에 있다. 각 5G 사례는 참여자들이 협력하고 행동을 조율하는 네트워크를 구축하는 과정을 포함한다. 이 시스템의 혜택은 많은 참여자가 일정 수준까지 채택했을 때 비로소 실현된다. 따라서 9장에서 설명한 것처럼 강력한 네트워크 효과가 존재하며 시스템 자체가 고가이기 때문에 임계 참여자 수 확보가 가장 중요한 문제가 될 것이다. 전환 비용은 하드웨어 구매와 기존 활동 및 관행을 재구성해야 하는 필요성에서 비롯된다. 무료 AR 게임을 채택하도록 게이머를 설득하는 것은 수많은 운전자나 트럭 운송 회사를 상대로 자율주행 시스템 도입을 설득하는 것보다 훨씬 간단한 작업이다. 이는 규제와 법적 절차가 적절히 뒷받침된다는 전제가 필요하다. 이 중 가장 복잡한 사례는 전 세계 항만이 공동으로 항만 통신 시스템을 채택해야 하는 상황이다. 그럼에도 불구하고 해운 회사가 기항하는 항만마다 서로 다른 시스템을 사용해야 한다면 운영 효율성이 크게 저하되기 때문에 국제적 조율이 필수적이다. 결국 네트워크 전략은 이러한 혁신의 도입과 성장 과정에서 핵심적 역할을 수행하게 된다. 채택 규모와 전환 비용을 고려하면 게임을 제외한 대부분의 분야에서는 개방형 표준과 개방형 플랫폼을 중심으로 하는 전략이 시장에서 성공할 가능성이 높다. 항공 분야에서는 SITA와 같은 공항-항공사 컨소시엄이 공항 통신 시스템에서 개방형 접근 방식을 성공적으로 실현한 사례가 있다. 어떤 조직이 이러한 혁신을 성공적으로 상용화할 수 있을까? 디지털화는 경제 활동의 효율성을 높이는 경향이 있지만 적어도 초기 단계에서는 5G 기반 혁신에 막대한 R&D 투자가 필요하다. 흥미로운 점은 가장 성공적인 역디지털기업조차 대부분의 핵심 R&D를 내부적으로 수행한다는 사실이다. 12장에서 논의한 것처럼 분산된 방식으로 달성하기 어려운 전문 지식과 기술의 통합이 필요하기 때문이다. 또한 R&D의 결과물은 전략적 가치가 매우 크므로 외부에 공개될 경우 지적재산권과 계약만으로는 이를 충분히 보호하지 못할 수 있다. 초기 R&D 단계에서는 비밀 유지가 매우 중요하다. 이러한 이유로 역기업은 새로운 5G 제품이나 시스템을 주도적으로 혁신하기보다는 일부 기술을 자사 운영에 도입하는 정도에 그칠 가능성이 크다.

이러한 적용 사례에서 창출되는 가치는 대부분 가치 네트워크에 의존한다. 새로운 통신 서비스가 창출하는 가치는 게임, 생산, 운송 등 다양한 참여자 간 상호작용에 의해 결정된다. 가치 네트워크는 규모와 유동성을 통해 효율성을 창출한다. 실제로 8장에서 설명한 것처럼 성공적인 제품 설계는 효율적인 확장이 가능해야 한다. 그러나 가치 네트워크의 수익 메커니즘은 사용자의 지불 의사가 네트워크의 규모에 따라 달라지기 때문에 복잡하다. 따라서 혁신가는 사용자가 자신의 가치를 자연스럽게 드러낼 수 있는 시스템을 설계해야 한다. 여기에는 부분 유료화 모델을 통한 버전 관리, 네트워크 접근권을 경매로 판매하는 방식, 수요와 시간에 따라 가격을 조정하는 동적 가격 책정, 예측된 지불 의사를 기반으로 한 시장 세분화 등이 포함될 수 있다. 즉, 기업의 비즈니스 모델은 사용자 행동과 자연스럽게 양립할 수 있어야 하며 서비스 이용약관을 위반하기 어렵도록 설계되어야 한다.

이러한 혁신이 비즈니스 모델로 구체화되면 15장에서는 제품과 비즈니스 모델을 지속적으로 개선하고 지원적인 생태계 내에서 혁신을 성공적으로 출시하는 데 필요한 실험 전략을 제시한다. 성공적인 혁신 기업은 사용자와 그들의 사회적 행동을 면밀히 관찰하고 상세한 사용 데이터를 수집·분석하며, 그 결과를 기반으로 제품과 비즈니스 모델을 신속하게 개선한다.

다음 전략적 질문은 혁신가가 수익원을 어떻게 보호할 수 있는가에 관한 것이다. 온라인 게임은 네트워크 효과가 존재함에도 불구하고 보호가 어려워 지속적인 개선과 업그레이드가 필요하다. 일부 AR 기능은 특허로 보호할 수 있지만 소프트웨어 특허 집행에는 높은 비용과 상당한 위험이 따른다. 자율주행 교통 시스템에는 다양한 하드웨어 및 소프트웨어 구성 요소가 포함되며, 이 중 일부 구성 요소가 지배적 위치를 차지하거나 표준으로 자리 잡으면 해당 지적재산권 보유자는 막대한 잠재 시장을 대상으로 로열티를 확보할 수 있는 유리한 위치에 서게 된다. 반면, 도입 기업인 트럭 또는 운송 회사는 장기적으로 그러한 시스템을 통해 실질적 이익을 얻을 수 있을지 불확실하며, 라이선스 비용이 상당히 높을 수 있다. 그럼에도 불구하고 이러한 시스템은 업계에서 생존을 위해 필수적인 요소가 될 가능성이 높으며, 대기업일수록 조기 도입을 통해 한계 비용을 낮추려 할 것이다. 스마트 시티와 스마트 항만에서도 시스템 혁신가들은 큰 경제적 이익을 얻을 수 있지만, 도입 기업들은 향상된 서비스를 제공하는 과정에서 하드웨어 및 소프트웨어에 대한 높은 라이선스 비용을 부담해야 할 수 있다. 요약하면, 사물인터넷 환경에서는 막대한 가치가 창출될 수 있으나 그 이익의 상당 부분은 핵심 기술과 시스템을 통제하는 소수 기업에게 집중될 가능성이 높다. 이는 이전 세대의 유·무선 인터넷 환경에서도 관찰된 현상이다. 디지털 영역에서 가장 많은 수익을 창출한 기업은 하드웨어 및 소프트웨어 플랫폼 제공자였다. 다른 기업들은 디지털화된 서비스를 도입하지 않으면 경쟁에서 생존하기 어렵기 때문에 결국 이러한 기술을 채택할 수밖에 없다.

핵심 요약

- 혁신은 일정한 주기적 패턴을 따라 전개되는 경향이 있다.
- 혁신 주기의 초기 단계에서는 다양한 제품과 서비스 아이디어가 등장하고, 혼합적이며 창의적인 실험이 활발하게 이루어지는 특성을 보인다.
- 혁신가가 소비자의 선호를 명확하게 파악하기 시작하면 혁신 주기는 점차 공식화되고 대규모 네트워크 기반의 확산 국면으로 전환된다.
- 디지털 혁신가는 시장에서 지배적 규모를 확보한 경쟁자가 등장하기 이전의 초기 단계에 진입할 때 가장 유리한 위치를 선점할 수 있다.
- 반드시 가장 먼저 시장에 진입할 필요는 없지만 경쟁자보다 먼저 규모를 확장하는 것이 장기적 우위를 확보하는 데 중요한 전략이 되는 경우가 많다.

토론하기

E.1 혁신 주기 프레임워크를 활용하여 자율주행 트럭 운송 산업의 시장 역학을 전망할 때 혁신가는 다음 단계에서 어떠한 전략을 채택하는 것이 타당한가?

E.2 제품의 표준화는 확장과 어떠한 연관성을 가지는가? 또한 AR 또는 VR 게임 시장에서는 표준화가 어떠한 방식으로 이루어질 수 있는가?

E.3 일반적으로 '최초 시장 진입'보다 '최초 규모 경제 달성'이 더 중요한 이유는 무엇인가? 이러한 관점은 공항이나 항만을 위한 IoT 네트워크를 구축하는 기업에게 어떤 전략적 함의를 갖는가?

추천 문헌

- Anderson, P. and Tushman, M.L. (1990). Technological discontinuities and dominant designs: a cyclical model of technological change. Administrative Science Quarterly 35(4): 604–633.
- Klepper, S. (1996). Entry, exit, growth, and innovation over the product life cycle.
- American Economic Review 86(3): 562–583.
- Tushman, M.L. and Anderson, P. (1986). Technological discontinuities and organizational environments. Administrative Science Quarterly 31(3): 439–465.
- Utterback, J.M. and Abernathy, W.J. (1975) A dynamic model of process and product innovation. Omega 3, 639–656.

찾아보기

ㅂ

ㅅ

ㅇ